Joseph Ratzinger

Voici quel est notre Dieu

Croire et vivre aujourd'hui

Conversations avec Peter Seewald

Traduit de l'allemand par Joseph Burckel

PLON-MAME

76, rue Bonaparte
75006 Paris
ISBN 2-259-20298-5 (Plon)
ISBN 2-7289-1165-7 (Mame)

Avant-propos du cardinal Joseph Ratzinger

En 1996, Peter Seewald m'a proposé un entretien sur les questions que l'homme d'aujourd'hui pose à l'Église et qui souvent l'empêchent d'accéder à la foi. De là est né le livre *Le Sel de la terre*, que beaucoup ont accueilli avec reconnaissance comme un guide précieux.

Le fait que ce livre ait trouvé un large écho étonnamment positif a amené monsieur Seewald à me proposer une deuxième série d'entretiens sur les questions propres à la foi elle-même, qui apparaît même à nombre de chrétiens comme une forêt vierge où ils risquent de se perdre. Beaucoup d'aspects de la foi, même importants, semblent incompréhensibles et difficilement acceptables à l'homme contemporain.

Ce projet fut contrecarré par ma surcharge professionnelle. Je voulais consacrer le rare temps libre qui me restait pour enfin écrire le livre sur « l'esprit de la liturgie », que j'avais projeté dès le début des années quatre-vingt et qui n'avait jamais vu le jour. Profitant des vacances de trois étés, j'ai pu mener à bien cet ouvrage qui a finalement paru ce printemps. Le chemin était enfin libre pour le deuxième entretien avec P. Seewald. Pour ce faire, il a proposé un lieu hautement symbolique, le monastère qui est à l'origine de l'ordre bénédictin, l'abbaye du Mont-Cassin. Du 7 au 11 février 2000, revigorés par l'hospitalité bénédictine, nous avons dialogué suivant un plan préparé par monsieur Seewald. Je me suis fié à l'inspiration du moment.

Le silence conventuel, l'amabilité des moines et de l'abbé, l'atmosphère priante et la célébration liturgique pleine de gravité : tout cela nous a grandement aidés. De plus, nous avons pu fêter avec la solennité qui convient, sainte Scholastique, sœur de saint Benoît. Les deux auteurs remercient cordialement les moines du Mont-Cassin : ils ont fait l'expérience de l'inspiration de ce lieu vénérable.

Inutile d'ajouter que chaque auteur parle pour lui-même et propose ici sa propre contribution. Comme ce fut le cas pour *Le Sel de la terre*, la manière de penser et l'origine différentes des interlocuteurs ont permis un vrai dialogue : la façon directe et sans manières de questionner et de répondre s'est révélée féconde. Monsieur Seewald a enregistré mes réponses et les a mises par écrit avec beaucoup de soin, entreprenant les contractions nécessaires. J'ai moi-même relu mes réponses de manière critique et, lorsque c'était nécessaire, je les ai çà et là affinées ou complétées. Mais j'ai conservé dans l'ensemble ce qui a été dit au moment de la conversation. J'espère que ce deuxième livre de dialogues trouvera un accueil aussi favorable que *Le Sel de la terre* et qu'il pourra aider beaucoup de gens dans la compréhension de la foi.

Rome, le 22 août 2000.

Avant-propos de Peter Seewald

Le Mont-Cassin au printemps. Les sentiers serpentant vers l'abbaye de saint Benoît sont étroits et raides et, au fur et à mesure que nous grimpions, l'air devenait plus frais. Personne ne parlait, pas même Alfredo, le chauffeur du cardinal. L'hiver était définitivement passé, mais, que sais-je, nous redoutions les nuit froides encore à venir.

Lorsque j'ai publié, avec le cardinal Ratzinger, le livre d'entretiens *Le Sel de la terre*, beaucoup y virent une possibilité d'aborder un sujet qui jusque-là était, pour eux, inaccessible. Il est vrai qu'on emploie, plus que jamais, le nom de Dieu mais, en réalité, plus personne ne sait de quoi il parle lorsqu'il s'agit de sujets religieux. J'en ai fait l'expérience avec des amis ou dans les rédactions des magazines pour lesquels je travaillais. En très peu de temps s'est produit, dans de larges couches de la société, quelque chose comme une explosion nucléaire spirituelle, une sorte de big-bang de la culture chrétienne, qui constituait jusque-là notre fondement. Sans même renier Dieu, plus personne ne pense qu'il a encore un pouvoir dans le monde et peut y modifier quelque chose.

À cette époque, j'entrais de temps à autre dans une église. Bien que doutant et méfiant envers le message de la révélation, il me paraissait indéniable que le monde n'était pas dû au hasard, n'était pas le résultat d'une explosion ou de quelque chose de semblable, comme Marx et d'autres l'affirmaient. En aucun cas il n'était la création des hommes, qui ne savent même pas guérir un rhume ou empêcher la rupture d'une digue. J'ai pris conscience que, derrière cet ensemble que formaient la liturgie, les prières, les commandements, il devait y avoir un fondement, une vérité. « Nous ne sommes pas le résultat de quelque plan savamment échafaudé », est-il dit dans une lettre apostolique. Mais j'aurais trouvé idiot de faire le signe de la croix ou de confesser l'humilité, comme il est d'usage lors des messes. J'avais beau chercher dans une église, tout cela restait illisible pour moi. Ce dont il s'agissait, le sens du tout, était caché comme derrière un voile de brouillard.

Quitter l'Église, qui depuis bien des années me paraissait creuse et réactionnaire, n'est pas facile, mais y retourner est encore beaucoup plus difficile. Il ne s'agit pas seulement de croire ce qu'on sait, mais encore de savoir ce que l'on croit. Des montagnes de questions insolubles barrent le chemin. Le Christ est-il vraiment le Fils de Dieu, qui nous a sauvés ? Et si oui, de quel Dieu s'agit-il ? Est-il bon et nous aide-t-il ? Est-il cynique et s'ennuie-t-il en écrivant ligne après ligne le grand livre de la vie ? Quel projet a-t-il pour les hommes, qui peuvent même tomber au pouvoir du mal ? Pourquoi sommes-nous finalement sur terre ? Qu'en est-il des Commandements ? Sont-ils encore valables aujourd'hui ? Que signifient les Sept sacrements ? Renferment-ils, comme on le dit, le plan de construction de toute l'existence ? La foi et la vie sont-elles encore conciliables en ce XXIe siècle et capables de rendre utile dans le monde moderne quelque savoir fondamental tiré de l'héritage de l'humanité ?

En fait, il est impossible de fournir ou de faire découvrir beaucoup de réponses en peu de temps. Beaucoup sont inexprimables en paroles. Mais lorsque le cardinal Joseph Ratzinger, ce grand sage de l'Église, me faisait face au couvent et me contait patiemment l'évangile et la foi du christianisme, depuis l'origine du monde jusqu'à son achèvement, jour près jour, quelque chose du mystère de ce qui fait l'unité intérieure du monde devint palpable. Au fond, tout cela est peut-être très simple. « La création elle-même, dit le savant, porte en elle un ordre. Nous pouvons y lire les pensées de Dieu – et peut-être même la juste manière de vivre. »

Munich, le 15 août 2000.

PROLOGUE

LA FOI, L'ESPÉRANCE ET LA CHARITÉ

Éminence, avez-vous parfois peur de Dieu ?

Je ne parlerai pas de peur. Car nous savons, par le Christ, comment est Dieu, qu'il nous aime. Et il sait qui nous sommes. Il sait que nous sommes chair, que nous sommes poussière. C'est pourquoi il nous accepte dans notre faiblesse.

Pourtant, j'ai toujours à nouveau le sentiment brûlant d'être en retard sur ma vocation. En retard sur l'idée que Dieu se fait de moi, de ce que je pourrais et devrais fournir.

Sentez-vous par là que parfois Dieu vous critique ou ne trouve pas correcte l'une de vos décisions ?

Dieu n'est pas un gendarme ou un juge qui vous menace d'une pénitence. Mais au miroir de ma foi et aussi de la charge qui m'est advenue, il me faut m'interroger quotidiennement sur ce qui est juste et ce qui était de travers. Naturellement, je sens alors que quelque chose n'était pas juste. Il existe pour cela le sacrement de pénitence.

On reproche aux catholiques leurs sentiments de culpabilité envers Dieu.

Je crois que les catholiques sont avant tout animés par un profond sentiment du pardon de Dieu. Prenons l'art baroque ou le rococo. On voit là une grande sérénité. Ce n'est pas sans raison qu'on attribue à des nations aussi typiquement catholiques que l'Italie et l'Espagne une certaine légèreté intérieure.

Peut-être y a-t-il eu, dans certaines parties du christianisme, des formes d'éducation et des déviations exagérant les aspects terrifiants, le difficile, le sévère, mais ce n'est pas à proprement parler catholique. D'après mon sentiment, ce qui domine en dernière analyse chez ceux qui vivent de la foi de l'Église, c'est la conscience de la rédemption : Dieu ne nous laisse pas tomber.

Existe-t-il une langue utilisée par Dieu pour nous dire de manière tout à fait concrète : « Oui, fais-le ! » ou, précisément : « Halte-là ! Dernier avertissement ! Il vaudrait mieux laisser tomber ! » ?

Dieu parle à voix basse. Mais il y a beaucoup de signes. C'est justement après coup qu'on peut reconnaître que, par des amis, par un livre ou encore par un soi-disant échec ou même par un accident, il nous a donné une petite estocade. D'ailleurs la vie est pleine de ces indications presque imperceptibles. Petit à petit, si je reste attentif, il s'en dégage un tout et je commence à percevoir comment Dieu me conduit.

Vous entretenir avec Dieu, est-ce devenu aussi naturel que de téléphoner ?

D'une certaine manière on peut comparer les deux. Je sais qu'il est toujours présent. Et lui sait de toute façon qui je suis et ce que je suis. Je ressens d'autant plus le besoin de l'invoquer pour m'en remettre à lui, pour m'entretenir avec lui. Je peux parler de ce qu'il y a de plus simple et de plus intime comme de ce qu'il y a de plus pesant et de plus grand. Il est pour ainsi dire normal pour moi d'avoir, dans le quotidien, la possibilité de m'adresser à lui.

Dieu est-il toujours plein de respect ou montre-t-il aussi de l'humour ?

Je crois qu'il a beaucoup d'humour. Parfois il vous donne une petite bourrade comme pour dire : ne te crois donc pas si important ! En réalité, l'humour est une composante de la joie de la création. Beaucoup de détails de nos vies nous apprennent que Dieu veut nous inciter à être un peu plus légers, à voir aussi ce qui est joyeux, à descendre du piédestal et à ne pas oublier d'être sensible à ce qui est joyeux.

Vous arrive-t-il de vous fâcher contre Dieu ?

Bien sûr. Je pense de temps à autre : pourquoi ne m'aide-t-il pas davantage ? Parfois il reste énigmatique pour moi. Dans ce qui me fâche, je perçois quelque part son mystère et son étrangeté. Mais se fâcher directement contre Dieu signifierait qu'on l'a trop abaissé. Souvent, ce sont des choses tout à fait superficielles qui provoquent la colère. Et lorsqu'elle est vraiment justifiée, il faut toujours se demander si, à travers les choses qui me fâchent ou les personnes qui me mettent dans cet état, quelque chose d'important ne m'est pas signifié. Mais contre Dieu lui-même, je ne me fâche jamais.

Pour commencer votre journée, que faites-vous ?

Avant de me lever, je fais une courte prière. La journée prend une autre tournure lorsqu'on ne s'y précipite pas directement. Vient ensuite ce qu'on fait habituellement tôt le matin : la toilette, le petit déjeuner. Suivent la sainte messe et le bréviaire. Les deux constituent pour moi les actes fondamentaux de la journée : la messe est une réelle rencontre de la présence du Christ ressuscité, et le bréviaire, l'entrée dans la grande prière de toute l'histoire du salut. Les Psaumes en constituent le cœur. Par eux on rejoint la prière des siècles et l'on y perçoit les voix des Pères. Tout cela ouvre la porte du jour. Le travail normal peut commencer.

Quelle est la fréquence de vos prières ?

Il y a les temps fixes de prière : à midi où, selon la tradition catholique, nous prions l'angélus. L'après-midi nous récitons les vêpres et le soir les complies, qui est la prière du soir de l'Église. Et entre-temps, lorsque je ressens le besoin d'aide, je peux toujours insérer de courtes prières.

Avant le lever, dites-vous toujours une autre prière ?

Non, c'est une prière fixe, en réalité un choix de diverses petites prières, mais globalement une formulation fixe.

Que recommandez-vous dans ce cas ?

Chacun peut faire son propre choix dans le trésor de l'Église.

Et la nuit, lorsqu'on ne trouve pas le repos...

...Je recommanderais le chapelet. C'est une prière qui, à côté de sa signification spirituelle, a la vertu de calmer l'esprit. Lorsqu'on fixe son attention sur les mots, on se libère peu à peu des pensées qui oppriment.

Comment arrivez-vous à bout de vos problèmes, à supposer que vous en ayez ?

Comment n'en aurais-je pas ? D'une part j'essaie d'inclure mes problèmes dans la prière et de me fortifier ainsi intérieurement. D'autre part j'essaie d'entreprendre quelque chose d'exigeant, de m'attacher à une tâche qui me sollicite et qui, en même temps, me procure de la joie.

Et, finalement, la rencontre d'amis me permet de prendre un peu de recul par rapport au présent. Ces trois composantes sont importantes.

Je crois que chacun, à un moment ou à un autre, se sent fatigué, épuisé et sans force. Et il désespère et se met en colère contre son destin, apparemment tordu et injuste. Comment est-il possible d'inclure ces problèmes dans la prière, comme vous disiez ?

Il faut peut-être commencer comme Job. Il faudrait d'abord, à mon avis, récriminer intérieurement contre Dieu, sans précaution aucune et lui dire : « Que fais-tu donc avec moi ?! » La voix de Job reste une voix authentique, qui nous dit que nous pouvons et peut-être que nous devons le faire. Bien que Job se soit vraiment plaint à Dieu, Dieu à la fin lui donne raison. Il lui dit qu'il a bien agi et que les autres, avec tous leurs discours, n'ont pas bien parlé de Lui, Dieu.

Job s'engage dans une lutte et étale devant Dieu ses griefs. Peu à peu il entend alors la voix de Dieu : la situation se modifie et une autre perspective s'en dégage. Ainsi je sors du simple état de victime et, bien que ne pouvant encore comprendre l'amour qu'Il est, je puis tout de même penser que cela est bien ainsi.

Peut-être devrait-on tout simplement aborder ses problèmes avec plus de sévérité et ne pas du tout permettre qu'ils se posent.

Les problèmes existent, tout simplement. Certaines décisions, échecs, défaillances humaines, déceptions vous concernent et doivent vous concerner. Les problèmes devraient vous éduquer à pouvoir assumer de telles situations. S'endurcir totalement et devenir imperméable constituerait une perte d'humanité et de sensibilité, même vis-à-vis des autres. Le stoïcien Sénèque a dit : La compassion est détestable. Le Christ, en revanche, est le compatissant, et c'est pour cela qu'il nous est précieux. La compassion, comme la vulnérabilité, caractérisent le chrétien. Il faut apprendre à accepter les blessures, à vivre avec et à y trouver finalement une guérison plus profonde.

Beaucoup priaient étant enfants, puis l'ont désappris. Faut-il apprendre à converser avec Dieu ?

Le sens pour Dieu peut s'atrophier au point de rendre insignifiantes les paroles de la foi. Et celui qui ne les entend pas, ne peut non plus les dire, car être sourd et être muet vont de pair.

C'est comme si on devait apprendre sa propre langue maternelle. C'est lentement qu'on parvient à déchiffrer les lettres de Dieu, à parler cette langue et à comprendre Dieu, même si c'est toujours de manière insuffisante. On arrive alors, petit à petit, à prier soi-même et à converser avec Dieu, d'abord de manière enfantine – en un certain sens, cela le restera toujours – mais, ensuite, de plus en plus, avec ses propres paroles.

Vous avez dit un jour : si l'homme ne se fie qu'à ce qu'il voit, il est en réalité aveugle...

...car alors il limite son horizon de telle sorte que l'essentiel lui échappe. Son intelligence non plus, il ne la voit pas ! C'est justement ce qui est vraiment porteur qu'il ne voit pas avec ses yeux purement corporels. Il ne voit pas bien dans la mesure où il ne peut porter son regard au-delà de ce qui est directement perceptible.

Quelqu'un me disait qu'avoir la foi, c'est comme si on sautait d'un aquarium dans l'océan. Vous souvenez-vous de votre première grande expérience de la foi ?

Je dirais que pour moi il s'agit plutôt d'une lente croissance. Bien sûr, il y a des points culminants : subitement, dans la liturgie, dans la théologie, lors de l'élaboration d'un concept théologique, quelque chose devient ample et porteur, qui n'est plus seulement reçu, d'ailleurs. Je ne peux identifier dans ma vie un processus particulier, ce grand saut dont vous avez parlé. C'était plutôt comme si on osait lentement et prudemment quitter les eaux peu profondes et soupçonner quelque chose de l'océan qui fonce sur nous.

Je pense aussi qu'on n'arrive jamais au bout de la foi. La foi doit toujours être ranimée dans la souffrance et dans la vie, comme dans les grandes joies que Dieu nous offre. Jamais elle n'est simplement ce qu'on peut empocher comme une pièce de monnaie.

UNE IMAGE DE DIEU

Mon jeune fils me demande parfois : « Dis-moi, papa, comment Dieu est-il au juste ? »

Je lui répondrais qu'on peut se représenter Dieu comme nous le connaissons par Jésus-Christ, qui nous dit : « Qui me voit, voit le Père. »

Et si l'on considère toute l'histoire de Jésus – depuis sa naissance, en passant par sa vie publique, par ses paroles fortes et prenantes, jusqu'à la dernière Cène, la Croix, la Résurrection et l'envoi en mission –, on perçoit quelque chose du visage de Dieu. Ce visage est sérieux et grand. Il dépasse énormément notre échelle humaine. Mais au fond il dégage la bonté, l'accueil, la bienveillance envers nous, ce qui constitue en dernière analyse son trait caractéristique.

Mais n'est-il pas écrit également que nous ne devons pas nous représenter Dieu ?

Ce commandement est modifié dans la mesure où c'est Dieu lui-même qui nous a donné son image. L'épître aux Colossiens (1, 15) dit du Christ : il est l'image de Dieu. Et en lui se réalise tout ce qui est dit de la création de l'homme.

Le Christ est l'image originelle de l'homme. Nous ne pouvons pas représenter Dieu lui-même dans son infinité, mais nous pouvons voir l'image dans laquelle il s'est lui-même représenté. Dorénavant, nous ne faisons plus d'image, mais Dieu lui-même a montré son image. Par là il nous regarde et nous parle.

Cependant, l'image du Christ n'est pas simplement une photo de Dieu. En cette image du Crucifié on trouve bien plutôt toute la biographie de Jésus, surtout sa biographie intérieure. On est ainsi introduit dans une vision qui ouvre les autres sens et les dépasse.

Comment pourrait-on, en quelques phrases, caractériser Jésus ?

Ici nos mots sont trop faibles. Ce qui est fondamental, c'est que Jésus est le Fils de Dieu, qu'il est de Dieu et en même temps vraiment homme. Qu'il est celui en qui nous advient non seulement un génie humain et un héros humain, mais en qui Dieu transparaît. On peut dire que dans le corps déchiré de Jésus sur la croix nous voyons qui est Dieu, à savoir celui qui se donne à nous à ce point.

Jésus était-il catholique ?

On ne peut certainement pas dire cela avec certitude, car il est au-dessus de nous. De nos jours, il existe la formule inverse : on dit que Jésus n'était pas chrétien, mais juif. Ce n'est que partiellement vrai. Il était juif selon son appartenance ethnique. Il était juif parce qu'il avait accepté la Torah et vécu selon elle. Il était même, malgré toutes ses critiques, un juif pieux, qui a respecté le culte au Temple. Mais, malgré tout, il a rompu et dépassé l'Ancien Testament de par son autorité de Fils.

Jésus s'est compris lui-même comme le nouveau Moïse, supérieur à l'ancien, qui ne se contente pas d'interpréter la Loi, mais la renouvelle.

C'est ainsi qu'il a dépassé ce qui était traditionnel et a créé du neuf. Il a élargi l'Ancien Testament à l'universalité d'un peuple, qui couvre la terre entière et qui est appelé à grandir sans cesse. Il est donc à l'origine de la foi et l'Église catholique qui se sait voulue par lui, mais il n'est pas simplement l'un de nous.

Comment et quand avez-vous personnellement su ce que Dieu attend de vous ?

Je pense qu'il faut le réapprendre en permanence. En fait, Dieu veut qu'on aille toujours plus loin. Si vous faites allusion à la décision quant à ma vocation, à l'orientation fondamentale qui devait être la mienne et que je voulais telle, il s'agit en fait d'un intense processus de maturation, qui a connu quelques complications durant mes années d'étude. Ce chemin m'a amené à m'approcher de l'Église, à rencontrer des conseillers spirituels, des prêtres et des compagnons de route, et, naturellement, à fréquenter la Sainte Écriture. Il s'agit de tout un nœud de relations qui, petit à petit, s'est clarifié.

Il est vrai que vous avez dit un jour que, lors de votre décision pour la vocation sacerdotale, il s'agissait d'« une réelle rencontre » entre Dieu et vous. Comment peut-on se représenter cette rencontre entre Dieu et Joseph Ratzinger ?

En aucun cas de la manière dont on se représente une rencontre entre deux personnes humaines. On peut sans doute la décrire comme quelque chose qui vous touche et vous colle à la peau et qui, ensuite, s'imprègne profondément dans l'âme. On sent tout simplement qu'il doit en être ainsi et que c'est le bon chemin. Ce n'était pas une rencontre dans le sens d'une illumination mystique. Ce n'est pas de ce genre d'expérience que je pourrais me vanter. Mais je peux dire que cette lutte a globalement abouti à une prise de conscience claire et exigeante, de manière à représenter pour moi, intérieurement, la volonté de Dieu.

« Dieu t'a aimé le premier » (cf. *1 Jn 4, 19), nous enseigne le Christ. Et il t'aime sans considération de provenance et d'importance. Qu'est-ce que cela signifie ?*

Il faudrait comprendre cette phrase le plus littéralement possible, ce que j'essaie de faire. Car elle est réellement la grande force de notre vie et la consolation qui nous est nécessaire. Et fréquemment.

Il m'a aimé le premier, avant même que je sois capable d'aimer. Ce n'est que parce qu'il m'a déjà connu et aimé que je fus créé. Je n'ai pas été jeté dans le monde par l'effet d'un hasard, comme le dit Heidegger, et je devrais maintenant voir comment surnager dans cet océan. Une connaissance, une idée, un amour me précèdent. Cela constitue le fond même de mon existence.

Ce qui est important pour chaque homme, ce qui confère un poids à sa vie, c'est qu'il se sait aimé par Dieu. Celui-là précisément qui est dans une situation difficile tient bon quand il sait que quelqu'un l'attend, qu'il est désiré et utile. Dieu est premier et il m'aime. C'est le fondement solide sur lequel repose ma vie, et à partir duquel je peux moi-même en élaborer le projet.

LA CRISE DE LA FOI

Monsieur le cardinal, sur la plupart des continents de la terre, la demande de la foi chrétienne est plus forte que jamais. Dans les seules cinquante dernières années, le nombre des catholiques a doublé dans le monde, atteignant plus d'un milliard d'hommes. Mais, dans beaucoup de pays du vieux monde, nous assistons à une sécularisation croissante. C'est comme si de grandes parties de la société européenne voulaient désormais se couper entièrement de leur héritage. Des adversaires de la foi parlent d'une « malédiction du christianisme » dont il faudrait enfin se libérer.

Nous avons traité de ce sujet exhaustivement dans notre premier livre Le Sel de la terre. *Beaucoup sont prêts à adopter les stéréotypes antichrétiens et anti-Église sans réflexion personnelle. La raison en est souvent, que tout simplement les contenus et les signes de la foi nous sont devenus étrangers. Nous ne savons plus ce qu'ils signifient. L'Église n'a-t-elle plus rien à dire ?*

Nous vivons sans aucun doute à une époque où la tentation de s'en sortir sans Dieu est devenue très grande. Notre culture de la technique et du bien-être repose sur la conviction que, finalement, tout est faisable. Naturellement, quand nous pensons ainsi, la vie se limite à ce que nous pouvons faire et produire et prouver. La question de Dieu devient superflue.

La tentation est grande de généraliser cette conception, parce que le recours à Dieu signifie effectivement se mettre sur un autre plan, qui autrefois était sans doute plus facilement accessible. C'est pourquoi on dit facilement : « Ce que nous ne faisons pas nous-mêmes n'existe pas. »

Depuis lors, il y a eu beaucoup d'essais pour construire des éthiques sans Dieu.

Bien sûr. On compte rechercher par là ce qui censé convenir le mieux à l'humanité. Par ailleurs on tente de faire de l'accomplissement intérieur de l'homme, du bonheur, un produit constructible. Ou encore on cherche refuge dans des formes de religions apparemment sans foi, des propositions ésotériques, qui ne sont généralement que des techniques pour être heureux.

Toutes ces tentatives de maintenir le monde debout et de venir à bout de sa propre vie correspondent à notre manière de vivre et de concevoir l'existence. La parole de l'Église, en revanche, semble venir du passé, soit qu'elle vienne de si loin qu'elle n'appartient plus à notre époque, soit qu'elle émane d'une tout autre façon de vivre qui ne semble plus du tout actuelle. Il est certain que l'Église n'a pas encore accompli entièrement le saut dans le présent. Les anciennes paroles sont importantes et toujours valables. Il s'agit de les traduire dans l'expérience vivante pour qu'elles redeviennent audibles et c'est là un immense devoir qui nous incombe. Il nous reste beaucoup à faire.

Une image de Dieu basée sur l'ésotérisme nous offre une représentation d'un Dieu tout à fait différente qui, par des messages nouveaux, s'éloigne peu à peu des enseignements juifs ou chrétiens. Les rabbins et les prêtres, et même la Bible, dit-on ici, ne sont pas les sources de son enseignement. Les hommes feraient mieux de s'orienter d'après leurs propres intuitions. Ils devraient enfin se libérer des contraintes imposées par les religions traditionnelles et leurs puissantes castes sacerdotales pour retrouver leur intégrité et le bonheur auxquels ils étaient destinés à l'origine. À plus d'un titre, cela semble prometteur.

Cela correspond exactement à notre besoin contemporain de religion et aussi de simplification. C'est pourquoi il y a là quelque chose d'éclairant et de prometteur. Mais il faut aussi se demander : Qui ou quoi légitime ce message ? La vraisemblance suffit-elle à le légitimer ? Cette vraisemblance est-elle un critère suffisant pour recevoir un message sur Dieu ? Ou n'est-ce pas justement le caractère vraisemblable d'un message qui constitue une tentation pour nous séduire ? Elle nous montre, il est vrai, un chemin plus simple, mais nous empêche aussi de découvrir la réalité.

Par là nous faisons finalement de nos sentiments le critère pour savoir qui est Dieu et comment nous devons vivre. Mais les sentiments sont changeants et nous remarquons très vite nous-mêmes que, de la sorte, nous bâtissons sur un fondement trompeur. Si éclairant que cela puisse paraître, je n'y vois que des idées humaines qui, en fin de compte, restent problématiques. L'essentiel de la foi restera que je n'y rencontre pas du déjà connu, mais que m'y advient ce qui dépasse ce que nous autres, humains, pouvons penser.

Objection : c'est l'Église qui le dit !

Cela est prouvé par l'histoire qui s'en est suivie. C'est en elle que Dieu se vérifie pour ainsi dire toujours à nouveau et continuera à le faire. Je pense que nous aurons encore à en apprendre beaucoup là-dessus dans ce livre.

Finalement, il ne suffit pas aux hommes que Dieu ait dit ceci ou cela, ou que nous soyons capables de nous représenter ceci ou cela à son sujet. Ce n'est que s'il a fait et s'il est quelque chose pour nous qu'advient ce dont nous avons besoin et ce sur quoi une vie peut reposer.

Du même coup nous reconnaissons qu'il n'y a pas seulement un discours sur Dieu, mais qu'il est une réalité. Que non seulement les hommes se sont fait une idée de lui, mais que quelque chose s'est passé : passé dans le sens littéral d'une passion. Cette réalité est plus grande que tous les mots, même si elle est plus difficile à atteindre que des mots.

Qu'une personne particulière, exécutée aux alentours de l'an 30 en Palestine, soit l'oint, l'élu de Dieu, le Christ, est non seulement une affirmation incroyable, mais encore une usurpation, une effroyable provocation. Un seul individu serait le centre de toute l'Histoire !

Des centaines de théologiens d'Asie disent que Dieu est trop grand et trop vaste pour s'être incarné dans une seule personne. En réalité, cela ne réduirait-il pas la foi de penser que le salut du monde entier se soit réalisé en un seul endroit ?

L'expérience religieuse en Asie croit, d'une part Dieu si incommensurable et, d'autre part nos capacités de comprendre si limitées que, par conséquent, Dieu peut être représenté de manière toujours nouvelle par une infinité de reflets. Le Christ est alors un symbole de Dieu parmi d'autres, mais qui ne reflète absolument pas la totalité.

Apparemment, il s'agit là d'une expression de l'humilité de l'homme face à Dieu. On tient pour impossible que Dieu puisse entrer en un seul homme. Du point de vue purement humain, nous ne pouvons attendre autre chose que d'apercevoir de Dieu ne serait-ce qu'une étincelle, qu'un petit aspect.

Cela ne semble pas déraisonnable.

Oui. Il faudrait en réalité, pour parler raisonnablement, dire que Dieu est beaucoup trop grand pour entrer dans la petitesse d'un homme. Dieu est beaucoup trop grand pour qu'une idée ou un écrit puisse renfermer sa parole ; il ne peut se refléter que dans des expériences multiples et contradictoires. Par ailleurs, l'humilité deviendrait orgueil si nous refusions à Dieu la liberté et le pouvoir de devenir, par amour, si petit.

C'est une consolation, pour le croyant chrétien, de penser que Dieu est si grand qu'il peut devenir petit. Pour moi, c'est en réalité d'abord en cela que consiste l'inattendue et inconcevable grandeur de Dieu, qu'il ait la possibilité de s'abaisser à ce point. Qu'il puisse entrer réellement lui-même dans un homme, qu'il ne se déguise pas en lui, pouvant changer de déguisement, mais qu'*il* devienne cet homme. Ainsi pouvons-nous voir la véritable infinité de Dieu qui est plus puissante, plus impensable et, en même temps, plus salvifique que tout.

Dans le cas contraire, il faudrait toujours vivre avec quantité de contre-vérités. Les fragments contradictoires qui existent dans le bouddhisme comme dans l'hindouisme font effectivement penser à la solution de la théologie négative. Mais Dieu devient alors, en réalité, une négation – et n'a plus rien de positif, ni de constructif à dire à ce monde, finalement n'a plus rien à lui dire.

À l'inverse, ce Dieu est justement un Dieu qui a le pouvoir d'aimer de telle manière qu'il est lui-même dans un homme, qu'il est présent et se fait reconnaître, qu'il entre en communion avec nous : exactement ce dont nous avons besoin pour n'avoir pas à terminer notre vie avec des fragments, des demi-vérités.

Cela ne signifie pas que nous n'avons rien à apprendre des autres religions. Ou que la règle de ce qui est chrétien est fixée si définitivement que nous ne pourrions plus faire de progrès. L'aventure de la foi chrétienne est toujours nouvelle et son incommensurabilité est mise en valeur précisément par le fait que nous reconnaissions à Dieu ces possibilités.

La foi serait-t-elle donc en principe toujours dans l'homme ?

Pour autant qu'on puisse connaître l'histoire humaine jusqu'à la préhistoire par les fouilles archéologiques, on constate que l'idée de Dieu a toujours existé. Les marxistes avaient prévu la fin de la religion. Avec la fin de l'exploitation, disait-on, le « médicament Dieu » deviendra inutile. Mais eux aussi ont dû reconnaître que la religion ne cesse jamais, parce qu'elle est en l'homme.

Ce détecteur intérieur, toutefois, ne fonctionne pas automatiquement tel un appareil technique. Il est une réalité vivante, qui peut aussi grandir avec l'homme ou devenir insensible presque jusqu'à s'éteindre. La participation intérieure rend ce détecteur toujours plus aigu, plus vivant et plus sensible. Dans le cas contraire il s'estompe et devient comme anesthésié. Malgré cela, il reste quelque part dans l'homme incroyant un reste de question : n'y a-t-il pas tout de même quelque chose ? Sans cet organe intérieur, l'histoire humaine est incompréhensible.

Par ailleurs, il existe des livres plein les bibliothèques et de puissantes théories essayant de contredire cette foi. La foi contre la foi semble donc elle aussi être un principe, présentant même un aspect missionnaire. Les grandes expériences humaines de l'histoire récente, le nazisme et le communisme, tentaient de réduire à l'absurde la foi en Dieu et de l'extirper du cœur des hommes. Ce n'était sans doute pas le dernier essai.

C'est pour cela que la foi en Dieu n'est pas un savoir, comme en chimie ou en mathématiques, mais reste la foi. Cela veut dire qu'elle a absolument une structure rationnelle : nous y reviendrons. Elle n'est pas une quelconque obscure affaire dans laquelle je m'engage. Elle me fournit une compréhension. Et il y a suffisamment de motifs compréhensibles pour y adhérer. Mais jamais elle ne devient pur savoir.

Comme la foi investit toute l'existence, la volonté, l'amour, le détachement, elle doit nécessairement dépasser le pur savoir et le pur « vouloir prouver ». C'est pourquoi je peux toujours m'éloigner de la foi et trouver des motifs qui semblent la contredire.

Il existe, nous le savons, une masse d'arguments contre la foi. Il suffit de voir l'immense souffrance dans le monde. Elle seule semble être une preuve contre Dieu. Prenons encore la petitesse, l'invisibilité de Dieu. Pour ceux dont les yeux de la foi se sont ouverts, il s'agit précisément là de sa vraie grandeur, mais pour qui ne peut pas ou ne veut pas faire ce pas, c'est un argument contre Dieu. On peut aussi tout dissoudre en le ramenant à de purs détails. On peut lire l'Écriture sainte, le Nouveau Testament, de sorte qu'il n'en reste que des morceaux. Un savant peut dire alors que la résurrection a été inventée plus tard, que tout a été ajouté plus tard, rien ne résiste à l'examen.

Tout cela est possible. Justement parce que l'histoire et la foi sont humaines. Et c'est pourquoi le débat concernant la foi ne cessera jamais. Ce débat est toujours aussi une lutte de l'homme avec lui-même et avec Dieu, lutte qui durera jusqu'au dernier matin de l'histoire.

Dans la société moderne, on doute qu'il n'y ait qu'une vérité. Cela se répercute sur l'Église, qui tient imperturbablement à cette notion. Vous avez même dit un jour que la profonde crise actuelle du christianisme en Europe provenait pour l'essentiel de la crise de son exigence de vérité. Pourquoi ?

Parce que plus personne n'ose dire que la foi dit vrai. On craint d'être alors considéré comme intolérant envers d'autres religions ou conceptions du monde. Et les chrétiens entre eux disent : nous avons eu peur de la haute exigence de vérité.

C'est d'une certaine manière bénéfique. Car, lorsqu'on manie trop vite et trop légèrement l'exigence de vérité et qu'on s'y complaît, non seulement on peut devenir imbu de soi, mais encore étiqueter trop facilement comme vérité ce qui est secondaire et provisoire.

La précaution en ce qui concerne l'exigence de vérité est de mise. Mais elle ne doit pas conduire à laisser tomber cette exigence. Nous ne faisons alors que tourner en rond dans divers modèles traditionnels.

Il est vrai que les frontières deviennent vraiment floues. Beaucoup rêvent d'une sorte de religion « plat unique », mais avec des compléments choisis, convenant parfaitement à tous les goûts. De plus en plus on fait une distinction entre « mauvaise » et « bonne » religion.

Il est intéressant de noter que le terme tradition a largement remplacé celui de religion ou de confession et par là aussi le terme de vérité. Les religions sont considérées comme des traditions. Elles passent alors pour « vénérables », « belles », et on dit que celui qui se réclame d'une tradition doit la respecter, un autre respecter une autre et tous se respecter mutuellement. Si nous n'avons toutefois plus que les traditions, il y a naturellement déficit de vérité. Et, tôt ou tard, on se demandera pourquoi il faut encore la tradition. Ce qui entraînera la rébellion contre la tradition.

Je me souviens toujours de la parole de Tertullien qui disait : « Le Christ n'a pas dit : "Je suis l'habitude", mais : "Je suis la vérité." » Le Christ n'approuve pas simplement l'habitude, au contraire il amène à en sortir. Il veut qu'on se mette en route, pour chercher ce qui est vrai, ce qui nous introduit dans la réalité du Créateur, du Rédempteur, de notre propre être. C'est pourquoi il faut considérer l'attention à l'exigence de vérité comme une grave obligation. Il faut aussi avoir le courage de ne pas perdre la vérité, d'y tendre, de l'accepter humblement et avec reconnaissance là où elle nous est donnée.

LE DOUTE

Vous avez rapporté un jour l'histoire, que raconte Martin Buber, d'un rabbi. Celui-ci reçoit un jour la visite d'un philosophe. C'est un homme très savant. Il veut prouver au rabbin qu'il n'y a pas de vérité de foi, que la foi en une vérité est un retour en arrière, une survivance du passé. Lorsque le savant entra dans la chambre du rabbin, il le voit réfléchir, allant et venant, un livre en mains. Le rabbin ne fait pas attention au savant. Après un certain temps, il s'arrête tout de même, le regarde furtive-

ment et dit seulement : « Mais c'est peut-être vrai ! » C'était suffisant. Le savant vacilla sur ses jambes et quitta subitement la maison. Une belle histoire. Et pourtant ! Régulièrement des prêtres tournent le dos à leur Église, abandonnent le sacerdoce, des moines quittent leur couvent. Vous avez vous-même parlé un jour du « pouvoir oppressant de l'incroyance ».

La foi n'est pas une réalité, dont je pourrais dire à un moment précis : J'ai la foi, d'autres ne l'ont pas. Nous en avons déjà parlé. Elle est une réalité vivante qui implique l'homme entier dans toutes ses dimensions, raison, volonté et sentiment. Elle peut d'ailleurs développer des racines de plus en plus profondément, de sorte que vivre et croire deviennent de jour en jour une même réalité, mais jamais une possession. L'homme garde toujours la possibilité de céder à l'autre tendance qui est en lui et de chuter.

La foi reste un chemin. Aussi longtemps que nous vivons nous sommes en route, et c'est pourquoi la foi est toujours menacée et harcelée. Il est sain qu'elle ne devienne pas une idéologie à portée de main. Et aussi qu'elle n'endurcisse pas et ne rende pas incapable d'être proche du frère qui s'interroge, qui doute, qui souffre. La foi ne peut mûrir qu'en supportant et acceptant toujours à nouveau, à toutes les étapes de sa vie, la puissance oppressive de l'incroyance ; elle finira par la traverser et devenir capable d'aborder une nouvelle étape.

Qu'en est-il pour vous ? Connaissez-vous personnellement cette « puissance oppressive de l'incroyance » ?

Naturellement. C'est justement lorsqu'on tente de partager la foi, en tant que professeur ou enseignant dans la situation spirituelle de notre siècle, qu'il faut rester ouvert aux questions qui nous la rendent difficile. On est évidemment confronté également aux modèles de vie qui nous sont proposés et qui promettent de remplacer la foi ou de la rendre superflue. C'est dans cette mesure que l'acceptation de tout cela, la persévérance intérieure et le fait d'être agressé par tout ce qui, aujourd'hui, parle contre la foi, constituent une part essentielle de ma tâche.

Même si je ne le voulais pas, j'y serais affronté par des informations, par des événements, par tout ce que l'expérience de la vie impose. Tout cela rend la foi pénible. Mais dès qu'on retrouve la lumière on découvre qu'il s'agit d'une ascension, et que c'est de cette manière précisément qu'on approche du Seigneur.

Cela cessera-t-il un jour ?

Jamais tout à fait.

Peut-on imaginer que même un pape puisse être assailli par le doute ou par l'incroyance ?

Pas par l'incroyance, mais qu'il souffre par les questions qui rendent la foi difficile, on peut l'imaginer. Vicaire à Munich, j'ai fait une petite rencontre qui est restée pour moi inoubliable. Mon curé d'alors, M. Blumscheid, était l'ami du pasteur de la paroisse protestante voisine. Un jour vint Romano Guardini pour une conférence et les deux amis purent s'entretenir avec lui. Je ne sais pas comment s'est déroulée la conversation, mais Blumscheid, tout ébahi, me l'a racontée. Guardini aurait dit que, quand on vieillit, croire ne devient pas plus facile, mais plus difficile. Guardini avait à l'époque entre 65 et 70 ans. Naturellement, il s'agit là de l'expérience spécifique d'un homme qui était mélancolique et a beaucoup souffert. Mais, comme je l'ai dit, la question n'est jamais totalement réglée. Par ailleurs, cela devient plus facile lorsque la flamme de la vie s'amenuise. Aussi longtemps qu'on est en chemin, on reste en chemin.

L'Église catholique sait-elle avec une absolue certitude, comment Dieu est-il en réalité, ce qu'il dit réellement et aussi ce qu'il attend de nous ?

L'Église catholique sait dans la foi ce que Dieu nous a dit dans l'histoire de la Révélation. Naturellement, la compréhension de cette Parole de Dieu, et aussi celle que l'Église en a, restera toujours en retrait par rapport à cette Parole elle-même. C'est pour cela qu'il existe un développement de la foi. Chaque génération peut découvrir dans le déroulement de sa vie de nouvelles dimensions sans que l'Église en ait eu connaissance auparavant. Le Seigneur lui-même prédit dans l'Évangile de Jean : « J'ai encore bien des choses à vous dire, mais, actuellement, vous n'êtes pas à même de les supporter ; lorsque viendra l'Esprit de vérité, il vous fera accéder à la vérité tout entière » (Jn 16, 12-13). Cela signifie qu'il y a toujours un excédent, une « anticipation » de la Révélation, non seulement dans ce que le croyant particulier en a compris, mais aussi dans ce que l'Église en sait. Cet excédent constitue pour chaque génération une nouvelle aventure.

Qu'est-ce que cela signifie ?

Jamais nous ne pourrons dire : maintenant nous savons tout, maintenant le christianisme est arrivé au bout de sa connaissance. Parce que Dieu et la vie humaine sont insondables. De nouvelles dimensions apparaissent. Ce qui a été donné à l'Église, c'est la certitude sur ce qui n'est pas compatible avec l'Évangile. Dans sa confession de foi et dans ses dogmes elle a formulé les connaissances essentielles. Toutes sont formulées négativement. Ils fixent la limite à ne pas dépasser si l'on veut éviter de s'égarer. Mais, à l'intérieur de ces limites, toutes les portes restent ouvertes et l'espace est immense. C'est pour cela aussi que l'Église peut indiquer les grandes orientations fondamentales pour la vie humaine et dire où il *ne* faut certainement *pas* que j'aille, si je ne veux pas aller à la catastrophe. Cela reste le devoir de chacun de reconnaître et d'exploiter les nombreuses possibilités sur son chemin.

Toutefois, certains croient que le christianisme est moins une religion pratique qu'une préparation de l'au-delà, en quelque sorte une manière de ramasser des points pour le décompte dans l'autre monde.

C'est vrai, l'au-delà fait partie de la perspective chrétienne de vie. Si on l'enlevait, notre perspective serait un remarquable fragment, une affaire morcelée. La vie humaine serait gravement mutilée, si on n'en considérait que l'espace de ces soixante-dix ou quatre-vingts ans de notre vie terrestre. C'est de là que naît cette étonnante cupidité de vie. Si la vie présente est la seule qui m'est donnée, il faut naturellement que je m'efforce d'en tirer le maximum possible. Je ne peux plus, dès lors, faire attention à l'autre.

L'au-delà me donne les critères et confère à la vie présente le sérieux et le poids nécessaires pour ne pas vivre exclusivement pour l'instant présent, mais de façon qu'elle soit finalement valable non seulement pour moi mais pour la totalité. Dieu, qui nous entend, ne nous enlève pas notre responsabilité mais nous apprend à l'assumer. Il nous amène à vivre de manière responsable ce qui nous est donné de vivre et d'être en mesure de subsister un jour devant sa face.

Le Christ dit : « Demandez et vous recevrez. Cherchez et vous trouverez. Frappez et il vous sera ouvert » (Mt 7, 7). En revanche, si mon fils, par exemple, doit faire un devoir d'école et appelle Dieu à l'aide, honnêtement, disons que celui-ci ne l'aide pas toujours.

Prenons par exemple la prière pour la guérison. Une mère prie ainsi pour son enfant, un époux pour son épouse ; on prie pour qu'un peuple ne tombe pas dans l'erreur – et nous savons que ces demandes ne sont en aucune façon toujours exaucées. Pour celui qui est entre la vie et la mort, cela peut devenir une question importante. Pourquoi n'a-t-il pas obtenu de réponse ou pas du tout celle qu'il demandait dans la prière ? Pourquoi Dieu reste-t-il silencieux ? se demandera-t-il. Pourquoi se retire-t-il ? Pourquoi arrive juste le contraire de ce que je voulais ?

Cette distance entre la promesse de Jésus et ce dont nous faisons l'expérience dans notre vie a poussé à la réflexion toutes les générations, pousse chacun à la réflexion, m'a poussé moi aussi à la réflexion. Chacun doit lui-même se frayer le chemin vers une réponse. Par là il comprendra finalement pourquoi Dieu lui a ainsi parlé.

Et de quelle réponse s'agit-il là ?

Augustin et d'autres grands théologiens disent que Dieu nous donne ce qui est le meilleur pour nous, même si nous ne pouvons pas le connaître par avance. Souvent ce qu'il fait est tout le contraire de ce que nous pensions être le meilleur pour nous. Il faudrait apprendre à accepter le chemin qui, d'après notre expérience et notre douleur, nous paraît si difficile. Apprendre à voir que nous sommes guidés. Le chemin de Dieu est souvent un terrible chemin de mutation, de transformation de notre vie, qui nous change réellement et nous redresse.

Il faut donc dire que la parole : « Demandez et vous recevrez » ne signifie certainement pas que tout simplement je puis demander à Dieu tout ce qui me plaît et me rend la vie agréable en le prenant pour une sorte de « bouche-trou ». Ou qu'il m'enlèverait toute souffrance et tout questionnement. Au contraire, elle signifie que Dieu m'entend toujours et m'exauce de la manière que lui seul connaît et qui est bonne pour moi.

Pour revenir au cas concret de votre fils, il peut être bon pour lui qu'il apprenne que Dieu n'intervient pas à tort et à travers, uniquement parce qu'il n'a pas appris son vocabulaire et qu'il doit d'abord faire ce qui dépend de lui. Parfois, cela peut signifier que la petite correction que constitue un échec scolaire ne lui sera pas épargnée. Elle lui est peut-être nécessaire pour qu'il trouve son chemin.

SE PLAINDRE COMME JOB ?

L'écrivain Joseph Roth s'est disputé avec son Dieu selon une ancienne tradition juive. « Tu engendres des millions comme moi, dans ta terrible inconscience », écrit-il sous l'effet des atrocités de la Première Guerre mondiale. « Je ne veux pas de ta grâce ! », s'écrie-t-il plein de désespoir, « Envoie-moi en enfer ! »

La tradition juive souligne sans doute davantage cet aspect. Cela parce que le Christ n'est pas encore venu, lui, le Dieu compatissant, sauvant les âmes et ayant pris sur lui la misère. Nous ne sommes plus face à ce grand Dieu incompréhensible, comme il apparaît à Job à la fin, mais face à celui qui s'est abaissé au plus bas. Il peut dire de lui-même avec le psaume : « Et moi ver, non pas homme » (Ps 22, 7), quelqu'un qu'on écrase et qu'on piétine.

Lorsque nous sommes dans le besoin, surgit toujours à nouveau la question : « Pourquoi ne fais-tu pas cela ?! » Nous en avons parlé au début : dire très ouvertement à Dieu notre incompréhension est souvent le commencement de la prière personnelle et permet de maîtriser la situation. Nous disons cela avec une grande certitude : « J'aurai la bonne réponse parce que le Crucifié est constamment devant moi, lui qui a subi la même misère. »

Je me trompe peut-être, mais, dans le christianisme, le rapport à Dieu est plein de dévotion. Augustin dit : « Seigneur, je ne discute pas avec toi, parce que tu es la vérité... Je ne te demande pas des comptes... Mais laisse-moi parler de ta miséricorde, moi, poussière et cendre. »

Cette question a préoccupé Augustin, qui a toujours été un homme souffrant et luttant. Au début il pensait que, lorsqu'on se convertit, on prend un chemin élevé. Plus tard il a remarqué que même ce chemin élevé restait très difficile et qu'il existait aussi de très sombres vallées. Il pensait que saint Paul a été tenté jusqu'à la fin, ce qui était certainement une projection de soi-même. C'est justement parce qu'Augustin était ainsi torturé qu'il était essentiel pour lui de pouvoir invoquer Dieu comme le miséricordieux, de savoir qu'il pouvait trouver refuge auprès de lui, de voir son visage accueillant et de ne pas devoir se disputer avec lui.

Je pense que c'est la figure du Christ qui enlève à la discussion avec Dieu un peu de son amertume. La réponse de Dieu à Job qui n'était d'abord qu'une esquisse est devenue par la suite plus précise.

Encore une fois, beaucoup de gens dans une situation de détresse cherchent secours dans la foi. Parfois avec succès. Mais, d'autres fois, on se dit : « Mon Dieu, où es-tu réellement ? Pourquoi ne m'aides-tu pas davantage quand j'ai besoin de toi ? »

Le livre de Job est le classique cri de l'homme qui fait l'expérience de toute la misère de l'existence et du silence de Dieu. Du Dieu apparemment injuste. Job est désespéré et en colère et déverse ses griefs devant Dieu, ce qui l'abat et le fait douter de la beauté de la vie.

En fait, est-il bon de vivre ? Et Dieu est-il bon, est-il là, peut-il réellement aider ? Ces obscurités ne nous sont pas épargnées. Il est clair qu'elles sont nécessaires si nous voulons apprendre quelque chose dans la souffrance, la liberté intérieure, la maturité et aussi la compassion à l'égard d'autrui. Il n'existe pas d'ultime réponse rationnelle, une formule universelle nous permettant d'expliquer ces choses. Là où nous sommes touchés dans notre corps et dans notre cœur, une autre réalité s'impose qu'on ne peut comprendre avec des formules toujours valables. Seul le fait de les vivre tout à fait personnellement permet en dernière analyse de les tirer au clair.

« On m'a assigné des nuits harassantes », se plaint Job, « À peine couché, je me dis : quand me lèverai-je ? Le soir n'en finit pas et je me saoule de délires jusqu'à l'aube... mon œil ne reverra pas le bonheur » (cf. *Job 7, 3-7). Lorsqu'une telle détresse oppresse quelqu'un, que peut apporter la foi ?*

C'est une bonne question, car ce que je fais doit avoir du sens. On veut savoir s'il est juste que cela arrive. Si cela est sensé ou si ce n'est en réalité qu'une illusion. Ce questionnement devient fallacieux lorsque tout tourne uniquement autour du *moi*, la seule prémisse étant : « Qu'est-ce que cela m'apporte à moi ? » On est alors dans une perspective de possession de la vie, d'enfermement en soi-même, ce qui nous empêche de comprendre quoi que ce soit et nous mène finalement à l'échec de notre vie.

Jésus disait : Qui veut gagner sa vie la perd ! Et celui-là seul qui est prêt à la donner entre dans la vraie perspective et peut ainsi la trouver (*cf.* Mt 10, 39). Cela veut dire que je dois en fin de compte abandonner la question : « Qu'est-ce que cela m'apporte ? » Je dois apprendre à reconnaître qu'il est important de me détacher de moi-même. Je dois être prêt à me donner.

C'est vite dit !

Déjà, dans tout amour humain c'est ainsi. Il n'est vraiment enrichissant et ne peut croître que si je suis prêt à renoncer à moi-même pour cette personne, de sortir de moi et de me donner. C'est plus vrai encore lorsqu'il s'agit de notre relation à Dieu, origine de toutes nos autres relations.

Je dois commencer par ne plus me regarder moi-même, par me demander ce qu'il veut. Je dois d'abord apprendre à aimer. Cela consiste précisément à détourner le regard de moi et de le tourner vers lui. À partir de cette orientation fondamentale, je ne demande plus ce que je peux projeter pour moi-même, mais je me laisse guider par lui et je me perds en Christ. Je laisse tomber la préoccupation de moi-même et je me détache de moi-même. Je remarque alors que c'est ainsi que la vie devient juste et que, autrement, je me trouve bien trop à l'étroit en moi-même. Lorsque j'entre pour ainsi dire dans cet espace de liberté, alors tout ne fait que commencer, la vie acquiert sa vraie grandeur.

Cela signifie sans doute que cette histoire peut durer longtemps.

C'est naturellement un chemin qu'on ne peut pas faire du jour au lendemain. Si on veut être heureux rapidement, la foi n'est pas d'un grand secours. C'est peut-être une des raisons de la crise actuelle de la foi. Nous voulons recueillir le plaisir et le bonheur tout de suite et ne pas nous risquer dans l'aventure de toute une vie, avec l'immense confiance qu'il ne s'agit pas d'un saut dans le néant, mais essentiellement d'un acte d'amour pour lequel nous sommes créés. Ce n'est que cet amour qui me donne ce que je veux, aimer et être aimé, et par là trouver le vrai bonheur.

DÉPLACER DES MONTAGNES

*Mais Jésus dit lui-même : « Si vraiment vous avez de la foi, gros comme une graine de moutarde, si vous dites à cette montagne : ôte-toi de là et jette-toi dans la mer, cela se fera... Rien ne vous sera impossible » ! (*cf. *Mc 11, 23)*

C'est effectivement une des paroles énigmatiques du Nouveau Testament, en tout cas pour moi. Même les Pères, les grands théologiens, les saints ont eu des difficultés avec cette parole. Il en va comme de la parole « Demandez et vous recevrez ! » Il ne faut pas nous fixer sur une compréhension banale qui serait : si je crois dur comme fer, je dis à ce Mont-Cassin : ôte-toi de là ! et cela se fera. Les montagnes dont il s'agit ici, ce sont celles qui défigurent notre vie. Et elles sont souvent plus importantes que les montagnes de nos cartes géographiques. Ces montagnes-là, je peux effectivement les aplanir, si je m'en remets à Dieu.

Ne s'agit-il pas d'une sorte d'autosuggestion ?

Croire ne consiste pas à se faire une idée ni à attribuer à cette foi un pouvoir. L'acte de croire consiste à faire confiance à Dieu qui est là et à se remettre en ses mains. Alors la montagne s'ôtera.

Le Seigneur utilise dans ce contexte l'image de la graine de moutarde comme la plus petite de toutes les semences qui deviendra un arbre dans lequel les oiseaux du ciel feront leur nid. Le grain de moutarde exprime d'abord la petitesse, qui me caractérise moi aussi, mais encore la croissance potentielle. Ce symbole de la petite graine est donc une image profonde de la foi. Celle-ci n'est pas uniquement une acceptation de définitions doctrinales précises, mais une semence de vie déposée en moi. Je ne suis un vrai croyant que lorsque la foi en moi est une semence vivante, qui grandit et qui transforme mon monde en y introduisant une nouveauté qui est pour le monde entier.

Jésus a fait une grande promesse. Il dit : « Mon enseignement ne vient pas de moi, mais de celui qui m'a envoyé. Si quelqu'un veut faire la volonté de Dieu, il saura si cet enseignement vient de Dieu ou si je parle de mon propre chef. » Même les pharisiens disaient alors : « Jamais homme n'a parlé comme celui-là ! »

Cela correspond exactement à ce que nous venons de dire. La vérité de la parole de Jésus n'est théoriquement pas révocable. Comme c'est le cas d'une thèse technique. Sa vérité ressort de l'expérimentation. La vérité de ce que Dieu dit concernant l'homme tout entier inclut l'expérience de la vie. Elle ne devient visible pour moi que si je me soumets à la volonté de Dieu telle qu'elle se dévoile pour moi. Cette volonté créatrice ne m'est ni étrangère ni extérieure, elle fait partie de moi. Et cette expérience de la vie me permet effectivement de reconnaître comment la vie devient vraie. Non comment elle devient facile, mais vraie. Elle ne sera pas superficielle ou amusante, mais profondément remplie de joie.

Telle est aussi la vraie signification des saints pour nous : ce sont des hommes ou des femmes qui ont fait cette expérience de se soumettre à la volonté de Dieu. Ce sont, d'une certaine manière, des lumières pour l'humanité, des indicateurs nous révélant comment fonctionne la vie, comment elle devient vraie. Je pense que c'est fondamental pour toute la question de la vérité du christianisme

DIEU ET L'INTELLIGENCE

L'Église et ses saints soulignent qu'on peut comprendre la foi chrétienne, la prouver, la justifier. Est-ce exact ?

Oui, mais dans certaines limites. La foi, il est vrai, n'est pas un quelconque assemblage d'images, qu'on pourrait modifier à volonté. Elle s'adresse à notre intelligence, parce qu'elle dit une vérité et que l'intelligence est faite pour la vérité. C'est pourquoi une foi inintelligible n'est pas la vraie foi chrétienne authentique.

La foi défie notre compréhension. Dans cette conversation même, nous cherchons à trouver comment tout cela, depuis l'idée de création jusqu'à l'espérance chrétienne, est une réalité qui a du sens et qui nous est compréhensible. C'est pourquoi on peut montrer que la foi est conforme à l'intelligence.

Ce sont justement les scientifiques qui ont toujours traité le thème de Dieu et de la foi. J'ai apporté quelques citations. Isaac Newton, par exemple, le fondateur de la physique théorique, disait : « La merveilleuse organisation et l'harmonie de l'univers ne peut être advenue que d'après le plan d'un être omniscient et tout-puissant. C'est là ma dernière et plus importante découverte. » Augustin Louis Chauchy, le mathématicien français, pensait : « Je suis un chrétien, ce qui signifie que je crois à la divinité du Christ, comme Tycho, Brahe, Copernic, Descartes, Newton, Leibniz, Pascal, comme tous les grands astronomes et mathématiciens du passé. » Le prix Nobel italien, Guglielmo Marconi, à qui nous devons le téléphone sans fil et aussi la génération des portables, l'exprimait ainsi : « Je suis fier d'être croyant. Je crois à la puissance de la prière. Je n'y crois pas seulement en tant que croyant catholique mais en tant que scientifique. »

C'est certain : en devenant chrétien, nous ne nous précipitons pas dans une aventure superstitieuse. J'aurais cependant deux réserves à faire : la foi n'est pas compréhensible dans le sens d'une formule mathématique totalement transparente pour moi ; elle plonge de plus en plus profondément dans l'infinité de Dieu, dans le mystère de l'amour. Dans ce domaine il y a une limite à ce qu'on peut comprendre par la pensée. Surtout ce que moi, dans mes limites humaines, je peux comprendre et totalement assimiler par l'intelligence.

Déjà, nous ne nous comprenons pas entièrement les uns les autres parce qu'on touche là à des profondeurs non prévisibles par un calcul rationnel. Finalement, nous ne comprenons pas non plus la structure de la matière : nous n'arrivons que jusqu'à un certain point. Il est d'autant plus évident que nous ne pouvons soumettre à la raison ce qui nous advient de Dieu et de sa Parole parce que cela la dépasse de loin.

Dans ce sens, la foi ne peut être prouvée. Je ne peux pas dire que celui qui ne l'accepte pas est tout simplement idiot. La foi exige un choix de vie qui corrobore ce qu'on croit et lui confère globalement une signification. L'intelligence peut fournir des approches qui me disent que j'ai raison de m'y fier et que je ne me fourvoie pas dans une quelconque superstition. Mais une preuve complète, comme dans le cas des lois naturelles, il n'y en a pas.

Peut-on dire que le développement de l'esprit humain est nécessaire pour connaître Dieu de mieux en mieux ?

Même un homme tout simple peut avoir une très grande connaissance de Dieu. Une connaissance plus grande des données scientifiques et historiques qui sont à notre disposition ne rend pas l'homme nécessairement plus capable d'arriver à une vraie connaissance de Dieu.

On peut aussi se noyer dans les seuls faits. Qui n'acquiert pas un sens pour le mystère qui règne dans les faits de la nature et de l'histoire se remplit la tête et le cœur d'une masse de faits qui peuvent même le rendre incapable de vivre sa dimension spirituelle profonde.

Les grandes connaissances scientifiques peuvent avoir un double effet. Elles peuvent conduire à ce que l'homme ne voit plus au-delà des faits et se limite à son propre horizon. Parce qu'il a la tête tellement remplie, il ne peut plus penser que sur ce plan et devient incapable de faire le saut dans le mystère. Il ne voit plus que ce qui est tangible. Métaphysiquement parlant, il devient, de ce fait, plus ignorant. Il se peut aussi que la contemplation nous fasse percevoir les nombreuses réfractions de l'intelligence divine dans la réalité et nous permette d'acquérir une image de Dieu plus grande et plus ample. Cela engage à plus de respect et aussi d'humilité et d'admiration à son encontre.

Un exemple tout à fait pratique pour une possible transformation de l'image de Dieu : à un moment donné, on a rejeté la croyance du passé disant que Dieu voit chaque homme et qu'il sait exactement ce que chacun fait à chaque instant. Ce ne serait là qu'une chimère enfantine si ce n'était une menace de l'Église pour faire peur. Il est curieux de constater que le progrès de la technique nous ramène à cette image. Entre-temps nous avons installé dans l'espace des satellites qui nous inondent d'images et des systèmes de navigation qui peuvent localiser chaque auto dans le monde entier et la guider vers sa destination. Par ailleurs, la technique informatique et Internet prouvent que, par des stimulations de fractions de seconde, des millions d'impulsions et de mouvements peuvent être guidés et reliés entre eux, qu'on soit à Oslo ou au Cap. Par cet élargissement des capacités humaines de représentation revient subitement une notion de Dieu, qui paraît nouvelle et intéressante, qu'on avait remisée au musée de l'Histoire comme trop naïve.

Il est bon de reconnaître que nous disposons là d'une aide en nouveaux moyens de communication. C'est pourquoi des portes qui étaient fermées s'ouvrent à nouveau. En comprenant mieux le monde, l'image de Dieu apparaît plus grande et plus compréhensible. Mais cela ne se fait pas automatiquement.

UNE CONTRADICTION

D'un côté, il y a les commandements de Dieu ; de l'autre, notre nature humaine. Les deux sont issus de la création. Et pourtant chacun peut voir que les deux sont souvent difficilement compatibles. Penser et agir faussement est aussi manifestement humain. En tout cas, ce paradoxe nous met dans une situation où nous nous sentons dépassés.

Le croyant chrétien est convaincu que la création est perturbée. L'existence humaine n'est plus telle qu'elle est sortie des mains du Créateur. Elle s'est alourdie d'un élément qui, à côté de la tendance innée *vers Dieu*, introduit une autre tendance *éloignant de lui*. Ainsi l'homme est tiré à hue et à dia entre le plan originel de la création et son héritage historique.

Cette possibilité est innée dans ce qui est fini et créé mais s'est développé seulement dans l'histoire. L'homme est créé d'abord pour l'amour : il est là pour « se perdre » soi-même, se donner. Mais il a aussi tendance à se refuser, à vouloir n'être que lui-même. Cette prédisposition peut aller jusqu'à aimer Dieu ou, au contraire, jusqu'à le contrarier en disant : « Je voudrais être indépendant, je voudrais n'être que moi-même. »

Lorsque nous nous observons attentivement nous-mêmes, nous percevons ce paradoxe, cette tension intérieure dans notre existence. Nous reconnaissons ce que disent les Dix commandements et le considérons comme juste. Être bon et reconnaissant envers l'autre, le respecter dans ce qui lui appartient. Dans le domaine du rapport entre les sexes, trouver le grand amour qui fonde la responsabilité mutuelle pour la vie entière ; dire la vérité et ne pas mentir : tout cela nous le voudrions et nous procure la joie. D'une certaine façon, cette autre tendance ne va pas seulement contre nous-mêmes et pèse sur nos épaules comme un joug.

Nous ressentons par ailleurs comme une démangeaison à nous y soustraire.

C'est le plaisir de la contradiction, la facilité du mensonge, la tentation de la méfiance, tout cela provient d'une tendance de destruction, une volonté de dire non, elle aussi présente dans l'homme.

Ce paradoxe indique une certaine perturbation dans l'homme qui fait qu'il ne peut plus être simplement celui qu'il voudrait être. « Je vois ce qui est bon et je l'approuve, dit déjà Ovide, poète romain, et je fais quand même le contraire. » Et Paul, dans le chapitre 7 de l'Épître aux Romains affirme également : « Le bien que je veux, je ne le fais pas et le mal que je ne veux pas, je le fais », ce qui arrache à Paul ce cri : « Qui me délivrera de cette contradiction intérieure ? » (Rm 7, 15 ; 24) C'est ce qui a permis à Paul de vraiment comprendre le Christ et le point à partir duquel il a introduit le Christ comme réponse salvifique dans le monde païen d'alors.

Il existe aussi une contradiction extérieure. Entre la bonne nouvelle de ce Dieu bon et aimable et la situation réelle de notre monde. En conséquence, on est déçu de Dieu. Beaucoup de gens ne voient rien de son activité salvifique. Et parfois je pense moi-même que la foi ne résiste plus à nos conceptions très développées. En réalité elle ne supporte pas la pleine lumière des faits.

À cette contradiction intérieure dont nous venons de parler s'ajoute une dimension collective. Il existe une conscience collective qui renforce cette contradiction. Elle renforce la tendance égoïste qui détourne de Dieu et propose des manières de vivre apparemment plus faciles. Chacun ne vit que pour lui-même, il vit par procuration, il se laisse former, guider et déformer.

Les progrès d'une société, comme ses reculs, comportent des degrés. Des communautés peuvent être porteuses et me mettre sur le bon chemin de sorte que la contradiction intérieure devient peu à peu plus facile à vivre et peut même disparaître. Par ailleurs, il existe aussi des collectifs favorisant la moyenne où l'on dit : « Les autres font de même. » Ce sont des sociétés où le vol est devenu normal, où la corruption n'est plus considérée comme inconvenante et où le mensonge est pratiqué couramment.

Des sociétés peuvent tirer l'homme vers le bas ou l'aider à s'élever. Dans le premier cas règne une telle domination des choses matérielles et une façon de ne penser qu'au matériel qui fait que tout ce qui dépasse ce matérialisme apparaît dépassé, fou, inadapté à l'homme. Dans le deuxième cas, Dieu est en quelque sorte réellement évident et l'approcher devient plus facile.

Et pourquoi la vie ne serait-elle pas tout simplement facile, agréable et plaisante ?

Dans l'instant présent, il est naturellement plus simple de se contenter des choses matérielles, de ce qui est disponible, des expériences heureuses, qu'on peut directement acheter ou provoquer. Je peux entrer dans un lieu de loisirs, en payant un droit d'entrée et vivre une sorte d'extase et m'affranchir ainsi de toutes les peines du difficile chemin du devenir ou du dépassement de soi. Cette tentation est très grande. Même le bonheur devient une marchandise qu'on peut acheter ou vendre. C'est plus facile et plus rapide. La contradiction intérieure semble surmontée parce que la question de Dieu devient inutile.

On pourrait le considérer comme une manière de vivre plus civilisée, plus développée et plus adaptée au monde moderne.

Oui, mais nous savons aussi qu'on en est très rapidement déçu. Chacun de nous le remarque : en fin de compte, je reste vide, usé, et si je retombe de mon extase, je ne peux plus ni me supporter ni supporter le monde et de manière définitive. C'est finalement là que je remarque que j'ai été trompé.

Il est vrai que si nous sommes seuls à jamais dans notre propre intériorité, nous vivons toutefois ensemble ce drame. Ce caractère collectif peut alourdir notre destin ou l'alléger. C'est dans ce but qu'on avait institué, dans l'Église primitive, le catéchuménat. L'intention était de fonder une sorte de société alternative où l'on pouvait se familiariser avec Dieu, et, par la vie partagée avec les autres, on apprenait peu à peu à le voir. Durant ce temps avant le baptême, appelé illumination, venait le moment où le catéchumène s'ouvrait à la connaissance et devenait un croyant autonome.

Je pense que, dans nos sociétés athées ou agnostiques et matérialistes, cela est redevenu nécessaire. Il semble qu'autrefois la société et l'Église étaient clairement identifiées. Actuellement l'Église doit de nouveau s'efforcer d'offrir des lieux alternatifs qui permettent de vivre non seulement cette réalité collective lourde et écrasante mais aussi l'être-ensemble qui porte l'individu et l'introduit à la vision de foi.

La question est de savoir si la foi nous rend tellement meilleurs, plus miséricordieux, charitables, moins avares, moins vaniteux. Prenons ceux que Dieu lui-même a appelés à la foi, ceux donc qui ne devraient avoir d'autre projet que de plaire à Dieu et devenir parfaits. Pourquoi rencontre-t-on parmi les clercs, les moines et les moniales un tel degré de jalousie, d'envie, d'inimitié, de mensonge et de manque de disponibilité ? Pourquoi leur foi ne les rend-elle pas meilleurs ?

C'est là une question vraiment embarrassante. On voit bien là que la foi n'est pas simplement donnée mais qu'elle peut s'atrophier ou croître, qu'elle peut varier vers le haut ou vers le bas. Elle n'est pas simplement un capital garanti, qu'on pourrait considérer comme acquis et ne pouvant plus que grandir. La foi est toujours un don fait à une liberté fragile. On pourrait souhaiter qu'il en soit autrement. Mais c'est justement le risque difficilement compréhensible couru par Dieu en n'administrant pas un remède plus efficace.

On ne peut pas ne pas voir les manquements qui existent parmi les croyants (qui cachent toujours un affaiblissement de la foi). Il ne faut pas pour autant passer sous silence l'autre bilan. L'histoire de tant de gens simples, bons, que la foi a rendu meilleurs, nous révèle que la foi a également une efficacité positive. Je pense en particulier aux gens âgés, dans des paroisses tout à fait normales, qui, par la foi, ont acquis une grande bonté. La rencontre avec eux comporte quelque chose de chaleureux et permet de ressentir une sorte de rayonnement intérieur.

Et, à l'inverse, il faut constater que la société, dont la foi s'est évaporée, est devenue plus dure, plus violente, plus méchante. Le climat, dit un théologien aussi critique que Vorgrimler, ne s'est pas amélioré, mais est devenu plus mauvais et plus pernicieux.

LE SECRET

Le monde des chrétiens est un monde où l'invisible est aussi évident que le visible. Les chrétiens sont entourés d'anges gardiens. Ils peuvent être aidés par le Saint-Esprit. Ils peuvent à volonté demander consolation et secours à la Vierge Marie. Le grand savant chrétien, Romano Guardini, évoque même la possibilité de rendre visible le spirituel et le secret. La méthode consiste à concentrer toutes ses pensées et ses sentiments sur des réalités ou actes sacrés. On ressent alors immédiatement qu'on est harmonisé et sanctifié. Pour des non-catholiques, cela paraît très étrange sinon naïf.

Il ne faut pas le comprendre dans un sens superficiel et finalement superstitieux. Comme s'il existait un monde de puissances tutélaires qui nous soulageraient de la moitié de notre vie. Il est vrai que, dans la foi, nous percevons une réalité dont tout n'est pas accessible. Les grands saints sont restés des vivants. Cette grande famille est là et d'en prendre conscience signifie que je me sais entouré et aimé.

Pour apprendre cela, selon la formule de Guardini, je dois bien entendu me familiariser *intérieurement* avec cette réalité et l'intégrer de façon intelligente. Je puis alors me laisser guider. Elle n'est pas simplement un moyen commode pour me décharger de la moitié de ma vie, mais une indication.

Aux informations, ici, en Italie, une femme a récemment raconté son histoire. Elle attendait un enfant et devait subir une opération cardiaque à grand risque. Très détendue, elle rapporte au reporter qu'elle a simplement dit au *Padre* Pio : « *Padre* Pio, aide-moi et aide mon enfant ! » et que, dès lors, elle sut que rien ne lui arriverait. C'est peut-être là une attitude enfantine et naïve, mais elle reflète bien la confiance qui est donnée si l'on est conscient d'avoir des frères et sœurs dans l'autre monde. Ils sont proches et peuvent m'aider et je peux en toute confiance les invoquer.

Malgré tout, de moins en moins de gens semblent connaître les mystères de la foi. Comment en est-on arrivé là ?

Sans doute notre foi est devenue un peu trop mécanique. Peut-être s'est-elle trop extériorisée, pas assez intériorisée, comme le suggère la parole de Guardini.

Chaque génération doit redécouvrir la foi et la vivre d'une manière nouvelle. À l'inverse, on voit comment une génération qui ne perçoit plus la foi chrétienne et sa puissance de guérison se met à rechercher autrement, dans le domaine de l'ésotérisme par exemple, ce qui peut l'aider, des pierres, par exemple, ou je ne sais quoi d'autre. On recherche de nouvelles formes d'invocation de puissances invisibles parce qu'on sent qu'on a besoin d'aide. C'est pourquoi, nous, catholiques, et avant tout ceux, parmi nous, qui ont des responsabilités, nous devons réfléchir. Nous devons nous poser des questions. Pourquoi ne pouvons-nous plus annoncer la foi de manière à apporter des réponses aux questions qui se posent aujourd'hui ? Pourquoi les gens ne sentent-ils plus que cette foi offre ce qu'ils cherchent effectivement ?

TOUT SERAIT-IL ÉCRIT D'AVANCE ?

Une expression arabe essaie d'exprimer un grand mystère du monde : « Maktub ». *On peut la traduire à peu près ainsi : « C'est écrit ! » Peut-être tout est-il effectivement écrit, toute l'histoire du monde, l'histoire de ma naissance et de ma mort. J'ai entendu dire un jour, lors d'une messe : « Heureux ceux qui sont déjà inscrits auprès de Dieu dans le grand livre de la vie. » Dieu fixe-t-il d'avance le chemin de chacun de sorte que je n'aurais plus qu'à découvrir ce qu'il a écrit à mon sujet ?*

Bien que n'étant pas un spécialiste de l'islam, je pense que, sur ce point, il y a une réelle contradiction ou du moins une différence entre l'islam et la foi chrétienne. L'islam part d'une très forte affirmation de la prédestination. Tout est déterminé d'avance et je vis dans ce filet solidement tissé. La foi chrétienne, au contraire, mise absolument sur le facteur liberté. Cela signifie que Dieu englobe tout. Il connaît tout. Il est le maître de l'histoire. Mais, malgré cela, il l'a conçue de manière à laisser la liberté jouer son rôle. Il est ainsi possible que je m'écarte de son plan sur moi.

Pourriez-vous l'expliquer plus précisément ?

C'est très mystérieux et difficile. Même dans le christianisme, la soi-disant doctrine de la prédestination a toujours eu cours. D'après cette doctrine, il est établi que ceux qui vont en enfer et ceux qui vont au ciel y étaient destinés, leur sort est fixé de toute éternité. La foi de l'Église l'a toujours refusé. Car la pensée que, individuellement, je ne peux plus rien faire – si je suis destiné à rôtir en enfer, c'est ainsi, et, de même, si je suis destiné au ciel, c'est également ainsi – n'est certainement pas conforme à la foi.

Dieu a créé une vraie liberté et accepte que ses plans soient contrariés (même si d'une certaine manière il s'arrange pour que du neuf puisse en sortir). D'ailleurs, l'histoire le montre. C'est d'abord le péché d'Adam qui renverse le projet de Dieu. La réponse de Dieu est de se donner encore plus fortement, de se donner lui-même dans le Christ.

C'est l'exemple majeur. Mais il y en a beaucoup d'autres. Le peuple d'Israël devait être une théocratie ; sa constitution ne prévoyait pas d'homme à sa tête, mais seulement un juge appliquant le droit de Dieu. Mais les Israélites voulaient un roi comme les autres peuples. Ils ont renversé le plan de Dieu et celui-ci leur a cédé. Il leur donne Saül puis David et fait de la royauté un chemin vers le Christ qui, en mourant sur la croix, devient le roi par qui est renversée toute royauté.

Par ces modèles, l'Écriture nous permet de comprendre que Dieu, d'une part, accepte pleinement la liberté et, d'autre part, qu'il est si grand qu'il peut transformer la défaillance et la destruction en nouveau commencement qui dépasse même le premier et apparaît plus grand et meilleur. Dieu sait tout et, cependant, d'autres projets sont possibles. Les plus grands philosophes et théologiens se sont cassé la tête là-dessus. Notre capacité s'arrête là parce que nous ne sommes pas Dieu et que notre horizon est singulièrement limité.

Mais je pense que nous pouvons comprendre ce qui est immédiat. Dieu reste maître de l'histoire. Il est mon maître mais il me laisse la liberté de devenir quelqu'un qui aime, ou qui refuse d'aimer. C'est pourquoi Dieu ne m'a pas programmé de manière invariable mais il m'a laissé une marge de manœuvre que nous appelons liberté.

LES MIRACLES SONT-ILS VRAIS ?

Les miracles sont toujours considérés comme possibles par le croyant. Aux Apôtres déjà, de leur vivant, on a proposé beaucoup d'argent s'ils livraient le secret de leur pouvoir miraculeux. Il y a une masse de témoignages sur des choses inexplicables qui nous posent question. Les uns s'en moquent et les autres les considèrent avec respect. Dans la grande basilique de Padoue on peut voir, dans un reliquaire, la langue de saint Antoine qui fut un grand prédicateur. À Nevers est conservé le corps de Bernadette et, à Lisieux, celui de sainte Thérèse, les deux intacts. Et sans traitement chimique, contrairement à ce que les communistes avaient fait avec leur saint Lénine. Comment est-ce possible ? Si nous pouvions poser cette question à Dieu lui-même, que nous dirait-il à propos de ces miracles ?

Bien sûr, je ne me hasarderais pas à exprimer ce que Dieu lui-même dirait. Mais il reste la question du miracle. La foi chrétienne dit effectivement que Dieu a le pouvoir d'intervenir dans le monde.

La question n'est pas d'abord de savoir si les lois de la nature doivent être contrariées, et jusqu'à quel point, ou si elles contiennent implicitement, en elles-mêmes, les variantes que Dieu peut effectivement susciter. Nous voyons, de nos jours, toujours plus clairement que nous ne connaissons des lois de la nature que les règles d'application. Ce qu'est la nature en elle-même, quelle est la portée des lois de la nature, nous ne pouvons finalement pas le préciser. Il est important de savoir que Dieu, une fois le monde créé, n'a pas démissionné en se disant : « Maintenant, il ne me reste plus qu'à laisser tourner la machine telle qu'elle a été mise en route une fois pour toutes. Non, Dieu peut agir. Il continue à en être le créateur et peut donc toujours intervenir.

Chaque intervention est-elle déjà un miracle ?

Il ne faut pas tomber dans une conception superstitieuse des miracles, comme si on pouvait en provoquer à volonté. Il ne faut pas en faire des recettes faciles. Il ne faut pas non plus vouloir tout savoir et dicter à Dieu ce qu'il peut faire.

J'ai lu à ce propos une remarque très intéressante. Elle est tirée d'un ouvrage sur le théologien protestant Adolf Schlatter qui fut un homme très croyant. Il avait été appelé à Berlin lorsque le grand théologien libéral

Adolf von Harnack y enseignait. L'Église protestante voulait contrebalancer le libéralisme de Harnack.

Celui-ci était un esprit fin. Bien que cet nomination de Schlatter fût un coup porté contre lui, il l'accueillit très bien, en se disant que cela irait et qu'ils se comprendraient. Et, effectivement, ils ont très bien collaboré. Un jour, lors d'une conversation dans le cadre d'une session, quelqu'un a fait allusion au contraste entre les deux théologiens. Harnack a dit : « La seule question qui nous sépare est celle du miracle. » Schlatter s'empressa de corriger : « Non, c'est la question de Dieu ! La question du miracle inclut celle de Dieu. Celui qui ne reconnaît pas les miracles a une autre image de Dieu. »

Je pense que, par là, le point est mis sur le « i ». La question n'est pas de savoir si tel ou tel fait extraordinaire est reconnu comme miracle ou non. C'est de savoir si Dieu reste Dieu. S'il peut, de la manière qu'il veut et qui est bonne pour le monde et quand il veut, continuer à se révéler comme Créateur et Seigneur dans le monde.

Jean-Paul II a dit un jour : « Lorsqu'on s'occupe de Dieu, on peut en recevoir la lumière qui montre les chemins du Seigneur et dévoile un peu le plan de Dieu. » Cela signifie-t-il que la foi permet de voir l'avenir ?

Nous pouvons réellement connaître quelque chose du plan de Dieu. Cette connaissance dépasse le destin individuel de ma personne et de ma vocation. Par un coup d'œil rétrospectif sur la globalité de l'histoire, nous voyons qu'il ne s'agit pas d'une évolution livrée au hasard, mais qu'un chemin se dessine qui oriente vers un but. Dans les événements apparemment soumis au hasard nous pouvons reconnaître une raison intérieure, la raison de Dieu.

On ne peut sans doute pas prédire ce qui arrivera. Avec une certaine attention, on peut cependant détecter des dangers dans certains faits et, inversement, repérer les signes d'espérance dans d'autres. Il en résulte un sens pour l'avenir. D'un côté je vois ce qui détruit l'avenir, parce que contraire à la logique interne de l'itinéraire, et, d'un autre côté, ce qui permet de continuer la route, parce que cela ouvre des portes et que le plan interne du tout est respecté. Il en résulte une capacité de diagnostiquer l'avenir.

Il en va de même chez les prophètes. Ce ne sont pas des diseurs de bonne aventure. Ce sont les voix de ceux qui, par Dieu, savent lire les signes des temps, qui peuvent prévenir des dangers imminents et indiquer le bon chemin.

Si Jésus-Christ est le Fils de Dieu et Dieu même, tout-puissant et omniscient, il faudrait pouvoir dire : « Il y a deux mille ans, lorsqu'il a été torturé sur la croix, il me connaissait déjà, moi, personnellement. Dans sa divine Providence, il connaissait déjà jusqu'à mon nom. »

Paul dit dans l'Épître aux Galates : « Il m'a connu et s'est livré pour moi » (Ga 2, 20). De manière purement empirique, il n'a certainement pas connu Paul. Mais Paul savait qu'il avait été appelé par le Ressuscité et que le Seigneur l'avait vu, lui aussi.

Il est vain de nous représenter comment le Christ-homme pouvait connaître l'infinité des êtres humains de l'histoire ; mais on peut dire qu'à l'instant ultime de son agonie au jardin des Oliviers, de son acceptation de la Croix, il nous avait tous en vue, qu'il m'a connu moi aussi. Cet acte contient le choix de vie fait de toute éternité qui traverse toute la vie temporelle du Christ et la détermine. C'est ainsi que je sais que je ne suis pas simplement un quelconque numéro situé hors du faisceau lumineux, mais que le Christ a une relation personnelle avec moi, profondément ancrée dans l'acte du don qu'il fit de lui-même.

DIEU, OUI, L'ÉGLISE, NON ?

Le mot grec « Église » signifie, dans son sens originel, « celle qui appartient à Dieu ». Est-ce que cela veut dire que l'Église appartient à Dieu ?

Tout à fait. « Εκκλεσια » vient de convoquer et désigne celle qui est appelée. Le mot désigne, dans son sens technique, l'assemblée et renvoie, dans le contexte grec d'alors, aux rassemblements du peuple dans les démocraties de l'époque. Dans l'usage linguistique chrétien, il s'applique à l'assemblée du Sinaï, l'assemblée du peuple d'Israël. C'est pourquoi il signifie « les convoqués à l'assemblée », ceux qui sont rassemblés chez lui, qui lui appartiennent et qui savent qu'il demeure parmi eux.

Ce qui est là derrière, c'est, comme vous le dites, que l'Église est devenue, par vocation, la propriété particulière de Dieu dans le monde, quelque chose qui lui appartient de manière particulière, son temple vivant. Les chrétiens ont pris très au sérieux la conviction que Dieu n'habite pas dans un temple de pierres, mais qu'il est vivant. Par conséquent, le vrai temple, ce sont les hommes en qui il habite et qui lui appartiennent. L'expression « peuple de Dieu » signifie aussi, de manière particulière, qu'on appartient à Dieu et qu'on vit selon cette relation d'appartenance.

Durant ces deux mille ans de christianisme, l'Église s'est souvent divisée. On compte, à l'heure actuelle, environ trois cents églises différentes, protes-

tantes, orthodoxes ou autres. Le nombre des communautés chrétiennes baptistes dépasse de loin les mille. Face à ce déferlement, il y a toujours l'unique Église catholique romaine, avec le pape à sa tête, qui déclare d'elle-même qu'elle est la seule vraie Église. Elle est restée, malgré toutes les crises, effectivement la plus répandue dans le monde, la plus importante et celle qui a le plus de succès. Elle a plus de membres qu'elle n'en a jamais eus dans l'histoire.

Dans l'esprit de Vatican II, nous ne devons pas avoir une attitude triomphaliste devant l'efficacité dont nous, catholiques, faisons preuve, ni abuser de notre poids institutionnel passé et présent et de notre nombre. Considérer cela comme notre performance et notre propriété consisterait à cesser d'appartenir à Dieu et à nous élever au rang d'une association ayant son propre pouvoir. Et l'on peut très vite en arriver là. Une Église peut avoir, dans un pays, un très grand pouvoir institutionnel, mais, si la foi qui l'anime disparaît, l'institutionnel ne tardera pas à s'effondrer.

Vous connaissez sans doute cette histoire d'un juif du Moyen Âge qui, au cours d'un voyage, passait à la cour papale et qui devint catholique. À son retour, un connaisseur de la cour papale lui pose cette question : « Ne t'es-tu pas rendu compte de tout ce qui se passe là-bas ? » « Oui, dit-il, j'ai tout vu, toutes ces choses scandaleuses, tout ! » « Et malgré cela tu es devenu catholique ?, dit l'autre, c'est un non-sens. » Le juif lui répondit alors : « C'est précisément à cause de cela que je suis devenu catholique. Car si l'Église continue à subsister, c'est vraiment que quelqu'un d'autre la maintient » ! On rapporte aussi que Napoléon dit un jour qu'il détruirait l'Église. Là-dessus, un cardinal lui répliqua : « Même nous, nous n'avons pas réussi à le faire ! »

Ces paradoxes font apparaître quelque chose de très important. Les incapacités humaines n'ont jamais manqué dans l'Église catholique. Mais qu'elle tienne debout malgré cela – même si c'est en gémissant et geignant qu'elle continue à exister, qu'elle produit de grands martyrs et de grands croyants, des hommes et des femmes qui donnent leur vie, comme missionnaires, comme sœurs infirmières, comme éducatrices – montre bien que quelqu'un d'autre est présent qui la maintient.

Ainsi donc nous ne pouvons pas considérer les succès de l'Église comme dus à nos mérites. Mais nous pouvons affirmer, à la suite de Vatican II, que, même si les autres Églises et communautés présentent beaucoup de vitalité venant du Seigneur, l'Église comme sujet dans le vrai sens du terme est présente et vivante dans *ce* sujet. Et cela ne s'explique que parce que Dieu donne ce que les hommes ne peuvent faire.

Voici comment Guardini a décrit l'Église : « Son rôle est de présenter aux hommes, sans altérations, les ultimes vérités, l'image définitive de la perfection, les orientations maîtresses des valeurs et elle ne doit se laisser induire en erreur par aucune passion, aucun vacillement du sentiment, aucune déformation liée à l'égoïsme. » Voilà une forte exigence !

Mais une exigence vraie. Même si la formule est abrupte. Guardini, qui fut un grand savant, affectionnait de mettre la barre très haut, et c'est important. Il ne nous faut pas noyer la force de l'exigence dans des formules de compromis pour peu à peu la faire disparaître. L'Église ne peut fonctionner d'après le principe : « De quoi sommes-nous capables ou non ? » Elle n'est pas là pour trouver des formules de compromis les plus supportables possibles mais pour présenter la Parole et la Volonté de Dieu dans toute leur grandeur, non falsifiées, même contre soi-même et contre ses propres prédicateurs.

Je suis toujours impressionné par ce que saint Paul dit dans son discours d'adieu aux prêtres d'Éphèse (il savait qu'à Jérusalem la prison l'attendait). « Je n'ai vraiment rien négligé : au contraire, c'est le plan de Dieu tout entier que je vous ai annoncé » ; je ne vous ai rien caché et je n'ai pas essayé de vous rendre la vie facile. Je n'ai pas tenté non plus de vous donner ma propre formule, mais je vous ai annoncé la volonté de Dieu tout entière. Et c'est pour cela, en fait, que l'Église est là.

Vous n'avez probablement jamais eu l'idée de quitter l'Église. N'y a-t-il rien dans l'Église qui vous peine ou même vous irrite ?

L'idée de quitter l'Église en effet ne m'a jamais effleuré, car elle est par trop ma patrie intérieure. Depuis ma naissance elle fait tellement partie de moi-même que, sans elle, je me décomposerais d'une certaine manière, je me détruirais.

Naturellement, il y a toujours des choses, petites ou grandes, qui irritent. Cela commence par l'Église locale et l'on peut remonter jusqu'au gouvernement central de l'Église, dont je fais partie. Partout il y a des hommes, et par conséquent toujours aussi des choses qui irritent. Mais on ne quitte pas une famille quand on s'irrite. Surtout pas quand l'amour qui lie les membres est plus fort, quand il constitue cette force originelle qui fait vivre.

Il en va de même avec l'Église. Je sais que je ne suis pas là à cause de celui-ci ou de celui-là. Je sais de plus qu'il y a eu dans l'histoire tant et tant d'erreurs qu'il peut y avoir des sujets réels d'irritation. Mais je sais aussi que tout cela ne supprime pas ce qui fait le propre de cette Église. Pour la simple raison que cela vient d'ailleurs et ne cessera jamais d'être mis en valeur.

Joseph Roth écrit dans son roman La Marche de Radetzky *: « Dans ce monde pourri, l'Église romaine est encore la seule qui donne une forme, qui maintient la forme. Oui, on peut dire qu'elle est la seule pourvoyeuse de forme... En même temps qu'elle définit les péchés, elle les pardonne. Elle ne concède tout simplement pas qu'il y ait des homme sans faute : c'est ce qu'il y a d'éminemment humain en elle... c'est par là que l'Église romaine fait preuve de sa tendance la plus noble, à pardonner, à remettre. » L'Église serait-elle essentiellement une Église de pécheurs ?*

De toute évidence ! Nous venons de voir que l'Église, malgré les pécheurs, est tenue par Dieu. Votre citation fait apparaître une certaine façon de voir l'Église qui la considère comme bonne et utile pour des raisons purement profanes. Il est tout à fait essentiel que l'Église donne une forme et la maintienne, qu'elle ne se dilue pas dans l'indéterminé, qu'elle puisse dire la volonté de Dieu. Mais si on ne la comprend que comme une réalité historique, on met Dieu au service d'intérêts humains. Il arrive alors exactement à ceci : on veut bien encore de quelque manière une religion, mais on considère Dieu comme un moyen provisoire pour maintenir l'unité de l'homme et son lien avec lui-même.

Par ailleurs, je critiquerais l'expression : « L'Église catholique définit des péchés et s'empresse immédiatement de les pardonner. » Bien évidemment, elle n'invente pas les péchés, mais elle reconnaît la volonté de Dieu et doit la faire connaître. L'important de cette citation est l'affirmation que l'Église doit dire la volonté de Dieu dans toute son étendue, dans son caractère inconditionnel et dans toute son exigence pour que l'homme connaisse sa mesure et qu'en même temps elle bénéficie de la charge de pardonner.

En réalité l'Église peut dire aux hommes : « Celui qui veut être juste tout seul, par lui-même, celui qui croit être pur au point de ne plus avoir besoin de pardon, celui-là est dans l'erreur. Il s'ensuit une arrogance, un orgueil égoïste et satisfait qui est finalement inhumain.

Il s'agit précisément de ne pas arriver à cette attitude d'orgueil, de ne pas arriver à me passer du pardon. Au contraire, lorsque je tente de vivre selon la volonté de Dieu, de confondre la mienne avec la sienne, je sais que je peux toujours trouver le pardon. Je suis un être qui a l'humilité d'accepter qu'il a besoin de pardon. Dans cette perspective l'humilité et la confiance sont ce qui rend l'homme vraiment humain.

« Dieu, oui, l'Église, non ! » est devenu un slogan courant. Saint Cyprien, évêque de Carthage (200-258) disait à ce propos : « Hors de l'Église, point de salut », car « celui qui n'a pas l'Église pour mère ne peut avoir Dieu pour père. » Est-ce encore valable aujourd'hui ?

Cela ne vaut pas dans le sens que tous les non-chrétiens seraient condamnés à l'enfer. Mais cela signifie qu'on a de quelque manière besoin de la mère même si on ne la connaît pas. De la communauté qui fait naître à la foi et oriente vers Dieu.

Cyprien parle de la relation entre Dieu et l'Église dans le contexte de la persécution. Il pense à des chrétiens qui quittent l'Église par peur du martyre mais croient continuer d'adhérer au Christ et à Dieu. Il leur dit que celui qui abandonne la communauté vivante, le corps vivant, quitte l'arche de Noé et sombre dans les flots. Il met ainsi en évidence qu'on ne peut séparer la foi au Christ et l'Église.

Je ne peux pas faire du Christ une propriété privée et l'avoir pour moi tout seul. D'une certaine manière, l'inconfort de sa famille fait partie du Christ. La foi est un don à la communauté ou elle n'est pas. Cyprien n'a pas inventé une théorie sur ce que Dieu ferait de ceux qui ne connaissaient pas l'Église. Saint Paul lui aussi, qui insiste tant sur l'Église, dit que nous devons nous conduire convenablement *dans* l'Église ; ce que Dieu fera avec ceux du dehors, c'est *lui* qui le fera, c'est *lui* qui les jugera. Ainsi Paul ne développe pas plus de théorie sur la manière dont Dieu traitera les autres. Mais il nous dit que celui à qui le Christ s'est révélé ne peut pas se séparer de l'Église et doit vivre en elle.

Deux mille ans après, la question reste très actuelle.

Permettez-moi d'ajouter un mot. La situation d'aujourd'hui est encore un peu différente. Jean-Baptiste Metz a dit un jour que la formule valable actuellement est : « Dieu, non, la religion, oui ! » On accepterait n'importe quelle religion, peu importe qu'elle soit ésotérique ou autre. Mais on ne veut pas d'un Dieu personnel, qui parle, qui me connaît, qui a dit quelque chose de précis, qui vient vers moi avec une exigence précise et qui me jugera. Il semble que la religion se détache de Dieu. On ne veut pas manquer totalement du sentiment du Tout-Autre, cette particularité du religieux, et on veut en disposer sous diverses formes. Mais, sans une volonté de Dieu, sans Dieu, on se sentira de moins en moins lié par cette religiosité. C'est pourquoi nous nous trouvons moins dans une crise de la religion – les religions foisonnent – mais dans une crise de Dieu.

Ce matin je voulais aller à la messe des moines dans l'église du Mont-Cassin. J'étais en retard et très pressé. Par malheur, je n'ai rencontré personne pouvant m'indiquer le chemin. J'errais comme un aveugle, tournant en rond, en jurant à moitié, dans ce couvent presque aussi grand qu'une ville, mais je n'ai pas trouvé le fichu chemin. Il y avait là d'innombrables portes, auxquelles je frappais, elles ne menaient nulle part, en tout cas pas à l'endroit où je voulais aller. Peut-on trouver tout seul le chemin vers Dieu, vers l'Église ?

Certainement pas tout seul. Être chrétien signifie essentiellement que notre relation à Dieu n'est pas purement intérieure – c'est ce qu'exprime la notion même d'Église. Elle n'est pas uniquement relation de mon « Je » avec son « Tu ». Elle consiste aussi à se laisser interpeller et guider. Tout chemin de conversion comporte une rencontre. L'Église est là pour accueillir ceux qui, de leur côté, ont cherché et trouvé la porte d'entrée. Dans la diversité des tempéraments, il y en a toujours un qui me convient et qui sait me parler comme il faut.

Nous sommes là pour que Dieu, à travers des humains, parvienne aux humains. C'est toujours à travers des hommes qu'il vient aux hommes. Et, à l'inverse, c'est par des hommes que nous parvenons à lui, des hommes guidés par lui, en qui il vient à notre rencontre et par qui il nous ouvre le chemin vers lui. Si nous pouvions nous élever le plus haut possible jusqu'à lui simplement par la lecture de l'Écriture sainte, ce serait plutôt d'un mouvement philosophique, dont il s'agirait, qui n'inclut pas l'élément communautaire, essentiel pour la foi.

L'empereur romain demandait à saint Laurent de lui livrer les trésors de l'Église. Peu de temps après, Laurent se présenta devant l'empereur et lui montra la foule des pauvres de la ville en disant : « Voici le plus grand trésor de l'Église. » Cela lui valut le martyre.

La Sainte Écriture nous dit que le Christ est issu des pauvres d'Israël. Sa mère, le quarantième jour après sa naissance, fait l'offrande des pauvres. Elle nous permet de voir que c'est parmi les gens simples que le regard intérieur est resté éveillé. Ils n'avaient pas ce regard global déformé par des milliers de distinctions, mais avaient gardé cette simplicité intérieure, cette intégrité, cette véracité et cette bonté : tout ce qui permet de voir.

L'Église a bien sûr absolument besoin aussi des intellectuels. Elle a besoin d'hommes qui mettent à sa disposition la force de leur intelligence. Elle a besoin d'hommes généreux, d'hommes riches qui veulent mettre leur richesse au service du bien. Mais elle se développe essentiellement sur le vaste champ des humbles croyants. Dans ce sens, c'est effectivement la foule de ceux qui ont besoin d'être aimés et qui sont capables d'aimer qui constitue son vrai trésor : les gens simples, capables de vérité, parce qu'ils sont restés des enfants, comme le dit le Seigneur. Ils ont traversé les époques de l'histoire en gardant le sens pour l'essentiel et puisent dans l'Église l'esprit d'humilité et d'amour.

Avec la venue du Christ, tel est l'enseignement, a commencé le « temps de la fin ». C'est le début du temps de l'Église qui durera jusqu'au retour du Seigneur. Que faut-il entendre par là ? En d'autres termes, y a-t-il un lien entre le bonheur et le malheur de ce monde et de ses habitants, d'une part, et le bonheur et le malheur de l'Église catholique, d'autre part ? Ou, en une formule plus abrupte : sans la prière et les efforts de l'Église, Dieu aurait-il, depuis longtemps, laissé sombrer le monde ?

Sur ce que Dieu aurait fait ou aurait pu faire, il vaut mieux laisser la question ouverte. D'un point de vue purement empirique, il est en revanche évident que l'Église catholique a un devoir tout à fait fondamental dans le déroulement de l'histoire. Si sa foi disparaissait, si elle se déclarait en faillite et disait : « Nous nous sommes trompés », toute l'histoire et toute l'humanité seraient effectivement traversées par une déchirure, dont on ne peut pas imaginer les conséquences.

Nous avons déjà vu comment la crise postconciliaire, si elle n'a peut-être pas déclenché la crise de 1968, l'a sans aucun doute énormément amplifiée. En aucun cas on ne peut faire abstraction du drame qu'elle a représenté. Encore ne s'agit-il là que de la partie apparente qu'on peut comprendre. Vous avez parlé avec raison d'un aspect plus profond : la force de la prière, de la foi, de l'amour. Elle est ce qui appelle et introduit Dieu dans le monde, pour qu'un peu de sa lumière se répande sur l'humanité. Si cette force disparaissait, ce serait une catastrophe pour l'histoire.

PREMIÈRE PARTIE

DIEU

Monsieur le cardinal, même si grâce aux progrès des sciences nous pénétrons de plus en plus les mystères de la Création, ils resteront sans doute toujours une énigme pour nous. Pourquoi Dieu ne s'est pas tout simplement présenté un jour en disant : Écoutez tous ! Je vais vous dire à présent exactement comment c'était à l'origine, et comment tout cela fonctionne ici sur votre petite terre.

Effectivement la Création est un mystère. Plus nous en connaîtrons, plus la physique pénétrera la fine structure de cette matière, plus elle se révélera mystérieuse. L'histoire de l'humanité avec ses impondérables et ses opacités ne fait qu'y ajouter tout un monde de mystères.

Nous ne pouvons pas expliquer, en fin de compte, pourquoi Dieu l'a fait ainsi. Pourquoi reste-t-il si silencieux ? Pourquoi est-il si faible dans le monde ? C'est là une question que le croyant ne cessera inévitablement de se poser. Ou encore : « Pourquoi n'est-il pas plus clair et plus compréhensible ? » D'un autre côté, il faut bien avoir conscience de notre perspective finie. Cela ne nous aiderait pas si, d'un coup, nous avions devant nos yeux un monde totalement démystifié et transparent mais qui dépasserait infiniment notre ordre de grandeur. Aujourd'hui, nous ne pouvons en réalité qu'essayer d'accepter Dieu comme il est et de donner un sens à cette acceptation.

Quel peut être le sens de tout cela ?

Je crois que c'est justement en tentant l'aventure d'une histoire qui, pour n'être pas transparente, n'est pas moins portée et orientée par l'amour de Dieu que nous pouvons devenir peu à peu des voyants. C'est ainsi que nous est impartie une tâche adaptée à notre condition humaine. Il ne s'agit pas de recevoir un modèle mathématique achevé mais, à chaque moment, juste assez pour aller notre chemin et pour pouvoir en cela contribuer au mystère et à la grandeur du monde. Je dirais que nous recevons assez pour pouvoir vivre. La limite de notre connaissance n'est pas une provocation mais un don. Nous sommes ainsi conduits à l'aventure de la route qui continue et de la connaissance qui se développe par le fait que nos possibilités augmentent. À condition d'être assez humble pour nous incliner devant Dieu qui nous restera impénétrable.

Chapitre 1

L'HOMME

Le théologien Hans Urs von Balthasar – nom merveilleux pour un théologien ! – pensait qu'on pouvait considérer toutes choses d'un double point de vue : comme fait *et comme* mystère. *Comme fait, l'homme est un produit du hasard quelque part dans le cosmos. Comme mystère, il est voulu pour lui-même par Dieu. Cela est-il fondamental pour une approche chrétienne du monde et de l'homme ?*

Je pense que oui. Prenons d'abord les faits, ce qui est. Et aussi l'histoire qui, au fond, aurait pu être tout autre. Mais personne ne peut se contenter des seuls faits. D'abord parce que, tout en étant de simples faits, nous savons cependant que nous pouvons et devons être plus que le pur résultat du hasard.

Pour cette raison il est indispensable de voir ce qu'il y a derrière la pure facticité et de reconnaître que l'homme n'a pas été simplement jeté là dans le monde par le jeu de l'évolution. Cela signifie qu'il est voulu. Chaque homme est une pensée de Dieu. Un plan et une idée animent tout ce qui d'abord n'est là que comme fait. C'est ce qui donne un sens à la recherche de mon propre sens, à ma relation au tout et au déroulement de l'histoire.

Que signifie : « Chaque homme est une pensée de Dieu » ?

C'est effectivement une conviction chrétienne fondamentale. Lorsque l'Écriture veut représenter la création de l'homme par Dieu – le potier, qui le forme et lui insuffle l'esprit –, il s'agit de la création de chacun en particulier. Dans les Psaumes, l'homme dit de lui-même : « TU m'as fait avec le limon de la terre, TU m'as insufflé une haleine de vie. » Par là est signifié que chaque homme a une relation directe avec Dieu. Et c'est pourquoi aussi chacun a une fonction significative dans le grand tissu de l'histoire du monde. Chacun occupe la place qui lui a été assignée et qui lui permet d'apporter sa part irremplaçable à l'histoire globale.

LE SOUFFLE DE DIEU

« Au commencement la terre était déserte et vide. Dieu n'avait pas encore fait pleuvoir sur la terre », dit la Genèse. Dieu alors forma l'homme en utilisant « la poussière prise du sol et insuffla dans ses narines l'haleine de vie, et l'homme devint un être vivant » (cf. *Gn 1, 1-2 ; 2, 7). Haleine de vie, est-ce la réponse à la question de notre origine ?*

Nous avons ici, je crois, une très grande image et une belle interprétation de l'homme. D'après ce texte, il est celui qui sort de la terre et de ses possibilités. C'est pourquoi cette représentation est même compatible avec une certaine évolution. Mais cela ne suffit pas. Il s'ajoute quelque chose qui ne vient pas uniquement de la terre et continuerait simplement à évoluer. Il s'ajoute quelque chose de tout à fait nouveau : l'haleine de vie qui vient de Dieu lui-même.

Ce que montre essentiellement cette image, c'est le caractère double de l'homme. Elle montre son appartenance au cosmos et sa relation directe à Dieu. La foi chrétienne affirme que ce qui est dit ici du premier homme vaut pour tout homme. Chaque homme a, d'une part, une origine biologique, mais, d'un autre côté, il est plus qu'un simple résultat de gènes préexistants et d'ADN, car il provient de Dieu.

L'homme possède le souffle de Dieu. Il est capable de Dieu, il peut dépasser ce qui est matériel, ce qui est créé. Il est unique. Il existe aux yeux de Dieu et lui est ordonné d'une manière particulière. Il y a vraiment en lui un souffle nouveau, l'élément divin introduit dans la création. Il est important de voir cette création particulière par Dieu pour comprendre l'unicité et la dignité de l'homme et du même coup le fondement des droits de l'homme. Par là l'homme acquiert le respect de soi et des autres. Le souffle de Dieu est en lui. Il perçoit qu'il n'est pas seulement un assemblage d'éléments épars mais une idée personnelle de Dieu.

Le premier homme à qui Dieu insuffle son haleine s'appelle Adam. *Ce nom est une désignation hébraïque pour l'être humain et, en même temps, un jeu de mot avec* adama, *la glaise. Pour cet homme, le Seigneur planta un jardin en Éden. Ce symbole exprime-t-il déjà à quoi nous sommes destinés ?*

Il permet en tout cas de nous en faire une idée. Le jardin est le symbole d'une création saine et d'une existence sûre. Ici, la création n'est pas détruite ou profanée. Elle est soignée et gardée et, par l'esprit, continuée. Cette image représente globalement l'ampleur, la gaieté et la sérénité de la création. Elle dit que Dieu nous a destinés à vivre en harmonie intérieure avec la création dans cette sérénité qui exprime notre être ensemble avec lui. Ainsi les deux aspects sont effectivement indiqués : être gardien de la création et, en même temps, être dans une relation directe avec Dieu, ce qui permet de collaborer à cette création.

La Genèse nous présente la création comme un processus. Tout se déroule pas à pas. Au cours de ce déroulement, Dieu s'aperçut qu'« Il n'est pas bon pour l'homme d'être seul. Je veux lui faire une aide qui lui soit accordée. Le Seigneur Dieu modela du sol toute bête des champs et tout oiseau du ciel qu'il amena à l'homme pour voir comment il les désignerait » (Gn 2, 18).

*Une bonne occasion pour parler des animaux, nos plus proches compagnons. Adam donna un nom à chacun (*cf. *Gn 2, 20). Avons-nous le droit d'utiliser les animaux et même de les manger ?*

C'est une question sérieuse. On voit qu'ils sont confiés à notre garde et que nous ne pouvons pas les traiter n'importe comment. Car eux aussi ont été créés par Dieu, même si ce n'est aussi directement que l'homme. Mais ce sont des êtres voulus par lui et que nous devons respecter en tant que compagnons et éléments essentiels de la création.

Concernant la question de savoir s'il est permis de tuer et de manger des animaux, on trouve dans l'Écriture une prescription remarquable. Nous y lisons qu'il est d'abord question des plantes comme nourriture des hommes. Ce n'est qu'après le déluge, donc après la nouvelle rupture entre l'homme et Dieu, qu'il est suggéré à l'homme de manger de la viande (*cf.* Gn 9, 2-3). Cela signifie que nous sommes en présence d'une disposition secondaire, qui est communiquée dans un deuxième temps. Toujours est-il que, même si cela devait nous blesser d'utiliser ainsi les animaux, il ne faudrait pas pour autant tomber dans une sorte de culte des animaux plus ou moins sectaire.

L'homme a cette possibilité. Il doit garder le respect de ces créatures mais aussi savoir qu'il ne lui est pas interdit de s'en nourrir. Il est vrai qu'une exploitation industrielle – par exemple élever des oies uniquement dans le but qu'elles aient un gros foie ou encaserner des poules au point d'en faire des caricatures d'animaux – abaisse le vivant au niveau d'une marchandise, ce qui est en contradiction avec ce que la Bible dit de la cohabitation entre l'homme et l'animal.

Le monde des animaux est en lui-même un monde extrêmement cruel. Chacun sait que des chats de compagnie peuvent d'un moment à l'autre attaquer des congénères, les torturer à mort. Ne survit que celui qui a le plus de chances d'éliminer l'autre.

Voilà effectivement une des énigmes de la création : c'est comme s'il y avait une loi de la cruauté. L'écrivain catholique Reinhold Schneider, qui était dépressif, a mis en évidence ce qu'il y a d'effrayant dans la nature et dans le monde animal avec la minutie de quelqu'un qui souffre. Ce qui l'a amené à désespérer de Dieu et de ses créatures.

L'Église, dans sa foi, a toujours vu dans cet état de fait une conséquence de la chute originelle. La création ne reflète plus la volonté initiale de Dieu. Elle est d'une certaine façon déformée. Nous nous trouvons devant une énigme. En tout cas, les menaces qui pèsent sur l'homme sont déjà préfigurées dans le monde animal.

LES HOMMES ET LES FEMMES

Voici le moment, dans la Genèse, où le monde devient un monde humain. C'est le développement du principe de complémentarité, exposé à travers une très belle image. « Pour lui-même, l'homme ne trouva pas d'aide qui lui soit assortie. Dieu fit tomber un profond sommeil sur l'homme ; il prit l'une de ses côtes et referma les chairs à sa place. Le Seigneur Dieu transforma la côté qu'il avait prise à l'homme en une femme qu'il lui amena. L'homme s'écria : "Voici cette fois l'os de mes os et la chair de ma chair". Aussi l'homme laisse-t-il son père et sa mère pour s'attacher à sa femme, et ils deviennent une seule chair » (Gn 2, 18 ; 20b-23a ; 24).

Adam, littéralement l'homme, appela sa femme Ève. Ève signifie vie, et c'est ainsi qu'Ève devint la mère de tous les vivants (cf. *Gn 3, 20). Peut-être l'homme n'a-t-il pas encore assumé, jusqu'à nos jours, ce prélèvement d'os. Toujours est-il que cette image semble renfermer un profond mystère.*

Voilà encore une de ces grandes images originelles par lesquelles la Bible veut nous faire pressentir des réalités qui dépassent notre entendement. Elle exprime d'abord l'égalité essentielle de l'homme et de la femme. Ils sont un seul être et ont une même dignité humaine. Toujours est-il que leur égalité en dignité est exprimée ici de façon grandiose. Un autre point est leur mutuelle complémentarité. Elle apparaît dans la blessure qui nous affecte et nous conduit vers l'autre.

L'image que nous rencontrons ici dans la Bible connaît de nombreuses variations à travers toute l'histoire des religions. Platon rapporte le mythe disant que l'homme a été partagé en deux, devenant par là homme et femme. Ainsi chacun ne constitue qu'une moitié toujours à la recherche de l'autre moitié. La traduction « côte » n'est pas sûre. Ce qui est exprimé ici c'est peut-être que l'homme se divise et qu'il est créé en vue de l'autre. L'homme en vue de la femme et la femme en vue de l'homme. Ils sont à la recherche l'un de l'autre pour trouver leur achèvement.

Et cet achèvement ne peut se faire autrement ?

L'être humain est créé avec le besoin de l'autre pour qu'il se dépasse. Il a besoin d'être complété. Il n'est pas créé en vue de la solitude qui n'est pas bonne pour lui, mais il doit se chercher et se trouver dans l'autre.

Ce texte de la Genèse contient aussi cette parole prophétique : c'est pourquoi l'homme quittera son père et sa mère et il formera avec la femme une seule chair, un seul être humain. Il y a là tout le drame du besoin mutuel des sexes, de leur complémentarité, de l'amour. De plus il y est dit que les deux sont destinés à se donner l'un à l'autre, en vue de susciter une nouvelle vie à laquelle, à nouveau, ils se donneront. En ce sens c'est tout le mystère du mariage et de la famille qui est ici évoqué.

On pourrait penser que les femmes sont comme un deuxième essai, une tentative pour corriger la création, qu'elles sont mieux réussies que l'homme. Elles semblent être non seulement plus belles mais aussi les plus développées parmi les êtres humains.

Je n'aime pas volontiers m'engager dans ce débat. Il est indéniable que les femmes ont des qualités particulières, qu'elles sont capables de supporter plus, qu'elles sont plus fortes que les hommes. La manière particulière d'aimer qui leur est innée, la capacité de porter en elle-même un autre être humain et de s'y consacrer entièrement, corps et âme, confère à la femme une certaine distinction et une grandeur propre. Par ailleurs, nous devrions, homme ou femme, nous abandonner à Dieu et chercher à réaliser en notre vie ensemble tout ce qu'il y a en nous d'humain.

On peut se demander si l'homme et la femme ne sont pas en réalité deux êtres fondamentalement différents ?

C'est une fausse question ! L'homme est un. C'est parce que le corps humain n'est pas simplement une addition extérieure que la différence corporelle est évidemment une différence qui concerne tout l'être humain. Cette différence renvoie à deux actualisations de l'être homme.

Je pense qu'il faut refuser aussi bien les théories égalitaires que les fausses théories de la distinction.

On est dans l'erreur lorsqu'on veut mettre l'homme et la femme dans le même sac et que l'on prétend que la différence biologique n'est rien. C'est une tendance qui domine aujourd'hui. Cela me fait toujours frémir quand on veut transformer les femmes en soldats comme les hommes. Elles qui étaient les gardiennes de la paix en qui on voyait un antidote à la mentalité dominatrice et guerrière des hommes, les voilà qui se promènent armées de pistolets, montrant qu'elles peuvent elles aussi être guerrières. Que les femmes aient aussi le « droit » de faire le travail des éboueurs ou des mineurs de fond, tout ce que par respect de leur grandeur, de leur profonde différence et de leur propre dignité on devrait leur épargner, c'est ce qu'on leur impose maintenant au nom de l'égalité. C'est là aussi, à mon avis, une idéologie ennemie du corps et manichéenne.

Mais elle n'est certainement pas une invention de notre époque.

Platon disait qu'on devait mettre les hommes et les femmes dans les mêmes casernes, qu'ils doivent tous faire la même chose, car la biologie n'a aucune importance. Ce qui compte en l'homme, c'est l'esprit, et si, ensuite, des enfants naissent, qu'on les donne à une crèche étatique. Au fond, cette idéologie égalitariste est un spiritualisme, une sorte de mépris du corps, qui ne veut pas reconnaître que le corps lui-même est l'homme. C'est pourquoi je trouve que ce type d'égalitarisme n'élève pas la femme mais lui ôte sa grandeur. Il l'abaisse en la masculinisant.

D'un autre côté, il existe naturellement aussi une fausse idéologie de la différence. Selon elle, les femmes sont couramment considérées comme des êtres inférieurs réduits à cuisiner et à faire le ménage pendant que les seigneurs de la création discourent et guerroient, conscients d'être une caste destinée aux tâches nobles.

En conséquence de quoi, les femmes furent considérées comme purement charnelles, sensuelles, fermées au spirituel, non créatrices et d'autres choses de ce genre. Cette idéologie de la différence devient par là un système de castes. Cette représentation ne permet pas de voir la particularité de la création divine qui, dans la différence, est une et complémentaire.

Fréquemment, pourtant, les relations de couple se terminent dans des mésententes d'ordre sexuel.

L'homme et la femme vont ensemble. Ils ont les qualités à développer pour faire apparaître et porter à maturité toute les dimensions de leur humanité. Nous savons bien que cette différence dans l'unité est source de tension et peut conduire à de rudes épreuves. Mais il en est ainsi dans toute amitié. Plus on est proche, plus on risque de se disputer.

L'amour est une exigence dont je ne sors pas indemne. En aimant, je ne puis simplement rester moi ; il me faut toujours à nouveau me perdre en devant arrondir les angles, ce qui ne va pas sans quelque blessure. Il fait partie de la grandeur et du pouvoir thérapeutique de l'amour qu'il me blesse pour faire apparaître mes possibilités plus grandes. C'est pourquoi il ne faut pas voir uniquement le côté romantique de l'amour, comme si le ciel descendait sur les deux lorsqu'ils se sont trouvés et que, à partir de là, tout ne pourrait que bien se passer.

L'amour est à considérer comme une passion. Ce n'est que si on est prêt à le vivre comme passion et à s'accepter en permanence l'un l'autre qu'un partenariat de toute une vie peut mûrir. Au contraire, si aux moments critiques on se dit qu'il faut éviter cela et qu'on se sépare, on s'interdit la vraie chance que constitue la complémentarité de l'homme et de la femme et donc la réalité de l'amour.

L'AU-DELÀ DE L'ÉDEN – LA CHUTE

Nous avons parlé jusqu'ici d'une certaine perturbation dans la création. Elle est fondée sur la doctrine du péché originel qui a été systématisée par Augustin. À cause de sa dureté, elle est et a toujours été contestée dans l'Église. Elle dit que par le péché d'Adam, qui s'est détourné de Dieu et qui, tenté par Ève, a mangé du fruit de l'arbre de la connaissance, la mort et le péché sont entrés dans le monde. La Genèse dit que subitement les hommes avaient peur de Dieu. Peut-on réellement considérer la chute comme tout simplement la marque essentielle de l'homme ?

Comme marque essentielle tout simplement, non. Mais plutôt comme une réalité dont nous pouvons saisir l'actualité, même si son origine ne nous est accessible qu'en images. Un de mes amis, mort depuis, un esprit très critique, me disait un jour : J'ai des difficultés avec beaucoup de dogmes. Mais il y en a un auquel je n'ai pas besoin de croire parce que je le vis tous les jours, c'est celui du péché originel.

Lorsque nous parlons de l'homme, une ligne de rupture ne cessera de nous frapper, une certaine perturbation dans l'homme : il n'est pas celui qu'il pourrait être. Cette perturbation nous est présentée dans la Genèse pour ainsi dire comme le commencement de l'histoire. Dans l'Ancien Testament, on n'en a pas encore déduit la doctrine du péché originel. Mais on a pris de plus en plus conscience que les hommes ont une inclination au mal, et le Dieu de la Bible dit, avant comme après le déluge : « Je vois qu'ils ne sont que chair... ils sont faibles... leur cœur est porté à faire le mal » (*cf.* Gn 6, 3 ; 5).

La doctrine du péché originel a été systématisée par Augustin, c'est exact, mais elle se trouve en germe déjà dans l'Épître de saint Paul aux Romains. Paul relit le récit de la Genèse à la lumière du Christ. Et il reconnaît que cette histoire du commencement en fait raconte *toute* l'histoire. Dès l'origine l'homme était orgueilleux : il voulait posséder la clé de la connaissance, ne pas avoir besoin de Dieu. Il voulait avoir aussi la clé de la vie pour n'avoir pas à mourir et ainsi de suite. Se retirer de devant Dieu conduit à se cacher devant lui. La confiance de l'amour s'est transformée subitement en crainte du Dieu dangereux et tout-puissant.

Cela veut-il dire que dès le commencement l'homme était obsédé par le savoir et que tout son malheur vient de là ?

En tout cas pour Paul, le récit de la Genèse est une image qui montre que cette perturbation existe mystérieusement depuis le commencement. Elle est le résultat de toute l'histoire humaine, dont il faut tenir compte. Mais ce résultat ne pouvait toutefois être pensé et exprimé que lorsque l'antidote était apparu. Ce n'est qu'une fois que le Christ était venu et avait accompli le chemin inverse qu'on pouvait supporter cette perturbation et pour ainsi dire la reconnaître effectivement.

À l'Épître aux Romains s'ajoute le chapitre 2 de celle aux Philippiens, cette hymne chrétienne primitive antérieure à Paul. D'après elle, Adam veut s'attribuer à lui-même la clé de la connaissance que Dieu s'était réservée. Il veut se hisser au niveau de Dieu et ne plus avoir besoin de lui.

Dieu de nouveau renverse la situation en s'abaissant dans le Christ endossant la misérable condition humaine jusqu'à la mort sur la croix. Il nous ouvre de nouveau la porte qui nous permet de retrouver le chemin vers lui et nous apprend que la vraie source de tous les péchés, c'est l'orgueil. Il souffre avec nous pour nous réintroduire dans la famille de Dieu. C'est pourquoi je crois qu'il ne faut jamais lire le récit de la Genèse sans avoir à l'esprit l'histoire du Christ.

Et pourtant, depuis la mort du Christ en croix, le péché originel n'a pas été éliminé du monde.

Non, nous le voyons tous, il est toujours là. Mais ce qui auparavant n'était qu'une mystérieuse barrière et une perturbation que nous ne pouvions surmonter a trouvé une réponse dans la puissance de Dieu qui pardonne. Elle ne rend pas insignifiantes notre vie et notre action mais les situe dans un autre contexte. Elle nous fournit par là un modèle de vie de foi : suivre le Christ permet aussi de surmonter ces perturbations.

Il reste que Dieu n'a pas exclu de la grâce sanctifiante uniquement Adam et Ève, mais tout le genre humain. Nous autres, qui sommes venus après, qu'y pouvons-nous ?

C'est une grave question : comment comprendre ce qui est dit sur l'héritage, sur la présence permanente de cette perturbation ? Il est certain que nos réponses, ici aussi, sont insatisfaisantes. Mais je voudrais réagir à votre évocation de la *grâce sanctifiante.*

La perte de cette grâce signifie une perturbation de la relation. La relation originelle, confiante, vivante avec Dieu, qui du même coup assainit les relations entre les hommes, se trouve déchirée, troublée : Dieu devient obscur. Nous nous cachons devant lui (*cf.* Gn 3, 8-10) et nos cachettes sont si bien construites que nous ne le voyons plus.

Par notre naissance nous entrons dans ce monde où les relations sont perturbées. Et nous voyons – le récit biblique le rend avec une profonde psychologie – comment Adam et Ève, après leur péché, dans la conversation avec Dieu, de suite, s'accusent mutuellement et attribuent la faute à l'autre. Leur relation avec Dieu est perturbée : ils se dressent immédiatement l'un contre l'autre. Celui qui est fâché avec Dieu l'est aussi avec les autres.

Voir dans la perte de la grâce sanctifiante le noyau même du péché originel, c'est dire qu'une perturbation relationnelle est intervenue et que cela constitue une donnée structurelle essentielle de l'histoire humaine. C'est justement parce que nous n'en sommes pas responsables individuellement mais que nous entrons dans cette histoire que nous avons besoin de celui qui rétablit cette relation. Et parce que Dieu n'est pas celui qui voudrait, d'une certaine manière, martyriser l'homme ou le torturer ou positivement le punir qu'il se transforme en celui qui rétablit la relation et qui supprime la perturbation. Dès que nous parlons du péché originel, en tant que perturbation de la relation qui nous affecte, il faut ajouter que Dieu a immédiatement commencé à renouer la relation et la guérir. Si nous parlons du péché originel sans évoquer cette réponse de Dieu, nous tombons effectivement dans l'absurde.

« Alors leurs yeux à tous deux s'ouvrirent, dit la Bible, et ils surent qu'ils étaient nus. Ayant cousu des feuilles de figuier, ils s'en firent des pagnes »

(Gn 3, 7). Est-il pensable qu'un mythe aussi ancien et élémentaire a quelque chose à voir avec une morale prude ?

Non, certainement pas. Ce qui est mis en évidence ici, c'est que l'homme qui n'est plus dans la splendeur de Dieu et qui ne voit plus l'autre dans cette splendeur apparaît comme nu devant l'autre et ne peut plus simplement accepter l'autre tel qu'il est. Ici aussi la normalité de la relation a souffert. Nous nous cachons les uns des autres par le vêtement – ou encore nous devons nous donner par là une identité sociale. Le vêtement est une représentation symbolique de nous-mêmes par laquelle nous voulons rétablir extérieurement notre dignité intérieure blessée.

La théologie ou philosophie du vêtement que contient ce récit fait certainement aussi référence à une donnée anthropologique profonde qui, sur des point précis, je pense, doit encore être approfondie. Mais on ne peut certainement pas prétendre qu'une morale prude est une conséquence du péché originel.

L'ÂME

Savoir, non seulement d'où *nous venons, mais encore* ce que nous sommes *restera toujours une question fondamentale de l'homme. Saint Augustin a formulé cette nostalgie. Bien avant Sigmund Freud, pour lui deux choses comptaient avant tout : « Je veux connaître Dieu et l'âme et rien de plus », dit-il.*

L'histoire de la création distingue deux grands domaines. Le domaine des choses corporelles et le domaine des esprits. L'homme se trouve au milieu et participe donc aux deux. Il est composé de corps et d'âme, il est corporel et spirituel. Son âme est un être spirituel. S'agit-il là, exprimée en peu de mots, de quelque chose comme notre constitution fondamentale ?

D'une certaine manière. L'homme est ce pont. En lui le monde matériel et le monde spirituel se rencontrent et s'interpénètrent. Il occupe de ce fait une place particulière dans la structure du monde créé.

Par l'homme la matière est haussée au niveau du domaine spirituel et, par ce lien, les deux sont compatibles. La matière n'est plus seulement une réalité à côté de laquelle il y aurait inséparablement et indissolublement l'esprit. L'unité de la création est mise en évidence justement par le fait qu'en l'homme les deux sont liés. D'où sa fonction exceptionnelle : il porte, avec Dieu, l'unité de la création en incarnant en lui l'esprit et inversement en élevant, en lui, la matière jusqu'à Dieu. Ce faisant, il contribue à la grande symphonie de la création.

Le code génétique de l'homme va très prochainement être décodé. Mais les savants devront probablement toujours se poser la question : Où est le siège de l'âme ? Le croyant le sait-il ?

Tout comme on ne peut localiser Dieu géographiquement, disons au-delà de Mars ou ailleurs, on ne peut localiser géographiquement l'âme ni dans le cœur ni dans le cerveau, comme l'ont fait les deux grandes conceptions anthropologiques de l'Antiquité. L'âme est autre. Elle n'est pas corporellement localisable mais pénètre l'homme tout entier. L'Ancien Testament a développé une symbolique de l'âme très diversifiée. Il parle du foie, des reins, du sein maternel, du cœur, donc des organes les plus divers. Le corps entier est, pour ainsi dire, présent dans toutes les fonctions de l'âme. Les organes expriment symboliquement des aspects de l'existence humaine et de l'âme humaine. Mais ils montrent aussi que le corps tout entier est animé par l'âme et que l'âme en tant que telle s'exprime d'une manière spécifique. On peut donc dire : il y a des points de concentration, mais une géographie de l'âme n'existe pas.

Est-ce que la conscience, qui parfois nous torture terriblement, est une partie de l'âme ? Ou n'est-ce, comme certains le croient, qu'un résultat de l'éducation ?

Naturellement, la conscience est dans son fonctionnement une réalité vivante. C'est pourquoi elle peut s'étioler dans un homme ou, au contraire, mûrir. On ne peut absolument pas nier que, dans son fonctionnement concret, elle est également déterminée par les réalités sociales qui m'entourent. Le contexte social comporte aussi bien des aides, pour éveiller et former la conscience, que des menaces qui peuvent l'émousser ou l'induire en erreur. Menaces qui peuvent aboutir à une fausse conscience, soit scrupuleuse soit laxiste.

Y a-t-il des gens sans conscience ?

J'ose dire qu'un homme ne peut pas assassiner à volonté d'autres hommes sans savoir que c'est mauvais ; d'une manière ou d'une autre, il le sait. Il est impossible qu'un homme qui voit un autre homme dans une détresse extrême ne sente pas qu'il devrait faire quelque chose. On peut dire qu'il existe en l'homme un appel originel, un sentiment fondamental pour le bien comme pour le mal.

Même si on a essayé d'inculquer aux membres des SS que, pour le bien de la race germanique il est nécessaire d'assassiner et que c'est une bonne œuvre ; même si Goering a dit : « Notre conscience, c'est Adolf Hitler » et que c'était là le seul critère, tous ces gens savaient que ce n'était pas bien. C'est pourquoi des situations aussi élémentaires d'atteinte à l'être humain font apparaître avec évidence que l'homme possède un savoir fondamental ancré au fond de lui-même. Ainsi la morale n'est pas quelque chose d'extérieurement inculqué mais, en tant que discernement du bien et du mal, un élément de sa constitution spirituelle.

Dans le rituel de la messe se trouve la parole : « Dis seulement une parole et mon âme sera guérie. » Dieu seul peut-il guérir notre âme ?

Finalement, oui, lui seul. Mais, pour la guérir, il nous a entourés de puissances de guérison. Là encore il faut que notre relation à Dieu passe par des hommes. Il l'a ainsi voulu : c'est par des hommes qu'il vient vers nous, c'est par eux qu'il prononce, dans le sacrement de la réconciliation, la parole que lui seul peut prononcer. Lui seul peut dire en fin de compte : ce péché t'est pardonné, parce que c'est lui qui en est offensé.

Les guérisons nécessitent toujours que les autres y contribuent par leur pardon, leur acceptation, leur bonté. Ce n'est que dans un tel processus communautaire, éclairé par la foi en Dieu, que Dieu opère les guérisons dont nous avons besoin.

Des critiques de la foi parlent d'un bilan global du christianisme qui serait néfaste pour la civilisation. Des conceptions comme celle du péché originel sont considérées par eux comme des défauts de naissance d'une religion qui a vieilli : de telles idées sont de pures inventions, et, de plus, elles méprisent l'homme car ils voudraient nous amener à nous considérer comme des corrompus[1].

Une philosophie moderne de la vie dit : « Si tu veux, tu peux tout ; ne t'inquiète pas, vis. » La doctrine chrétienne du péché et de la pénitence semble très faiblement prise en compte. Quelques-uns l'ignorent.

Nietzsche, en particulier, avait déjà dit que le christianisme était une religion du ressentiment qu'éprouvent ceux qui n'ont pas eu leur compte et qui se vengent maintenant en déclarant la grandeur de la petitesse et renversent l'ordre des choses, en ne glorifiant pas le fort mais celui qui

---

1. Note du traducteur : Ce passage fait allusion à un débat déclenché, en Allemagne, par un article de Herbert Schnädelbach dans le journal *Die Zeit*, n° 20 du 11 mai 2000, intitulé « La malédiction du christianisme » à qui il trouve sept défauts de naissance, dont le premier est la doctrine du péché originel.

souffre. Le christianisme serait la philosophie des esclaves qui se vengent en chargeant l'homme du péché.

L'idée que le christianisme nous asservit et que l'Église nous tient sous sa puissance, en nous convainquant du péché et en se présentant comme la seule instance pouvant pardonner, est une idée très répandue. Ce qui est juste dans tout cela, c'est que lorsque Dieu disparaît du champ visuel de l'homme, la notion de péché perd tout son sens. Car si Dieu ne me concerne en rien, s'il ne s'intéresse pas à moi, il ne peut y avoir de relation à lui que perturbée précisément parce qu'il n'y a pas de relation. Le péché semble ainsi être éliminé. Et à première vue on pourrait penser que la vie va devenir enfin tout à fait joyeuse et facile, et prendre la forme d'une opérette.

Il s'est toutefois révélé très rapidement que l'opérette de l'existence est de courte durée. Même si l'homme ne veut plus entendre parler de péché et qu'il s'est apparemment défait de la calamité de sa conscience, il s'aperçoit que la culpabilité existe. Finalement, il ne peut surtout pas nier qu'entre toi et moi il y a des factures non soldées et que les comptes des dettes doivent être réglés. À présent ce sont justement les culpabilités collectives qui tombent sous le regard.

Regardons le panorama de l'actualité. Le péché contre Dieu est grandement rayé des consciences, ce qui permet de souligner d'autant plus fortement les dettes de l'histoire On s'aperçoit qu'il n'est pas si simple de résoudre le problème. En reniant Dieu et sa volonté, on peut mettre de côté la notion de péché, mais non la problématique de l'existence humaine qu'elle exprimait.

LA LIBERTÉ

D'après l'enseignement chrétien, nos qualités sont des cadeaux de Dieu pour la vie. Pour que cela se passe bien pour nous. La liberté est-elle aussi une qualité ou est-elle, plutôt, une grâce de Dieu ?

Par « grâce » nous comprenons une attention de Dieu à l'homme. Par grâce, Dieu s'occupe de lui d'une manière nouvelle et spécifique et lui donne ce qui n'est pas déjà contenu dans la création. La liberté, en revanche, est constitutive de la structure originelle de la création, de l'existence spirituelle de l'homme. Nous ne sommes pas fixés et prédéterminés selon un modèle précis. La liberté est destinée à chacun en particulier pour qu'il élabore lui-même sa vie et que, par son oui intérieur, il puisse prendre le chemin qui corresponde à ce qu'il est. C'est dans ce sens que je ne dirais pas que la liberté est une grâce mais un don de création.

On peut toutefois se demander ce que vaut cette liberté. Si l'on en fait un but et qu'on prend la liberté de faire ce qui déplaît à Dieu, on est puni pour l'éternité.

Dans la Parole de Dieu, que signifie donc en réalité la *punition* ? Est-ce pour Dieu une façon de nous réprimander parce qu'il veut faire passer sa volonté propre ? Non, la punition est l'état où aboutit l'homme lorsqu'il s'écarte de ce qu'il est en profondeur. Par exemple, lorsqu'il tue quelqu'un. Ou s'il ne respecte pas la dignité d'un autre homme, s'il vit à l'encontre de la vérité et ainsi de suite. Il s'est servi de sa liberté mais il en a, en même temps, abusé. Il a détruit et foulé aux pieds ce en vue de quoi il a été créé, l'idée de son existence, et, par là, il se détruit lui-même.

Être libre signifie que j'accepte volontairement les possibilités de mon être. Cela ne se passe pas comme s'il n'y avait qu'à dire oui ou non. Car avant de dire non, j'ai une infinité de manières d'exploiter les possibilités du bien. Penser que lorsqu'on dit non au mal on a déjà abdiqué sa liberté est une perversion de la liberté. La liberté ne trouve le grand espace où elle peut développer toute sa créativité que dans le domaine du bien. L'amour est créateur ; la vérité est créatrice : c'est seulement dans ce domaine que s'ouvrent mes yeux et que s'élargit ma connaissance.

Lorsque nous considérons la vie des grands hommes, des saints, nous voyons comment, au cours de l'histoire, ils ont fait apparaître de toutes nouvelles possibilités pour l'homme que quelqu'un d'ordinaire n'aurait jamais perçues. En d'autres termes, la liberté ne devient réellement efficace que si elle développe ce qui n'est pas encore découvert et qu'il est possible de découvrir dans le grand domaine du bien et élargit ainsi les possibilités de la création. Elle se perd si elle croit sa volonté propre confirmée uniquement dans la négation. J'aurai dans ce cas utilisé ma liberté, mais, en même temps, je l'aurai déformée.

Chapitre 2

DIEU

Abordons le cœur du problème, comme vous le dites, l'origine et le but de la vie, Dieu. La profession de foi du christianisme[1] *commence par les paroles « Je crois. » Il est vrai que les chrétiens ne croient pas dans l'ensemble à quelque puissance supérieure, à une nature supérieure.*

Ce « Je crois » est un acte conscient du moi. Un acte qui fait concourir la volonté et la raison, l'inspiration et la maîtrise qui m'ont été données. C'est là que réside cette confiance ou encore cette tentative, cette excentration de soi pour se rapporter à Dieu. Et il ne s'agit pas de se référer à une quelconque force supérieure, mais à ce Dieu qui me connaît et me parle. Qui est réellement un « Je » – même si c'est d'une manière bien supérieure – vers lequel je peux aller et qui vient vers moi.

Que voulez-vous dire en affirmant que Dieu est un « Je » ?

Je veux dire par là qu'il est une personne. Dieu n'est pas une quelconque entité mathématique de l'univers. Il ne s'introduit pas comme un esprit dans le monde. Il n'est pas une harmonie indéfinissable de la nature ou un « infini » innommable, mais le créateur de la nature, la source de l'harmonie, le Vivant, le Seigneur.

---

1. Le symbole des apôtres : « Je crois en Dieu, le Père tout-puissant, créateur du ciel et de la terre. Et en Jésus-Christ, son Fils unique, notre Seigneur, qui a été conçu du Saint-Esprit, est né de la Vierge Marie, a souffert sous Ponce Pilate, a été crucifié, est mort et a été enseveli, est descendu aux enfers, le troisième jour est ressuscité des morts, est monté aux cieux, est assis à la droite de Dieu le Père tout-puissant d'où il viendra juger les vivants et les morts. Je crois au Saint-Esprit, à la sainte Église catholique, à la communion des saints, à la rémission des péchés, à la résurrection de la chair, à la vie éternelle. Amen. »

Un instant, s'il vous plaît, vous croyez que Dieu est une personne ? Il peut écouter, voir, sentir... ?

...Oui, Dieu possède la substance de ce que nous appelons une personne, à savoir la conscience, la connaissance et l'amour. Et, par conséquent, il est quelqu'un qui peut parler et écouter. Je crois que c'est cela l'essence de Dieu.

La nature peut être admirable. Le ciel étoilé est grandiose. Mais cela restera toujours un étonnement impersonnel, parce que, en fin de compte, il me réduit à un petit élément dans une immense machine.

Le Dieu réel est bien plus que cela. Il n'est pas simplement nature mais ce qui la précède et la porte. Il est un être qui peut penser, parler, aimer et écouter. Et Dieu, nous dit la foi, est essentiellement relation. C'est cela que nous voulons dire en le qualifiant de Trinité. C'est parce qu'il est en lui-même relation qu'il peut créer des êtres qui sont eux-mêmes relation et qui peuvent entrer en relation avec lui parce qu'il les a reliés à lui.

« Celui qui entre dans ce Credo, avez-vous dit un jour, renonce en fait à faire du monde dans lequel il vit la mesure de tout. »

Cela signifie que le mystère de la résurrection du Christ nous maintient au-delà de la mort. Bien sûr, comme êtres humains nous vivons dans ce monde soumis aux lois de la nature. Et dans la nature prévaut la loi de la mort et du devenir. Mais nous voyons que, dans le Christ, l'homme est devenu définitif. Il n'est pas seulement un élément dans le grand processus du devenir universel mais reste une finalité propre de la création. C'est pourquoi il échappe au tourbillon de l'éternel cycle des morts et des renaissances et se trouve assumé dans la permanence de l'amour créateur de Dieu.

Pourquoi donc symbolise-t-on Dieu par un triangle du centre duquel un œil nous fixe ?

Le triangle essaie de représenter le mystère de l'unité de la Trinité. L'homme veut exprimer par là que cette trinité devient une seule réalité et réunit au plus haut point la triple relation d'amour. L'œil est le symbole très ancien et commun à toute l'histoire des religions pour exprimer tout simplement la connaissance. Il dit que Dieu est celui qui voit et l'homme celui qui est vu et qui, par Dieu, devient lui aussi quelqu'un qui voit.

Cette image présente aussi un danger. À l'époque des Lumières elle a joué un grand rôle dans la désaffection à l'égard de Dieu. En effet d'un Dieu qui vous regarde inexorablement et, partout, qui ne respecte pas ce qui nous est propre – notre vie privée, dirait-on aujourd'hui – on ne peut que se détourner. Lorsque le fait d'être vu apparaît comme une menace, un danger de nous ôter la liberté, il s'agit évidemment d'une fausse interprétation, d'une anti-image de Dieu. L'image de l'œil bien comprise exprime l'éternelle attention ; elle me permet de dire : « Je ne suis jamais seul, il y a toujours quelqu'un qui m'aime, qui me recueille et me porte. »

Dans la tradition juive, il est dit que Dieu, avant la création du monde, n'existait que de manière latente. Ses traits n'étaient pas réels. Par conséquent Dieu avait besoin du monde pour devenir ce qu'il est. Car comment pourrait-il exister un roi sans peuple ? Comment pouvait-il aimer sans personne à aimer ? D'où la question : qu'y avait-il avant le commencement ? Qui a créé Dieu ?

Cette idée est tirée de l'une des nombreuses traditions juives. Plus tard on retrouve des conceptions identiques dans la mystique chrétienne, par exemple chez maître Eckhart. Elles ne correspondent pas, cependant, à la conception biblique primitive, comme si Dieu ne devenait lui-même qu'en créant. Non, le Dieu chrétien est le Dieu qui se révèle à nous. « Je suis qui je suis » (Ex 3, 14), dit-il. C'est pourquoi il est inutile de continuer à se poser des questions comme celles-ci : qui l'a créé ? qui a créé celui qui l'aurait créé ? et ainsi de suite. Ou encore : l'esprit créateur est-il vraiment la plénitude d'être supérieure à ce qui devient et à ce qui passe ?

Je pense qu'on pourrait l'exprimer ainsi : la réalité est créatrice en elle-même. Dieu n'a pas besoin du monde. La foi du Nouveau comme de l'Ancien Testament l'ont toujours souligné avec force. Par opposition aux *dieux* qui ont besoin des hommes, pour être entretenus et nourris, *Dieu* n'en a pas besoin en soi. Il est l'unique, l'éternel, la totalité de ce qui est. La foi trinitaire nous dit qu'il est en soi celui qui aime, dans cet éternel cercle de l'amour, qui représente à la fois l'unité la plus haute et « l'être-face-à-face » tout comme « l'être-ensemble » de la vie.

D'un autre côté, la pensée que Dieu est amour pose réellement la question : qui est l'objet de cet amour ? Elle trouve sa solution dans l'unité du Dieu trinitaire qui se donne et par là devient Fils et qui répond à ce don en étant Saint-Esprit. C'est en ce sens que la création est un acte tout à fait libre. La tradition chrétienne (et avec elle des couches essentielles de la tradition juive) a toujours souligné que la création n'est pas une obligation pour Dieu mais qu'elle relève de sa libre initiative.

Et pourquoi Dieu devrait-il prendre sur lui l'aventure de la création du monde et de l'homme ?

Romano Guardini, témoin de toute la souffrance de la création, fut terriblement tourmenté par cette question : « Pourquoi donc fait-il tout cela, alors qu'il pouvait s'en passer ? » Nous n'avons pas de réponse. Nous ne pouvons qu'accepter qu'il l'ait pourtant voulu ainsi. Il voulait une créature comme partenaire, capable de le reconnaître et d'élargir pour ainsi dire le rayonnement de son amour.

Les Anciens ont tenté de l'exprimer par une idée philosophique : la bonté tend par elle-même à se communiquer. Voilà pourquoi celui qui est la bonté elle-même se communique. Là non plus, ce n'est pas le dernier mot sur la question. Il est essentiel de concevoir la création comme un libre don de soi et non pas comme une nécessité pour Dieu, sinon il ne serait Dieu qu'à moitié et ne pourrait représenter qu'une demi-espérance.

DIEU EST-IL HOMME OU FEMME ?

En réalité, Dieu est-il homme ou femme ?

Dieu est Dieu. Il n'est ni homme ni femme, mais par-dessus tout Dieu. Il est le Tout-Autre. Je pense qu'il très important d'affirmer fermement que, pour la foi de la Bible, il a toujours été clair que Dieu n'était ni homme ni femme, mais précisément Dieu, et que l'homme *et* la femme en sont l'image. Les deux ont en lui leur origine et sont contenus en lui comme possibles.

Il reste le problème que la Bible s'adresse à Dieu comme à un père et le représente donc sous une figure masculine.

Il est vrai que la Bible utilise, lorsqu'elle s'adresse à lui dans la prière, l'image du père et non celle de la mère. Il est non moins vrai que les images concernant Dieu contiennent toujours aussi des attributs féminins. Par exemple lorsqu'il est question de la pitié de Dieu, la Bible n'emploie pas le terme abstrait de « compassion », mais un terme à connotation corporelle, *rachamin*, les entrailles maternelles, siège du sentiment de la mère pour son enfant. Par ce terme la maternité de Dieu est exprimée dans sa signification spirituelle. Par toutes ces images employées pour parler de Dieu, la Bible, dans toute une mosaïque d'images, indique clairement que l'homme *et* la femme viennent de lui. Par conséquent les deux sont en lui – et pourtant il est aussi supérieur aux deux.

Reste la question : pourquoi ceci ne s'est-il pas exprimé dans la prière ?

Oui, pourquoi s'est-on limité si strictement au père ? Il s'ensuit une question encore plus aiguë : pourquoi Dieu est-il venu parmi nous comme « Fils » ? Pourquoi Dieu s'est-il incarné en homme ? Et pourquoi ce Fils de Dieu nous a-t-il ensuite appris à appeler ensemble Dieu « Père », si bien que cette appellation n'est pas seulement une image qu'on pourrait dépasser au cours de l'histoire de la foi, mais l'appellation que le Fils lui-même a mis sur nos lèvres ?

Le savez-vous ?

J'affirmerais d'abord que le mot « Père » est bien entendu une image. Il reste vrai que Dieu n'est ni homme ni femme, mais précisément Dieu. Il s'agit cependant d'une image, que le Christ nous a léguée comme une manière authentique et irremplaçable de nous adresser à Dieu, une image par laquelle il veut nous transmettre un élément de la vision de Dieu.

Mais pourquoi ? Nous sommes entrés, en ce qui concerne cette question, dans une nouvelle phase de réflexion, mais je crois qu'en dernière analyse on ne peut pas y répondre. Nous pouvons dire deux choses. D'abord que les religions entourant Israël ont connu des couples de dieux, dieux et déesses. Le monothéisme, en revanche, a rejeté l'idée du couple divin. À sa place il a vu l'humanité élue, à savoir Israël, peuple élu, comme épouse en relation avec Dieu. Dans cette histoire de l'élection s'accomplit le mystère de l'amour de Dieu pour son peuple, qu'il aime comme une épouse. C'est pourquoi l'image féminine est appliquée en même temps à Israël et à l'Église et finalement sera personnifiée en Marie d'une manière particulière.

Un deuxième point concerne le cas de l'emploi des images des déesses mères. Elles ont à ce point altéré l'idée de création que celle-ci est toujours devenue émanation, naissance et elles ont abouti presque nécessairement à des modèles panthéistes. Dieu, en revanche, représenté par l'image du Père, crée par la parole – ce qui indique très exactement la différence spécifique entre l'acte de la création et la créature.

COMMENT EST DIEU ?

Si Dieu n'est ni homme ni femme, comment est-il ? L'Ancien Testament nous parle de ses accès de colère et des jugements qui s'ensuivent. « Car c'est moi, le Seigneur, ton Dieu, dit-il en Ex 20, 7, un Dieu jaloux, poursuivant la faute des pères chez les fils sur trois et quatre générations, s'ils me haïssent. » Dieu est-il aujourd'hui encore aussi colérique qu'autrefois, ou bien a-t-il changé ?

Je voudrais tout d'abord compléter la citation qui continue ainsi : « ...mais prouvant sa fidélité à des *milliers* de générations ». Comme nous le voyons déjà par cette parole prophétique, c'est le déséquilibre entre colère et miséricorde qui est souligné. La miséricorde est multipliée par mille, comparée à la colère. Cette parole me dit : lorsque j'ai mérité la punition et me suis éloigné de cet amour, je sais que la miséricorde de Dieu est mille fois supérieure.

Mais ce Dieu judéo-chrétien se montre tout de même en colère.

La colère de Dieu exprime que je me suis opposé à l'amour qu'il est. Qui s'éloigne de Dieu, qui s'éloigne du bien, s'enfonce alors dans la colère. Qui échappe à l'amour, va vers le négatif. Il ne s'agit pas de quelque chose qu'un dictateur avide de pouvoir vous infligerait, mais c'est simplement l'expression de la logique interne d'une action. Si je m'éloigne de ce qui est conforme à ce que je suis devenu par création, si je quitte l'amour qui me porte, alors je tombe dans le vide, dans l'obscurité. Alors je ne suis pour ainsi dire plus dans l'espace de l'amour, mais dans un espace qu'on peut considérer comme le lieu de la colère.

Les punitions de Dieu ne sont pas des punitions dans ce sens que Dieu fixerait des amendes et aurait du plaisir à nous les infliger. « Punition de Dieu » est en réalité une expression pour dire que j'ai quitté le bon chemin et que je subis les conséquences découlant de mon égarement et de ma fausse vie.

Mais n'a-t-on pas le sentiment de dépendance, même d'asservissement, quand il est dit : « C'est Dieu qui opère en vous à la fois le vouloir et le faire. » Quel est ce Dieu qui ne cesse de nous faire savoir que nous ne sommes rien sans lui ? À l'inverse, n'est-il pas aussi responsable de nous ? Qui est responsable d'être sur terre ? Il y en a pas mal qui n'en sont pas ravis.

Il est important que l'Église présente une image de Dieu assez grande et ne l'affuble pas de fausses et d'effrayantes menaces. La catéchèse l'a partiellement fait et le fait peut-être encore çà et là. Nous devons au contraire toujours représenter Dieu en sa grandeur à partir du Christ et de ce Dieu qui nous laisse évoluer très librement. Parfois on serait tenté de penser qu'il devrait nous parler plus clairement. Il vaudrait mieux se poser la question : pourquoi nous laisse-t-il autant de latitude ? Pourquoi laisse-t-il tant de liberté et tant de pouvoir au mal ? Pourquoi n'intervient-il pas plus efficacement ?

OÙ EST DIEU ?

Continuons à nous interroger sur Dieu : où et comment le trouver ? Voici une petite histoire : Il était une fois une mère qui conduisait son fils chez le rabbin. Celui-ci dit au garçon : « Je te donne un florin si tu me dis où habite Dieu. » Le jeune sans réfléchir longtemps répliqua : « Et moi je te donne deux florins si tu peux me dire où il n'habite pas. » Dans le livre de la Sagesse (1, 2), il est dit : Dieu « se laisse trouver par qui ne le tente pas ; il se manifeste à ceux qui ne manquent pas de foi en lui ». Mais où est Dieu, précisément ?

Commençons par le livre de la Sagesse. Il me semble qu'il y a là une parole de Dieu très actuelle : « Dieu ne se laisse pas trouver par ceux qui le tentent », ce qui veut dire qu'il ne se laisse pas trouver par ceux qui veulent en faire une expérience. Dans le monde hellénistique on connaissait cette vérité et elle est tout à fait d'actualité. Si nous voulons mettre Dieu à l'épreuve – es-tu là ou non ? – et que nous entreprenons des actions auxquelles, pensons-nous, il devrait réagir ou ne pas réagir, si nous en faisons un objet d'expérimentation, alors nous sommes partis dans une direction où, certainement, nous ne le trouverons pas. Dieu ne se soumet pas à une expérimentation. Il n'est pas un objet dont nous pourrions disposer.

Un de mes amis dit : « Je ne ressens rien, même quand je vais de temps à autre à l'église le dimanche. Je vois simplement qu'il n'y a rien. »

Dieu justement n'est pas quelque chose que nous pourrions forcer à certains moments à dire : « Me voici ! » Dieu se laisse trouver lorsque nous ne le soumettons pas aux critères de la falsification possible et de la sauvegarde de l'existence mais lorsque nous l'abordons comme Dieu. Et le considérer comme Dieu signifie être avec lui dans une tout autre relation.

Je peux examiner des choses de manière opératoire et les soumettre à mes contraintes parce qu'elles me sont soumises. Mais rien qu'un homme, je ne peux le comprendre si je le traite de cette façon. Au contraire, je ne perçois quelque chose de lui que si je commence pour ainsi dire par entrer en son âme par une sorte de sympathie.

Il en est surtout ainsi avec Dieu. Je ne peux chercher Dieu qu'en abandonnant cette mentalité de domination. Il me faut à tout moment être prêt à m'ouvrir, à chercher. Humblement, je dois être prêt, dans l'attente, afin de lui permettre de se montrer comme il l'entend, et non comme je le voudrais.

Mais où précisément est Dieu ?

Il n'est pas, comme votre histoire rabbinique le montre très bien, en un endroit précis. Pour le dire plus positivement, il n'y a rien où il ne serait pas parce qu'il est en tout. De manière négative, on pourrait dire qu'il n'est en aucun cas là où il y a péché. Quand la négation donne le pouvoir au non-être, alors il n'est pas là.

Dieu est partout, et pourtant il y a des degrés à son approche, car tout degré supérieur de l'être rapproche de lui. Mais là où la raison et l'amour émergent, on accède à une nouvelle manière de lui être proche, à une nouvelle forme de sa présence.

Par conséquent Dieu est là où il y a foi, espérance et charité, parce que, contrairement au péché, elles constituent l'espace où nous entrons dans la dimension de Dieu. Ainsi Dieu est présent de manière spécifique partout où le bien s'accomplit, au-delà du fait qu'il est tout et présent partout. On le rencontre de manière plus profonde en s'approchant des dimensions qui correspondent le plus à son être intérieur, précisément celles de la vérité et de l'amour, en un mot celles du bien.

Cette présence plus profonde signifie-t-elle que Dieu n'est pas partout dans l'univers, mais qu'il est au milieu de nous ? Il est présent dans chaque homme particulier.

Oui, c'est déjà ce que dit saint Paul aux Athéniens devant l'Aréopage. Il cite là un poète grec[1] : « C'est en Dieu que nous avons la vie, le mouvement et l'être » (Ac 17, 28).

Nous nous mouvons et sommes dans l'atmosphère de Dieu créateur ; cela vaut d'une manière tout à fait générale du seul point de vue de notre existence biologique. Mais cela est d'autant plus vrai lorsque nous pénétrons plus avant dans ce que Dieu a de tout à fait spécifique. Nous pouvons l'exprimer ainsi : là où un être humain fait du bien à un autre, Dieu est particulièrement proche. Lorsque quelqu'un s'ouvre à Dieu dans la prière, il est particulièrement proche de lui.

On ne peut pas définir Dieu à partir des catégories spatio-temporelles. Il n'est pas des milliers de kilomètres au-dessus de nous ou éloigné d'années-lumière. Sa proximité est de l'ordre de l'être. C'est là où se trouve ce qui reproduit le mieux son image et ce qui le rend le mieux

1. Note du traducteur : Épiménide.

présent, là où il y a le vrai et le bien, c'est là que nous le touchons de manière particulière, lui l'omniprésent.

Mais cela signifie aussi que Dieu n'est ni automatiquement ni toujours présent.

Il est toujours présent dans la mesure où, sans lui, je ne serais pas branché sur le réseau de l'être, si l'on peut s'exprimer ainsi. Dans ce sens, il y a une présence universelle de Dieu par le simple fait de l'être. Mais une présence plus profonde de Dieu, offerte à l'homme, peut se diluer ou même entièrement disparaître et, inversement, elle peut grandir.

Dans un homme tout pénétré de Dieu, celui-ci est naturellement beaucoup plus proche et présent qu'en quelqu'un qui s'est totalement éloigné de lui. Pensons à l'Annonciation à Marie. Dieu veut qu'elle devienne son temple vivant et cela pas seulement par une inhabitation physique. Mais devenir véritablement le lieu où Dieu habite n'est possible que parce qu'elle s'ouvre intérieurement à lui, que parce que son être intérieur lui devient parfaitement conforme.

Mais ne se pourrait-il pas aussi que Dieu se retire, du moins temporairement. Einstein, par exemple, honorait Dieu comme architecte de l'univers, mais finalement il fut d'avis que Dieu ne s'intéresse pas plus à sa création qu'au destin des humains.

Cette idée du grand architecte provient d'une conception étroite de Dieu. Dieu n'est ici qu'une hypothèse marginale, dont on a besoin pour expliquer l'origine de l'univers. Il met en route le tout et puis cela fonctionne. Mais comme il n'est rien d'autre par rapport au monde qu'une cause première physique, il a naturellement quitté la scène une fois la machine lancée. La nature est désormais autonome mais Dieu n'y a plus de place et sa relation au cœur humain, cette autre dimension de l'être, est occultée *a priori* dans une telle idée de la création. Alors il n'est plus le Dieu « vivant », mais une hypothèse qu'on tentera finalement de rendre superflue elle aussi.

Toujours est-il que même des théologiens parlent de « l'absence de Dieu ».

Là, il s'agit d'autre chose. Déjà l'Écriture sainte dit que Dieu se cache. Il se cache pour le peuple désobéissant. Il se tait. Il envoie ses prophètes. Dans la vie des saints aussi, il est question de cette nuit obscure. Ils se trouvent pour ainsi dire plongés dans une sorte d'absence, de silence de

Dieu, comme Thérèse de Lisieux par exemple. Ils partagent douloureusement l'obscurité des incroyants.

Mais cela ne signifie pas que Dieu n'existerait pas. Ni qu'il aurait perdu tout pouvoir, qu'il ne serait plus amour. Ce dont il s'agit ici, c'est d'une situation de l'histoire humaine ou de la vie humaine où l'incapacité des hommes de percevoir Dieu engendre une « obscurité de Dieu », comme disait Martin Buber. Dans cette incapacité ou ce refus des hommes de percevoir Dieu ou d'entrer en relation avec lui, Dieu semble s'être retiré.

QUE VEUT DIEU ?

Clément d'Alexandrie, un des plus grands Pères de l'Église, disait : « L'homme a été créé par Dieu, parce que Dieu a voulu le propre intérêt de l'homme. » D'accord, si Dieu est amour désintéressé ; mais comment alors continue-t-il à vouloir être vénéré et glorifié ?

L'expression « créé dans son propre intérêt » a été différemment reprise par le Saint-Père dans ses encycliques. Il l'a empruntée à Emmanuel Kant et l'a développée. Kant disait que l'homme est le seul être qui est un *but* en lui-même et n'est pas le but d'autre chose. Le pape dit : « En réalité, l'homme est une *finalité* en lui-même et ne constitue pas à son tour le but d'autre chose. »

Cela représente une grande protection pour chaque individu. En ce Dieu créateur réside le fondement de l'interdiction pour tout homme d'utiliser un autre homme, si pauvre et si faible soit-il, comme moyen en vue de quelque but si noble qu'il soit. C'est une vérité très importante de nos jours dans le domaine des expérimentations sur l'homme – en particulier sur l'embryon – et constitue une protection de la dignité humaine. Le droit de l'homme est précisément celui de ne pas pouvoir devenir un moyen mais d'avoir une dignité intouchable.

Cela ne signifie pas que l'homme est bien lorsqu'il se ferme et qu'il se considère en tant qu'individu isolé, comme but final pour lui-même. C'est le propre de l'homme d'être en relation.

Qu'est-ce que cela signifie ?

Tout d'abord qu'il y a, profondément ancrée en lui, la tendance à aimer, à entrer en relation. Il n'est pas un être autarcique, tournant sur lui-même ; il n'est pas une île mais essentiellement un être en relation. Sans cette relation, en l'excluant, il se détruirait lui-même. Et c'est précisément cette structure fondamentale qui fait qu'il est image de Dieu. Car il s'agit d'un Dieu qui est relation dans son être même, comme l'enseigne la foi trinitaire.

Le caractère relationnel de l'homme le renvoie d'abord vers les autres hommes, mais l'oriente également vers l'Infini, vers Celui qui est vérité et amour.

S'agit-il d'une obligation ?

Cela ne l'abaisse pas. La relation ne réduit pas l'homme au rang d'un moyen mais lui confère toute sa grandeur parce qu'il est en relation directe avec Dieu et qu'il est voulu par lui. Il ne faut donc pas considérer l'adoration de Dieu comme quelque chose d'extérieur comme si Dieu voulait être loué et avait besoin de nos flatteries. Ce serait naturellement enfantin et, au fond, fâcheux et ridicule.

Mais que veut-il alors ?

L'adoration bien comprise, c'est de bien vivre en tant qu'être de relation, de correspondre à l'idée intérieure de mon être. Une vie ainsi vécue correspond à la volonté de Dieu, c'est-à-dire est accordée à la vérité et à l'amour. Il ne s'agit pas de faire quelque chose pour que Dieu soit content. Adorer signifie accepter l'orientation dynamique de notre être. Accepter que le fini ne soit pas mon but et puisse m'obliger à quoi que ce soit mais que je dépasse tous les autres buts. Que j'atteigne en réalité l'unité intérieure avec celui qui m'a voulu comme partenaire et qui, par là, m'a fait don de la liberté.

C'est cela que Dieu attend vraiment de nous ?

Oui.

Chapitre 3

LA CRÉATION

AU COMMENCEMENT ÉTAIT LA PAROLE

« Au commencement Dieu créa le ciel et la terre », dit la Genèse, « la terre était déserte et vide, et les ténèbres à la surface de l'abîme ; le souffle de Dieu planait à la surface des eaux, et Dieu dit : Que la lumière soit ! et la lumière fut » (Gn 1, 1-3).

Personne d'entre nous n'était présent quand fut créée la terre. D'après une vieille tradition juive, le Tout-Puissant a créé notre monde très exactement comme L'Écriture le rapporte : Dieu consulta la Torah, dit-on, et créa la terre selon ce plan de construction. Jean aussi commence son Évangile par cette phrase : « Au commencement était la Parole » (Jn 1, 1).

Oui, effectivement ces deux textes se correspondent et renvoient l'un à l'autre. Dans le judaïsme ancien, c'est-à-dire au temps de Jésus, est née l'idée que la Torah a précédé la création du monde matériel. Le monde a été destiné à être le champ d'action de la Torah. Cette conception peut nous paraître un peu naïve, mais elle exprime une idée très importante : le monde a un sens spirituel.

Le monde est créé pour que l'alliance de Dieu avec l'homme puisse avoir lieu. Il est créé selon le plan intérieur de l'alliance et la Torah est la charte de cette alliance. Cette première phrase de la Torah « Au commencement Dieu créa le ciel et la terre » a été volontairement reprise par Jean et condensée dans ce raccourci : « Au commencement était la Parole. »

Quel en est le sens exact ?

La phrase de Jean est une importante clé d'interprétation du récit de la Genèse. Elle nous permet de comprendre que les éléments particuliers du récit de la création sont des images.

Dieu sépara la lumière des ténèbres, la terre du ciel, les oiseaux des animaux aquatiques...

Ces images mettent en évidence que le monde est créé et qu'il provient du *logos*, ce terme signifiant à la fois « sens » et « parole ». Logos, c'est-à-dire la puissance signifiante, était dans le monde tant grec qu'hébraïque une notion fondamentale : il est important de savoir que le logos n'est pas seulement une idée mais aussi une parole. Autrement dit, ce Dieu n'est pas seulement idée mais encore parole et action. « Au commencement était la Parole » indique que le monde est précédé par le sens spirituel, à savoir l'idée du monde. Le monde est la matérialisation de l'idée et de la pensée première que Dieu portait en lui ; il devient ainsi le lieu où se déroule l'histoire de la relation entre Dieu et sa créature.

La science nous apporte des connaissances qui jettent une lumière toute nouvelle sur les affirmations bibliques. Il y a des milliards d'années, me déclarait un chercheur en génétique, une sorte de livre a été écrit ou, mieux, un rouleau. Il contient toutes les informations permettant à la vie d'apparaître, peu importe que la forme soit animale ou humaine, cellule ou virus de l'herpès. Les savants ont attribué des lettres à ces liaisons chimiques : A, C, G ou T. Ce qui est stupéfiant, c'est que tous les mots du rouleau sont écrits avec ces quatre lettres. Le nombre total des gènes humains ou génome est donc réellement un livre, un livre avec un nombre incalculable de phrases. Ce livre de l'histoire de la vie, continue le chercheur, « n'a été écrit qu'une seule fois il y a des milliards d'années et l'écriture est cohérente ».

C'est certainement une des nouvelles images expressives que la science nous fournit. Par elles nous pouvons connaître la structure littérale de la création. D'ailleurs les Anciens parlaient déjà de la structure mathématique du monde, ce qui est maintenant confirmé. La parole est vraiment génératrice et la création est, d'une certaine manière, la concrétisation et le déploiement d'un programme.

LE COURONNEMENT DE LA CRÉATION

Pour donner une idée des dimensions temporelles de la réalité créée, quelqu'un a comparé la totalité du temps du monde à une année. D'après ce modèle, la terre serait apparue le 1er janvier. Puis le 1er avril – en fait il y a 3,4 milliards d'années – apparaît la vie sur cette planète, sous forme d'organismes monocellulaires. Mais le premier poisson est apparu le

27 novembre seulement et les dinosaures le 12 décembre. Dieu devait les aimer particulièrement : ils dominèrent la Terre pendant cent cinquante millions d'années sans l'abîmer.

*Les mammifères arrivent le 27 décembre et l'homme le 31, il y a entre quinze et vingt millions d'années. L'histoire de l'*Homo sapiens *débute il y a cent cinquante mille ans. La couronne de la création ne voit le jour que très tardivement.*

Il ne s'agit bien sûr que d'estimations, fondées, il est vrai, mais à ne pas absolutiser. Pourtant je trouve cette chronologie très juste, parce qu'elle coïncide avec ce que dit la Bible et ce que disent les Pères : la fin des temps apparaît comme étant leur but.

En particulier à propos du Christ, qui est la perfection de l'homme, il est dit qu'il est venu à la fin des temps. La Sainte Écriture emploie l'image que toute une histoire nous précède dont le sens, dans les détails, nous échappe. Elle n'est que préparation de ce qui adviendra plus tard. Car beaucoup d'éléments de cette histoire ne sont que provisoires et n'ont de sens que comme stades transitoires. Il devient également clair qu'il s'agit d'un chemin incommensurablement long et que l'aventure humaine apparaît comme une sorte de conclusion.

Question intermédiaire : combien de temps nous reste-t-il ?

Nous ne pouvons pas le dire. Ce que nous savons, c'est que cette conclusion est intérieurement planifiée mais n'interviendra que tard et, d'une certaine manière, intégrera le tout.

Si Dieu est un Dieu d'amour et s'il aime tous les hommes pareillement, pourquoi nous a-t-il façonnés si divers ? Les uns sont beaux et désirés, les autres plutôt solitaires. Les uns sont intelligents et comprennent facilement, les autres doivent lutter péniblement pour le moindre succès. Ne parlons même pas de ceux qui naissent déjà lourdement handicapés. Il est impossible que les individus soient responsables de tout cela ?

Bien sûr que non. Cela supposerait qu'on ait préparé par avance sa vie future. De plus, cette conception de la transmigration des âmes viderait de son sens le caractère unique et la responsabilité de chaque être humain. Non, nous ne savons pas. Nous ne pouvons dire qu'une seule chose : Dieu a créé un monde très diversifié, déjà au stade préhumain, et le monde humain est lui aussi visiblement très diversifié. Ce n'est pas nécessairement négatif. Quelqu'un qui n'est pas doué pour les mathématiques peut avoir des dons artistiques exceptionnels, quelqu'un qui est peu productif dans le domaine intellectuel peut être un artisan hors pair.

Je pense aussi que nous nous sommes peut-être fabriqué un modèle unique, standard, de ce que l'homme devrait être. On mesure tout d'après un quotient intellectuel qui, lui aussi, n'appréciera qu'une forme particulière d'intelligence. Nous appréhendons l'homme sous l'angle précis de ce qu'il peut produire et de ce qui lui réussit et la richesse de ses dons variés, qui tous ont sens et importance, nous échappe.

Évidemment il y a le cas limite de ceux qui sont vraiment défavorisés, les handicapés, ceux qui naissent et grandissent dans la misère et qui ne peuvent jamais se réaliser. Ici nous sommes à nouveau face au problème du mal dans le monde. Mais, sans vouloir chercher maintenant une réponse à ce problème, il faut affirmer que le handicapé n'est pas une créature qui ne devrait pas exister. Dans son handicap même, il a sa propre valeur. Et le Christ qui se laisse couronner d'épines et qui déclare de lui-même : « Je suis un vermisseau et non pas un homme » (Ps 22, 7), s'est mis au rang des handicapés et des défavorisés qui ont eux aussi un message à apporter à l'humanité. Particulièrement, en souffrant, en exigeant notre amour, en rendant cet amour, ils remplissent une mission particulière pour peu que nous y soyons attentifs.

Les raisons pour considérer l'homme comme le couronnement de la création sont suffisantes. Nous avons inventé dix neuf mille langues. Nous chantons des opéras et jouons d'instruments inventés par nous-mêmes. Nous mesurons des distances immenses. D'un autre côté cette « couronne de la création » s'avère souvent comme une créature sanguinaire qui ne cesse de transformer sa propre maison en un immense abattoir. Un malheur à peine passé, un autre est provoqué. Une guerre à peine achevée, on prépare la suivante. Et les victimes d'hier deviennent les bourreaux de demain.

Vous évoquez là toute la tension et tout le drame de l'existence humaine. La grandeur de l'homme est indéniable. Cette créature chétive, qui biologiquement compte parmi les plus misérables des créatures et qui fait preuve d'activités sensorielles très réduites, a développé des capacités lui permettant de connaître l'univers. Avec son œil l'homme peut scruter l'univers et puis, à nouveau, regarder les détails de sa propre vie. Il a réellement accès aux sources de l'être, si bien qu'il peut tenter lui-même de le remodeler, de l'utiliser de manière rationnelle et de continuer à le développer.

Je crois que la grandeur de l'homme est aujourd'hui plus apparente que par le passé et, naturellement aussi, la dégringolade toujours possible. Plus la créature est grande, plus elle est en danger. Et plus ses possibilités, ses forces, ses capacités sont grandes, plus aussi les menaces qui en découlent sont importantes. Une mouche peut produire ce qui est en elle, ni plus ni moins. L'homme, en revanche, tient à portée de main, avec l'humanité, toutes les capacités qui sont enfouies en lui. Il peut finalement développer des manières de détruire qu'aucun autre être vivant ne porte en lui.

C'est le paradoxe inhérent à l'homme. Il est appelé à ce qu'il y a de plus grand mais, usant de sa liberté, la tentative d'être grand face à Dieu, jusqu'à devenir lui-même un contre-dieu, peut constituer une véritable menace. Elle peut le conduire à la chute jusqu'à devenir un démon destructeur.

Parfois on voudrait dire à Dieu : si seulement tu avais créé l'homme un peu moins grand, il serait moins dangereux. Si tu ne lui avais pas donné la liberté, il ne pourrait pas tomber de si haut. Finalement, nous ne le disons pas parce que nous lui sommes aussi reconnaissants pour cette grandeur. S'il a pris sur lui le risque de créer l'homme libre et donc la possibilité de chutes, nous pouvons redouter ce qui peut arriver et essayer de mobiliser toutes les forces positives. Mais nous devons aussi partager avec Dieu la confiance fondamentale qu'il a mise en l'homme. Ce n'est qu'ancrés dans cette confiance que nous sommes capables de nous opposer à ces menaces et de les supporter.

Lorsque Dieu créa la terre, il la créa en tant que partie du système solaire, qui lui-même appartient à la Voie lactée, système de cent millions d'étoiles évoluant dans une mer de galaxies semblables, tournant dans l'espace. La plus proche est éloignée de nous de deux millions d'années-lumière. Est-il donc tellement inimaginable de penser qu'en dehors de notre terre minuscule il y ait dans l'espace d'autres créatures de Dieu et peut-être même des êtres vivants semblables à l'homme ?

Penser qu'on peut ne pas être les seuls dans cette mer incommensurable d'étoiles paraît normal. Nous ne pouvons exclure cette éventualité, simplement parce que nous ne pouvons connaître la pensée de Dieu ni l'étendue de sa création. Mais c'est un fait que tous les essais pour le prouver ont été vains. Une opinion scientifiquement très fondée penche pour une haute invraisemblance d'une vie extraterrestre. Jacques Monod, qui n'était vraiment pas chrétien, pense que, d'après tout ce que nous pouvons connaître scientifiquement du monde, la vraisemblance d'êtres vivants extraterrestres est si minime qu'elle frôle l'impossibilité.

La seule chose que nous pouvons dire c'est que nous ne le savons pas. Mais aussi que, jusqu'ici, nous n'avons pas de raisons sérieuses de penser que de tels êtres existent ailleurs.

En revanche, ce que nous savons, c'est que Dieu a pris l'homme vivant sur ce grain de poussière qu'est la terre tellement au sérieux que lui-même a choisi d'y vivre et s'est lié pour l'éternité à cette terre.

Cela correspond à la manière d'agir de Dieu que nous connaissons. Dieu relève ce qui apparemment est sans importance et se révèle à l'homme dans ce qui n'est apparemment que poussière ou dans un lieu comme Nazareth qui n'existe quasiment pas. Dieu corrige nos manières de voir et nos critères d'appréciation. Il montre que l'immensité du quantitatif est d'un autre ordre de grandeur que l'immensité du cœur, comme Pascal l'avait déjà dit. Le quantitatif possède une grandeur incontestable mais il importe de relativiser cette étendue infinie de l'univers. Un cœur, un seul, qui comprend et qui aime est d'une tout autre grandeur. Il correspond à un ordre de grandeur différent de celui de tout le quantitatif dans sa majestueuse puissance mais n'est pas moins grand.

La Révélation nous le dirait-elle si nous avions des congénères dans l'univers ?

Pas nécessairement, parce que Dieu n'a pas forcément voulu nous raconter tout sur ce qui existe. La Révélation n'était pas destinée à nous fournir une connaissance sans faille sur les idées de Dieu et sur le cosmos. Un des livres sapientiaux beaucoup cité par les Pères dit à ce sujet : « Dieu a abandonné le monde à notre discussion. » La conquête du savoir scientifique est une aventure que lui-même nous a laissé vivre. Dans la Révélation, en revanche, il ne nous communique que ce qui est essentiel pour vivre et pour mourir.

Selon la doctrine chrétienne, le monde est divisé en deux domaines, un monde invisible et un monde visible. Elle parle d'en haut et d'en bas. Que veut-elle dire par là ?

Parler de haut et de bas, c'est évidemment une façon imagée de parler qui provient de notre propre expérience. Bien sûr, ce symbolisme peut aboutir à une conception naïve du monde où tout est vu de manière physique et qui passe à côté de l'essentiel. En tant qu'image originelle, qui est parlante en elle-même, elle est précieuse. Elle nous apprend qu'il existe des profondeurs et des hauteurs, qu'il y a des degrés d'être, l'infiniment grand et l'infiniment petit, que la vraie hauteur existe, le Dieu vivant.

De même nous faisons concrètement l'expérience de la distinction entre le visible et l'invisible. Il y a des forces que nous ne pouvons voir et qui sont pourtant réelles. Prenons d'abord les réalités proprement dites, les réalités de l'esprit et du cœur. Je peux voir dans les yeux de quelqu'un, dans son expression et dans d'autres faits, quelque chose de son intériorité mais seulement en tant que reflet de sa profondeur. Ainsi, à travers des réalités matérielles, l'invisible transparaît, de sorte que cet invisible devient une certitude pour nous et nous attire. Dans tous les cas les forces invisibles, dont nous pouvons pourtant sentir les effets, nous indiquent que le monde a une profondeur qui échappe à notre regard et aux phénomènes sensoriels.

En relation avec « le haut et le bas », avec « le visible et l'invisible », l'Ancien Testament nous présente des êtres mystérieux. Ils se présentent comme les messagers de Dieu ou « anges du Seigneur ». Trois de ces anges, les archanges, portent même des noms. Il y a Michel, (le nom signifie : « Qui est comme Dieu »), puis Raphaël (« Dieu a guéri »), et Gabriel (« Dieu a rendu fort »). Nous apprenions autrefois, à l'école, que les anges sont de purs esprits, ayant raison et volonté. Est-ce toujours vrai ?

Oui, c'est toujours vrai. L'Écriture nous le dit et, par ailleurs, nous savons au fond de nous-mêmes que nous ne sommes pas les seules créatures spirituelles. Dieu a aussi peuplé le monde d'autres créatures spirituelles qui nous sont proches parce qu'il n'y a qu'un seul monde. Ces créatures sont, elles aussi, l'expression de sa plénitude, de sa grandeur, de sa bonté. Dans ce sens les anges appartiennent véritablement à la conception chrétienne du monde. Ils entrent dans l'espace de la création qui comporte aussi des créatures spirituelles non matérielles, différentes de nous. Les anges sont en présence immédiate de Dieu dans laquelle nous sommes appelés à être intégrés.

D'après l'enseignement de l'Église, dans le domaine des anges, il n'y a pas que les archanges, les chérubins, les séraphins et les anges ordinaires. Il y a les anges gardiens. Il est difficile de croire que chaque être humain a un ange gardien avec qui il peut même collaborer.

C'est pourtant la foi de l'Église qui s'est formée au cours de l'histoire et qui a des fondements sérieux. Personne n'est obligé d'y croire. Cette foi n'a pas le même degré de certitude que les déclarations concernant Jésus ou Marie. Elle appartient aux convictions intérieures qui sont nées dans l'expérience chrétienne : Dieu place un compagnon à mes côtés qui m'est particulièrement assigné et à qui je suis assigné. Chacun, bien sûr, ne se familiarisera pas intérieurement de la même manière avec ce compagnon.

Connaissez-vous votre ange gardien personnellement ?

Non. Je me sens moi-même si directement concerné par Dieu que, tout en étant reconnaissant qu'il y ait un ange gardien, j'échange directement avec Dieu lui-même. C'est une question de tempérament. À d'autres il est donné d'échanger avec leur ange gardien, et c'est pour eux une certitude qui les console. Évidemment, il ne faut pas s'y arrêter mais se laisser conduire vers Dieu : tout doit être orienté vers la relation à Dieu.

LE SOI-DISANT MAL

Le mythe dit qu'à l'origine les esprits célestes brillaient de l'éclat de la grâce et de la gloire. Ils contemplaient et adoraient Dieu et ils étaient parfaitement heureux. Toutefois, un de ces anges qui était près de Dieu, Lucifer, a succombé à la tentation de l'orgueil et se dressa contre le Seigneur. Lui et ses compagnons furent punis et précipités en enfer.

Le phénomène du mal, que ce mythe biblique essaie d'expliquer, est au cœur du débat actuel. Des savants observent une augmentation sensible de la cruauté, pour autant qu'elle soit empiriquement mesurable, et d'une incompréhensible méchanceté. « Moi qui veux faire le bien, je constate donc cette loi : c'est le mal qui est à ma portée » (cf. *Rm 7, 18b-19). On rapporte que Luther a vu Satan en chair et en os et qu'il lui a jeté son encrier à la tête. La question de fond reste celle-ci : pourquoi Dieu aurait-il créé Satan ? Pourquoi se serait-il inventé un adversaire ?*

L'histoire de la chute des anges n'est pas directement racontée par la Bible : elle est une synthèse de divers textes qui s'est constituée avec le temps. La Bible met bien en scène des esprits mauvais. Au début il y a peu d'indications mais il devient de plus en plus évident que n'existent pas seulement les bons anges mais aussi des êtres spirituels qui sont mauvais et ont une influence dans le monde et sur l'homme. Ils le mettent en danger et veulent l'entraîner dans leur chute.

On ne peut jamais dire que Dieu a créé Satan. L'histoire de la chute de Lucifer qui a, peu à peu émergé de la conscience chrétienne, veut justement dire que de telles puissances du mal, qui apparaissent avec évidence dans l'entourage de Jésus qui les chasse, ne sont pas créées comme telles par Dieu. Dieu n'a créé que le bien. Le mal n'a pas de consistance propre : il n'est pensable que comme négation du bien chez un être bon en soi. La pure négation ne peut exister.

La tentation, à quoi ressemble-t-elle ?

Répétons que Dieu n'a pas créé le mal et qu'il ne s'est pas adjoint un anti-dieu. Ce qu'il a créé, c'est la liberté et le fait que souvent notre capacité de discernement ne résiste pas à cette liberté.

La perception des puissances du mal est couramment expliquée dans la Bible par le fait que des puissances créées nous tiennent le miroir. Nous pouvons y voir d'une certaine manière un modèle de ce qu'est une liberté menacée. Cette menace se présente ainsi : plus un être est grand, plus il revendique d'autarcie. Il veut être de plus en plus indépendant et, par conséquent, devenir comme Dieu qui n'a besoin de personne. C'est de là que surgit la volonté de se suffire que nous nommons orgueil.

Tout être spirituel porte en lui une tentation. Il s'agit d'une sorte d'inversion qui consiste à voir dans l'amour une dépendance et non plus un don qui fait vivre. On ne considère plus cette relation comme source de vie mais comme limitation de notre propre indépendance.

Est-il possible d'identifier le mal de quelque manière ?

Je dirais que personne ne peut prouver l'existence du diable. On s'aperçoit cependant qu'au-delà de la méchanceté humaine existent des bouleversements et des perturbations de la création. Une sorte de puissance jalouse qui veut nous entraîner et nous abattre est à l'œuvre que la Bible et la foi chrétienne nous expliquent de cette manière. En aucun cas on ne doit se représenter le diable comme un anti-dieu qui s'affronterait à Dieu et le provoquerait en duel. Finalement, la négation n'a pas de pouvoir. Le mal est une menace et une tentation permanentes mais n'est pas un adversaire de Dieu qui serait son égal. Il nous faut savoir que seul Dieu est Dieu et que celui qui se fie à lui n'a par conséquent rien à craindre des puissances sataniques.

Et Hitler ? Était-il, comme certains le pensent, une « incarnation de Satan » ? Sartre a dit un jour : « Le diable, c'est Hitler, c'est l'Allemagne nazie. » De même la philosophe juive Hannah Arendt employait, à propos des atrocités du fascisme, l'expression célèbre de « banalité du mal ».

Qu'un homme de la plus humble origine – il avait vécu longtemps sans rien faire et n'a pas reçu de vraie formation – ait pu mettre sens dessus dessous tout un siècle ; qu'il ait pu prendre des décisions avec une clairvoyance politique démoniaque et se faire écouter par des hommes, et parmi eux des gens intelligents, donne le frisson.

D'un côté Hitler était une figure démoniaque. Qu'il suffise de se rappeler l'histoire de ces généraux allemands qui se proposaient de lui dire la vérité en face et qui, dès qu'ils étaient en sa présence, restaient fascinés par lui et n'osaient plus rien dire. Si on y regarde de près, ce même homme, dont émanait une fascination démoniaque, était un voyou tout à fait banal. La puissance du mal se loge précisément dans la banalité. Cela nous révèle quelque chose de la physionomie du mal : plus il est grand, plus il apparaît misérable, moins il comporte de véritable grandeur.

Hitler avait prévu des situations de manière démoniaque. J'ai lu le récit de la préparation de la visite de Mussolini à Berlin. Ceux qui en furent chargés faisaient, l'un après l'autre, des propositions puis, après un long moment, il dit : « Non, tout cela ne vaut rien. Je vois comment cela devra se passer. » Et, comme en extase, il l'exposa et cela se passa ainsi. Il y a là comme une maîtrise démoniaque qui banalise ce qui est grand – et grandit ce qui est banal – mais qui est avant tout dangereuse et destructrice.

On ne peut certainement pas dire que Hitler était le diable : il était un homme. Mais il existe des rapports crédibles de témoins oculaires affirmant qu'il avait des sortes de rencontres démoniaques et qu'il disait en tremblant : « Il était de nouveau là » ou d'autres expressions semblables. Nous ne pouvons pas en savoir plus. Il était toutefois, d'une manière ou d'une autre, profondément ancré dans le domaine du démoniaque. Je crois qu'on le voit à la façon dont il exerçait le pouvoir et à la mesure de la terreur et du malheur qu'il a provoqués.

Est-il exclu qu'il puisse y avoir un abîme en Dieu même ? Un côté obscur ? D'après une parole humaine, « deux âmes sommeillent, hélas, en moi » ?

Dans l'histoire des religions, cette question s'est toujours posée, en particulier dans les courants dits gnostiques de l'histoire du christianisme. Carl Gustav Jung l'a renouvelée à sa manière et se demandait si l'ultime n'était pas à double face. Ce Dieu ne serait-il pas aussi démon ? Le mal n'aurait-il pas son origine en lui ? Si le mal existe, n'est-il pas quelque chose qui vient de lui ?

Cette question qui insécurise le monde, parce que Dieu insécurise, a été pour ainsi dire dégonflée par le Christ. En mourant lui-même pour nous et en nous montrant l'abîme de l'amour de Dieu. « En Dieu, il n'y a pas d'ombre », dit l'Épître de Jacques, car l'ombre vient d'ailleurs. En Dieu, en revanche, nous pouvons avoir toute confiance ; le démoniaque, le mal n'a pas d'ancrage en lui. C'est pourquoi l'achèvement du monde, quand Dieu sera tout en tous, sera véritablement une délivrance de l'oppression du mal.

La question reste posée : d'où vient alors le mal s'il n'a pas son origine en Dieu ? Comment peut-il même exister ? Si le mal est apparu sans lui, comment dire alors que tout vient de lui ? Nous voici de nouveau confrontés à un problème insoluble. La réponse chrétienne et biblique dit que le mal vient de la liberté.

C'est pourquoi il n'est pas une nouvelle créature, une réalité en lui-même. Il est négation, grignotement de la créature. Il n'est pas un être car un être ne peut venir que de la source de tout être. Il est négation, non-être. Qu'une négation puisse être aussi puissante ne peut que nous choquer. Je crois qu'il est en même temps consolant pour nous de savoir que le mal n'est pas une créature en soi mais quelque chose comme une plante parasite. Il subsiste par ce qu'il puise chez l'autre et, finalement, il va à sa propre perte, tout comme la plante parasite, quand il devient maître et tue son hôte.

Le mal n'a pas d'existence propre mais consiste en une négation. Lorsque je me laisse aller au mal, je délaisse l'espace de l'épanouissement positif de moi-même en faveur du parasitisme et du grignotage de l'être et de son anéantissement.

LE CIEL ET L'ENFER

La représentation d'un ciel et d'un enfer et même d'un purgatoire est un élément important de la foi, mais qui nous est devenu de plus en plus étranger et suspect.

Cela signifie que la question de la mort n'est pas réglée. C'est la certitude de base d'où part la foi chrétienne. D'ailleurs, sous des formes différentes, elle est commune à toute l'humanité. L'homme sait quelque part qu'il y a plus, qu'il y a encore quelque chose. Cela signifie que nous avons une responsabilité envers Dieu, qu'il y a un jugement et qu'une vie humaine peut devenir juste ou qu'elle peut échouer.

En ce qui concerne une vie juste, que nous espérons tous malgré nos manquements, le purgatoire joue un rôle important. Il y a sans doute peu d'hommes dont la vie est entièrement pure et accomplie. Espérons qu'il y en a peu aussi dont la vie est devenue un non total et irrécupérable. La plupart du temps, malgré beaucoup de manquements, la nostalgie du bien est restée déterminante. Dieu peut ramasser les morceaux et en faire quelque chose. Mais nous avons besoin d'une ultime purification, un purgatoire précisément. La rencontre de la face du Christ élimine nos dernières impuretés et ce n'est que par ce regard purifiant que nous devenons quasi capables de Dieu et que nous pouvons nous sentir chez nous auprès de lui.

Cela sonne vieux jeu, de façon provocante.

Je pense que c'est très humain. Je dirais même que, s'il n'y avait pas de purgatoire, il faudrait l'inventer. Qui oserait penser de soi-même qu'il peut directement se présenter devant Dieu ? Nous ne voudrions pas non plus, pour employer une image de la Bible, passer pour une œuvre ratée du potier, bonne à jeter. Nous voudrions être réparables. Le purgatoire signifie fondamentalement que Dieu ramasse les morceaux et les assemble. Qu'il peut nous purifier de telle manière que nous pouvons finalement être près de lui dans la plénitude de la vie.

Et dans l'au-delà, que font les bouddhistes ou les protestants ? Dans une vieille pièce de théâtre bavaroise, il est dit qu'il existe un ciel pour les Prussiens, sinon le ciel des Bavarois ne serait plus un paradis.

Considéré très humainement, le purgatoire consiste aussi à surmonter ces particularismes. Ce que nous avons d'insupportable et ce que nous ne supportons pas est ici éliminé de sorte que le noyau pur apparaisse. On s'aperçoit alors que vraiment tous participent à la grande symphonie commune.

Quant aux bouddhistes, ne veulent-ils pas sortir de ce cercle de la non-permanence pour le pur néant parce que tout n'est que souffrance, ce qui, d'une certaine manière n'est pas le pur néant. Donc, même ici, dans une tout autre conception, il reste l'espoir d'un être ultime définitif.

Avec nos amis protestants, nous avons en commun la foi en un ciel et un enfer. Ils n'acceptent pas le purgatoire, en particulier à cause de leur conception de la justification. Nous ne devrions pas trop nous disputer sur cette question. Au fond, nous sommes contents, les uns et les autres, de savoir que Dieu lui-même restaure ce que nous n'avons pu restaurer nous-mêmes.

Apparemment, c'est là aussi le fondement de la prière pour les morts.

L'homme ressent un besoin fondamental de faire quelque chose pour les morts. Il voudrait accomplir des actes d'amour *a posteriori*, surtout s'il a conscience de n'avoir pas fait tout ce qu'il aurait dû. Nous croyons qu'il devrait être possible encore, par-delà le seuil, de faire suivre un paquet, de faire un geste. S'il n'y avait que le ciel et l'enfer, ce serait là un non-sens.

Si nous prions pour les morts, c'est que nous avons conscience de pouvoir encore faire quelque chose pour eux. Et c'est justement cet aspect humain qui montre, je crois, ce que signifie le purgatoire. Les morts sont encore dans un état où les prières peuvent aider.

Augustin distingue quelque part « création première » (creatio prima) *et « création continuée »* (creatio continua). *L'Église parle du grand « plan salvifique de Dieu ». Veut-on dire par là que Dieu, avant comme après, pour garder la même image, est assis devant son livre et continue d'écrire l'histoire de la vie, chapitre par chapitre ?*

Toujours est-il que le Christ, selon l'Évangile de Jean, dit : « Mon Père travaille toujours » ; il emploie le terme « travailler » car lui-même est interpellé comme ayant travaillé le jour du sabbat. Il dit : « le Père travaille toujours. » C'est identique à ce que nous exprimons par l'expression « Dieu vivant ». Dieu ne s'est pas retiré. En lui tout est présent dans l'instant comme un tout et, pourtant, il ne s'agit jamais d'un rouage qui tournerait sans amour : il est présence vivante permanente. Dans ce sens, il est vrai que Dieu est présent tout au long de l'histoire. Celle-ci implique l'unicité de l'idée de Dieu, de sa Parole, bref sa présence à chaque étape de son cours.

On pourrait penser, cependant, que c'est l'homme lui-même qui désormais continue la création. Car là où la nature avait besoin de millions d'années, les chercheurs en génétique et en biotechnologie arrivent en un instant de l'histoire à créer de nouveaux aliments et de nouveaux être vivants.

Le décodage du génome humain pose naturellement un grave problème. D'une part c'est une chance. Nous avons accédé par là au cœur même de la structure du vivant jusqu'à en connaître le code. Nous pouvons ainsi contribuer à la constitution du gène et même en transformer la structure. C'est bien, tant que cela se fait dans un but thérapeutique en respectant la création. Mais, dans la mesure où l'homme se croit démiurge et mécanicien du monde, il peut devenir par là un destructeur.

Il est important ici d'avoir des repères clairs : le grand respect de ce qui est intouchable doit devenir une règle fondamentale du comportement humain. Nous devons savoir que l'être humain ne peut pas et ne doit pas être soumis à nos projets de manipulation. Nous devons savoir que même commencer à manipuler le vivant peut devenir une usurpation de la maîtrise sur le monde qui porte en elle sa propre perte.

L'homme ne peut rien créer, il ne peut tout au plus que recomposer. Cette capacité lui permet, lorsqu'il se met humblement et respectueusement au service des idées qui sont déjà contenues dans la création, de se faire le collaborateur et le gardien du jardin de Dieu. Mais lorsqu'il se prétend l'auteur, la création est en danger.

L'ARBRE DE VIE

Si cueillir les fruits de l'arbre de la connaissance fut déjà une faute, le créateur, dans le récit biblique, met en garde avec insistance contre un autre tabou, plus grand, oui, le tabou absolu qu'est la mainmise sur l'arbre de la vie.

Il est dit dans la Genèse que le Seigneur Dieu « posta les chérubins à l'orient du jardin d'Éden avec la flamme de l'épée foudroyante pour garder le chemin de l'arbre de vie » (Gn 3, 24b) jusqu'au dernier jour. Le Seigneur Dieu dit : « Voici que l'homme est devenu comme l'un de nous par la connaissance du bien et du mal. Maintenant, qu'il ne tende pas la main pour cueillir aussi le fruit de l'arbre de la vie, en manger et vivre à jamais ! » (Gn 3, 22) S'agit-il là d'une ultime limite clairement fixée ? La franchir, est-ce à coup sûr aller vers notre propre destruction ?

Ces grandes images bibliques resteront inépuisables pour nous et jamais totalement dépassées. Au-delà de toute connaissance elles recèlent des dimensions toujours nouvelles.

Je voudrais d'abord m'arrêter à l'interprétation classique de cette image, telle que l'ont commentée les Pères dans la foi. Ils font remarquer que l'homme n'a été exclu de l'arbre de vie que lorsque, mangeant le fruit de l'arbre de la connaissance du bien et du mal, il s'est hissé à un rang inconvenant pour lui. Il avait arraché quelque chose qui, s'il s'en attribue le pouvoir de façon égoïste, ne peut que lui être fatal. Répondant à cette nouvelle situation, Dieu dit que l'homme ne doit pas aussi tendre la main vers l'arbre de vie : être immortel dans ces conditions équivaudrait effectivement à une damnation.

C'est pourquoi l'exclusion de l'arbre de vie, liée à la destinée mortelle, est une grâce. Si nous devions être immortels dans la condition qui est la nôtre actuellement, ce ne serait vraiment pas une situation enviable. Pour une vie caractérisée par tant de d'égarements, la mort, tout en restant une contradiction et pour l'individu un événement tragique, ne constitue pas moins une grâce car, autrement, ce genre de vie serait éternel et le monde totalement inhabitable.

Le message que contient cette image doit-il être pris au sérieux aujourd'hui plus encore que par le passé ?

Naturellement, on peut approfondir bien plus de telles images. Regardons comment se comportent des hommes maîtrisant le code génétique ; comment ils se servent à l'arbre de vie et se considèrent comme maîtres de la vie et de la mort en reconstruisant la vie. En vérité, il arrive exactement ce dont l'homme devra être préservé : il franchit l'ultime limite.

Par cette manipulation, l'homme fait de l'autre homme sa créature. L'homme, dès lors, n'est plus le résultat d'un amour, par le processus si mystérieux de la procréation et de la naissance : il est un produit industriel. Il est fait par d'autres hommes. Il est par là déshonoré et privé de son propre éclat de créature.

Nous ne savons pas tout ce qui se produira à l'avenir dans ce domaine. Mais nous pouvons être convaincus que Dieu s'opposera à une ultime autodestruction criminelle de l'homme. Il s'opposera à l'abaissement de l'homme par la production d'hommes-esclaves. Il y a des limites que nous ne pouvons pas franchir sans devenir des destructeurs de la création, sans aller bien au-delà de la première chute et de ses conséquences négatives.

La question de la manipulation de la vie humaine est devenue urgente.

Il est incontournable que la vie humaine doit rester ce dont on ne dispose pas. Il faut une limite à ce que nous faisons, à ce que nous pouvons, à ce que nous avons le droit de faire, d'expérimenter. L'homme n'est pas une chose à notre disposition mais chaque homme particulier représente la présence même de Dieu dans le monde.

Il semble parfois que nous ayons déjà franchi cette limite. Avec la technique génétique est né un instrument qui met à notre disposition, pour la première fois, tout le matériel héréditaire de cette planète.

Depuis longtemps on a commencé à modifier la vie. Aujourd'hui déjà vivent des milliers, vraisemblablement des centaines de milliers d'êtres humains dont la biographie n'est plus du tout liée à une rencontre sexuelle mais qui ont commencé d'exister avec la fécondation d'un ovule en dehors du corps maternel. Il y a des enfants qui ont trois mères : celle dont provient l'ovule, celle qui a porté l'embryon jusqu'à la naissance et celle qui l'élève. Certains enfants ont des pères morts bien des années avant leur naissance.

Beaucoup de choses seront possibles à l'avenir : avoir un enfant comme on le souhaite, de tel sexe, avec des yeux de telle couleur, ayant telle taille, tel poids, ou encore prolonger la vie dans un autre corps. Fin 1999, un groupe de savants a, pour la première fois, décrypté entièrement l'un des vingt-quatre chromosomes de l'homme (un des plus petits mais fournissant environ trente millions d'informations génétiques !). L'un des membres du groupe, une femme, dit à un reporter : « Eh oui, c'était déjà un travail infernal ! » Est-il possible que cette savante continue d'avoir raison ?

Oui, malheureusement, ce pourrait être le cas. Il est nécessaire toutefois de distinguer d'abord entre ce que les hommes ont fait et ce qu'ils sont. Celui qui a accédé à la vie humaine de cette manière est un être humain que nous devons aimer et reconnaître comme tel. Le fait que nous devions refuser cette façon de mettre des hommes au monde ne doit pas entraîner que nous stigmatisions ceux qui sont nés ainsi. Quoi qu'il en soit, nous reconnaissons en eux le mystère de l'être humain et les acceptons comme tels. Je crois que cela est très important.

Avec ce que vous venez de décrire, on s'est engagé dans une voie funeste. Dès le début, l'Église catholique avait mis en garde contre cette façon de produire la vie humaine. Cette production se présentait d'abord dans des formes tout à fait innocentes, comme beaucoup de choses qui débutent toujours innocemment. Il s'agissait d'abord de fournir une aide à des couples sans enfant. Le problème est encore relativement simple s'il s'agit d'un couple de bonne volonté et qui peut de cette façon avoir un enfant. Mais la pente devient glissante lorsqu'on croit pouvoir forcer la nature par tous les moyens pour avoir un enfant et considérer celui-ci comme un droit. De cette manière, l'enfant est réduit à une chose que l'on possède. Il ne vient plus de la liberté du créateur, liberté qui s'exprime aussi dans l'imprévisibilité de la nature.

Il existe de nos jours un grand danger, qui se généralise, de considérer l'enfant comme un droit, comme un bien que l'on possède. En lui les parents veulent non seulement se représenter eux-mêmes, mais encore concrétiser ce qui dans leur propre vie n'a pas été réussi : par là ils veulent réellement se répéter eux-mêmes et se justifier. C'est forcément une source de rébellion contre les parents. Cette rébellion plaide pour la volonté d'être soi-même et d'avoir son propre espace de droit.

Chaque homme est issu de la liberté de Dieu et y trouve son propre droit. Les parents qui éduquent leur enfant doivent le conduire à être lui-même et non le revendiquer pour eux ; c'est là le vrai noyau d'un programme éducatif antiautoritaire. Il est faux toutefois de rejeter toute éducation sous prétexte qu'il s'agirait d'une manipulation de la liberté. La liberté a besoin d'être aidée au départ et accompagnée ensuite. Une éducation vraiment compréhensive ne manipule pas l'enfant en vue de reproduire le modèle de l'éducateur mais cherche à lui laisser sa propre personnalité et à lui permettre de trouver son propre chemin.

Revenons à l'assemblage génétique de l'homme...

Comme je l'ai dit, cela commence de manière anodine, altruiste, mais lorsqu'on n'accueille plus l'enfant comme un don, et qu'on veut se le faire fabriquer comme en cas de nécessité, un seuil est franchi. À la place d'un acte d'amour, est accompli un acte technique dont fait partie la fécondation *in vitro*. Il y a forcément des conséquences. Se pose d'abord la question : que faire avec les fœtus surnuméraires qui sont des êtres humains considérés comme produits de trop.

La pratique actuelle consiste à les détruire par milliers.

Nous voyons bien que de multiples conséquences en découlent qui, en fin de compte, modifient insensiblement la relation à l'homme.

Nous ne savons pas tout ce qui peut encore arriver, à partir de quand cela arrivera et à quelle catastrophe cela conduira. Heureusement que nous ne le savons pas. Ce que nous savons, c'est qu'il nous faudra nous opposer à une telle mainmise sur l'existence humaine, allant jusqu'à la manipuler et en disposer. Il ne s'agit pas d'empêcher la liberté de la recherche scientifique ou le développement des possibilités techniques mais de défendre la liberté de Dieu et la dignité de l'homme car c'est cela qui est en jeu. Celui qui est parvenu à cette conviction à partir de sa foi – mais il y a aussi beaucoup de non-chrétiens qui la partagent – a le devoir d'intervenir pour que cette frontière soit perçue et considérée comme infranchissable.

Chapitre 4

L'ORDRE DU MONDE

LES ÉVIDENCES PREMIÈRES DE L'UNIVERS

Même si nous ne pouvons pénétrer les pensées de Dieu, peut-être pouvons-nous maintenant percevoir quelque chose du devenir du monde et du rôle de l'homme dans cet univers divin, étant présupposé que Dieu existe. Vous avez parlé à plusieurs reprises de valeurs objectives et de « l'évidence première de la vie humaine », ces messages de l'univers. Le problème de l'époque moderne, disiez-vous, vient de ce qu'elle s'est coupée de cette évidence première. Il existe des attitudes qui sont vraies absolument et pour toujours, et d'autres qui sont réellement et toujours fausses, parce que contredisant ce qui est. Qu'est-ce que cela veut dire ?

Selon la conception chrétienne, le monde en ses éléments est le résultat d'un processus évolutif, mais, en son ultime profondeur, il est issu tout de même du *Logos*. Il comporte une raison interne, et pas seulement une raison mathématique – personne ne niera que le monde est structuré mathématiquement –, donc une raison tout à fait neutre, objective, mais aussi en tant que Logos une raison morale.

Comment peut-on le savoir avec autant de certitude ?

La création elle-même indique comment elle veut être comprise et reçue. Même pour des non-chrétiens cela peut être éclairant. La foi nous décrypte clairement que cette raison de la création n'est pas purement mathématique mais qu'elle contient aussi un message moral.

Le premier décryptage réside dans ce que nous appelons la conscience. Il y a en elle un savoir originel qui nous dit que certaines conduites ne sont jamais bonnes. Tuer un innocent, peu importe pourquoi, est une chose que chaque homme, s'il n'est pas complètement déformé, considère en son for intérieur comme mauvais. D'une manière générale le respect de la vie en fait partie ou encore le respect de la parole donnée, donc la vérité et la véracité.

Ces valeurs restent naturellement tout à fait générales. Nous savons que Hans Küng veut les fondre en une forme d'éthique planétaire, une sorte de code accessible à tout le monde, ce dont nous n'avons pas à discuter maintenant. Toujours est-il que cette tentative montre aussi qu'il nous est permis de parler d'une certaine transparence de la création dont les indications sont claires. Même si de grandes différences apparaissent, il existe des valeurs de base constantes dans les grandes religions et dans toute l'histoire culturelle de l'humanité. Prenons le mensonge. Certains disent qu'il est parfois justifié, sinon nécessaire. Personne ne soutiendra qu'il est bon en lui-même.

Pour que ces évidences premières deviennent réellement efficaces et restent claires, nous avons besoin d'un complément de formation. Permettant de rendre concrètes et réalisables les connaissances générales un peu diffuses, cette aide complémentaire constitue une partie du chemin où c'est le Christ qui nous conduit. La tradition de l'Église nomme ce chemin illumination parce que des notions qu'on soupçonnait mais qui restaient vagues deviennent lentement lumineuses.

Ces « évidences premières de l'univers », ces « lois fondamentales de la vie », que visiblement nous continuons à ignorer ou oublier, sont-elles contenues dans les mythes primitifs du déluge, de la construction de la tour de Babel ou de Sodome et Gomorrhe ? Le message de ces histoires est-il en réalité une sorte de connaissance de survie pour toute l'humanité ?

Certainement que ces histoires, qui étonnamment traversent l'histoire des religions, sont des avertissements. Le récit du déluge se rencontre dans des aires géographiques très diverses, qui certainement n'étaient pas en contact entre elles. Elles expriment d'une certaine manière une commune expérience et conception de l'humanité, une sorte de mémoire innée que les hommes ont conservée. Ces récits nous décryptent des messages très spécifiques.

Pensons à la construction de la tour de Babel par laquelle l'homme voulait se doter d'une civilisation unique par la technique. Il veut réaliser le rêve, juste en soi, d'un unique monde, d'une unique humanité, par son propre savoir en matière de construction ; il tente, par la tour dont le sommet touche le ciel, de s'emparer du pouvoir et d'accéder au divin. Au fond, le rêve de la technique moderne est identique : acquérir le pouvoir divin pour présider aux commandes du monde. Voilà pourquoi ces images contiennent des avertissements, issus d'un savoir originel, qui nous concernent.

Restons à la tour de Babel. La Bible nous fournit ici une information remarquable : « Le Seigneur dit : Ils sont tous un seul peuple et parlent une seule langue et c'est là leur première œuvre. Maintenant rien de ce qu'ils projetteront ne leur sera inaccessible. Allons, descendons et brouillons leur langue, qu'ils ne s'entendent plus les uns les autres » (Gn 11, 6-7). On peut le comprendre comme on veut !

Oui, on pourrait penser que c'est par jalousie que Dieu ne veut pas que l'homme arrive à quelque chose. Il s'agit là d'un langage imagé qui puise dans le matériel dont Israël disposait à l'époque. Certains éléments païens n'en sont pas totalement exclus et ils ne pourront l'être totalement qu'au cours de l'histoire de l'interprétation. Ce qui est visé ici, ce n'est pas que Dieu ait peur que l'homme grandisse trop et lui dispute son trône, c'est qu'il s'aperçoive que l'homme, en s'attribuant un rang qui n'est pas le sien, puisse se détruire.

Voici comment nous pouvons comprendre cette image. Dans ce récit, l'unité de l'humanité et la tentative de devenir Dieu et d'atteindre sa hauteur sont exclusivement liées au savoir technique. Il nous est dit qu'une unité sur cette base ne résiste pas et conduit à la dispersion.

C'est une leçon qui vaut pour le monde actuel. D'une part cette unité existe. Les centres des grandes villes, que ce soit en Afrique du Sud, en Amérique du Sud, au Japon, en Amérique du Nord ou en Europe, se ressemblent tous. Partout on porte les mêmes jeans, on chante les mêmes tubes, on regarde les mêmes images télévisuelles et on admire les mêmes stars. Il existe ce qu'on pourrait appeler une civilisation unique allant jusqu'au McDonald's fournissant la pitance commune à toute l'humanité.

Alors que cette uniformisation pourrait apparaître, de prime abord, comme une certaine force de réconciliation juste et bonne – exactement comme la langue unique du récit de la tour de Babel – les hommes deviennent en même temps de plus en plus des étrangers les uns pour les autres. Ils ne se rapprochent pas réellement. Nous assistons à une recrudescence des régionalismes, le réveil de diverses civilisations, chacune voulant être l'unique et se sentant opprimée par les autres.

Serait-ce un plaidoyer contre la civilisation unique ?

Oui, parce qu'elle fait perdre à l'homme ce qu'il a de particulier et ce qui lui est propre. La communication profonde entre les hommes se perd car elle ne peut pas être suscitée par les comportements superficiels et extérieurs identiques chez tous ni par la maîtrise technique des mêmes appareils. L'homme a plus de profondeur. Pendant qu'il s'unifie superficiellement, il se révolte en profondeur contre cette uniformisation dont il sait qu'elle l'asservit.

Ce qui est critiqué dans l'image de la tour de Babel, c'est une certaine forme d'unification et de maîtrise par l'homme du monde et de la vie, car cette unification n'est qu'apparente, tout comme la promotion de l'homme n'est qu'apparente. Elle en fait un être dangereux, parce que, d'une part ses possibilités sont énormes, mais que, d'autre part, ses capacités morales ne résistent pas à ses capacités techniques. La force morale n'a pas augmenté parallèlement aux capacités de réalisation et de destruction que l'homme a développées. C'est la raison pour laquelle Dieu intervient contre cette sorte d'unification et en suscite une tout autre.

Que voulez-vous dire par là ?

Pour nous, chrétiens, l'Ancien et le Nouveau Testament forment toujours une unité. Les textes vétérotestamentaires sont un premier pas. Nous sommes convaincus qu'ils sont en eux-mêmes incompréhensibles si on ne va pas au-delà. Nous le verrons plus loin à propos du lien entre Adam et le Christ ou en d'autres exemples. L'histoire de la Pentecôte, au cours de laquelle Dieu institue son modèle d'unité, en fait partie. C'est le pendant de la construction de la tour de Babel qui le rend compréhensible et le complète. Les Apôtres ne parlent pas la même langue et pourtant se comprennent tous. La diversité reste mais elle est transformée en une unité intérieure par l'unité des cœurs.

La Pentecôte est le contre-modèle de Babel : une unité où la richesse de la diversité humaine est sauvegardée. Dieu veut l'unité. C'est même là le but de toute son intervention dans l'histoire ; c'est en vue d'elle que le Christ est venu dans le monde ; c'est pour la réaliser qu'il fonde l'Église. Simplement, il veut une unité d'une autre profondeur et d'un autre niveau.

L'avertissement de Babel rappelle forcément la révolution électronique actuelle qui ébranle et modifie notre monde, comme aucune révolution ne l'avait fait auparavant. Nous semblons être sur le point de créer un tout nouveau cosmos. Les réalités virtuelles du circuit électronique et les entreprises du commerce électronique ne sont pas seulement devenues, un passe-temps, un jeu, car c'est un jeu où beaucoup d'argent et de pouvoir sont « en jeu ». Elles concernent l'économie de peuples entiers et régissent le destin de millions d'hommes.

Une autre évolution se dessine : la plupart des habitants du monde occidental, aujourd'hui, passent déjà plus de temps devant ou avec les médias électroniques qu'avec la réalité « normale », qu'avec les autres ou en contact avec la nature. Ce sont des réalités de remplacement et il faut être de plus en plus fort pour résister à ces mirages de la simulation dans un monde totalement uniforme.

Cela nous montre une fois de plus comment se dévoilent, au cours de l'histoire, les intuitions d'une image auparavant insoupçonnables. Naturellement, ce n'est pas le sens littéral de ce texte. Mais lorsque nous le lisons à la lumière de notre expérience, nous nous apercevons que ces intuitions, qui y étaient présentes, se concrétisent pour nous aujourd'hui. Par là nous comprenons ce que signifient les évolutions actuelles et pourquoi l'avènement d'une telle sorte d'unité est une menace.

L'autre grand mythe de la Bible, le Déluge, nous renvoie à d'autres flots qui nous submergent : le charme, les images, les slogans, les offres du marché capitaliste...

Là encore il s'agit d'une image à plusieurs dimensions. L'eau a depuis toujours une double signification. Comme source et comme pluie, elle est un grand bienfait, l'élément de vie tout simplement. Mais dans les océans et lors des inondations elle constitue un danger qui menace la terre et peut engloutir la vie. Les eaux primordiales sont l'image première de la puissance destructrice qui peut engloutir la vie et supprimer les limites que Dieu avait fixées pour assurer la vie. Les digues se rompent et les flots submergent la vie. Dans ce sens, le déluge est une image qui a une portée immense gravée dans l'homme. Nous voyons aujourd'hui que nombreux sont les flots qui rompent les digues, qui détruisent la vie, la culture, les hommes.

Chapitre 5

LES TESTAMENTS

L'ANCIENNE ALLIANCE

L'Ancienne Alliance est l'histoire de Dieu avec son peuple élu. Dieu lui-même lui donne un nom. C'était le jour où il avait lutté avec le patriarche Jacob au fleuve Yabboq. Jacob ne se laissa pas vaincre par le Seigneur de l'Univers : c'est pourquoi il s'appellera Israël, « Celui qui a lutté avec Dieu. »

Pourquoi Dieu s'est-il choisi un peuple ? Pourquoi celui-là précisément ?

L'Ancien Testament, en particulier dans le Deutéronome, relève toujours ce qu'il y a de singulier, surtout, dans ce choix. Par Moïse, Dieu dit au peuple : « Je ne vous ai pas choisis parce que vous êtes un peuple particulièrement grand, particulièrement important ni parce que vous aviez telle ou telle qualité mais parce que je vous aime, par libre choix. »

Nous ne pouvons expliquer rationnellement ce choix qui reste son secret. Ce qui est aussi exprimé par là, c'est que c'est Dieu qui choisit. Il ne choisit pas pour exclure l'autre, mais pour accéder aux uns par les autres, pour entrer dans le jeu de l'histoire.

Sur les trois mille ans de son histoire, ce peuple élu a vécu deux mille ans en exil et, aujourd'hui encore, il lutte pour sa sécurité dans son propre État. On peut se demander : pourquoi l'Égypte pharaonique était-elle devenue si grande et si puissante et pourquoi le peuple avec qui Dieu avait conclu une alliance a été tellement persécuté des siècles durant, chassé, martyrisé, jusqu'à cette tentative de l'anéantir totalement que fut l'holocauste ?

Les catégories de Dieu sont autres. L'élection par Dieu ne signifie pas qu'il confère une grandeur selon des critères humains. Il ne promeut pas le peuple en faisant de lui une grande puissance mais il se révèle et agit dans ce qu'il y a de petit. Ce qui compte au regard de Dieu, ce n'est pas la grandeur de la puissance mais ce qui advient par la foi.

Voilà pourquoi c'est un peuple manifestement en permanence menacé d'être écrasé, coincé qu'il était entre des grandes puissances, entre l'Égypte et Babylone, qui a été choisi. Dieu écrit sa propre histoire dans ce qui est tout autre chose qu'une puissance terrestre. Il en va de même pour l'Église : elle n'est pas importante par sa puissance terrestre mais parce qu'elle incarne et représente l'altérité de Dieu. Les grands moments de son histoire sont les périodes de souffrance et de persécution et non celles où elle dispose de beaucoup d'argent et de puissance terrestre.

Nous pouvons apprendre par là, pour nous-mêmes, la hiérarchie des catégories, ce qui est essentiel dans la vie et ce qui ne l'est pas. Chercher pourquoi Dieu agit comme ci ou comme ça n'est pas notre affaire. Il nous montre un chemin, nous indique une direction et garde sa maîtrise souveraine.

C'est une histoire remarquable. Bien que les juifs vivent en exil depuis deux mille ans, chassés de pays en pays, leur religion ne s'est pas dissoute. Ce phénomène est jusqu'à présent sans pareil dans l'histoire de l'humanité. On peut se demander si le développement global du monde n'est pas lié, de façon mystérieuse, au développement du peuple juif ?

Cela me semble tout à fait évident. C'est une énigme absolue que ce peuple minuscule qui n'a plus de pays, plus d'existence en tant que peuple, n'existant que dans la dispersion à travers le monde, conserve malgré cela sa religion, qu'il continue à subsister, qu'il reste Israël, que les juifs soient restés juifs et demeurés un peuple, et cela durant les deux mille ans où ils n'avaient pas de patrie. Rien que ce phénomène, déjà, laisse effectivement entrevoir qu'ici autre chose est à l'œuvre.

Dieu n'a pas fait de ce peuple une grande puissance. Au contraire, il est devenu le peuple de l'histoire qui a le plus souffert. Mais il a toujours gardé son identité. Sa foi n'a pas pu sombrer. Cette foi restera toujours une épine au cœur de la chrétienté, issue de l'histoire d'Israël et liée à elle. On s'aperçoit, de ce fait, qu'il s'agit de bien autre chose que de coïncidences historiques. Les grandes puissances d'alors ont toutes disparu. L'ancienne Égypte, Babylone et l'Assyrie ont disparu. Israël demeure et nous montre un aspect de la permanence de Dieu et de son mystère.

Israël est le berceau de la foi chrétienne. Sans exagérer on peut dire que ces deux grandes religions mondiales ont marqué de leur empreinte, de manière décisive, les principes de vie pour une grande partie du monde. Jusqu'à l'époque actuelle les juifs développent, dans une proportion impor-

tante, la culture de différents pays, l'Amérique étant l'exemple le plus frappant. Les juifs sont-ils encore aujourd'hui le peuple élu ?

C'est là une question extrêmement discutée ces derniers temps. Il est évident que les juifs ont un rapport particulier avec Dieu et qu'il ne les laisse pas tomber. C'est aussi la perspective du Nouveau Testament. Paul dit dans l'Épître aux Romains : « À la fin, tout Israël sera sauvé » (Rm 11, 26). Une autre question est de savoir jusqu'à quel point, depuis l'événement de la Nouvelle Alliance, depuis l'avènement de l'Église, peuple de Dieu pris d'entre tous les peuples, une vie dans l'Ancienne Alliance est encore un chemin valable en soi.

Les théories les plus diverses circulent de nos jours sur cette question. Tous les chrétiens sont convaincus que l'Ancien Testament est intérieurement ordonné au Christ : il ne trouve sa véritable réponse, son orientation, que s'il est lu à partir du Christ. Le christianisme n'est pas une autre religion à côté de la religion d'Israël : il est l'Ancien Testament relu avec le Christ.

Par toute une série d'exemples, nous avons vu que des histoires et des textes vétérotestamentaires constituent un début en attente d'une continuation. Ils ne sont complets et décryptables que si nous les lisons à partir du Nouveau Testament. Le Nouveau Testament n'est donc pas une greffe. Notre attitude à l'égard de l'Ancien Testament ne consiste pas à nous attribuer de manière illégale ce qui appartient à d'autres. Nous considérons que nous sommes effectivement en présence d'un voyage intérieur et que l'Ancien Testament reste un fragment inachevé s'il n'est pas assumé par le Nouveau. C'est notre conviction chrétienne fondamentale.

Cette conviction ne va pas sans cette autre : Israël a aujourd'hui encore une mission particulière. Il est vrai que nous attendons le moment où Israël dira oui au Christ. Mais nous savons aussi qu'il a une mission particulière, précisément dans le temps de l'histoire où il attend devant la porte, mission importante pour le monde entier. C'est pourquoi ce peuple reste de manière particulière dans le dessein de Dieu.

Dieu n'a donc pas repris sa parole qui fait d'Israël le peuple élu ?

Non, parce qu'il est fidèle. Naturellement, on peut constater qu'Israël a encore un bout de chemin devant lui. Chrétiens, nous croyons que nous nous rencontrerons finalement en Christ. Israël n'est pas simplement rejeté et congédié par Dieu : il restera inclus dans la fidélité de Dieu.

Est-ce que cela voudrait dire qu'Israël doive ou devrait reconnaître le Messie ?

Nous le croyons. Cela ne signifie pas que nous avons à leur imposer le Christ mais que nous devons être patients comme Dieu. En même temps nous devons essayer de vivre la communauté chrétienne de telle manière qu'elle ne s'oppose plus à Israël, ne lui soit plus inacceptable mais lui rende possible la convergence avec elle. En fait, notre conviction restera toujours que le Christ est aussi le messie d'Israël. Il dépendra de Dieu, bien sûr, de quelle manière, quand et comment l'unification des juifs et des païens, l'union du peuple de Dieu, s'accomplira.

« Moi aussi je suis israélite, de la descendance d'Abraham, de la tribu de Benjamin », dit Paul dans l'Épître aux Romains, mais une partie d'Israël s'est « endurcie ». Un peu plus loin : « Ennemis, il est vrai, selon l'Évangile mais du point de vue de l'élection ils sont aimés de Dieu. » Paroles fortes ! ...

C'est un des paradoxes du Nouveau Testament. Le « non » au Christ, d'un côté, met les Israélites dans une situation conflictuelle avec l'action de Dieu qui continue mais nous savons aussi, d'un autre côté, qu'en même temps la fidélité de Dieu leur est assurée. Ils ne sont pas exclus du salut mais continuent à être à son service d'une manière particulière et sont l'objet de la patience de Dieu, tout comme nous le sommes.

LE LIVRE DES LIVRES

La Bible, que nous avons souvent citée, comprend soixante-douze livres : quarante-cinq pour l'Ancien Testament et vingt-sept pour le Nouveau. Le plus ancien remonte à Moïse et il est vieux de plus de trois mille ans. Il est dit que le Saint-Esprit a inspiré aux auteurs ce qu'ils devaient écrire. En les éclairant, il les a préservés de l'erreur : « Ceci est écrit pour la génération à venir, pour que le peuple à naître loue le Seigneur. »

La Bible contient-elle vraiment dans toutes ses parties la Parole de Dieu ? Que la terre n'est pas plate mais sphérique, le Saint-Esprit aurait dû le savoir.

Oui, on pourrait malicieusement poser cette question. Mais voyez-vous, il faut réfléchir à la particularité de la Bible.

Comparons la Sainte Écriture, par exemple, au Coran. Les musulmans sont convaincus que le Coran a été directement dicté par Dieu. Il ne traverse pas l'histoire et n'a besoin d'aucune médiation humaine, il est la parole directe de Dieu. La Bible, en revanche, est structurée de manière totalement différente. Elle est transmise dans une histoire et, comme livre même, elle s'étend sur plus d'un millénaire. Nous pouvons ici tranquillement laisser de côté les questions de critique textuelle, par exemple de savoir si Moïse est un auteur ou non. Ce qui reste vrai, c'est que la littérature biblique est le produit d'une histoire millénaire et, par conséquent, traverse des couches d'histoire et de civilisation très diverses qui toutes se reflètent en elle. Dans les trois premiers chapitres de la Genèse, par exemple, nous rencontrons une civilisation qui est différente de celle que nous découvrons, plus tard, dans les écrits de l'exil ou dans la littérature sapientielle et encore différente de celle de la littérature néotestamentaire. Il devient clair par là que Dieu n'a pas simplement dicté ces paroles mais qu'elles sont nées comme le résultat d'une histoire dirigée par lui et destinées à en témoigner.

Celui qui commence à lire ce livre trouve de passionnantes histoires et des paraboles pour la vie mais aussi énormément de contradictions.

Je ne peux comprendre la Bible comme Parole de Dieu qu'en la lisant dans son unité et sa totalité et non pas par paroles ou phrases isolées. C'est à la fois très important et très dramatique. La Bible contient des textes contradictoires ou au moins non concordants précisément parce que la foi n'est pas un système fini qui nous est présenté comme sur un plateau.

La Bible n'est pas un livre scolaire sur Dieu et ses affaires mais contient des images dans lesquelles des connaissances et des convictions ne cessent de se développer et dans lesquelles progresse un devenir historique. Ce n'est qu'en mettant les choses en relation les unes avec les autres et qu'en laissant les images se corriger les unes les autres que je la comprends comme Parole de Dieu. Si je les isole de leur contexte de vie où elles sont paroles de Dieu, je lis des textes historiques. Ils gardent bien sûr un caractère particulier mais ce sont des morceaux choisis – et n'expriment pas toujours immédiatement la Parole de Dieu.

Que c'est compliqué !

C'est une chose de considérer la Bible comme une lecture strictement historique, qui met impitoyablement à nu les composantes humaines. C'en est une autre de considérer la Bible uniquement dans sa totalité comme Parole de Dieu dont les éléments se rapportent les uns aux autres et s'éclaircissent en cours de route. Il découle de là que je ne peux utiliser le critère de l'inspiration et aussi celui de l'inerrance de façon purement mécanique. Il est impossible d'extraire une phrase et de déclarer : elle se trouve dans le grand Livre de Dieu, elle ne peut qu'être vraie en soi.

Le plan sur lequel je perçois la Bible comme Parole de Dieu est celui de l'histoire de Dieu. Cela vaut aussi pour l'interprétation juive. Elle fait une distinction entre la Torah – qui constitue à proprement parler le Canon de l'Écriture – et les livres prophétiques et historiques, qui en sont comme le cadre. Nous sommes particulièrement convaincus, par la lecture chrétienne, que le Nouveau Testament nous fournit la clé de l'Ancien, comme cela a déjà été dit.

C'est aussi la raison pour laquelle, dans la théologie des Pères et dans la théologie médiévale, la Bible elle-même n'est jamais appelée « Révélation ». La Révélation est la dimension supérieure qui en forme l'arrière-plan. L'inspiration consiste en ce que les hommes qui ont écrit le texte – très souvent d'ailleurs il s'agit du résultat d'un processus collectif – parlent du milieu du peuple de Dieu et de son histoire. Par le fait qu'à travers beaucoup de médiations ils traduisent en mots l'histoire du peuple de Dieu et les préceptes de Dieu, ils sont ancrés en Dieu, sujet de cette histoire.

On dit que l'Écriture sainte relate complètement l'histoire de l'humanité, du début à la fin. Toute sagesse, tous les mystères, oui tous les événements jusqu'aujourd'hui et au-delà, tout s'y trouve. Seulement tout est crypté, codé. On devrait par conséquent apprendre ce code de la Bible pour la déchiffrer. Que pensez-vous de cette théorie ?

Elle est certainement fausse si on la conçoit de manière superficielle et toute mécanique. Certains croient posséder le code et trouvent alors, par exemple dans l'Apocalypse, la description de la guerre atomique et de Dieu sait quoi d'autre. De cette manière on peut naturellement découvrir des analogies ahurissantes et prétendre y découvrir tout événement. Dire que l'on trouve dans la Bible tous les faits empiriques sous forme codée est certainement faux.

La Bible, considérée dans son unité et dans sa totalité, est d'une tout autre nature. Elle concerne toute l'histoire et fournit des éclairages essentiels pour son chemin. Mais Dieu ne nous dispense pas de penser. Il ne remplace pas la science ni ne nous dispense de nos propres efforts intellectuels. Il nous laisse le monde en débat, pour que nous nous expliquions avec lui. Il ne bouche pas les trous de notre savoir, mais il nous donne la sagesse qui, naturellement, comporte aussi une part de savoir, sinon ce ne serait pas une vraie sagesse. Il nous donne les orientations nécessaires à l'homme pour vivre correctement. Ces indications de direction valent pour toute l'histoire, pour tous les lieux et tous les temps mais elles nécessitent une compréhension toujours nouvelle.

Le catéchisme cite une parole de Grégoire le Grand : « La Parole de l'Écriture grandit avec le lecteur[1]. » Et le lecteur grandit lui aussi et ce n'est qu'alors que la Parole montre toute sa grandeur en s'enracinant réellement dans l'histoire.

Certains pensent que la Bible regorge de cruauté, d'intolérance et de dureté. Quelqu'un a trouvé deux cent cinquante textes dans la Bible qui parlent d'anéantir les ennemis. En revanche, un très vieux moine m'a raconté qu'une lecture régulière de la Sainte Écriture modifie le quotidien et que c'est une vraie thérapie.

Je dirais la même chose. Quand je ne lis la Bible que pour trouver ce qu'il y a de terrible, pour répertorier les endroits où se déroulent des faits sanguinaires, elle ne me guérira naturellement pas.

La Bible, d'une part, est vraiment le miroir d'une histoire ; d'autre part, elle nous guide aussi tout à fait personnellement vers la vraie lumière. Si je lis la Bible selon l'esprit qui l'a suscitée, l'esprit du Christ, elle est effectivement une force transformante. Il en est de même quand c'est un juif croyant qui la lit ainsi, c'est-à-dire dans la foi, depuis son vrai centre. Elle m'introduit dans l'attitude du Christ et me transforme moi-même.

Vous avez dit un jour que ce ne sont pas les savants mais le peuple qui est le vrai propriétaire de la Bible.

C'est une conception que j'ai en commun avec la théologie de la libération. Ce qui est juste, c'est que la Bible est écrite par le peuple de Dieu, que les auteurs particuliers sont inspirés et qu'ainsi parle en elle l'Église et c'est comme cela que Dieu s'exprime. C'est pourquoi elle est soumise à la foi des gens simples.

Les savants et spécialistes sont nécessaires pour s'occuper des aspects purement historiques et scientifiques. Mais le sens propre et décisif est accessible aussi au simple croyant. La Bible est en réalité destinée à tous et donc compréhensible par tous. Saint Augustin a prononcé cette très belle parole : « Dans le ruisseau, à la source s'abreuvent aussi bien le petit lapin que le grand onagre, et l'un comme l'autre est désaltéré. Chacun boit et obtient ce qui apaise sa soif. »

Il existe un ensemble d'écrits cachés qui ne sont pas entrés dans le recueil du Nouveau Testament. De nos jours ces textes qualifiés d'apocryphes sont exhumés et cités abondamment. Le canon des Écritures aurait-il été clos trop tôt ?

1. Homélies sur Ezéchiel, 1, 7,8.

L'histoire du canon[1] scripturaire est l'un des grands problèmes, même pour l'Ancien Testament. Là aussi existent des apocryphes intéressants et importants mais les canons aussi sont divers.

Très tôt on a distingué entre le canon alexandrin, qui est la traduction grecque de la Bible hébraïque, et le canon massorétique, texte hébreu qui a été fixé définitivement par le judaïsme dans la période après le Christ. Bien que des parties importantes – la Torah et une grande partie des écrits prophétiques – constituaient déjà un canon, globalement l'histoire du canon était encore en mouvement au temps du Christ.

Le Nouveau Testament a repris comme canon de l'Ancien Testament, en gros, le canon alexandrin. Les rabbins, par la suite, ont choisi, avec la Massorah, un canon plus réduit parce que le canon alexandrin leur paraissait contenir trop d'éléments chrétiens. Luther s'est finalement décidé pour le canon massorétique qu'il considérait comme seul authentique : c'est pourquoi les protestants ont un canon de l'Ancien Testament plus réduit que le nôtre.

L'histoire de la formation du canon du Nouveau Testament est très embrouillée et difficile. Même si les parties essentielles étaient définitivement fixées dès la fin du IIe siècle, la fixation de ce canon se prolonge jusqu'au Ve siècle.

Considéré d'un point de vue purement historique ou exprimé dans une perspective libérale, comme le disait le théologien protestant Harnack, on pourrait estimer que le contenu du canon a été rassemblé accidentellement mais il constitue toutefois un recueil complet de toute une littérature importante et précieuse. D'un point de vue croyant, le canon n'est pas l'œuvre de quelqu'un : par exemple d'un groupe de savants qui se seraient réunis et auraient étudié la question. Non seulement il s'est constitué dans l'Église en contact vivant avec l'Écriture, élément par élément, mais aussi et avant tout il a dû faire ses preuves en bonne et due forme dans la liturgie. On se posait les questions : qu'est-ce qui est lisible en public ? Qu'est-ce qui a valeur universelle ? Qu'est-ce qui est reconnu aussi bien dans les communautés sémitiques que dans les communautés hellénistiques ou latines ? Dans un processus interne difficile, l'Église a pour ainsi dire trié ce qu'elle a reconnu comme son fondement interne (ce qui a donné lieu, selon les régions d'implantation, à de petites différences.)

Des efforts sont faits aujourd'hui pour rouvrir partiellement le canon et repartir de zéro. En particulier des mouvements féministes qui se sentent confirmés plutôt dans des textes gnostiques, non reçus dans le

1. Note du traducteur : le terme « canon », plusieurs fois employé dans les pages qui suivent, (du grec *Kanon* = règle à mesurer) désigne la liste officielle des livres composant la Bible.

Nouveau Testament. Ils voudraient donc un autre canon. Mais cela signifie qu'on conteste l'Église vivante et qu'on met à sa place de savantes reconstructions. Il s'agit donc d'une option de foi. La question pourrait se formuler ainsi : « Est-ce que je crois qu'il y a une Église qui a reconnu dans sa foi commune quel est son fondement ou bien est-ce que je pense que le choix des textes fondateurs est dû au hasard de l'histoire ? » Si je pars de ce dernier point de vue, c'est que je voudrais naturellement me choisir un autre christianisme et exploiter pour cela de nouvelles sources.

Par ailleurs, aucun manuscrit original des évangiles ne nous est parvenu. Il est presque inévitable que, à force de copier et de traduire, des fautes s'y soient glissées. Avons-nous l'Écriture sainte authentique ?

Je réponds affirmativement sans aucune réserve. On pourra évidemment toujours se disputer sur tel mot ou telle phrase : il n'y a qu'à regarder l'édition critique du Nouveau Testament de Nestlé-Aland pour voir le nombre des variantes de l'immense apparat critique. Pour intéressant qu'il soit d'étudier ces variantes, quoi qu'on puisse apprendre de cette tradition manuscrite, qui reflète aussi des mouvements et des expériences de l'Église, la substance de l'Écriture sainte reste pourtant invariable. Elle ne se modifierait pas, même si je choisissais d'autres manuscrits ou en faisais d'autres types de lecture. Certaines variantes et aspects peuvent être intéressants. Mais, dans l'ensemble, le texte garde sa substance propre, et le fait qu'il nous est parvenu avec les diverses variantes est ce qui justement en assure la fidélité.

François d'Assise, non seulement lisait la Bible, mais jouait en quelque sorte à la roulette avec elle. On raconte que, lorsqu'il fonda son ordre, il ouvrit la Bible et tomba sur une page au hasard et dit : C'est ainsi que nous ferons ! Puis une autre page, en disant : Ce sera notre règle ! Saint Augustin lui aussi trouva la Bible ouverte à une page précise qu'il lut et s'appliqua le texte : sa vie en fut radicalement bouleversée.

C'est là une vieille histoire. Augustin l'a trouvée comme une tradition. Il a découvert la Parole qui l'a converti tout comme François y a trouvé une parole pour son chemin. Baudouin, le roi des Belges, m'a raconté un jour qu'il faisait cela de temps en temps et que ça l'a énormément aidé, lui fournissant la parole précise dont il avait besoin. Lors d'une crise ministérielle, il ne voyait plus comment arriver à former un gouvernement ; il alla à la chapelle, prit la Bible et tomba sur un passage qui lui inspira subitement ce qu'il devait faire. Et c'est ce qu'il fit.

C'est à recommander lors de la formation des gouvernements...

D'une certaine manière. Mais il ne faut pas en faire une recette sinon on transformerait l'Écriture en oracle. Il est bon et important de lire régulièrement la Bible, de nous laisser accompagner et guider par elle. À force de la fréquenter intérieurement, nous trouvons les paroles qui nous concernent particulièrement et qui nous sont, dans certaines situations, d'un grand secours.

Chapitre 6

LA LOI

LES QUATRE LOIS

L'Église enseigne qu'il y a quatre lois. Elles montrent quel est l'ordonnancement de notre vie sur terre. Ces lois sont les suivantes : Premièrement, la loi de la nature, deuxièmement, la loi du désir, troisièmement, la loi de l'Ancienne Alliance donnée par Moïse et, finalement, en quatrième lieu, la loi de la Nouvelle Alliance par Jésus-Christ. Ai-je bien compris ?

Il faut d'abord voir que ces quatre lois ne sont pas de même niveau. La loi de la nature indique que la nature elle-même contient un message moral. La valeur intellectuelle de la création n'est pas seulement d'ordre mathématique ou mécanique. C'est la dimension que les sciences de la nature mettent en évidence. Mais il y a plus, à savoir les « lois naturelles » de la création. Elle porte en elle un ordre intérieur et nous l'indique. Nous pouvons lire en elle la pensée de Dieu et la manière dont nous devons vivre.

Deuxième point : la loi du désir veut dire que le message de la création est obscurci. Une sorte d'orientation opposée le contrarie, qui est apparue sur terre avec le péché. C'est un fait que l'homme, comme on dit, se rebelle. Paul l'exprime ainsi : L'homme sent en lui une loi qui le pousse à faire souvent le contraire de ce qu'il voudrait faire en réalité. Nous sommes là sur un autre plan. Alors que la loi naturelle exprime le message intérieur de la création, la loi du désir exprime que l'homme s'est construit son monde propre et a introduit par là dans le monde une tendance contraire.

C'est Thomas d'Aquin surtout qui a élaboré cette doctrine.

Oui, Thomas est en tout la synthèse et la somme.

Troisième point : la loi de l'Ancienne Alliance. Elle aussi comporte plusieurs niveaux de signification. Les dix commandements du Sinaï en sont le noyau. Mais aussi les cinq livres de Moïse qui constituent l'ordre juridique d'Israël, sont désignés comme « la Loi ». Ils représentent la loi de vie d'Israël, sa loi de prière et en même temps sa loi morale. Paul n'a pas critiqué cette loi. Il a constaté que cette loi était une puissance ordonnatrice, qui reste valable pour nos concitoyens juifs et sur bien des points aussi pour nous, nous serons amenés à en reparler. Mais elle ne peut pas libérer l'homme entièrement. Pour la simple raison que plus la loi est exigeante, plus la tendance qui s'y oppose devient forte.

C'est finalement Jésus-Christ que Paul considère comme libération de la loi et entrée dans la liberté de la foi et de l'amour. Thomas d'Aquin, à la suite des paroles de Paul, parle encore d'une autre loi, la loi du Christ, mais qui est d'une autre nature. Thomas dit que la loi nouvelle, la loi du Christ, c'est le Saint-Esprit. Il est une force qui nous pousse de l'intérieur et n'est pas simplement imposée de l'extérieur.

Nous avons donc quatre niveaux, très différents : d'abord le message de la création ; puis le mouvement opposé de l'homme en sa création par lequel il essaie de construire son monde contre Dieu ; ensuite l'interpellation par Dieu dans l'Ancien Testament, qui indique à l'homme son chemin, mais auquel il s'oppose et qu'il n'a pas la force de suivre. La loi de l'Ancien Testament reste donc provisoire et oriente au-delà d'elle-même. Et enfin le Christ qui, par-delà les lois extérieures, nous anime de l'intérieur et nous propose par là une orientation intérieure de notre vie.

Voici une histoire qui m'irrite : Jésus dit : « N'allez pas croire que je suis venu abroger la Loi ou les prophètes. Je ne suis pas venu abroger, mais accomplir. En vérité, je vous le dis : avant que ne passent le ciel et la terre, pas un « i », pas un point sur le « i » ne passera que tout ne soit arrivé » (Mt 5, 17-18).

Le Christ ne vient pas comme transgresseur de la loi. Il ne vient pas pour déclarer la loi invalide ou insignifiante. D'ailleurs Paul ne le fait pas non plus même si d'aucuns croient trouver des contradictions entre les positions de Paul et la parole de Jésus selon Matthieu. Il dit que l'ancienne loi a une signification pédagogique essentielle jusque dans ses détails. Jésus vient pour l'accomplir. Cela veut dire aussi : pour élever la loi sur un plan supérieur. Il l'accomplit dans sa souffrance, dans sa vie, dans son message. Ce qui a comme conséquence qu'en lui toute la loi a trouvé son sens. Tout ce que la loi indique et veut est réellement réalisé en sa personne.

C'est la raison pour laquelle nous n'avons plus à accomplir la loi à la lettre comme les nombreuses prescriptions le définissent jusque dans les détails. La communauté avec le Christ signifie que nous sommes là où la loi est accomplie, là où elle a trouvé son juste lieu, là où elle est littéralement « relevée » c'est-à-dire conservée [1] et transformée.

Il y a des bibliothèques pleines de textes législatifs sur la vie collective et la bonne conduite des hommes dans les divers États. En revanche, Jésus a su exprimer, de manière compréhensible et praticable, en peu de phrases et pour tous les hommes de la terre, ce qui constitue la loi fondamentale du monde.

Lorsqu'on lui demanda : « Maître, quel est le grand commandement dans la loi ? », il donna cette réponse : « Tu aimeras le Seigneur ton Dieu de tout ton cœur, de toute ton âme et de toute ta pensée. C'est là le grand, le premier commandement. Un second est aussi important : Tu aimeras ton prochain comme toi-même. » Et il ajoute, pour que tout le monde puisse comprendre : « À ces deux commandements sont suspendus toute la Loi et les Prophètes. » (Mt 22, 36-40).

Il s'agit là effectivement de la grande avancée, de la grande synthèse qu'a apportée Jésus. À différents points de vue et par divers détails il embrasse d'un regard La totalité de son enseignement, nous disant : dans ce double commandement tout est dit. Dieu et le prochain sont inséparables. Jésus a opéré par là une incroyable simplification qui n'est ni une réduction ni une banalisation, mais une concentration sur l'essentiel. Il fait apparaître le noyau qui porte tout, qui est le centre de tout, qui est déterminant en tout, comme le dit Paul. Si ce n'est pas là notre commandement fondamental, toute parole est bavardage et cymbale retentissante et non pas réalité. Les exercices de piété et toutes les activités possibles sont vides si l'amour ne les anime pas. Ils ne mettent pas l'homme en relation avec Dieu et ne sont d'aucun secours pour le prochain. C'est pourquoi cette concentration, cette simplification, qui révèle à la fois la simplicité de Dieu et la grandeur et la beauté de son exigence, est vraiment un progrès essentiel.

Nous devons savoir que, dans l'ancien Israël, l'ordre juridique, l'ordre moral de l'État et l'ordre cultuel étaient étroitement imbriqués. L'événement Jésus a fait éclater cet assemblage. La religion devient une réalité en soi. Il est vrai qu'elle anime l'État et son droit et lui fournit les critères moraux, mais le droit étatique est différent de ce que la morale ou la foi nous dit.

De ce point de vue, les États auront toujours leur propre ordre juridique et leurs lois. Mais celles-ci seraient vides si elles n'étaient animées de l'intérieur et si les hommes ne reconnaissaient pas au fond

1. Note du traducteur : jeu de mots basé sur les différents sens de « *aufheben* » pouvant signifier : abroger, relever, conserver.

d'eux-mêmes l'exigence essentielle posée à leur vie en ne voyant dans les règles juridiques qu'une sorte de code de coexistence purement extérieur.

Est-ce à cela que vous pensiez en disant que la vraie loi naturelle est une loi morale ?

Oui. La nature n'est pas seulement régie par une loi de fonctionnement que les sciences naturelles essaient de percer, mais elle porte en elle un message plus profond. Elle nous fournit des indications de comportement. Si l'Église parle de loi naturelle, elle ne pense pas aux lois dans le sens des sciences naturelles mais à cette orientation intérieure qui émane de la création.

LES DIX COMMANDEMENTS

Dans le désert du Sinaï, Moïse traça une frontière autour du mont Horeb. Personne à part lui n'avait le droit de la franchir. Le troisième jour, il y eut des voix, des éclairs, une nuée pesant sur la montagne ; toute la montagne fuma, flamba et trembla. Moïse monta sur la montagne pour recevoir de Dieu les dix commandements, la loi de Dieu. Moïse écrivit toutes les paroles du Seigneur dans le Livre de l'Alliance (cf. *Ex 19, 21* ssq).

Voilà le mythe. Les dix commandements sont pour l'Église l'expression du souci de Dieu pour l'homme, ils sont destinés à lui montrer le chemin pour une vie bonne. Mais la question se pose : ces commandements ont-ils vraiment été transmis lors d'une apparition de Dieu à Moïse sur la montagne ? Sur des tables de pierre « écrites de la main de Dieu », comme il est dit ?

Il faut d'abord expliquer un peu le terme « mythe ». Ce qui nous est dit ici l'est certainement dans un langage imagé. Ce sont des réalités difficilement descriptibles. Que ces messages nous soient communiqués à l'aide d'images de visions ne signifie pourtant pas qu'il s'agit de rêves, de contes ou de légendes.

Nous avons ici une image renvoyant à un événement réel, une vraie intervention de Dieu dans l'histoire, une vraie rencontre entre Dieu et ce peuple, et, à travers ce peuple, rencontre avec l'humanité. Cette image est transmise par un homme proche de Dieu. Il avait le don particulier d'entendre Dieu, de lui parler comme on parle à un ami, selon l'expression biblique. Et cette amitié intérieure l'habilita à être médiateur et à transmettre le message de Dieu. Nous sommes donc en présence d'un noyau historique décrit dans un langage imagé.

Mais dans quelle mesure ces commandements viennent-ils réellement de Dieu ?

Nous savons aujourd'hui que les dix commandements, tels que les rapportent les livres de Moïse, sont liés à l'histoire des peuples environnants. Dans le contexte assyrien existent des données semblables qui reflètent les contorsions de l'histoire. Une simple influence mutuelle n'explique toutefois pas que la Loi ait pris cette forme et ait été mise par écrit sous cette forme. Il s'agit ici d'un homme touché par Dieu et qui, à cause de la relation d'amitié avec lui, a pu donner à la volonté de Dieu une forme nous permettant d'y percevoir la Parole de Dieu ; cette volonté de Dieu qui n'avait été exprimée jusque-là que fragmentairement et dans d'autres traditions.

Que les tables de pierre aient réellement existé est une autre question. Vous savez que, d'après la narration du Sinaï, Moïse en colère avait brisé les tables, et a reçu des tables de remplacement. Ce qui est essentiel, c'est que Dieu se fait vraiment reconnaître à travers cet ami de manière incontournable. C'est pourquoi cette médiation n'est pas une simple invention humaine et plus aussi qu'une fine sensibilité humaine pour le message de la création.

Ces dix commandements sont-ils valables aujourd'hui encore – sans restriction ?

Ils sont tout à fait valables. Nous avons déjà parlé du commandement qui a pris un nouveau visage et reçu une nouvelle formulation par la rencontre avec le Christ : « Tu ne te feras aucune image. » Ce commandement est renouvelé dès l'instant où Dieu se représente lui-même. C'est pourquoi ces commandements sont provisoires et ne reçoivent leur forme définitive que par le Christ.

Le commandement du sabbat qui remonte au récit de la création garde, lui aussi, sa valeur mais est transformé lorsque le jour de la résurrection de Jésus devient le vrai jour de la conclusion de l'alliance. Le chemin va du sabbat au dimanche en s'approfondissant.

Dans ce sens, les dix paroles ne sont pas des paroles mécaniquement déjà achevées et définitives. Il faut les placer dans la lumière du Christ qui leur donne la forme définitive. Mais, dans leur noyau même, elles sont et restent valables.

Ces dix commandements n'ont-ils jamais été modifiés ?

Non. Il en existe d'ailleurs deux versions, l'une dans le livre de l'Exode, l'autre dans le Deutéronome. Elles se distinguent par d'infimes détails mais la substance est la même : naturellement l'homme ne peut en disposer.

Lorsque Moïse descend de la montagne, le peuple danse autour du fameux veau d'or. Très en colère contre ce culte idolâtrique, le lutteur de Dieu détruit les Tables de la Loi. Seuls les lévites, descendants de Lévi, qui formeront plus tard la caste sacerdotale, se réunissent autour de lui et prennent ainsi le parti de Dieu. « Passez et repassez de porte en porte dans le camp », ordonne Moïse, « et tuez qui son frère, qui son ami, qui son proche » (Ex 32, 27).

L'histoire des dix commandements débute donc en réalité par un grand forfait contre le cinquième commandement : Tu ne tueras pas ! » Moïse aurait dû le savoir un peu mieux.

En fait elle commença par un forfait contre le premier et principal commandement : « Tu n'adoreras pas de faux dieux ! » L'homme est en ordre lorsqu'il vit dans la reconnaissance et l'adoration de Dieu. Il se dévoie et pervertit son existence s'il adore ce qui n'est pas Dieu. Ou lorsqu'il se fabrique des dieux et s'adore par là soi-même. Le peuple est rongé par ce forfait fondamental et déformé intérieurement. Il s'est livré à la mort. Car s'éloigner de Dieu, qui est la source de la vie, signifie quitter la vie.

L'histoire qui s'y rattache dénote une incroyable cruauté que nous ne comprenons pas. Il nous faut une fois encore tourner le regard vers le Christ. Il fait l'inverse. Il prend la mort sur soi et ne tue pas les autres. À ce moment de l'histoire, au Sinaï, Moïse accomplit pour ainsi dire ce qui est déjà arrivé : les adorateurs du veau ont eux-mêmes perverti leur vie. Dans quelle mesure cet épisode est à prendre à la lettre est une autre question. Le peuple continue d'exister. Ce qui arrive exprime que celui qui s'éloigne de Dieu quitte non seulement l'alliance mais encore l'espace de la vie. Celui-là détruit la vie elle-même et a déjà pénétré dans le domaine de la mort.

Le premier commandement :
« C'est moi le Seigneur, ton Dieu.
Tu n'auras pas d'autres dieux face à moi. »

En regardant de plus près, on s'aperçoit que la danse autour du veau d'or n'a jamais été aussi sauvage et frénétique parmi les hommes que de nos jours.

Il n'y a pas actuellement de dieux qui se déclarent explicitement comme tels. Il y a cependant des puissances devant lesquelles les hommes s'inclinent. Le capital en est une ou généralement la possession. Ou prenons encore la manie de briller. Le veau d'or est, sous bien des aspects, très actuel dans notre monde occidental. Le danger est là.

Mais il y a plus. Le visage de Dieu devient de plus en plus flou. Cela arrive lorsqu'on dit qu'au fond tous les dieux désignent finalement le même Dieu. Chaque culture a sa façon particulière de s'exprimer et peu importe que l'on comprenne Dieu comme personne ou comme réalité impersonnelle. Peu importe qu'on l'appelle Jupiter ou Shiva ou autrement. On voit de plus en plus que Dieu n'est plus pris au sérieux. On remarque qu'on s'est éloigné de lui et qu'on ne se tourne plus que vers des mirages où l'on se voit soi-même.

À partir du moment où l'homme laisse de côté Dieu, la tentation de l'idolâtrie est très grande. Le grand danger pour nous actuellement vient de ce qu'on considère Dieu comme superflu. Il est si loin, dit-on, et l'adorer n'apporte apparemment rien. Nous faisons peu attention au fait que, si nous arrachons les piliers sur lesquels reposent les lois de la vie humaine, l'homme se désintégrera progressivement.

Deuxième commandement :
« Tu ne prononceras pas à tort le nom du Seigneur ton Dieu. »

On peut se demander : si Dieu est si grand, pourquoi n'est-il pas au-dessus de mon petit blasphème, le forfait d'un infime vermisseau ?

Ce n'est pas comme si nous pouvions nuire à Dieu et qu'il doive se venger. Il s'agit pour nous de rester sur le bon chemin. Dès que nous déshonorons Dieu et déformons son visage, dès que nous le rendons inaccessible au point qu'il ne puisse plus éclairer les hommes, eux non plus n'éclairent plus personne.

Martin Buber a dit un jour qu'aucun mot n'a été autant galvaudé que le mot Dieu. Ce mot est tellement sali et déformé qu'on ne peut réellement plus s'en servir. Je pense, dit-il, que nous ne devons pas pour autant l'éviter et nous en passer. Nous devons tenter de le ramasser par terre, avec grand respect, et de le redresser.

Il suffit de se rappeler l'inscription sur les ceinturons des militaires allemands au temps de la dictature nazie : « Dieu avec nous ». On semblait par là honorer Dieu alors qu'en réalité on en abusait dans un but égoïste.

Chaque abus du nom de Dieu, chaque défiguration de son visage le rendant méconnaissable, salit et laisse d'affreuses traces. La grande puissance de l'athéisme ou le refus et l'indifférence à l'égard de Dieu ne s'expliquent pas sans ces abus. Son visage a été si défiguré que l'homme ne pouvait que s'en détourner. Que les conséquences du manquement à ce commandement peuvent devenir terribles pour l'histoire, on le sait depuis bien longtemps.

Le troisième commandement : « Souviens-toi du jour du sabbat pour le sanctifier. »

Certains aiment bien le jour du dimanche et apprécient qu'il soit différent. D'autres veulent pouvoir acheter sans relâche, travailler et festoyer. Mais peut-être avons-nous simplement oublié la signification première du dimanche.

Dans le récit de la création, le sabbat a été introduit comme un temps où l'homme se libère pour Dieu. Dans le Décalogue, il est en plus le signe de l'alliance de Dieu avec son peuple. L'idée originelle du sabbat est qu'il soit une anticipation de la liberté et de l'égalité de tous.

Le jour du sabbat, même l'esclave n'est plus esclave, car pour lui aussi le repos doit être respecté. Dans la tradition de l'Église, ce fut toujours l'un de ses aspects principaux. En ce qui concernait les hommes libres, leur occupation n'était pas un travail proprement dit et pouvait toujours être continuée. Un autre point important, c'est que ce jour-là la création devait être au repos. C'était tellement naturel que même les animaux devaient se reposer.

Actuellement l'homme voudrait disposer complètement et exclusivement et tout seul de son temps. Nous avons oublié en fait de laisser Dieu entrer dans le temps et de ne pas considérer le temps comme un matériel à notre disposition exclusive. Il s'agit de sortir de l'utile et du pratique et d'en libérer l'autre aussi bien que soi-même.

Nous avons déjà dit que le sabbat change de forme le matin de la résurrection du Christ. C'est le matin où le Ressuscité retourne parmi les siens, où nous nous rassemblons avec lui, où il nous invite chez lui. C'est le jour de l'adoration et de la rencontre avec Dieu, jour où il vient chez nous, nous rend visite et où nous pouvons lui rendre visite.

Quatrième commandement : « Honore ton père et ta mère, afin que tes jours se prolongent sur la terre. »

Il est remarquable que c'est le seul commandement lié à une promesse. Jésus souligne à plusieurs reprises combien ce commandement est important.

Permettez-moi de raconter ici une petite histoire. Nous étions en vacances et j'étais très heureux du comportement de mes enfants. Paul, des heures durant, essayait d'attraper de petits poissons et de minuscules langoustes ; Jacob creusait des trous dans le sable. Nous avions une petite barque et Paul nageait longtemps le long de la barque. Il n'avait plus peur et il était fier de bien maîtriser la situation tout seul. Un jour, j'étais assis un peu en hauteur sur un rocher observant ma femme et mes enfants : ils étaient tous si jeunes, si forts, si beaux. Je pensais en moi-même que maintenant commençaient les plus belles années de ma vie et que je ne voulais pas les gaspiller, et que c'était merveilleux de pouvoir vivre ainsi. Puis, subitement, je ne pus m'empêcher de penser à mes parents et à mes grands-parents et aussi à ce quatrième commandement.

Ce commandement est en effet la grande charte de la famille. Il définit un ordre fondamental. La cellule essentielle de la vie en société, nous est-il dit, est la famille, les parents avec les enfants. Seul cet ordre fondamental permet de mettre en pratique les principales vertus. Ce n'est que dans ce cadre que peut naître et grandir un juste rapport entre les sexes et entre les générations.

Le commandement comporte d'une part le devoir d'éducation. Il consiste à amener l'autre à être vraiment libre pour qu'il puisse connaître sa loi intérieure et apprendre comment vivre correctement en être humain. L'obéissance est au service de cet apprentissage de la liberté personnelle. À l'inverse, ce commandement exige des enfants qu'ils acceptent cette éducation.

Le quatrième commandement comporte, d'autre part, une indication sur le comportement à avoir envers les gens âgés qui paraissent inutiles et sans pouvoir. Il considère comme une grande valeur d'honorer les parents devenus vieux. Ce n'est pas leur utilité qui doit nous guider mais l'honneur dû à ceux qui m'ont donné la vie. En eux je puis honorer la dignité de l'homme, justement dans leur faiblesse et impuissance. Le respect fondamental et permanent de l'être humain est un aspect important de ce commandement. C'est la condition de notre propre avenir, en nous permettant de vieillir avec confiance.

Cinquième commandement :
« Tu ne tueras pas. »

Personne ne contestera le sens de ce commandement. Il est étonnant cependant qu'on ne cesse de le bafouer.

Sans aucun doute l'homme porte en lui cette évidence première qu'il ne doit pas tuer l'autre. Même si j'ai oublié que chaque homme est entre les mains de Dieu, je sais au moins qu'il a sa propre vie et le droit d'exister et que, si je le tue, je m'attaque à l'existence humaine comme telle.

Dans les cas limites, cette évidence perd de sa force. Cela vaut avant tout pour le début de l'existence, quand la vie est encore sans protection et manipulable. C'est alors que naît la tentation d'agir de manière utilitaire. On veut pouvoir choisir qui on va laisser vivre et à qui on déniera ce droit parce qu'il serait un obstacle à la liberté propre et à l'épanouissement de soi-même. La conscience de ce commandement s'éteint facilement là où l'être humain n'est pas encore présent pour parler et se défendre.

La même situation se retrouve en fin de vie. On éprouve celui qui est malade ou qui souffre comme une charge et l'on se convainc soi-même que la mort serait une délivrance pour lui. Voilà le prétexte tout trouvé pour l'aider à passer dans l'au-delà avant que la situation ne devienne pour ainsi dire trop « difficile ».

C'est ainsi qu'on avance pas à pas. De nos jours renaît l'idée du dressage des hommes que nous avons appris à connaître au cours d'une période malheureuse de l'histoire. On va jusqu'à se demander si des hommes, sans conscience et sans fonction sociale, sont encore à considérer comme des hommes.

Et l'on continue ainsi inexorablement. Commençons par l'euthanasie. La question se pose immédiatement : à partir de quel moment une vie est-elle si douloureuse et si pénible à mes yeux que j'aie le droit de la supprimer ? Aux frontières de la vie, la conscience morale originelle que l'homme ne doit pas disposer d'un autre homme s'éteint trop facilement. C'est la raison pour laquelle nous devons lutter aujourd'hui plus que jamais pour préserver le contenu de ce cinquième commandement, à savoir le droit de Dieu sur la vie humaine, depuis la conception jusqu'à la mort.

Sixième commandement :
« Tu ne commettras pas d'impureté. »

Notre monde a fait de l'omniprésence de l'éros une vertu. Sans être maniaque du sexe, on peut se demander : est-il vraiment nécessaire que l'impudicité soit qualifiée de péché ?

Le texte original de ce commandement dans l'Ancien Testament dit : « Tu ne commettras pas d'adultère » (Ex 20, 14 ; Dt 5, 18). Ce commandement a donc un sens très spécifique. Il s'agit de l'inviolabilité de la relation de fidélité entre l'homme et la femme. Ainsi, non seulement l'avenir de l'homme est préservé, mais encore la sexualité humaine est intégrée dans la totalité de l'être humain, ce qui lui confère une dignité et une grandeur proprement humaines.

Voilà le cœur de ce commandement. Ce n'est pas une rencontre occasionnelle, mais le contexte d'un oui mutuel entre deux êtres, qui acceptent aussi les enfants, donc le mariage qui est le lieu par excellence où la sexualité est parée de cette dignité et de cette grandeur humaines. Ce n'est que là que l'esprit devient sensuel et les sens spirituels. Ce n'est qu'alors qu'advient ce que nous avons caractérisé comme l'essentiel de l'homme : la capacité des deux termes de la création de se rejoindre et de se donner mutuellement leur dignité et leur grandeur.

En disant que le lieu de la sexualité, c'est le mariage, c'est-à-dire un lien d'amour fidèle, une attention mutuelle incluant un engagement pour l'avenir, donc ordonné à l'humanité dans son ensemble, nous affirmons naturellement aussi que ce n'est qu'en ce lieu que la sexualité acquiert sa propre dignité et son humanisation.

La puissance de l'instinct est indéniablement très forte, surtout dans un monde imprégné d'érotisme, de sorte que ce lien basé sur l'amour et la fidélité est à peine encore compréhensible. La sexualité est devenue, depuis longtemps et dans de larges proportions, une marchandise qu'on peut acheter. Il est aussi évident que, de ce fait, elle est déshumanisée, que j'abuse de l'être humain dont je ne fais que me servir sans le respecter. Des femmes ou des hommes qui se vendent comme des marchandises ou qui sont obligés de le faire et sont vendus, se ruinent eux-mêmes. Par le marché du sexe est né un nouvel esclavagisme. Dès l'instant où la sexualité n'est plus liée à une relation libre et mutuellement responsable et qu'elle n'a plus de lien avec la totalité de l'être humain, il ne peut en résulter qu'une logique marchande de l'homme.

Revenons au cœur de ce commandement.

Voici le message que nous délivre la création : l'homme et la femme sont ordonnés l'un à l'autre. Ils quitteront père et mère pour devenir une seule chair, nous dit la Genèse. D'un point de vue purement biologique, on pourrait aussi dire que la nature a inventé la sexualité pour la conservation de l'espèce. Mais ce qui nous apparaît d'abord comme purement naturel, comme réalité purement biologique acquiert dans la communauté de l'homme et de la femme un caractère proprement humain. C'est une certaine manière qu'a l'homme de s'ouvrir à l'autre où ne se développent pas seulement un lien de fidélité mais où naît un espace où des hommes, depuis la conception, peuvent entrer dans la vie. Dans cet espace s'élabore la véritable convivialité entre eux. Ce qui est d'abord une loi biologique, un « truc » de la nature (si l'on peut dire) prend une forme humaine, par le lien de fidélité et d'amour entre l'homme et la femme, ce qui permet la famille.

Voilà le noyau de ce commandement qui, du cœur de la création, nous interpelle. Plus on vit dans cette perspective et plus on l'approfondit, plus on s'aperçoit que d'autres formes de sexualité ne sont pas à la hauteur de la vocation humaine. Elles ne correspondent pas à ce que veut et doit être une sexualité vraiment humanisée.

Nous reviendrons sur cette question du sexe dans un chapitre ultérieur.

On pourrait penser que les dix commandements sont une loi contre la loi de la nature. D'où notre difficulté à les observer parce qu'ils vont souvent à l'encontre de nos instincts humains et nos penchants.

Certainement. En réalité, c'est justement le sixième commandement qui porte en lui le message de la nature. La nature règle par l'existence des deux sexes la conservation de l'espèce ; elle le fait de manière particulière quand il s'agit d'êtres vivants qui ne sont pas achevés quand ils sortent du sein maternel et qu'ils ont besoin d'une longue assistance.

L'homme n'est pas quelqu'un qui quitte rapidement son nid (nidifuge), mais qui s'y attarde (nidicole). Du point de vue purement biologique, la race humaine est faite de telle façon que le sein maternel doit être prolongé par l'amour du père et de la mère pour que soit possible son développement après le premier stade biologique jusqu'à la maturité humaine. Le sein maternel de la famille est quasiment une condition de survie.

La nature elle-même nous dévoile ainsi le visage originel de l'être humain. Celui-ci a besoin de cette liaison permanente entre l'homme et la femme dont le don mutuel les fait vivre eux-mêmes et fait vivre des enfants qui trouvent ainsi le chemin de l'amour, du don de soi, de la perte de soi. Ces attardés du nid familial ont besoin de la fidélité postnatale. C'est pourquoi aussi le message du mariage et de la famille est une loi de la création et ne s'oppose donc pas à la nature humaine.

Il nous est pourtant si difficile de l'observer.

Il existe dans ce domaine, comme dans d'autres dont nous avons parlé, une tendance contraire. Nous sommes en présence d'un surplus d'énergie biologique. Nous constatons dans les sociétés modernes – mais ce fut déjà le cas à d'autres époques comme par exemple dans la Rome antique – une érotisation publique qui exacerbe ce surplus d'énergie et rend difficile de se lier par le mariage.

Mais revenons à ce que nous avons dit précédemment à propos des quatre commandements. Nous voyons ici deux ordres différents de la nature. D'une part la nature, par une poussée intérieure, veut la rencontre de l'homme et de la femme, rencontre qui devient finalement un mouvement humain et qui crée l'espace où l'homme peut développer son humanité. D'un certain point de vue, la nature tend d'autre part à la promiscuité, en tout cas à une disponibilité sexuelle qui semble incompatible avec le cadre familial.

La foi nous permet tout à fait de reconnaître la différence de ces deux niveaux de réalité naturelle. L'un représente réellement le message de la création et l'autre relève de la libre disposition de l'homme par lui-même. C'est pour cette raison qu'il faudra toujours lutter pour assumer le lien du mariage. Mais nous constatons aussi que, là où ce lien réussit, l'humanité mûrit et des enfants peuvent apprendre un avenir. Dans une société où le divorce est devenu normal, ce sont les enfants qui en font les frais. De ce point de vue des enfants, nous avons une preuve de plus que la fidélité dans une vie commune est ce qui convient réellement et ce qui est vraiment adapté aux hommes.

Septième commandement :
« Tu ne voleras pas. »

Respecter ce qui appartient à l'autre est un principe banal, mais que cache-t-il ?

La doctrine de la destination universelle des biens de la création n'est pas seulement une belle théorie, mais il faut qu'elle soit appliquée. En conséquence, il faut affirmer que chacun a des besoins fondamentaux dans sa vie et que de là découle le nécessaire droit de propriété que chacun doit respecter. La grave nécessité d'une législation sociale qui veille à éviter les abus de la propriété est naturellement basée sur cette affirmation.

Nous voyons actuellement plus clairement que jamais comment des hommes se détruisent eux-mêmes en ne vivant que pour la possession qui les engloutit et dont ils font leur dieu. Qui se soumet totalement à la loi de la Bourse ne peut plus penser à autre chose. Nous voyons quelle puissance un monde axé sur la possession exerce sur les hommes. Plus ils possèdent, plus ils sont esclaves parce qu'ils sont obligés de veiller en permanence à sauvegarder et augmenter ce qu'ils possèdent.

La problématique de la propriété apparaît aussi dans la dégradation des rapports entre les pays les plus riches et le tiers monde. Ici, la propriété n'est plus correctement subordonnée au principe de la destination universelle des biens. Là encore il faut trouver des formes juridiques pour que ces rapports restent corrects ou le redeviennent.

Vous voyez que cette parole sur le respect de ce qui appartient à l'autre révèle une immense et importante réalité. Elle concerne d'abord la protection de ce qui est nécessaire à chacun (qui mérite considération en cela). Mais elle vise aussi la responsabilité d'user de son bien sans contredire l'ordre global de la création et le commandement de l'amour du prochain.

Huitième commandement :
« Tu ne mentiras pas » ou « Tu ne porteras pas de faux témoignage. »

Les mensonges font les meilleures histoires. Parfois même de petits mensonges deviennent si grands qu'ils peuvent presque renverser le président d'une superpuissance ou encore d'un parti national ou aussi une star des médias. Ce qui est étonnant, c'est que rien ne reste caché.

À mon avis, la vérité est un bien fondamental de l'homme qui trouve ici son point d'ancrage. Tous les commandements sont des commandements d'amour ou leur déploiement. C'est pourquoi ils ont un rapport explicite avec le bien de la vérité. Lorsque je m'éloigne de la vérité ou que je la falsifie, lorsque je tombe dans le mensonge, je nuis gravement au prochain, mais, également, je me nuis toujours à moi-même.

Chacun sait que le petit mensonge devient vite une habitude. C'est une manière de s'en sortir dans la vie que de recourir pour tout et pour rien au mensonge, de s'y empêtrer et de vivre à l'encontre de la vérité. Il s'ensuit que chaque infraction à la dignité de la vérité non seulement abaisse l'homme mais aussi représente un grave manquement à l'amour. Car si je ne dis pas la vérité à l'autre, je le prive d'un bien essentiel et je l'induis en erreur. La vérité est amour et un amour qui serait contraire à la vérité se défigurerait lui-même.

Neuvième et dixième commandements :
« Tu ne convoiteras pas la femme de ton prochain. »
« Tu ne convoiteras rien de ce qui lui appartient. »

Ces deux commandements vont de pair. Ils vont au-delà de ce qui est purement extérieur et factuel : ils concernent les intentions profondes. Il est dit clairement que le péché ne commence pas lorsque je pose des actes, lorsque je commets l'adultère ou que je vole effectivement quelque chose à l'autre. Les péchés sont le fruit d'intentions. Il ne suffit donc pas de s'arrêter juste avant de passer à l'acte, ce qui n'est pas possible si je n'ai pas gardé intact en moi le respect intérieur de l'autre, de son mariage, de son bien. Le péché ne commence pas par des actions visibles mais dans son sol nourricier : les envies, le refus intérieur de respecter l'autre ou son bien. L'homme qui ne purifie pas ses intentions ne peut pas rester correct dans les faits. C'est pourquoi ces commandements sont un appel direct au cœur, origine des actions de l'homme. Rien que pour cela, il doit rester clair et pur.

L'heure où Moïse a reçu, dans les éclairs et le tonnerre sur le mont Sinaï, les Tables de la Loi est en même temps l'heure où est né l'individu libre. Telle est en tout cas la thèse du journaliste juif allemand Hannes Stein. Désormais, chaque homme, qu'il soit seigneur ou esclave, homme ou femme, aurait à rendre compte de ses actes devant Dieu. L'alliance au Sinaï a quasiment donné naissance au sujet autonome du droit. N'est-ce pas une affirmation audacieuse de dire que la pierre de touche des sociétés libres et démocratiques ne vient pas de la Grèce antique mais de la tradition judéo-chrétienne ?

J'ai lu le livre de Hannes Stein et il contient certainement des affirmations tout à fait essentielles. La dignité de chaque individu devant Dieu, individu à qui Dieu parle et qui est concerné comme personne par les paroles de l'Alliance, constitue effectivement le noyau des droits de l'homme, à savoir l'égale dignité de chaque individu, ce qui constitue le véritable fondement de la démocratie.

En Israël, il ne devait d'abord pas y avoir de rois mais des juges qui appliqueraient le droit de Dieu et veilleraient à ce qu'il soit respecté et reste en vigueur. Ce qui était visé, c'est au fond une société parfaitement égalitaire, une sorte d'anarchie au sens positif : personne ne règne que Dieu seul. Et il règne par son droit, par sa Parole, par ses lois.

Cet ordre social primitif a cédé au pragmatisme, comme nous l'avons déjà évoqué. Ce n'est pas pour autant que je minimiserai la signification de la démocratie grecque : elle a donné naissance à des aspects importants et développé un modèle pratique auquel on pourra plus tard se référer. Il faut toutefois dire clairement que la démocratie grecque ne donnait droit de parole qu'aux hommes libres : les femmes n'étaient pas des sujets en politique et étaient exclues du droit de vote tout comme les esclaves. Parce que la liberté y était limitée, la démocratie grecque est l'exemple d'une démocratie limitée. À l'inverse, la Parole biblique s'adresse effectivement à chaque être humain, en tant que tel, image de Dieu, et lui reconnaît pleinement le caractère de sujet. Il est vrai qu'elle constitue une base très large pour des constitutions démocratiques.

Chapitre 7

L'AMOUR

LE SENS DE LA VIE

L'Église affirme que l'homme ne peut donner un sens ni au monde ni à soi-même. Cela est difficile à croire au vu des bibliothèques géantes remplies de livres écrits par des gens plus ou moins savants sur la vie et son sens.

Si le monde n'avait déjà un sens, ce n'est pas nous qui pourrions lui en donner un. Nous pouvons poser des actes qui ont une signification dans le cadre d'une finalité, mais ils ne produisent pas eux-mêmes une vie qui a du sens. Il y a sens ou il n'y a pas sens. C'est pourquoi il n'est pas notre produit. Ce que nous produisons peut momentanément nous satisfaire mais non pas justifier la totalité de notre vie et lui donner un sens.

Tous les hommes de tous les temps et de tous les lieux ont cherché un sens et continueront à le faire. Et ils trouveront toujours des réponses partielles. De ces réponses ne reste valable que ce que les hommes ont, non pas inventé mais trouvé, dans la créature humaine comme telle : ce qui peut les aider à se comprendre eux-mêmes correctement et à vivre leur vie de manière sensée.

On peut entendre par là ce que dit l'Église, à savoir que le sens n'est pas notre œuvre mais vient de Dieu. Le sens est ce qui nous porte et qui nous précède, qui dépasse nos pensées et nos découvertes. Ce n'est qu'ainsi qu'il est capable de porter notre vie.

Si on pouvait exprimer le sens de la vie en un seul mot, ce serait le mot AMOUR. Les poètes et les savants de tous les temps nous disent qu'il est non seulement le sens mais aussi le principe fondamental de la vie, le vrai mystère. Celui-là seul qui ressent l'infinité de cet amour a pénétré au cœur de la foi, affirme quelqu'un.

Le but de notre vie est, en dernière analyse, de découvrir, d'accueillir et de donner l'amour : tel est, me semble-t-il, le fil conducteur de notre conversation. Le Christ crucifié, qui a porté cet amour à son comble, comme le dit l'Évangile de Jean, a traduit ce principe dans la réalité. Dieu est amour en lui-même. Dans ce sens, l'amour est réellement la loi fondamentale, le but ultime de la vie.

C'est le mystère du grain de blé, de la vie qui se perd et se retrouve. En lien avec ce mystère nous devons savoir qu'on ne peut pas créer l'amour. Il est un don. Il advient dans l'échange entre moi et l'autre.

L'amour comporte toujours une promesse d'éternité. Il est négation de la mort comme le disait le philosophe français Gabriel Marcel. De promesse qu'il est initialement, il ne devient réalité que s'il baigne lui-même dans un amour qui donne effectivement l'éternité. G. Marcel pense que dire à quelqu'un : « Je t'aime » signifie : « Je refuse d'accepter ta mort, je proteste contre la mort. »

Nous voyons par là que l'amour humain est une promesse intenable. Il promet l'infini alors qu'il ne peut offrir que du fini. Mais il sait aussi que cette promesse n'est pas insensée ni contradictoire, donc pas destructrice parce que l'infinité vit en elle. Considéré d'un point de vue purement humain, l'amour est déjà ce que nous cherchons en réalité et ce vers quoi nous conduit notre vie. Mais, d'après ses dimensions propres il est finalement orienté vers Dieu, il est en soi attente de Dieu.

Aimer, c'est vite dit. Mais qui sait ce qu'est aimer ? Par exemple, Dieu, comment nous aime-t-il ? Nous avons déjà parlé de la prétendue colère de Dieu. Certains disent que son message est aussi une menace. Cet amour divin qui nous est offert, quel est-il ?

Disons d'abord que la colère n'est pas nécessairement contraire à l'amour. Un père, par exemple, vous le savez mieux que moi, est parfois amené à parler avec colère à son fils précisément parce qu'il l'aime. Il ne satisferait pas à son devoir d'amour et à sa volonté d'amour paternel si, rien que pour faciliter la vie à l'autre et à soi-même, il n'intervenait pas de manière critique dans sa vie et ne le corrigeait pas.

Nous savons que les enfants gâtés à qui tout a été permis sont finalement inadaptés à la vie parce que la vie les traite autrement et qu'ils n'ont pas appris à se maîtriser et à vivre correctement. Prenons encore le cas d'un drogué dépendant : si, parce que je veux être gentil avec lui, je lui procure la drogue qu'il veut au lieu de l'en détourner (ce qui serait très dur pour lui), on ne peut parler d'amour réel.

Autrement dit, l'amour, dans le vrai sens du terme, ce n'est pas de toujours céder, d'être mou et doux. C'est pourquoi aussi un Jésus doucereux ou un Dieu qui dirait oui à tout et qui serait toujours gentil, ne serait qu'une caricature de l'amour authentique. Parce que Dieu nous aime et veut nous introduire dans la vérité, il doit nécessairement être exigeant avec nous et nous corriger. Dieu doit se « mettre en colère », comme nous disons de façon imagée, c'est-à-dire nous résister lorsque nous nous éloignons de lui et que nous nous exposons au danger.

Cela fait très sérieux.

Il est important de savoir que l'amour authentique est une chose sérieuse. Aimer l'autre, c'est vouloir son véritable bien et on a donc le courage de s'opposer à lui s'il ne voit pas le bien et s'il se précipite aveuglément dans le malheur.

Par là nous avons exprimé aussi le côté positif de l'amour. Aimer, c'est vouloir l'autre. C'est vouloir qu'il aille bien, qu'il soit heureux, qu'il se trouve lui-même. C'est être bon à son égard. Je ne peux être bon envers lui que si je me laisse guider par ce qui est réellement bon et que je m'efforce de l'aider à devenir bon. Un vrai acte d'amour ne peut surgir que de ce qui est bon et qui y conduit. C'est pourquoi l'amour comporte toujours une part de renoncement à soi, de don de soi pour l'autre, et une part d'aide effective en vue de son bien. L'aider à ne pas se renfermer en lui et ne pas tout intérioriser, mais à trouver le chemin hors de lui, le chemin de l'épanouissement, comme le grain de blé qui pousse.

Le philosophe juif des religions, Martin Buber, a décrit une qualité importante de l'amour de Dieu : il l'appelle « l'arrachement »[1]*. Buber dit : « L'arrachement est, depuis l'origine, un attribut essentiel de Dieu. Il "arrache" des empêtrements, il "arrache" de l'indifférence, il "arrache" de la solitude et de l'isolement. »*

Nous pouvons ici prendre comme modèle l'exode des Israélites hors de leur captivité en Égypte. Tout commence par l'appel d'Abraham. Dieu « arrache » Abraham à sa famille et le met en route. Au fond, chaque homme doit accomplir son exode. Non seulement il doit quitter le sol maternel pour devenir autonome mais il doit encore quitter l'enfermement en soi-même. Il doit se quitter lui-même, se dépasser : ce n'est qu'alors qu'il parvient pour ainsi dire en Terre promise, dans l'espace de liberté où il contribue à la construction du monde. Nous avons vu que cette loi du dépassement constitue l'essentiel de l'amour.

1. Note du traducteur. Nous traduisons ainsi le terme « *herausholen* » littéralement « chercher hors de... » bien que « arrachement, arracher » soit plus fort que l'allemand.

Évidemment que l'acte de celui qui m'aime est aussi un tel acte. Il faut qu'il me tire de moi-même où j'ai facilement tendance à m'enfermer.

Un grand connaisseur de l'âme humaine, Erich Fromm, s'est posé la question du pourquoi de l'amour : pourquoi devons-nous aimer ?

Il croyait en avoir trouvé la raison dans l'expérience terrible de la solitude, de la séparation en général, consécutive à l'exclusion du paradis. C'est l'unique explication de ce besoin impérieux de conformité qu'ont les hommes, allant jusqu'à des expériences orgiaques en groupe. À l'inverse la propagation de l'alcoolisme, de la consommation de drogue et du suicide dans le monde actuel serait un symptôme de l'échec relatif de cette conformité.

Fromm fait un pas de plus. Il dit que nous ne pouvons résoudre ce problème de la solitude et de la séparation par le travail, le succès, l'adaptation ou encore par des expériences orgiaques ; ce sont là toutes des satisfactions passagères. La vraie réponse à cette question existentielle réside exclusivement dans l'union avec un autre être humain, dans l'amour. Fromm dit : « L'exigence de l'union entre les humains est la tendance la plus forte en l'homme. C'est l'exigence la plus fondamentale, la force qui préserve l'unité du clan, de la famille, de la société. Son échec signifie folie ou destruction – destruction de soi ou de l'autre. Sans amour l'humanité ne pourrait exister un seul jour. »

Il est intéressant que Fromm voie dans la solitude le contraire de la spécificité interne de l'homme. Si la solitude désigne le fait de ne pas être aimé, d'être abandonné, d'être enfermé en soi, donc le vide de ma vie, cet état est effectivement ce qu'il faut craindre le plus. On voit là, une fois de plus, que l'homme est créé intérieurement à l'image de Dieu pour pouvoir être aimé et aimer.

Il me semble qu'il faut faire intervenir ici la ressemblance avec Dieu. Dieu est amour. La Trinité représente l'amour subsistant. Étant à l'image de Dieu, l'homme est quelqu'un dont le dynamisme le plus intérieur le pousse à se faire aimer et à aimer.

Le chemin de l'amour authentique passe par la perte de soi, c'est-à-dire par un difficile exode. Sur ce chemin on est tenté d'arriver à des accomplissements rapides, de recourir à ces succédanés de satisfactions, dont vous venez de parler.

Ce n'est que plus tard qu'on s'aperçoit que cela ne conduit qu'à de terribles déceptions et entraîne la chute dans une insupportable solitude et la frustration du vide absolu. Au fond, ce sont des images de l'enfer. Car, si nous nous demandons ce que signifie la damnation, c'est de cela qu'il s'agit : n'avoir plus de goût pour rien, ne plus rien désirer, ne plus aimer personne, même pas soi-même. Ne plus être capable d'aimer conduit au vide absolu où l'homme est en contradiction avec soi-même et où son existence est vraiment un échec.

Si c'est réellement une caractéristique essentielle de l'homme d'être à la ressemblance de Dieu, de pouvoir aimer, alors l'humanité entière et chacun en particulier ne peut subsister que s'il y a l'amour et que si le chemin qui y conduit est enseigné. Nous pouvons nous référer au Christ : son action rédemptrice consiste précisément dans le fait qu'il nous rend tangible l'amour de Dieu. C'est ce qu'il apporte à chacun de nous, en même temps qu'il nous accompagne sur le chemin de la perte de soi, par son propre chemin de croix. En faisant de la loi d'amour un don d'amour, il triomphe de la solitude des solitudes que serait l'absence irrémédiable de salut.

COMMENT APPREND-ON À AIMER ?

N'est-il pas étonnant que, malgré l'enracinement profond de ce désir d'aimer, on considère comme plus important tout le reste : le succès, le sexe, le prestige, l'argent, le pouvoir ? Il nous faut employer presque toute notre énergie pour apprendre comment atteindre ce but. Et nous ne faisons presque rien pour apprendre l'art d'aimer.

Presque tout ce que vous avez nommé constitue des chemins de traverse, des raccourcis, avant tout destinés à faire l'économie de l'aventure de la perte de soi pour arriver plus vite au but visé. Voilà une chose. Une autre est que le déploiement de ses propres capacités fait partie de la vocation de l'homme et ce n'est qu'ainsi qu'il remplit sa mission d'être aimant.

L'homme doit actualiser les possibilités qu'il porte en lui et apprendre qu'il a un rôle à jouer sur terre. C'est pourquoi les efforts visant à l'apprentissage d'un métier ne s'opposent absolument pas à la mission fondamentale de l'amour mais en est la concrétisation. Je ne remplis cette mission d'être destiné à aimer qu'en devenant entièrement celui que je peux être. En donnant ce que je puis donner. En développant dans la création et dans les relations humaines les possibilités qui nous aident à vivre ensemble. En faisant en sorte que la fécondité de la vie et du monde suscite comme un jardin où nous trouvons la sérénité et la liberté.

Cette mission fondamentale de l'amour dévie lorsque la formation professionnelle ne vise qu'à développer des capacités ou lorsque la maîtrise du monde et la capacité d'acquérir des richesses ou d'exercer un pouvoir est détachée de la mission intérieure de l'amour qui est d'exister pour tous. Ou bien encore lorsque le pouvoir prend la haute main sur la générosité. Ou aussi lorsque l'affirmation de soi, l'enfermement en soi, la primauté accordée aux choses qui nous entourent conduisent à étouffer la capacité d'aimer de l'homme. Alors l'homme est dominé par les choses et n'arrive plus à les apprécier à leur juste valeur.

Il est important de ne pas considérer nos possibilités, la formation professionnelle, comme quelque chose d'accessoire en soi. Mais toutes nos possibilités et toutes les capacités techniques de l'homme doivent rester en lien avec l'unité intérieure et ne pas fonctionner de manière indépendante. Lorsque l'exercice du pouvoir devient une réalité en soi et presque une caractéristique de l'homme, alors il devient un esclavage et s'oppose à l'amour.

Une question concrète : comment cela se passe-t-il pour un cardinal ? Avez-vous pu apprendre l'art d'aimer ?

L'amour ne s'apprend pas comme on apprend à jouer du piano ou à manipuler un ordinateur. Il faut l'apprendre sans cesse dans les détails de nos vies. Naturellement, on l'apprend aussi auprès de figures exemplaires. D'abord auprès des parents qui sont un exemple et un guide en qui l'on peut voir une réalisation authentique de l'être humain. Plus tard on apprend à aimer dans les rencontres que la vie nous propose. On l'apprend aussi par une amitié, par un devoir qui me lie à l'autre, par une mission. Il s'agit en premier lieu de ne pas se chercher soi-même mais de chercher comment donner et donc comment recevoir correctement.

Mais je ne veux pas porter un jugement sur moi-même. J'ai en tout cas essayé d'apprendre, à travers l'image du Christ et des saints, comment aimer ou, plus modestement, comment être bon. C'est à partir de là que je tente d'apprécier mes faits et gestes. Dieu jugera, des hommes jugeront jusqu'à quel point je l'ai vraiment appris.

Parfois aussi on est méconnu. Je ne peux plus oublier ce que j'ai écrit autrefois dans un portrait de vous. J'ai cité l'écrivain Stefan Andres. Il a écrit, dans une nouvelle sur le grand Inquisiteur qui se fit faire le portrait par le Greco : « Il n'a pas part à l'amour. »

Oui, extérieurement une charge peut avoir cet aspect. En tout cas nous essayons, lorsque nous avons une relation critique avec des personnes, de le faire dans le sens de l'amour qui n'est pas seulement flatterie mais qui pose aussi des limites là où du dommage est causé, là où la loi intérieure de l'amour est transgressée. Mes collaborateurs et moi-même nous nous efforçons de ne pas oublier la personne concernée et d'agir de manière qu'elle puisse reconnaître elle-même quelle est notre préoccupation. Nous ne voudrions pas lancer contre elle un anathème, mais servir la communauté dans son ensemble et finalement lui rendre service à elle aussi. Nous nous sentons avant tout obligés de protéger la foi des petits. Tout récemment, un important évêque m'a raconté qu'il a vu dans un pays asiatique comment un des adversaires célèbres de la Congrégation pour la doctrine de la foi, avec une incroyable arrogance, a piétiné la foi des petites gens. Ce n'est qu'à cette occasion, dit cet évêque, qu'il a réalisé que nous avions tout de même une mission importante dans la protection des petits contre cette arrogance.

La citation ne concernait naturellement pas uniquement la fonction mais aussi le détenteur de la fonction, personnellement, sur qui la fonction pourrait déteindre.

Évidemment, ce danger existe. On ne peut que tenter d'entreprendre des corrections et, dans la mesure du possible, ne pas succomber à ce danger.

Pour la plupart des hommes, le problème de l'amour est en premier lieu le problème de savoir comment être aimé et pas tellement comment aimer.

Dans cette optique, ce qui fait l'essentiel de l'amour est déjà corrompu. Un amour qui ne voudrait que recevoir n'est pas un amour qui est reçu mais une attitude égoïste, dévoyée, ce que l'autre ne manquera évidemment pas de sentir. L'apprentissage de l'amour comporte l'apprentissage de la maîtrise et du don de soi, même gratuit. Il faut savoir se donner aussi à celui qui n'est pas sympathique ou qui, simplement, a besoin de moi, par exemple celui qui souffre. Tel le bon Samaritain. On aime réellement que lorsqu'on n'est pas toujours préoccupé d'engranger et qu'on a le souci de donner. Qui aime ainsi voit l'autre, spécialement celui à qui personne n'adresse une bonne parole, justement parce qu'il ne paraît pas sympathique.

ASPECTS DE L'AMOUR

Eric Fromm pense que le domaine le plus important du don n'est pas celui des choses matérielles. C'est quand un homme donne de soi qu'il donne le plus parce qu'il donne de ce qu'il a de plus précieux, de sa propre vie. Il partage sa joie, ce qui l'intéresse, sa compréhension des choses, son savoir et naturellement aussi son humour ou sa tristesse, bref tout ce qui est vivant en lui.

Que donner ne soit pas d'abord donner de l'argent est une vérité de La Palisse. Naturellement, l'argent peut être nécessaire. Ne donner que de l'argent peut être blessant pour l'autre. C'est ce que j'ai constaté à maintes reprises dans le tiers monde. Si vous ne faites que nous envoyer de l'argent, disent les gens, vous nous nuisez plus que vous ne nous êtes utiles. L'argent est facilement détourné, ce qui ne fait qu'aggraver la situation. Il faut que vous veniez vous-mêmes, que vous fassiez don de vos personnes et puis aussi aider et veiller à une utilisation judicieuse de vos dons. Il ne faut pas simplement distribuer l'argent en vous forgeant une bonne conscience et en évitant les questions que nous vous posons.

Donner toujours de l'argent ou du savoir-faire ne suffit pas. Les missionnaires étaient finalement exemplaires dans ce domaine : ils ont porté le message de Dieu, ils ont rendu crédible l'amour, ils ont montré une nouvelle façon de vivre, ils se sont donnés eux-mêmes, non pas pour une intéressante aventure de deux ou trois ans, mais pour leur vie entière en s'intégrant au peuple d'adoption. Si nous ne réapprenons pas cette capacité de nous donner totalement, les autres dons sont insuffisants.

Ce que nous disons à l'échelle mondiale vaut naturellement aussi pour l'individu. Rilke raconte une belle histoire. Il passait régulièrement devant une mendiante et lui posait une pièce dans le chapeau. Elle restait chaque fois impassible, comme si elle n'avait pas d'âme. Rilke lui offrit un jour une rose. À l'instant, le visage de la mendiante s'illumina et il vit pour la première fois qu'elle avait des sentiments. Elle sourit puis disparut et pendant huit jours ne mendia plus car ce qu'elle avait reçu était bien plus que de l'argent.

Cette histoire illustre bien qu'une rose ou un acte d'attention, de cordialité et d'acceptation de l'autre représentent parfois plus qu'une pièce d'argent ou qu'un autre don matériel.

La Loi nouvelle *promise avec la venue du Messie fut un Évangile de l'amour. Peut-on dire que l'Ancienne Alliance avait globalement épuisé ses possibilités et qu'elle était arrivée à son terme dans son culte, dans son sacrifice, dans la compréhension de sa vie communautaire ? Apparemment, le temps était venu de commencer du neuf. Malachie, le dernier prophète de l'Ancienne Alliance, annonçait : « Je ne prends aucun plaisir en vous, dit le Seigneur des armées, et l'offrande, je ne l'agrée pas de vos mains » (Ml 1, 10).*

Je ne dirais pas que l'Ancienne Alliance est épuisée. Les juifs vivent toujours en elle et en tirent toujours de grandes richesses spirituelles. Comme chrétiens nous dirons qu'elle constitue une étape vers le but auquel on devait parvenir peu à peu pour que le chemin entier prenne son sens. Ce qui était auparavant n'est pas simplement abrogé ou écarté parce qu'usé, mais constitue un chemin en vue d'un but et reste toujours présent dans ce but. Sans ce chemin on ne parviendrait pas au but.

La critique des sacrifices est présente dans l'Ancien Testament depuis l'origine. Dans les Psaumes, Dieu dit aux hommes : « Si je voulais quelque chose à manger, je ne te le dirais pas ; je n'aime pas vos sacrifices de taureaux, ce n'est pas de cela dont j'ai besoin, j'ai besoin du cœur. » (*cf.* Ps 50, 12).

Les offrandes des sacrifices exprimaient l'effort pour reconnaître la souveraineté de Dieu en lui donnant, ne serait-ce qu'en image, quelque chose de soi-même. Mais, en même temps, les hommes avaient conscience que Dieu n'avait rien à faire des taureaux et des bûchers de veaux. Dans ce sens, les actes cultuels de l'Ancienne Alliance sont dépassés intérieurement d'eux-mêmes en vue de celui qui est le vrai sacrifice, le Fils, qui se donne pour nous, qui nous donne au Père. Il commence à transformer le monde dans l'amour. C'est l'amour qui est le vrai sacrifice. Il prend le relais du geste désespéré que furent les sacrifices d'animaux et leur enlève toute signification.

C'est pourquoi ce n'est pas un hasard si, quarante ans après l'événement de la Croix, le Temple a effectivement disparu pour toujours de l'histoire. Car ce qui y était signifié est réellement arrivé.

Est-ce par amour pour les hommes que Dieu a voulu envoyer son Fils ou peut-être n'était-ce que de la compassion ?

Je n'opposerais pas compassion et amour. Une vraie compassion est plus que de la sentimentalité. C'est une sorte d'identification avec l'autre qui souffre. Donc, fondamentalement, un acte d'amour.

L'Antiquité grecque a souligné l'immutabilité de Dieu. De ce fait, il est pur esprit qui ne peut rien ressentir et encore moins souffrir. C'est ce qui a amené les chrétiens à s'interroger sur ce qu'il en était de Dieu. Origène a dit cette belle parole : Dieu ne peut pâtir, mais il peut compatir. Il peut s'identifier à nous qui souffrons. Cette identification est le grand acte d'amour pour nous qui va jusqu'à devenir corporel dans le Christ. Par le fait même il nous identifie avec lui et nous aspire dans son amour.

Je dirais donc que c'est précisément parce que le christianisme oppose la force de la compassion à l'éthique stoïcienne qui exclut totalement la souffrance qu'il a proclamé la loi d'amour. La compassion, dans le vrai sens du terme, est un acte d'amour.

DEUXIÈME PARTIE

JÉSUS-CHRIST

Monsieur le cardinal, peut-on se représenter Jésus-Christ tel qu'il apparaît sur le linceul de Turin ?

Le linceul de Turin est un mystère. Cette image n'a pas encore trouvé d'explication univoque même si beaucoup d'éléments parlent en faveur de son authenticité. En tout cas, nous sommes émus par la force singulière qui émane de ce corps atrocement mutilé.

Et de ce visage très impressionnant.

Cette face exprime de manière bouleversante la Passion. Nous y décelons une grande dignité intérieure. Ce visage reflète le calme et le repos, la paix et la bonté. Il nous aide ainsi réellement à nous représenter le Christ.

Un homme qui a profondément conscience de soi...

S'il ne s'agissait que d'une conscience de soi humaine, elle serait exagérée. Il y a, dans ce regard quelque chose d'autre, de plus grand : Jésus sait qu'il est un avec le Père, avec Dieu. Cette union est familière, elle dépasse toutes les unions mystiques que nous connaissons. C'est pourquoi Jésus s'attribue avec raison le nom de Dieu, « Je suis ».

Mais c'est aussi un homme, parfois bourru et indigné. Il dit un jour : « Ô génération incrédule et pervertie. » Tout désespéré, il s'écrie : « Jusqu'à quand serai-je avec vous ? Jusqu'à quand devrai-je vous supporter ? »

Cette sévérité et cette impatience du Seigneur envers les hommes m'étonneront toujours. Nous pouvons en tirer une leçon pour l'amour : il ne s'agit pas d'être mou ou faible, mais exigeant.

Jésus regarde les hommes avec les yeux de Dieu. Cela nous montre combien les hommes déçoivent Dieu, combien sa colère monte en voyant comment sa créature le traite et se traite elle-même. Ces paroles montrent combien sont inquiétants, dans la perspective de Dieu, les comportements humains : leur ennui, leur indifférence envers lui, leur incapacité d'écouter et leur enfermement en eux-mêmes.

Une expression favorite de Jésus est apparemment celle-ci : « Pleurs et grincements de dents. » Chaque fois qu'il annonce quelque chose de grave, il est question de « pleurs et grincements de dents ».

Je ne parlerais pas, à ce propos, d'expression favorite. Elle se rencontre dans les paroles extrêmes de Jésus. « Pleurs et grincements de dents » exprime la menace, le danger qui guette l'homme, son échec. L'expression décrit un monde où les hommes se sont adonnés à la drogue ou aux extases orgiaques. Dès qu'ils émergent de leur léthargie, ils réalisent la contradiction de leur propre vie.

L'enfer nous est habituellement présenté sous l'image du feu qui consume. On grince des dents quand il fait très froid. Ainsi, pour l'homme qui a échoué et qui l'exprime par des pleurs, des plaintes, des cris de protestation, l'image du froid auquel on s'expose en refusant l'amour est tout à fait adaptée. Le monde totalement détaché de Dieu et de son amour devient un monde où règne le froid, jusqu'à faire grincer des dents.

Parfois Jésus se permet de vrais tours de magie. Lorsqu'une fois de plus ses disciples manquaient d'argent pour payer le tribut du Temple, il dit à Pierre : « Va à la mer, jette l'hameçon, saisis le premier poisson qui mordra et ouvre-lui la bouche : tu y trouveras une pièce de quatre drachmes, donne-la leur pour toi et pour moi. »

Jésus n'a pas accompli des miracles n'importe comment, mais uniquement en relation avec la foi. Il a dit explicitement : Je ne suis pas venu pour faire des miracles, mais pour annoncer le règne de Dieu.

Le petit récit que vous rapportez est d'une autre nature. Il s'agit de mettre en évidence quelque chose de plus profond. Le Seigneur n'aurait pas à payer l'impôt pour le Temple car, finalement, c'est lui le Temple. Il le fait cependant, mais d'une manière qui fait apparaître qu'il s'agit d'un don particulier de Dieu. Je vois Jésus rire en douce !

JÉSUS, UNE INVENTION ?

Les doutes concernant l'histoire de Jésus ne se dissiperont certainement jamais. Pour les uns Jésus est une pure invention, pour les autres une sorte de chef de secte. D'aucuns encore croient que le Christ était simplement l'une de ces figures archétypiques qui expriment d'une manière très claire le drame de l'existence humaine, la douleur, l'angoisse, l'amour. Et quelques-uns diront : ce Maître est très intéressant mais qu'a-t-il à voir avec moi ?

Naturellement qu'on peut douter de tout ce qui est historique comme nous le voyons encore actuellement. Ainsi, par exemple, un savant indépendant nie l'existence de Charlemagne : toute l'histoire de deux siècles est présentée comme une falsification, etc. C'est vrai que nous n'y étions pas. Un document historique nous documente mais ne nous met pas en contact avec le fait même.

Il y a de l'espace pour des spéculations ?

Non. Rien qu'en utilisant les critères historiques reconnus, le témoignage sur Jésus est si précoce, si ample et si valable qu'il est impossible de douter de sa figure historique. Tout ce qui nous est transmis est tout autre que ce que nous pourrions construire ou imaginer et brise tous les schémas plausibles. Nous pouvons suivre les traces de l'événement mais aussi ce qu'il en est advenu par la suite. Ni l'un ni l'autre ne sont explicables par une élaboration théorique mais uniquement par la force élémentaire d'un événement réel. Émettre des doutes sur l'existence historique de Jésus n'est pas sérieux à mes yeux.

De l'ensemble des sources disponibles, lesquelles sont vraiment crédibles ?

Vous savez bien qu'actuellement on fouille de plus en plus dans les sources. On tente d'aller toujours plus loin dans l'analyse. À la fin, il ne restera que de petits fragments et, subitement, on se demandera comment, d'une figure si insignifiante, ont pu naître de tels événements.

Il ne faut pas oublier que la première Épître aux Corinthiens apporte le témoignage de la résurrection de Jésus et de l'institution de l'Eucharistie. Elle est basée sur des textes antérieurs à Paul. Cette Épître a été rédigée au début des années cinquante de notre ère. Le texte qu'elle contient remonte à la tradition de la communauté de Jérusalem. Ce sont des données traditionnelles, comme le dit Paul lui-même. La forme de la langue utilisée montre que nous sommes tout près des événements.

J'avoue que, plus je passe de temps sur les efforts de la recherche concernant les sources, plus ma confiance devant ce surplus d'hypothèses qui s'accumulent diminue. Elles ne font que se répéter et se réfuter mutuellement. Toute la construction d'un Jésus purement historique qu'on oppose au Christ de la foi, marquant le début du siècle des Lumières, a déjà été critiquée par Albert Schweitzer. Nous avons cru, dit-il, le tenir réellement mais il a sauté notre époque et s'en est retourné chez lui.

Je pense que toutes ces tentatives sont des reconstructions et portent la marque du constructeur. Que vous preniez le Christ d'Adolf Harnack, type même de l'homme libéral, ou celui de Bultmann, qui reflète la philosophie existentielle de l'auteur. Toutes ces constructions reposent sur la même idée de base : Dieu ne peut pas être homme. Les événements qui présupposeraient cela ne peuvent donc pas être historiques. Cela signifie qu'on part d'une idée préconçue et que, au fond, on enlève par là toute sa force à l'événement, tout ce qui constitue son intérêt et son épaisseur.

Comment aborderiez-vous ce problème des sources ?

Je trouve beaucoup plus judicieux de se poser la question : « Cette figure telle que la présente le Nouveau Testament donne-t-elle un sens ? » Et je répondrais : Ce n'est qu'ainsi qu'elle donne un sens. Ce n'est qu'ainsi qu'elle est grande et qu'elle peut provoquer de tels événements. Je suis convaincu que, malgré toute cette critique des sources, qui par ailleurs nous apprend beaucoup de choses, la confiance dans les Évangiles est entièrement justifiée. Même si, dans des détails, certaines traditions ont encore été transformées plus tard, on peut, en toute objectivité, avoir confiance dans le témoignage des Évangiles et y découvrir la vraie figure du Christ. Elle est beaucoup plus réelle que les reconstructions historiques apparemment si sûres.

J'ajoute encore ceci : L'Évangile de Jean a été considéré longtemps comme une composition purement théologique. Bultmann, par exemple, a tenté de l'expliquer par des courants gnostiques. Il est aujourd'hui réhabilité de manière étonnante, précisément dans sa valeur historique. Il contient les indications géographiques les plus précises, il offre la meilleure connaissance de la pensée juive et de la vie quotidienne juive de l'époque. Un exégète de Heidelberg, Klaus Berger, voudrait même le considérer comme le plus ancien des Évangiles. Je n'irais toutefois pas jusque-là. Toute la tradition dit qu'il date de la fin du Ier siècle. Restons-en là. Mais c'est un Évangile basé sur une connaissance très précise et non pas une vision théologique qui se serait détachée de son enracinement historique.

Chapitre 1

LA RÉVÉLATION

Le théologien français Henri de Lubac disait que la place privilégiée du mystère était la vie du Christ. Ses actions sont d'une part de vraies actions humaines, mais ce sont aussi les actes d'une personne divine. Il dit textuellement : « Saisir le sens de la vie du Christ signifie pénétrer dans la réalité divine. » Cela signifie-t-il qu'en apprenant à lire la vie du Christ, c'est Dieu et aussi toute notre existence humaine qui deviennent visibles et tangibles ?

Ce qui fait l'étoffe de la vie et en constitue le fondement ne peut venir, je crois que c'est essentiel, que d'un approfondissement progressif de la vie du Christ et en la vivant avec lui. Il est possible d'accéder ainsi à la compréhension de Dieu. Les paroles de Jésus sont assurément irremplaçables, mais on ne peut réduire le Christ aux paroles. La chair, selon Jean, en fait partie ; elle est la parole vécue qui conduit jusqu'à la Croix. Ce n'est que si nous considérons la figure de Jésus dans sa totalité vivante que ses paroles prennent toute la signification qui les habite. C'est pourquoi la méditation de la vie et des souffrances de Jésus-Christ est en fait essentielle pour comprendre son message.

PROPHÈTES ET PRÉCURSEURS

Essayons de retracer avec plus de précision la figure, la vie et le message de Jésus-Christ. Commençons par Jean. « Au commencement était la Parole », dit-il au début de son Évangile ; et, un peu plus loin : « Et la Parole est devenue chair et elle a habité parmi nous et nous avons vu sa gloire, cette gloire que, fils unique plein de grâce et de vérité, il tient du Père » (Jn 1, 14). Ce prologue fait certainement partie de ce qui a jamais été écrit de plus parfait dans le monde.

Ces premières paroles de l'Évangile de Jean jettent un pont entre l'histoire de la création, le fondement de toutes choses, et l'événement de Palestine. Voici ce qu'elles nous montrent. Ce Logos, ce sens de la création qui est à l'origine du monde, est personnellement présent dans l'homme Jésus. Cette puissance créatrice du monde entre elle-même dans le monde et nous parle. C'est le grand paradoxe : Dieu est si grand qu'il peut se faire petit. Et si petit qu'il vient à notre rencontre dans une personne humaine.

Dieu ne tombe pas simplement du ciel et se présente à nous : il se coule concrètement dans une histoire qui est un chemin vers lui. Un chemin où il est, pour ainsi dire, attendu et où son message devient perceptible.

Jean le baptiste est le précurseur direct de Jésus-Christ. « Il vint en témoin pour rendre témoignage à la lumière afin que tous croient par lui » (Jn 1, 7), dit le prologue.

Dans cette histoire concrète, il y a un dernier prophète, un dernier témoin qui, historiquement, précède Jésus. Le baptiste est le représentant d'une sorte de mouvement de réveil. La question du Sauveur, du Messie était devenue en cette époque troublée d'Israël une question brûlante. Israël vit sous l'occupation étrangère tout en continuant à porter en lui les promesses et à en attendre la réalisation. C'est, par ailleurs, une période sans prophètes. Comme si la lumière de la prophétie s'était éteinte.

Jean-Baptiste vint du désert et annonçait quelque chose de nouveau. Il était, disait-il « la voix qui crie dans le désert » (Jn 1, 23 ; cf. *Is 40, 3). Il baptisait, mais de l'autre côté du Jourdain. Lorsqu'il vit, un jour, Jésus venir à lui, il prononça ces paroles mystérieuses : « Voici l'agneau de Dieu qui enlève les péchés du monde. C'est lui dont j'ai dit : Après moi vient un homme qui m'a devancé parce que, avant moi, il était » (Jn 1, 29-30).*

Dans le désert, Jean intervient comme un homme de Dieu. Il prêche la pénitence, la purification et le rassemblement pour la venue de Dieu. Cette prédication est pour ainsi dire une synthèse de toute la prophétie à l'instant même où l'histoire touche à son but. Sa mission consiste à ouvrir à Dieu la porte pour qu'Israël soit prêt à l'accueillir et à lui préparer sa phase historique.

L'important de cette prédication est ce qu'il dit sur la pénitence qui résume tout la prophétie et ensuite son témoignage sur le Christ qui, lui aussi, concrétise la prophétie sous l'image de l'agneau qui devient agneau de Dieu. Repensons à l'histoire d'Abraham et d'Isaac, aux sacrifices d'animaux où l'agneau jouait un rôle important, surtout au sacrifice pascal qui est le sacrifice d'un agneau. Toutes ces tentatives de se réconcilier avec Dieu par le sacrifice trouvent désormais un accomplissement. L'agneau pascal, au fond, c'est nous-mêmes. Par la volonté de Dieu, le Christ est l'agneau pascal qui partage notre destinée et la transforme.

La deuxième phrase de la citation du prologue est une allusion à la divinité de Jésus-Christ, même si le baptiste n'en a pas pleinement conscience et ne l'exprime pas clairement. Il dit qu'il ne s'agit pas là d'un quelconque personnage historique, mais de celui qui nous précède tous, venant de l'éternité de Dieu qui lui est intérieurement familière.

Le patriarche Jacob a décrit le temps où viendrait le Sauveur. Il l'a effectivement décrit en des termes évoquant l'époque de la naissance du Christ. Beaucoup avaient renié leur foi, les pharisiens étaient plein d'orgueil et sans cœur et tous les autres se sentaient comme un troupeau qui n'a plus de pasteur. Chez les juifs comme chez les païens, la nostalgique attente d'un maître était devenue grande. « Cieux, faites venir le Juste comme la rosée ! », supplia le prophète Isaïe, « Qu'il vienne des nuées comme la pluie » (Is 45, 8). Ne se pourrait-il pas que ces prophéties aient été rédigées en vue de Jésus par après ?

Par votre première phrase, vous faites sans doute allusion à ce qu'on appelle la bénédiction de Jacob (Is 49) qui est une collection de promesses souvent mystérieuses adressées aux douze fils de Jacob. Dans la bénédiction de Judas, il est dit : « Le sceptre ne s'écartera pas de Judas, ni le bâton de commandement d'entre ses pieds jusqu'à ce que vienne celui auquel il appartient et à qui les peuples doivent obéissance » (Gn 49, 10). Par la suite, on a vu dans ce texte la promesse de la royauté à David, de la tribu de Judas. Après l'extinction de celle-ci, au temps de Jésus, on l'a attribué à un nouveau fils de David, le Messie auquel obéiraient aussi les nations païennes. Manifestement les chrétiens ont vu en Jésus, fils de David, l'accomplissement de ce verset. Mais l'époque de Jésus n'est pas décrite ; les paroles (dont l'origine et la date sont discutées parmi les savants) renvoient mystérieusement à ce qui adviendra et ne prennent leur plein sens qu'à la lumière du Christ. Prenons le prophète Isaïe. Le texte original dit : « Cieux, faites venir la justice comme la rosée. » Et ce n'est que lorsque la justice en personne est venue que les chrétiens ont personnalisé cette phrase. L'unité entre l'Ancien et le Nouveau Testament et leur corrélation mettent ainsi en évidence le caractère provisoire de la parole scripturaire. Les paroles vont à la rencontre de ce Juste et, en même temps, cherchent encore à le faire émerger de l'obscurité.

La lecture de l'Ancien Testament peut aussi éloigner du Christ : la direction vers lui n'est pas indiquée de manière univoque. Et si les juifs ne peuvent pas estimer qu'il s'accomplit en lui, il ne s'agit pas simplement d'une mauvaise volonté. C'est à cause de l'obscurité des paroles et du rapport tendu entre la figure de Jésus et ces paroles. Jésus leur donne une signification nouvelle et pourtant ce n'est que par lui qu'elles forment un ensemble qui indique une direction et prend une signification.

On peut donc, pour de bonnes raisons, refuser au Christ l'Ancien Testament et dire : non, ce n'est pas cela qu'il disait. Mais on peut, pour d'aussi bonnes raisons, le lui attribuer. C'est tout le débat entre les juifs et les chrétiens. Et pas seulement ici. Une grande partie de l'exégèse purement historico-critique, elle aussi, ne lit pas l'Ancien Testament dans ce sens d'une indication de chemin et de direction. Elle considère l'interprétation chrétienne comme ne correspondant pas au sens historique d'origine ni, en tout cas, comme allant bien au-delà.

Il reste à souligner que l'Ancien Testament n'est pas une prédiction de l'avenir mais un chemin. La liberté de le refuser reste entière. Je dirais que le fait même de cette liberté est une preuve que ces paroles ont leur consistance propre. Il est certain que l'Ancien Testament précède le Christ : la foi des juifs et leurs Écritures le montrent avec une absolue évidence. Les Pères de l'Église considéraient comme une mission historique des juifs de prouver à tout un chacun l'authenticité et l'ancienneté de leurs livres saints justement par leur oui à l'Ancien Testament et leur non à Jésus. C'est pourquoi, pensaient les Pères, ils devaient rester juifs et ne sont pas devenus chrétiens. Les textes sont ce qu'ils sont, mais ils dégagent un sens nouveau et une vision d'unité si nous les lisons avec le Christ.

DIEU S'EST-IL CORRIGÉ ?

Avec la venue du Christ, les prescriptions de l'Ancienne Alliance, que ce soient certains rites sacrificiels ou le malheureux « œil pour œil, dent pour dent » (Ex 21, 24) sont devenus caduques. Ne pourrait-on dire, dès lors, que Dieu s'est corrigé ?

Ici encore je parlerais d'un chemin historique. « Œil pour œil, dent pour dent » a une tonalité effroyable, mais ce fut d'abord un principe pour canaliser et rationaliser la vengeance. La revanche doit correspondre au tort infligé et ne pas être exagérée : elle doit être à la mesure de l'acte. Le principe représente donc un progrès qui, d'ailleurs, est toujours valable dans la jurisprudence. Ce progrès dans la conscience juridique devait aller plus loin et seul l'amour pouvait faire advenir une réalité nouvelle si l'on voulait rompre la chaîne des vengeances.

Nous avons déjà débattu, dans notre conversation, de la parole « Je ne suis pas venu abolir la loi mais l'accomplir » (Mt 5, 17). La question du rite sacrificiel du Temple en est une illustration. Les offrandes du sacrifice n'ont jamais été que des succédanés. Ce n'est que lorsque vient celui qui peut faire la vraie offrande et ainsi amener l'homme à pouvoir se donner à Dieu que les rites sacrificiels sont accomplis. C'est alors que ce que le Temple était et voulait être est présent comme Temple vivant. On n'a pas aboli quelque chose, mais on l'a mené à son terme.

Dans ce sens aussi l'eucharistie rend présent ce qui était la raison d'être du Temple. Mais avec un sens qui, auparavant, n'était que préfiguré. Je ne dirais donc pas que Dieu s'est corrigé. Nous voyons en tout cela un chemin qui comporte d'abord des formes que l'homme ne peut pas encore dépasser mais qui, en même temps, comportent une dynamique interne permettant d'avancer. Ce que ce chemin visait est maintenant accompli et prend sa vraie place.

Dans les Écritures il est question de « nouvel Israël, le peuple que Dieu a appelé ». Est-ce que cela signifie qu'avec l'apparition du Sauveur ceux qui le suivent, les chrétiens, sont le nouveau peuple, lui aussi peuple élu de Dieu ?

Oui, on peut le dire. Ils sont, pour ainsi dire, l'Israël agrandi. Paul dit explicitement que les enfants d'Abraham sont ceux qui descendent de lui non seulement selon le sang, mais aussi selon la foi. C'est pourquoi la communauté avec le Christ est un Israël plus large que celui basé uniquement sur le lien du sang. Cette communauté est bâtie sur une option fondamentale (qui est don) pour un peuple qui porte désormais une promesse d'universalité.

Le terme « élu » prend chez nous une connotation un peu péjorative parce que nous le comprenons d'une séparation d'avec les autres, d'une suffisance de ceux qui se considèrent comme meilleurs qu'eux. Dans le sens biblique originel, il signifie qu'un peuple est élu pour une mission, pour être porteur d'un message pour les autres. C'est pourquoi une élection est toujours élection en vue de quelque chose. D'une certaine manière, l'élection complique la tâche parce qu'on accepte une responsabilité pour les autres.

Dans ce sens, les termes « élection » et « Israël » désignent désormais ceux qui, par le Christ, sont fils d'Abraham et enfants du vrai Dieu. Ils ne sont pas appelés à une vie pour les autres, dans le but de recevoir une billet spécial pour le ciel, mais pour participer au service du Christ, au service d'Israël pour l'histoire.

Chapitre 2

LA LUMIÈRE

Il est étonnant que le Dieu tout-puissant ait choisi comme lieu d'apparition sur terre ce qu'il y a de plus petit, la misérable étable de Bethléhem. Et l'Église en tire argument pour dire : tout cela est tellement paradoxal et incroyable que ça ne peut être que vrai.

S'en tenir à cette argumentation pour prouver la vérité est évidemment insuffisant. Mais en réalité le choix de ce qui est petit est déjà une caractéristique de l'histoire de Dieu avec les hommes.

Cette caractéristique se remarque d'abord au fait que la terre, cette poussière de l'univers, devienne le théâtre de l'intervention divine. Et, là encore, c'est Israël, ce petit peuple sans puissance, qui devient porteur de cette histoire. C'est encore Nazareth, un lieu totalement inconnu, qui devient sa patrie. Et Jésus naît à Bethléhem, hors du village, dans une étable. Tout cela va dans le même sens.

Dieu donne toute sa mesure, à savoir l'amour, contre l'orgueil de l'homme. Cet orgueil est le noyau, le contenu originel de tout péché : vouloir se faire Dieu soi-même. L'amour, en revanche, est ce qui ne s'élève pas mais s'abaisse. L'amour montre que c'est cet abaissement qui constitue la vraie promotion. Nous nous élevons quand nous nous abaissons, quand nous devenons simples, quand nous nous penchons vers les pauvres, les petites gens. Dieu s'abaisse pour dégonfler l'homme et le remettre à sa place. Ainsi vue, la loi de l'abaissement est le modèle fondamental de l'agir divin. Il nous permet de connaître quelque chose d'essentiel de Dieu et de nous-mêmes. La logique qui s'en dégage devient preuve de vérité.

Il existe à ce propos une scène devenue mondialement célèbre. Elle a été perpétuée par le chœur triomphal du Messie *de Haendel. Un ange, rayonnant de la gloire de Dieu, apparaît aux bergers qui, la nuit, dans les champs, veillent sur leurs troupeaux : « Soyez sans crainte, les supplie-t-il, car voici, je viens vous annoncer une grande joie. » Et pendant qu'il leur parle, se rassemblent autour de lui une armée d'esprits célestes qui chantent, dans une intervention inouïe, des paroles vraiment célestes : « Gloire à Dieu au plus haut des cieux et paix sur la terre aux hommes de bonne volonté » (Lc 2, 10-14).*

C'est certainement une des scènes les plus touchantes de l'Écriture sainte. Ce n'est pas pour rien que la chrétienté l'aime tant. Déjà l'art chrétien primitif l'évoque. La scène va droit au cœur mais le message dépasse son aspect sentimental et aimable.

Une fois encore, ce sont les gens les plus simples qui sont les premiers convoqués à la crèche. Hérodc ne le saura pas. Même les mages ne l'apprennent pas tout de suite. La nouvelle atteint les bergers qui attendent, eux qui savent qu'ils ont besoin de la proximité rédemptrice de Dieu. Ils sont prêts et acceptent d'y aller. Ces hommes incarnent avec Marie et Joseph, avec Siméon et Anne, avec Élisabeth et Zacharie, les pauvres d'Israël et tout le peuple de Dieu. Nous voyons que, déjà dans les Psaumes, les doux et les pauvres désignent directement le commun des croyants d'Israël. Jésus loue ceux qui sont comme des enfants : il importe de préserver cette simplicité du cœur qui permet de devenir voyant et d'entendre la voix de l'ange.

Un deuxième groupe qui arrive à Bethléhem, selon Matthieu, est celui des mages d'Orient. Ce qui est frappant, c'est que les simples arrivent en premier lieu mais que les savants ne sont pas exclus. Ils possèdent une réelle et authentique sagesse qui ouvre le cœur des hommes au Christ. Autre point important : les mages qui viennent au berceau du Christ sont des païens. C'est, d'une certaine manière, le mouvement de l'Église des païens qui débute.

LE MOMENT LE PLUS IMPORTANT DE L'HISTOIRE

Ce qui advint par cet acte « dépasse infiniment la création du monde », comme dit l'évêque allemand Rudolf Graber. Jamais auparavant ne s'est produit un événement plus important et plus jamais un événement d'une telle importance ne se reproduira : « Que le Fils unique de Dieu, deuxième personne de la Trinité accepte de devenir homme sur cette minuscule terre, dépasse tout entendement. »

Oui, il s'agit vraiment d'une affirmation doctrinale très importante pour bien situer la notion du grand et du petit. Du point de vue des dimensions matérielles, la création du monde semble infiniment plus importante. En comparaison, le petit événement de Bethléhem, d'abord ignoré par les historiens, ne mérite même pas d'être mentionné.

Selon l'aspect quantitatif, donc, la création est plus importante que l'incarnation. Mais, en considérant qu'un seul cœur humain représente un nouvel ordre de grandeur par rapport à tout le cosmos, comme dit Pascal, nous pouvons comprendre, et alors seulement, que ce qui est arrivé là est d'un tout autre ordre d'importance : Dieu se fait homme, lui le Créateur, l'éternel Logos, s'abaisse en cette existence humaine et s'y lie au point qu'il est lui-même cet homme. Dieu en personne vient et devient homme. Une dimension nouvelle est ouverte, au regard de laquelle la dimension matérielle apparemment incommensurable lui est en réalité très inférieure.

La naissance du Christ est devenue, après plus de deux mille ans, le plus grand mythe de tous les temps. La nuit des nuits est devenue depuis longtemps un bien commun de l'humanité. Nulle part autant qu'ici la foi déborde les frontières de l'Église. Noël est indépassable pour ses symboles, ses valeurs, sa morale, sa mélancolie, simplement pour son degré d'humanité. Il m'arrive de penser que nous connaissons Noël, mais Noël nous connaît encore beaucoup plus.

Une fois encore, il faut nous mettre d'accord sur le terme « mythe ». Ce terme a de nos jours une connotation largement positive. Il désigne une sorte d'expression visuelle de réalités qui dépassent nos sens. Il exprime donc une vérité plus profonde que ce qui est purement factuel. Mais, en ce sens positif, le mythe s'oppose aussi à l'histoire. Il exprime des visions, non des faits. La naissance du Christ, en revanche, est un fait historique, devenu réellement un événement. Ce lien à l'histoire réelle est, dans l'histoire des religions, ce qui caractérise la foi chrétienne.

Cela dit, il est effectivement étonnant de voir comment cette nuit de l'étable, d'abord marquée par la visite des bergers, informés par l'ange, dépasse le cadre du monde chrétien en devenant un signe pour presque tout le monde. Il faut cependant ajouter qu'une terrible banalisation accompagne cette extension de la célébrité de Noël au-delà des limites de la foi.

Il existe actuellement une tendance à rendre cette fête indépendante du christianisme, et à rejeter ses origines chrétiennes, comme une fusée rejette son premier étage une fois parvenue à une certaine altitude. À la suite d'un mercantilisme et d'un sentimentalisme ambiants, des vitrines de grands magasins, qui jusque-là étaient décorées à Noël avec des crèches, sont maintenant ornées avec des motifs mythologiques comme des chevreuils ou des cerfs, ou encore des bonshommes de Noël : on remplace ce qui est chrétien par du mythe. Il reste évidemment un pâle reflet de ce qui a touché les hommes lorsqu'ils apprirent que Dieu s'était fait homme. C'est une tentative de conserver ce que cette fête a de beau et de touchant, et de se débarrasser de ce qu'elle contient d'exigeant.

Noël nous montre, en plus d'une profondeur de pensée et de sentiment, toutes les contradictions et toute l'hypocrisie du monde ainsi que nos propres doutes et notre incroyance.

Cet événement concerne tant d'aspects du cœur humain et tant de valeurs importantes qu'on pourrait croire à première vue qu'il est possible de les isoler du reste et de rendre l'événement inutile ; mais Noël serait naturellement privé par là de sa grandeur et vidé de son contenu. Pourtant cela ne change rien au fait que cette fête véhicule beaucoup de choses compréhensibles et importantes au-delà du christianisme, et qui peuvent aussi ramener l'homme à la foi. Le mystère de l'enfant, de la simplicité, de l'humilité : voilà ce qui devient parlant. Ce sont tous ces éléments de l'expérience humaine qu'il est essentiel que nous mettions en avant, pour montrer l'humanité de Dieu.

Une grande idée est à la base de l'antique coutume. Cet enfant est un don de Dieu aux hommes ; c'est donc avec raison que Noël est un jour pour faire des cadeaux. Mais si offrir devient une obligation commerciale, l'idée même du cadeau est dévoyée. Alors vaut ce que le Christ dit à ses disciples : « Ne faites pas comme les païens qui s'invitent mutuellement, parce qu'on le leur rend. » Si la fête de Noël devient l'occasion d'un pur échange de marchandises, elle devient alors le règne de l'ego, l'instrument de l'insatiable égoïsme où l'on succombe à la volonté de possession et de puissance – juste le contraire du message que nous délivre cet événement. C'est un urgent devoir de retrouver la simplicité de Noël.

LUMIÈRE DU MONDE

Le Christ n'est pas un illuminé, il est la lumière elle-même. Il n'est pas seulement le chemin, il veut aussi en être le but. Vous avez qualifié un jour l'événement de Bethléhem d'« étape décisive de l'histoire du monde vers l'union de la créature et de Dieu ».

C'est un événement incroyable que Dieu devienne réellement homme. Il n'est pas seulement déguisé en homme, le temps de jouer son rôle dans l'histoire : il l'est réellement et devient, finalement, par ses bras étendus sur la croix, celui qui nous accueille.

Si donc cet homme-Dieu, comme dit l'Écriture, veut faire de nous tous son corps, s'il veut nous introduire dans une unité corporelle vivante, de la même manière que l'homme et la femme deviennent, selon la Bible, une seule chair, alors nous voyons bien qu'il ne peut s'agir d'un événement individuel purement mineur. Non, il s'agit d'un passage, d'un commencement dans lequel le Christ, par l'Eucharistie, les sacrements, le baptême veut nous entraîner. En ce sens ce qui advient là dépasse toute évolution, une fusion de Dieu et de l'homme, de la créature et du créateur. Ce n'est pas d'un simple pas de l'évolution qu'il s'agit, effet des forces naturelles, mais de beaucoup plus, d'une irruption, acte personnel d'un amour, créant, à partir de ce moment, un nouvel espace et une nouvelle possibilité pour l'homme.

Vous disiez un jour que Jésus était « l'homme exemplaire, l'homme de l'avenir, mettant en évidence combien l'homme est un être futur, non encore advenu ». Est-ce que cela signifie le déploiement et la spécification que ce que nous portons réellement en nous ressemblera exactement à ce que fut Jésus ?

Par Jésus-Christ s'opère en fait la percée vers l'homme nouveau. En lui a commencé le propre avenir de l'homme, ce qu'il n'est pas encore, ce qu'il peut devenir et doit devenir.

Je ne dirais pas que l'homme ne peut être qu'une simple imitation extérieure du destin de Jésus. Mais bien que la figure intérieure de Jésus, telle qu'elle se dégage de toute son histoire, et en particulier du don qu'il fit de lui-même sur la Croix représente l'image de référence de l'humanité future. Ce n'est pas par hasard que nous parlons d'imitation du Christ, d'entrée en cette voie. Il s'agit pour ainsi dire d'une identification intérieure au Christ, tout comme lui s'est identifié à nous. Je pense que c'est vraiment vers cela que s'oriente l'homme.

L'histoire de ceux qui ont imité le Christ, à travers les siècles, ne fait qu'illustrer ce que contenait la figure du Christ. Ce n'est pas un modèle schématique qui nous est ici fourni, mais toutes les possibilités de l'authentique existence humaine y sont contenues. Nous voyons comment une Thérèse de Lisieux, un Don Bosco, ou encore Édith Stein, saint Paul, Thomas d'Aquin se sont mis à l'école de Jésus pour apprendre ce que c'est qu'être humain. Tous ces hommes et toutes ces femmes sont devenus conformes au Christ et sont pourtant différents et originaux.

Les lumières de la couronne de l'Avent rappellent aux enfants les millénaires de l'histoire humaine précédant Jésus, les ténèbres d'une histoire non encore sauvée, disiez-vous dans une prédication. Les chrétiens ont désigné le temps depuis la naissance du Christ par ce beau nom « anni salutis reparatae », *années du salut restauré.*

Si on se représente le temps du salut mécaniquement, comme un régime solidement établi où il suffit de se servir, on passe à côté du contenu réel de cette notion. On voit bien qu'elle est toujours démentie. Aucun siècle n'a connu des guerres aussi cruelles et sanglantes que le nôtre. Le mal commis n'a jamais pu auparavant atteindre un tel niveau, parce qu'on n'avait pas les moyens de commettre le mal d'une manière aussi raffinée, aussi techniquement au point et aussi rationnelle.

Mais le salut qui nous a été offert n'est pas une réalité mécanique et extérieure. Il est confié à la liberté de l'homme, donc soumis à la fragilité de cette liberté et de l'être humain tout simplement. Le salut recommence toujours, en chaque être humain, il n'est pas donné une fois pour toutes. On ne peut pas le maîtriser et le figer pour en disposer. On ne peut qu'entrer toujours plus avant dans cet espace de liberté qui s'ouvre à nous. Mais, au-dessus de tout et en tout il y a celui qui vient vers nous et nous remplit d'une espérance plus forte que toutes les dévastations résultant des actions des hommes.

QU'ADVINT-IL DANS LE MONDE PAR LE CHRIST ?

Jésus est aussi appelé « nouvel Adam ». Il est le médiateur de toute la révélation et son accomplissement. Peut-on dire en peu de mots ce qui s'est produit de nouveau dans le monde avec le Christ ?

Prenons l'image du « nouvel Adam ». Adam est le symbole pour l'origine de l'humanité, pour l'ancêtre. En appelant le Christ « nouvel Adam », on veut dire que le vrai commencement arrive. Le premier commencement n'est donc qu'une esquisse en vue du Christ et ne s'explique que par lui. C'est pourquoi nous pouvons tranquillement affirmer qu'en Jésus, précisément parce qu'il n'est pas seulement Dieu, mais Homme-Dieu, est établi le critère de ce que signifie être homme, à savoir être appelé à entrer dans la communion avec Dieu.

On ne peut mesurer l'originalité de Jésus à des paroles ou des actes isolés. La Croix est une nouveauté dans sa façon de l'accepter et de souffrir. La Résurrection est une nouveauté. Déjà la naissance virginale est nouvelle (même si des mythes vont dans le même sens). Le message de l'amour de Dieu et du prochain comme plénitude de la loi, ou encore l'eucharistie comme don de lui-même ressuscité, tout cela constitue de grandes nouveautés qu'il apporte dans le monde. Toutes reflètent la nouveauté en soi : que Dieu n'est plus dans l'éloignement de l'au-delà, n'est plus le tout-autre et l'inaccessible, mais le tout-proche devenu identique à nous, que nous pouvons toucher et qui nous touche, que nous pouvons accueillir et qui nous accueille.

C'est pourquoi la vraie originalité de Jésus, c'est lui-même comme union de Dieu et de l'homme.

Ce Dieu et homme dit aussi : « Je suis venu apporter le feu sur la terre, et comme je voudrais qu'il soit déjà allumé ! », et, un peu plus loin : « Pensez-vous que je sois venu pour apporter la paix sur la terre ? Non, je vous le dis, mais la division. »

Quelle force dans cette parole ! En parlant de feu, il fait d'abord allusion à sa passion, qui est une passion de l'amour et donc un feu ; elle est le nouveau buisson ardent qui brûle sans se consumer, un feu qui doit se répandre.

Jésus ne vient pas pour rendre la vie facile, mais il apporte le feu sur la terre, le grand feu vivant de l'amour de Dieu, qu'est le Saint-Esprit, un feu qui brûle. Origène rapporte une parole apocryphe de Jésus : « Qui m'approche, approche du feu. » Celui-là donc qui l'approche doit être prêt à se laisser enflammer. Voilà les paroles que nous devrions aujourd'hui opposer à un christianisme muet et banalisé, qui s'efforce d'être le moins exigeant possible et agréable. Le christianisme est important, parce que l'amour est important. Le feu qui brûle n'est pas un feu qui détruit, mais qui éclaire, qui purifie, qui libère, qui fait grandir. Être chrétien, c'est risquer de s'exposer à ce feu-là avec confiance.

Il y a aussi cette autre parole de Jésus : « Je vous laisse la paix, je vous donne ma paix. Je ne vous la donne pas comme le monde la donne. »

Les deux paroles ensemble apportent un éclairage du sens de la parole de Dieu. Le Christ est celui qui nous apporte la paix. Je dirais que c'est là le sens premier. Mais nous ne pouvons vraiment comprendre cette paix qu'apporte le Christ que si nous ne la concevons pas comme une échappatoire aux souffrances, ou à la vérité ou débats qu'elle entraîne.

Si un gouvernement voulait éviter tout conflit et donner raison à tout le monde, ou si un particulier voulait agir ainsi, rien n'irait plus. Dans l'Église aussi il en est ainsi. Si sa seule préoccupation était d'éviter les conflits, pour qu'il n'y ait pas de remous, son message spécifique ne passerait plus. Car le but de ce message est aussi de débattre avec nous, d'arracher les hommes au mensonge et de faire la lumière et la vérité. Il n'y a pas de vérité au rabais. Elle est exigeante et même brûlante. Le message de Jésus-Christ est une provocation que nous trouvons déjà dans les débats avec ses contemporains. Ici on ne blanchit pas simplement par commodité une foi encroûtée et autojustifiante, mais on accepte la confrontation pour briser cette croûte et pour que la vérité atteigne son but.

La paix qu'apporte Jésus est-elle combative ?

Elle démasque en tout cas nos mensonges. Elle nous arrache à notre tranquillité pour nous engager dans le douloureux combat pour la vérité. Ce n'est qu'ainsi que peut naître la vraie paix qui est autre chose que cette paix apparente derrière laquelle se cachent l'hypocrisie et des conflits de toutes sortes.

La parole de Jésus sur le feu a pour cadre tout le passage sur la paix. Elle montre en même temps que la vraie paix est combative. Pour la vérité il vaut la peine de souffrir et de lutter. Je ne peux pas accepter le mensonge simplement pour être tranquille. La tranquillité n'est pas le premier devoir du citoyen et du chrétien. C'est d'honorer le grand don du Christ, ce qui peut conduire à la souffrance et au combat jusqu'au martyre, qui ainsi fonde la paix.

LA BONNE NOUVELLE

Jésus parlait de feu et d'épée, mais il dit aussi : « Apprenez de moi ! » car ainsi « vous trouverez le repos pour vos âmes ». En vérité il est « doux et humble de cœur », et encore, « mon joug est aisé et mon fardeau léger ». C'est ainsi qu'on se représente une bonne nouvelle.

Oui, mais nous apprenons aussi par là que ces paroles consolantes de Jésus contiennent une grande exigence. Ce que nous venons de dire sur la souffrance pour la vérité et sur le feu du Christ nous montre ce qui est finalement en jeu.

Jésus incarne la grande bonté de Dieu. Il ne veut pas nous rendre la tâche difficile, mais il vient porter le joug avec nous. Il ne nous déleste pas du poids de l'existence humaine, qui reste suffisamment lourde. Sauf que nous ne sommes plus seuls à porter : il porte avec nous. Le Christ n'est ni la facilité, ni la banalité, mais en lui nous trouvons le repos intérieur parce que nous nous savons portés par l'ultime bonté et l'ultime sécurité.

Nous voyons que toute la structure du message de Jésus est un défi passionnant. Elle est toujours en rapport avec la croix. Celui qui ne veut pas se laisser brûler, ou qui n'est pas prêt à le faire, ne peut s'approcher de lui. Mais nous savons que nous y trouvons la vraie bonté qui nous aide et nous accueille, qui non seulement veut que nous allions bien mais qui fait le nécessaire pour cela.

Chapitre 3

LE CHEMIN

LES ÉVANGILES ET LES ÉVANGÉLISTES

La vie du Christ a laissé peu de traces matérielles sur terre. Le Christ n'a pas construit de temple, n'a conquis aucune ville et n'a pas frappé monnaie. Toutefois, aucun manuscrit d'un auteur classique n'a été transmis en des documents aussi nombreux et variés que les écrits du Nouveau Testament. On les compte par milliers et les plus anciens remontent à quelques dizaines d'années à peine après la vie du Christ.

Nous avons déjà parlé de la recherche historico-critique qui alimente des doutes sur la vérité de la personne du Christ et de son message. On ne sait pas avec certitude, dit-elle, où exactement est né Jésus ni si le sermon sur la montagne a été prononcé sous cette forme. D'après certains chercheurs récents, il est même invraisemblable qu'il se soit compris lui-même comme messie. Beaucoup de données ne s'expliquent que par le fait qu'à l'époque les représentations apocalyptiques étaient très en vogue. J'aimerais approfondir ce point : est-ce que cette recherche ne trahit pas la vérité historique et fausse en particulier la foi ?

La recherche historico-critique a certainement de grands mérites. Elle nous a permis de mieux comprendre beaucoup de choses. Mais elle a ses limites, précisément lorsqu'il s'agit de textes de cette nature. Cette méthode s'occupe de la recherche sur le passé par les textes en général et présuppose les lois générales de l'histoire. Mais les faits rapportés par les Évangiles se démarquent de ces lois générales et s'opposent à la généralisation sans failles de cette méthode.

Au cours du temps, on a tenté de repérer dans ces textes différentes sources et à les distinguer. Maintes découvertes sont importantes. Mais, globalement, il s'agit d'hypothèses qui changent rapidement et dont il ne faut pas exagérer la vraisemblance. La question de savoir qui a inventé les Évangiles soulève des interrogations bien plus importantes que lorsqu'on accepte que les textes sont globalement historiques et fiables. Si ce n'était pas le cas, il faudrait supposer qu'à cette seule époque de l'histoire s'est produite une floraison d'inventions géniales d'une richesse extraordinaire. Comment le texte de l'évangile a-t-il pu s'imposer si rapidement ? Qui étaient les auteurs qui sont à l'origine de cela ? Comment en sort-il une réalité aussi cohérente que l'Église ? Toutes ces questions restent ici sans réponses.

Mais alors, où les trouve-t-on, ces réponses ?

Le texte a un caractère spécifique qu'il faut respecter. Les textes, dans leur totalité, reflètent une réalité qui se démarque de l'histoire ordinaire. Cette réalité a sa logique propre, ce qui justifie toujours qu'on leur fasse confiance dans leur totalité.

Il faut ajouter que « la » méthode historico-critique n'existe pas en soi, ni « les » résultats. Il y a des chercheurs qui accordent toujours une grande confiance aux textes et qui, de ce fait, avancent des raisons méthodologiques objectives. Il y en a d'autres pour qui pratiquement rien ne résiste à la critique, et qui sont dès lors obligés de trouver des hypothèses pour expliquer comment le tout se serait déroulé. Ils vont totalement à l'aventure, parce qu'il n'y a pas de sources pour étayer ces hypothèses, si bien que ces tentatives apparaissent finalement fantaisistes.

Regardons de plus près les évangélistes. Et d'abord Matthieu. Il porte un double nom inhabituel à l'époque : Matthay -Levi. Un publicain qui ramasse l'argent pour son propre compte et travaille pour l'autorité romaine ennemie. Il est celui dont il est dit dans l'Évangile : « Comme Jésus était à table dans sa maison, voici que beaucoup de publicains et de pécheurs vinrent se mettre à table avec lui et ses disciples. » Il ne s'agissait donc pas d'un homme honorable, ni de la crédibilité en personne.

Il nous faut tout de même approfondir un peu la question des sources. L'Évangile de Matthieu était considéré dans le passé comme le plus ancien des évangiles. Une notice d'un auteur du IIe siècle, Papias, dit que Matthieu a d'abord rédigé cet évangile en langue hébraïque, avant qu'il ne fût traduit en grec. À cause de la richesse de son information, de sa construction et de sa lisibilité globale, cet évangile fut considéré comme l'Évangile de l'Église et généralement cité comme tel. Luc et Marc s'y sont ajoutés, mais Matthieu passa pour le plus ancien et le plus porteur. C'est lui que l'Église utilisait le plus dans la liturgie et dans l'expression de la foi.

D'après les résultats de la recherche, les textes des trois synoptiques – Matthieu, Marc et Luc – sont étroitement imbriqués et dépendants les uns des autres. Comment cela s'est-il fait ? Cette question vient d'être reconsidérée de manière toute nouvelle. La plupart des critiques pensent qu'on ne peut pas attribuer cet évangile à l'apôtre Matthieu, mais qu'il serait un peu plus tardif et aurait été écrit vers la fin du Ier siècle, dans une communauté judéo-chrétienne de Syrie.

De nos jours, la naissance des Évangiles nous apparaît globalement comme un processus très complexe. Il y eut au début des collections de paroles de Jésus, mémorisées et transmises oralement, mais très vite fixées par écrit. C'est l'exégète d'Erfurt, récemment disparu, Heinz Schürmann, qui a montré que la mémorisation des paroles de Jésus par les disciples remonte probablement à l'époque même de la vie de Jésus. Au début il y eut la tradition orale. À côté de la transmission des paroles, il y a celle rapportant des faits, les traditions locales et ainsi de suite. Le sujet de ces traditions n'est pas l'individu, mais les communautés croyantes et en elles l'Église comme telle. Arrive ensuite le processus de la mise par écrit, qui se base sur une tradition déjà très riche et qui est tout autre chose qu'une écriture privée, même si la rédaction du matériel par les évangélistes prend une grande signification. Cette rédaction exprime chaque fois une vision théologique. En ce qui concerne les Évangiles en particulier, on part aujourd'hui du fait que c'est l'Évangile de Marc et non de Matthieu qui est le plus ancien. Matthieu et Luc ont repris le fond commun de Marc et l'ont enrichi d'autres traditions existantes. L'Évangile de Jean a une histoire tout à fait particulière et fut élaboré d'un seul jet. Ce qui est important, c'est que les trois Évangiles ne furent pas simplement écrits par un seul auteur, mais qu'ils sont le résultat d'un processus de transmission par l'Église croyante ; il s'agit donc d'un processus où, dès le début, se cristallisent lentement des traditions, finalement rassemblées en textes d'évangile.

C'est pourquoi la question des personnes est d'une certaine manière secondaire. Il est vrai que Luc est une individualité très clairement reconnaissable. À lui se rattachent incontestablement le troisième Évangile et les Actes des Apôtres. De même Marc, comme disciple de Pierre, est un évangéliste d'un profil propre. Une question non encore résolue aujourd'hui, c'est de savoir à qui attribuer la rédaction finale de l'Évangile de Matthieu. L'important est qu'il se base sur la transmission orale si caractéristique en Orient. Cela assure la proximité de l'origine historique. Les textes issus d'une tradition orale comportent un contrôle communautaire (qui, selon les communautés particulières qui recevaient ces traditions, a conduit à des colorations particulières, sans pour autant mettre en cause leur fidélité fondamentale.)

En ce qui concerne le personnage Matthay-Levi, vous en avez retracé le passé. Matthieu est devenu autre au contact de Jésus. Il a accepté Jésus comme guide et a renoncé à sa vie antérieure. Dans la communauté des Douze, dans la communauté avec le Ressuscité et par son engagement dans le service apostolique, il a montré qu'il avait vraiment changé et que nous pouvons faire confiance à cet homme nouveau.

L'évangéliste Luc était médecin. Il voulait montrer à ses lecteurs que Jésus était venu dans le monde comme sauveur du corps et de l'âme. D'après lui, Jésus fut plein de compassion et d'amour pour les marginaux.

Mais venons-en à l'Évangile de Jean. Il est d'un jet, disiez-vous. Effectivement, il a un tout autre caractère, très profond. Chez les synoptiques nous rencontrons davantage le Fils de l'homme. Jean insiste sur ses débats avec les docteurs de la loi et met en avant la gloire du Fils de Dieu. Je m'imagine qu'il est votre évangéliste préféré.

Je l'aime beaucoup et je dois avouer que j'aime aussi beaucoup Luc. Là, nous trouvons les merveilleuses paraboles du pauvre Lazare, du Samaritain, du fils perdu. C'est un grand conteur qui nous rapporte des perles toutes particulières. Il y a aussi l'histoire de l'enfance de Jésus. Chaque évangéliste a son visage propre. Je dois dire que j'aime particulièrement Luc à cause de la profonde humanité qui en émane et qui, en même temps, ouvre des horizons d'éternité. Je considère les synoptiques, dans leur unité globale, d'une irremplaçable beauté, précisément parce qu'il ne s'agit pas de compositions individuelles et parce que nous sentons la transmission d'une tradition dans la vivante Église, qui peu à peu se condense en un texte cohérent. Mais Jean reste sans aucun doute d'une profondeur insondable, qui me fascine.

L'histoire de Jésus semble parfois un peu construite. Par exemple, Jésus se tient très strictement à la mystique des nombres de l'Ancien Testament. Il a passé quarante jours au désert, il a opéré sept miracles, raconté douze paraboles, et institué douze apôtres...

L'institution des douze apôtres est rapportée par tous les évangiles. Et ce n'est pas étonnant. Si Jésus veut construire le nouvel Israël, s'il se sait l'envoyé de Dieu qui renouvelle Israël et qui veut que la lumière parvienne aux nations, il n'est dès lors pas étonnant qu'il se base sur la symbolique des douze tribus d'Israël, qu'il institue pour ainsi dire douze nouveaux ancêtres et qu'il représente la naissance du nouvel Israël par ce geste symbolique.

Les quarante jours au désert renvoient aux quarante années qu'Israël a passé au désert. En revanche, le nombre des miracles et des paraboles diffère selon les évangiles.

Il reste que les évangiles se lisent comme des enseignements. En partie même comme une sorte de mise en scène en vue de l'agitation et de la propagande.

Oui, ils sont effectivement un enseignement, mais aussi simplement un témoignage. Jean dit lui-même qu'il veut donner un témoignage. C'est la catégorie fondamentale pour lire les évangiles. Ils rendent présent Jésus lui-même, qui parle, qui agit, qui souffre. Ils veulent beaucoup plus que simplement transmettre un enseignement. Ils veulent provoquer la rencontre avec un événement, qui comporte aussi un contenu spirituel et transmet un enseignement. Ils parlent à la fois à l'esprit et au cœur.

LE CHEMIN, LA VÉRITÉ ET LA VIE

Il existe de magnifiques synonymes pour désigner Jésus : il est le « pain de vie », le « sel de la terre », la « lumière du monde ». Il dit de lui-même : « Je suis le chemin, la vérité et la vie. » « Tout homme qui croit en moi ne périra pas mais aura la vie éternelle. »

Est-il encore possible, deux mille ans après sa naissance, de trouver une réponse authentique à la question : qui était-il réellement ?

S'il fallait exhumer, de manière purement historique, deux mille ans d'histoire, on serait acculé, comme nous l'avons dit, aux limites de la méthode historique. Mais il n'en est pas ainsi.

Nous voyons que le sujet vivant né de l'annonce de l'Évangile, l'Église, a sauvegardé son identité et subsiste sous cette identité depuis les origines. L'Église est à la fois contemporaine de Jésus, d'une contemporanéité qui traverse le temps.

Nous ne sommes par conséquent pas du tout séparés de Jésus par cet énorme fossé de deux mille ans. Le sujet, qui nous porte son vivant témoignage et qui se confond pour ainsi dire avec le même « Je » qui a parlé à l'origine, n'a jamais cessé de témoigner. En lui, la certitude de sa présence est restée vivante. En lui nous pouvons contempler l'origine d'où il vient. Naturellement la foi joue son rôle, mais sans une forme de sympathie, de foi, je ne puis généralement pas reconnaître un autre homme.

J'ai vu un jour dans l'église de Nazareth une image montrant le petit Jésus travaillant gauchement à l'établi. Marie est assise sur le côté, extrêmement angoissée, et le charpentier Joseph semble se douter que cet héritier ne sera jamais un artisan. À 12 ans déjà, il voulait quitter la maison (« je me dois aux affaires de mon Père ») ; à 30 ans les habitants de Nazareth voulaient le précipiter du haut de la falaise.

Au début, la tradition chrétienne n'a pas transmis officiellement l'histoire de l'enfance de Jésus. Ce n'est que chez Luc et Matthieu qu'elle apparaît dans des traditions partielles différentes. Les évangiles ne voulaient pas fournir simplement une biographie de Jésus, comme le feraient des historiens. Ils voulaient rendre témoignage de ce qui est essentiel pour nous. Il ne leur importait donc pas de retracer ce temps du silence, mais bien plutôt de d'abord montrer dans les évangiles de l'enfance son origine divine et quelle étoile présidait à son destin depuis le début et de le montrer ensuite avec son message.

Ces images de la Sainte Famille expriment avant tout la piété fantaisiste du XIXᵉ siècle, qui s'était emparée du thème de la vie à Nazareth et l'a dépeinte à l'aide d'images tirées de sa propre vie. Il faut dire là contre que la vie de la famille individuelle, telle qu'elle est ainsi représentée, ne correspond pas du tout à celle de la Palestine d'alors. La grande famille vivait dans une sorte de clan. Ce qui explique qu'il est parfois question des frères et sœurs de Jésus.

Le XIXᵉ siècle a placé toute cette vie familiale sous un autre éclairage. Le sommet de cette interprétation se trouve chez Charles de Foucauld : de Nazareth, il déduit un message de silence, de recueillement, d'humilité. Il a sans doute découvert ainsi des réalités précieuses mais qui ne sont pas directement l'essentiel du message des évangiles.

Pourquoi Jésus n'a-t-il commencé son action publique qu'à 30 ans ? Il ne lui restait jusqu'à sa mort que trois ans pour proclamer son message.

Il est évident qu'à l'époque, tel qu'était Israël, un tout jeune homme ne pouvait pas jouer un rôle important. Celui qui voulait assumer la fonction de rabbi, encore que Jésus n'était pas un rabbi au sens strict sens du terme, devait avoir au moins 30 ans. Voilà pourquoi il n'est pas intervenu publiquement auparavant. Le message de Jésus avait une dimension intérieure pour laquelle ce laps de temps était finalement suffisant.

Un jour Jésus a rendu visite à son village d'origine ; les gens chuchotaient entre eux comme font habituellement les gens curieux : « N'est-ce pas le fils du charpentier ? D'où lui viennent cette sagesse et ces miracles ? N'a-t-il pas pour mère la nommée Marie, et pour frères Jacques, Joseph, Simon et Jude ? Et ses sœurs ne sont-elles pas toutes parmi nous ? »

Dans ce passage sont nommés seuls quatre frères et un nombre indéterminé de sœurs. Si je me souviens bien, l'Église n'a-t-elle pas toujours parlé d'un fils unique de la Vierge Marie ?

Dans une petite localité comme Nazareth tout le monde se connaît évidemment. Quelqu'un qui a vécu jusque-là tranquillement comme tout le monde, et qui se présente subitement en public avec une telle prétention, provoque naturellement l'étonnement. Et lorsqu'on le connaît de si près, on a de la peine à le croire. C'est comme s'il y avait une contradiction avec ce qu'il était auparavant, cet homme ordinaire, à quoi ont veut le ramener. C'est pourquoi Jésus répond : « Un prophète n'est méprisé que dans sa patrie ! »

Sur la question des frères et sœurs de Jésus, l'Église croit aujourd'hui encore que la Vierge Marie l'a mis au monde, lui et personne d'autre. Par lui, elle appartenait à Dieu et ne pouvait pas, pour ainsi dire, retourner à une vie familiale normale.

L'usage du terme « frères et sœurs de Jésus » s'explique simplement à partir des structures familiales de l'époque. Et il y a assez d'indications montrant que ces enfants ne sont pas attribués à Marie. Il est aussi question ici d'une autre Marie et de bien d'autres choses. Il n'y a que des allusions sur les relations familiales spécifiques. On sait toutefois que plusieurs familles appartiennent ensemble et forment un tout. Quand Jésus confie Jean à sa mère au pied de la Croix, comme son fils, nous voyons bien qu'elle est une figure particulière et qu'elle est reliée à lui d'un lien particulier.

Du point de vue historique, la question reste insoluble. On ne peut pas prouver que Marie n'était mère qu'une seule fois. Mais on ne peut pas plus prouver que les personnes citées étaient des frères et sœurs de Jésus au sens strict. Il y a assez d'indications qui montrent que ces frères et sœurs appartiennent à d'autres familles (Joseph Blinzler a consacré une monographie à ce sujet) et sont désignés ainsi dans le cadre du clan familial. Par ailleurs, la désignation de « frères et sœurs de Jésus » est utilisée dans l'Église primitive, ce qui provoque des tensions entre le clan familial de Jésus, qui avait une compréhension stricte du judéo-christianisme, et d'autres mouvances dans l'Église en devenir.

QUI ÉTAIT RÉELLEMENT JÉSUS ?

Parfois Jésus se comporte comme un loubard en colère. Un matin, il retournait en ville ; il avait faim. Il trouva un figuier, mais sans fruits, n'ayant que des feuilles. Il se met à jurer : « Jamais plus tu ne porteras de fruit. » Et à l'instant même le figuier dessécha.

L'histoire du figuier a un caractère typologique : il s'agit d'une action prophétique typique. Le figuier symbolise le peuple d'Israël ; l'histoire est en lien avec la passion, où la lutte entre le oui et le non d'Israël atteint un dramatique point culminant. Mais le figuier stérile est aussi un symbole tout à fait général pour parler de la fécondité spirituelle.

Il ne s'agit aucunement d'un accès de colère passager. C'est plutôt un geste symbolique par lequel Jésus veut montrer comment des peuples, des communautés, des groupes se dessèchent comme ce figuier, s'ils ne produisent que des feuilles, s'ils ne se présentent qu'eux-mêmes sans produire quoi que ce soit d'utile pour les autres. Il existe un christianisme qui ne produit que des feuilles, des feuilles de papier, et qui dès lors dessèche. C'est pourquoi il faut comprendre cet épisode à partir de la perspective du Fils de Dieu : il nous propose une perspective symbolique qui traverse les siècles.

Une autre fois il fait des reproches à des villes entières, parce qu'elles ne se sont pas converties : « Et toi, Capharnaüm, crois-tu que tu seras élevé jusqu'au ciel ? Non, tu seras précipité aux enfers ! »

Jésus s'adresse à des villes avec lesquelles il a des relations particulières et dont il pouvait attendre plus qu'ailleurs qu'elles le croient. Il constate que là aussi joue le syndrome des gens connus, plus difficiles à convaincre. Ils ne le prennent pas vraiment au sérieux et ne le croient pas. C'est ainsi que ces villes rejoignent celles devenues symboles de punition, d'échec, de perdition.

La même réalité que tout à l'heure devient évidente ici aussi : lorsqu'un homme ou une communauté refuse de prendre Dieu au sérieux, se répète d'une certaine manière l'histoire de Sodome et Gomorrhe. Lorsqu'une société s'éloigne de la communauté du Dieu vivant, elle détruit les racines intérieures de sa socialité.

Nous pouvons, de nos jours encore, voir de tels destins. Pensons seulement aux sociétés athées, aux problèmes que pose le processus de décomposition dans les États succédant à l'Union soviétique, après cinquante ans de gouvernement marxiste. Des sociétés, en s'éloignant de Dieu, se sont vraiment privées du fondement de la vie.

Même contre Pierre, Jésus s'est un jour irrité jusqu'à devenir blessant : « Passe derrière moi, Satan ! le rembarre-t-il, Tu me fais obstacle ! »

Jésus avait une relation particulièrement confiante avec Pierre, ce qui justifie de telles interventions. Nous voyons d'ailleurs que Pierre l'accepte. Il comprend qu'il fait tout faux. Il voudrait empêcher le Seigneur d'aller vers la Croix. Il dit : Cela ne concorde pas avec ta mission, tu vas connaître le succès, tu ne peux aller vers la Croix ! Pierre renouvelle la tentation qui nous est dépeinte lors du séjour de Jésus au désert : être un messie à succès, entreprendre une action politique.

Cette tentation resurgit toujours à nouveau. Ainsi lorsqu'on se met à concevoir un christianisme marxiste, débouchant sur une société idéale. La même idée de rédemption est à l'œuvre : l'humanité serait sauvée si elle avait assez d'argent et assez de marchandises. C'est précisément à cette conception que s'oppose Jésus. C'est pourquoi Pierre, à l'instant où il exprime ce modèle, tient pour ainsi dire le rôle de Satan, lors du séjour au désert. Pierre le comprend ; même si jusqu'au bout le scandale de la Croix lui pose problème ; et même s'il n'a jamais fini d'apprendre la singularité de Jésus, qui s'oppose à l'autre conception purement humaine.

Jésus éprouve une réelle aversion envers certains. Il les traite de « serpents, engeance de vipères », et de « guides aveugles ». « Vous arrêtez au filtre le moustique et engloutissez le chameau » ; « Malheur à vous, scribes et pharisiens hypocrites, qui fermez aux hommes le royaume des cieux. » Visiblement, Jésus est un militant de la véracité, de la cohérence entre parole et action, entre ce qu'on prêche et ce qu'on vit soi-même. Les docteurs de la Loi le dégoûtent : « Ils lient de pesants fardeaux et les imposent aux épaules des gens, mais eux-mêmes se refusent à les remuer du bout du doigt. »

Je crois qu'on peut percevoir dans ces phrases la colère de Dieu contre la fausse piété. Dans la perspective de Dieu, de telles personnes sont très antipathiques pour Jésus. Il leur fait voir de façon dramatique qu'avec leur fausse piété ou leur semblant d'érudition, elles passent à côté de leur devoir. Et cela vaut pour toutes les générations. Nous savons que Luther a appliqué ces reproches directement à la hiérarchie catholique disant qu'elle méritait les mêmes reproches.

Il ne faut certainement pas généraliser à ce point. Mais il est vrai que ceux qui se mettent au service de la Parole de Dieu se sentent remués par de telles paroles et s'interrogent, s'ils ne sont pas eux aussi concernés. Le moine et Père de l'Église Maxime le Confesseur a écrit un petit livre à l'adresse de ses moines où il les sermonne. Il affirme que cette parole du Christ nous vise encore plus que les pharisiens d'alors. Nous sommes pires qu'eux, car nous vivons dans cette déviance, cette étroitesse et cette fausse piété, alors que nous avons reçu une lumière beaucoup plus grande.

En ce qui concerne les docteurs de la Loi, ils connaissant pour ainsi dire chaque lettre de l'Écriture. Ce sont des exégètes, des spécialistes de cette Écriture, capables de dire du premier coup quel prophète a dit quoi et où. Mais c'est une connaissance morte. Ils décomposent l'Écriture en ses éléments et n'y trouvent plus la vie. Voilà pourquoi le danger qui guette toute interprétation spécialisée est ainsi mis en évidence. On connaît tout, mais l'Écriture est traitée comme une tâche, comme un squelette d'où l'on peut extraire les morceaux qu'on veut. On est d'autant plus éloigné de son message qu'on en connaît tous les détails. En revanche, l'écoute des gens simples permet de mieux comprendre le vrai message que ce savoir multiple, devenu sourd et aveugle, à ce message.

Jésus est visiblement aussi un homme impatient. Il commande un jour à son premier apôtre Pierre de marcher sur l'eau. Viens ! lui crie-t-il, et Pierre y va. Il marche sur l'eau, ce qui est absolument impossible. Mais seulement jusqu'au moment où il prend peur du vent qui devient plus violent. Il commence à s'enfoncer dans les flots. Jésus secoue la tête : « Homme de peu de foi, pourquoi avoir douté ? »

Il met simplement en lumière ce que Pierre a vécu au fond de lui-même. La situation est identique à celle de la tempête : les disciples étaient désespérés du fait que Jésus continuait de dormir alors que la barque prenait l'eau. Après qu'il se fut levé et les eut sauvés, il leur dit : « Comment pouviez-vous douter ? »

Jésus suppose que ses disciples le connaissent vraiment. Ils devaient savoir qu'il ne les laisserait pas périr. Il leur montre que leur foi en lui, en ce qu'il est, et qu'ils ont reconnu et accepté, est tellement petite qu'un simple coup de vent peut la faire vaciller.

L'épisode que vous avez cité souligne le fait que Pierre ne regarde plus Jésus, mais qu'il est obnubilé par les éléments naturels. Alors, s'il marche sur l'eau, selon toute vraisemblance, il ne peut que sombrer. Il a oublié l'essentiel : que Jésus l'a appelé, lui qui est maître de tout. Avec lui et par sa force, lorsqu'on est en relation avec lui, même les éléments de mort dans le monde sont surmontables.

C'est une fois encore un récit parabolique. Lorsque nous considérons les éléments de vraisemblance des événements naturels et les possibilités de la science, le christianisme semble hautement improbable. Et si nous nous laissons charmer par les courants actuels, par ce vent qui nous siffle aux oreilles, notre foi ne peut que sombrer. Il nous faudrait dire, comme Pierre : Rien ne va plus ! Ce faisant, nous avons déjà perdu notre ancrage, à savoir notre relation vitale à celui qui domine toute pesanteur, celle de la mort comme celle de l'histoire avec ses impossibles. La foi est résistance à la pesanteur que nous tire vers le bas. La foi est communauté avec celui qui représente l'autre force attractive, celle qui nous tire vers le haut, qui nous maintient debout et nous permet de dépasser les éléments de mort.

Un jour que Jésus était chez les païens, dans la région de Tyr et de Sidon, il ne voulait pas enseigner ni faire de miracle. Même lorsqu'une mère le supplie instamment de venir guérir sa fille tourmentée par un esprit mauvais, Jésus refuse en leur disant : « Je n'ai été envoyé que pour les brebis perdues de la maison d'Israël. »

C'est un des éléments caractéristiques de la vie de Jésus : il n'a jamais lui-même enseigné aux païens. Ce n'est qu'après la résurrection qu'il confie cette mission à ses disciples. Israël a pour ainsi dire un droit prioritaire. Il est le peuple élu de Dieu, le point de départ de l'action divine. Il se tient à cette prérogative d'Israël dans l'histoire du salut. Durant sa vie terrestre, Jésus lutte pour le cœur d'Israël ; il lutte pour qu'Israël comme tel reconnaisse en lui le messie promis, devienne un avec lui et qu'ainsi, à partir de là, l'histoire soit transformée.

Même Paul se conforme à cette perspective. Partout où il est allé, il a commencé sa mission à la synagogue. Même quand il est arrivé à Rome, il convoque d'abord ses compatriotes. Et ce n'est qu'après avoir échoué dans sa tentative d'établir une communauté de croyants en Jésus, en continuité identitaire avec l'histoire d'Israël, qu'il s'adresse aux païens. C'est justement Paul – le grand vainqueur de la peur de franchir le seuil vers l'extérieur du peuple –, qui dit que le message s'adresse toujours d'abord aux juifs, et ensuite seulement aux païens.

C'est donc le respect d'une loi de l'histoire du salut qui s'impose ici. Dieu reste fidèle à lui-même et Jésus se tient à cette fidélité. Même s'il renouvelle et transforme de l'intérieur la loi juive, on ne peut le réduire à un rebelle qui fait tout autrement ; il agit en vertu de cette fidélité intérieure. Au point que la corroboration de la fidélité de Dieu confère au passage obligé vers les païens l'aspect d'une trahison ; ce passage apparaît au contraire comme la suite logique de sa résurrection, en vertu de laquelle le grain de blé tombé en terre et qui meurt est le passage vers l'universalité.

Jésus parcourt le pays. Il appelle à l'humilité et à la pénitence ; il apprend à prier, il met en garde contre la recherche du plaisir et la dureté du cœur. Il raconte la parabole du pauvre Lazare qui parvient au ciel alors que le riche profiteur va en enfer. Un vrai prédicateur itinérant !

C'est exact : Jésus est effectivement un prédicateur itinérant. Il prêche d'abord en Galilée, où il essaie de rassembler les gens par sa parole. Puis il étend sa prédication aussi à Jérusalem. Il sait qu'il est envoyé vers les enfants d'Israël et veut annoncer à tous le nouveau message dont il est porteur... le cœur en est le royaume de Dieu, le renouvellement du monde par la miséricorde de Dieu.

Tous les éléments particuliers auxquels vous avez fait allusion cadrent avec cette grande perspective. D'une part Jésus vit en fidélité à l'histoire du salut : il observe les fêtes rituelles, fait des pèlerinages et organise le repas pascal. Il vit absolument comme un juif pieux, mais en même temps il se comporte comme le Fils, comme le nouveau Moïse, supérieur au premier. Il n'interprète plus la loi comme les docteurs, mais comme le Fils, qui est lui-même le législateur et qui hisse la loi à un niveau supérieur.

Un rebelle ?

Il n'est pas seulement libéral ou rebelle, ou un opposant sur tel ou tel point, bousculant les usages ou les refusant. Il se situe dans la perspective du législateur lui-même, du Créateur. Il fait éclater ce qui est provisoire pour y introduire le définitif et fait preuve ainsi d'une fidélité plus profonde. Je crois que si nous voulons comprendre correctement la figure de Jésus, il faut voir ensemble cette apparente rébellion et cette vraie fidélité. Il ne supprime pas ce qui était auparavant – pas un iota, pas un point ne disparaîtra de la Loi – mais le porte à sa véritable profondeur.

Jésus éprouve une joie particulière en présence d'enfants et de gens simples. Il en est vraiment enthousiasmé, ce qui est rare chez lui : « Je te loue, Père, Seigneur du ciel et de la terre, d'avoir caché cela aux sages et aux malins et de l'avoir révélé aux tout-petits.

Oui, nous sommes de nouveau en présence de cette mystérieuse manière d'agir de Dieu : ce qu'il y a de plus important est mieux compris par les gens simples que par ceux qui ne peuvent plus se laisser envahir par ce qui est grand, parce que, par mille distinctions et à l'aide d'un bagage intellectuel important, ils veulent tout vérifier en détail.

Ce n'est un secret pour personne que c'est là une grande tentation parmi les intellectuels. Si nous jetons un regard rétrospectif sur les idéologies du siècle dernier, nous nous apercevons que les gens simples avaient souvent un jugement plus sûr que les intellectuels. Ils veulent pousser toujours plus loin l'analyse et d'abord découvrir tel ou tel aspect inédit, et par là perdent de vue l'ensemble.

« Il vous est donné de connaître les mystères du Royaume de Dieu », dit Jésus aux disciples, « tandis qu'aux autres gens... je ne parle qu'en paraboles : parce qu'ils voient sans voir et entendent sans entendre ni comprendre. » Voilà le sens des paraboles : la semence, c'est la parole de Dieu. Le langage des évangiles a quelque chose de particulier. Tous les homme de la terre, quelle que soit leur culture ou l'époque où ils vivent, peuvent le comprendre.

La parole que vous avez citée vient du prophète Isaïe. Il a prononcé cette menace de jugement à un moment d'infidélité du peuple ; il leur dit : vous entendez tous la vérité, mais c'est comme si elle vous était annoncée pour que vous ne la compreniez pas.

C'est une parole mystérieuse.

Jésus dit finalement que ce qui est dit pour être compris vous endurcit dans la non-compréhension. Continuez à vous abriter derrière les paroles superficielles, restez-y : vous vous excluez de la compréhension. La parole annoncée devient parole de jugement parce que les hommes s'en tiennent à l'enveloppe superficielle de la parole et refusent de l'approfondir.

En fait, les paraboles sont destinées à rapprocher l'homme de ce qui est insaisissable. Déjà, d'un point de vue purement pédagogique, c'est grandiose. Les grands mystères de l'éternité nous sont contés dans des histoires de la vie quotidienne qui deviennent subitement transparentes au mystère de Dieu. Dans ce qu'il y a de plus simple, les semailles et la moisson, dans des histoires comme celle du pauvre Lazare ou du Samaritain, se révèle ce qu'il y a de plus important.

En Christ, Dieu va à la rencontre de l'homme. Il adapte sa parole à lui, il la transpose en ce que l'homme lui-même vit et connaît, ce qui structure son existence quotidienne. De cette manière l'homme, à travers le superficiel et l'ordinaire, peut voir et atteindre ce qui est essentiel. C'est dans ce sens que ces paroles résistent au temps et concernent toutes les cultures, parce qu'elles se réfèrent à des processus fondamentaux de la vie humaine.

Manifestement, les paraboles ont encore une autre dimension ; elles contiennent un code supplémentaire. Vous avez dit que la compréhension était liée à « l'être-avec-le-Christ » : « Elles résistent à qui tente de les appréhender de manière purement intellectuelle et historique ou spéculative. »

Lorsque je ne lis l'Écriture que de manière superficielle telle qu'elle se présente et que je perds le sens de ce qui transparaît dans les événements simples, alors je ne me mets pas en route vers où les paraboles veulent m'entraîner.

Une parabole est une invitation à se mettre en route. Je vois d'abord ce que tout le monde peut voir, ce que je sais déjà. Mais je m'aperçois qu'il y a plus. Il me faut apprendre à dépasser cette saisie immédiate. Si, en revanche, j'en reste à l'aspect superficiel et que je refuse à me mettre en route, je ne perçois pas la vérité profonde de ces histoires, d'autant plus que les paraboles ont aussi un rapport avec la vie de

Jésus-Christ lui-même. Certaines sont une sorte d'autobiographie codée de Jésus, que seule sa propre vie et sa passion peuvent décoder.

LA MIRACULEUSE MULTIPLICATION DES PAINS

Une histoire que les Évangiles racontent simplement, sans grandes phrases, c'est le repas des cinq mille. Cela se passe dans un lieu désert de Galilée, loin de tout. Beaucoup de gens se sont rassemblés autour de Jésus, qui les avait fascinés. Voilà que le soir tombe, sans que personne ne s'en aperçoive. Les disciples sollicitent Jésus de renvoyer les gens dans leurs villages, car il n'y a rien à manger en ce lieu ni aucune possibilité d'y acheter quoi que ce soit. Jésus reste calme. Il se contente de dire : « Donnez-leur à manger ! »

Il y a bien cinq pains et deux poissons, donc sept parts. « Il prit les cinq pains et les deux poissons, dit l'Écriture, leva les yeux au ciel et dit la bénédiction, rompant les pains il les donna aux disciples. » De cette manière tous mangèrent à satiété, cinq mille hommes et nombre de femmes et d'enfants. L'on ramassa le reste : il y avait exactement douze couffins pleins.

Il y a d'une part le fait brut et d'autre part la dimension symbolique de cette histoire. On s'attendait à ce que, à l'ère messianique, le miracle de la manne se reproduise. Le Messie, pensait-on, se ferait reconnaître en donnant à manger à tout le monde un pain venant du ciel.

Jésus se propose de transposer ce miracle de la manne sur un tout autre plan : c'est l'Eucharistie. Le pain qu'il donne, c'est soi-même, et ainsi la multiplication des pains se prolonge tout au long de l'histoire jusqu'à nos jours. Il est pour ainsi dire inépuisable.

Jésus fait allusion à ce nouveau miracle de la manne et en même temps nous oriente, en répétant ce miracle de la manne, vers une tout autre réalité, plus humble et plus exigeante. En profondeur, c'est d'un miracle beaucoup plus grand qu'il s'agit. Ce n'est pas simplement un pain qui tombe du ciel, mais un don qui comporte en même temps le partage, la collaboration de l'homme, l'échange, ce qui ne tombe pas simplement du ciel.

Le miracle introduit dans la vie humaine et dans l'Église à venir une dimension multiple. Cette histoire conduit aussi au discernement des esprits : il y a ceux qui disent : « C'est lui, le Messie ! » et qui veulent le proclamer roi en le forçant à jouer un rôle politique. Et dès lors qu'il n'accepte pas ce rôle, ils en sont mécontents et concluent qu'il n'est tout de même pas le sauveur attendu. C'est alors que les chemins se séparent : l'un conduit au refus, l'autre à la passion.

Ne s'agit-il que d'un symbole ou est-ce une réalité ?

De nos jours, beaucoup d'exégètes croient aux lois naturelles et tiennent cela pour impossible. Il sont tentés d'interpréter cette nourriture symboliquement et il est vrai que son contenu symbolique est important. Il ne faudrait cependant pas trop vite restreindre les possibilités de Dieu. Les mêmes attitudes se rencontrent aussi dans l'Église.

J'étais récemment à Turin et un vieux prêtre nous racontait des faits semblables arrivés dans la vie de Don Bosco. Un jour, par erreur, on n'avait pas consacré assez d'hosties. Malgré le grand nombre de jeunes gens qui voulaient communier, il n'y avait qu'une dizaine d'hosties. Don Bosco ne fit rien remarquer. Il dit : « Soyez calmes et partagez, il y en aura pour tous. » Et c'est ainsi que cela se passa.

Une autre fois, il promit aux jeunes, après une dure journée de travail, qu'ils auraient tous des marrons grillés. Il dit à sa mère d'en préparer. Elle l'avait mal compris et n'avait préparé qu'une quantité minime, à peine assez pour une dizaine de jeunes. Lorsqu'elle s'aperçoit de son erreur, elle est dans tous ses états. Il se contente de dire : « Ne vous en faites pas ; distribuez, il y en aura suffisamment ; ils peuvent se resservir. » Effectivement, c'est encore ce qui arriva. Ces faits sont racontés par beaucoup de témoins les ayant vécus.

Il ne faudrait donc pas refuser d'avance à Dieu qu'il puisse faire quelque chose qui est normalement impossible.

JÉSUS ET LES FEMMES

Jésus a très souvent outrepassé les barrières conventionnelles. Ostensiblement, il fréquente les pécheurs et les pauvres. Envers les femmes, il a un comportement tout à fait particulier. Jésus « n'était pas un ascète mais il se montrait ouvert aux joies de l'existence », pense l'exégète juif Shalom Ben Chorin. Quoi qu'il en soit, les femmes trouvaient le Fils de l'homme fascinant. Peut-on imaginer que Jésus ait eu un comportement érotique et sexuel ?

L'aspect érotique et sexuel ne fait pas partie de sa façon de vivre l'amitié. Dans ce domaine Jésus se situe sur un autre plan. Mais les relations rapportées par les Évangiles montrent qu'il fut aussi capable d'une amitié humaine vraiment profonde et d'un vrai amour. Il est exact aussi que ce sont justement les femmes qui ont un flair particulier pour ce qu'il y a de nouveau en lui, de grand, de différent, de mystérieux, et qu'il les attire de manière particulière dans sa communauté.

Face à l'usage juif de l'époque qui voulait que la femme n'ait qu'une place secondaire dans la société, Jésus opère une sorte d'émancipation de la femme. En raison de leur situation sociale, les femmes faisaient partie de la catégorie des petits, objets de la prédilection de Dieu. Il réveille ainsi le charisme des femmes. Les deux femmes de Béthanie sont particulièrement mises en relief par leur rencontre avec Jésus. Elles illustrent le rôle fondamental que joueraient désormais les femmes dans la construction de l'Église.

Ce sont les femmes qui ont fidèlement accompagné Jésus jusqu'au calvaire. Les disciples, pendant ce temps, avaient depuis longtemps disparu dans la nature. De Marie-Madeleine, Jésus avait chassé sept démons qui l'avaient détruite intérieurement. C'est elle précisément, et non Jean ou Pierre, qui fut la première à pouvoir annoncer la résurrection. Quand on songe qu'en Orient les femmes ne pouvaient même pas témoigner devant un tribunal, il s'agit là d'un signe très fort. C'est pourquoi saint Augustin appelle Marie-Madeleine « l'Apôtre des Apôtres ».

En réalité, il en est toujours ainsi. Jusqu'en 1962, la liturgie utilisait pour sa fête la préface des Apôtres car elle était considérée comme telle. La relation particulièrement cordiale et profonde que Jésus entretenait avec Marie-Madeleine explique que c'est elle qui, la première, a annoncé aux Apôtres la résurrection. On le perçoit aussi dans le dialogue où, ne le reconnaissant pas, il l'appelle par son nom : « Marie ! » Elle le reconnaît alors et tombe à ses pieds : « Rabbouni ! Mon maître ! » (Jn 20, 16), ce qui exprime à la fois le respect et la distance devant sa nouvelle grandeur et le profond amour pour cet homme qui est Dieu tout en étant parfaitement homme.

J'aimerais revenir plus tard sur la position de la femme dans l'Église. Permettez-moi encore ici une brève question : Y a-t-il des narrations ou des récits dans l'Évangile qu'il faudrait remettre en question parce que de nouvelles données de la recherche ou de nouvelles découvertes, par exemple de Qumran, les contrediraient ?

Je n'en connais pas. Il y a peut-être certains éclairages qui permettent de comprendre autrement les textes. Mais ce que disent les Évangiles a été formulé directement à l'époque même et de nouvelles connaissances contemporaines ne peuvent le remettre en question. Le témoignage des évangiles sur Jésus-Christ reste entier et garde toute sa valeur.

LA RENCONTRE

Éminence, vous avez dit un jour que la foi en Jésus-Christ ouvre le monde à l'homme. Elle lui montre comment tout est construit, comment les réalités s'ajustent les unes aux autres. Peut-on par là apprendre à mieux vivre ?

Les étapes décisives de notre vie ne dépendent pas de nous. Nous ne sommes maîtres ni de notre naissance ni de notre mort. La tâche d'une vie consiste à découvrir qui nous sommes et à quoi nous sommes destinés ; et quel chemin nous devons parcourir. La foi chrétienne peut-elle vraiment mettre à l'homme le pied à l'étrier ?

Naturellement, la foi ne remplace pas la réflexion personnelle. Ni ce qu'on peut apprendre avec et par les autres à travers l'histoire. Dieu ne nous dispense pas de notre propre effort. La foi n'est pas un remède miraculeux à effet magique. Mais elle nous fournit une clé nous permettant d'apprendre nous-mêmes, de nous demander et de rechercher qui nous sommes.

D'une manière générale, l'homme ne se connaît que dans et par l'autre. Personne ne peut se trouver soi-même s'il ne fait que se regarder et chercher à se construire extérieurement à partir de soi seul. Comme être de relation, l'homme est constitué de telle manière qu'il ne devient lui-même que par l'autre. Ce sont les rencontres avec d'autres qui lui permettent de découvrir son sens et la tâche de sa vie, son exigence et ses possibilités.

C'est à partir de cette structure fondamentale de l'existence humaine que nous pouvons comprendre la foi et la rencontre avec Jésus. La foi n'est pas un simple système de savoirs et d'informations, mais en son noyau elle est d'abord rencontre avec le Christ. C'est à partir de là que sa parole devient accessible. Et ce que je cherchais autrefois à formuler signifie que cette rencontre avec Jésus est, parmi toutes les rencontres dont nous avons besoin, la plus fondamentale, celle qui nous ouvre. Toutes les autres rencontres ne permettent pas de savoir clairement d'où nous venons et où nous allons. La rencontre avec lui nous donne une lumière fondamentale nous permettant de comprendre Dieu, l'homme, le monde, notre mission et notre sens. C'est par elle que toutes les autres rencontres prennent leur vraie place.

LE DÉSERT

Les Apôtres désignent l'enseignement de Jésus comme « nouvelle voie ». Celle-ci débute précisément au désert, après le baptême de Jésus. Le désert est comme le dernier arrêt de ravitaillement du Christ avant sa montée vers la Passion. Quarante jours au désert, encore un symbole important !

Le chiffre quarante a effectivement une grande signification symbolique. Élie, pour ne citer qu'un exemple, était en route vers la Montagne sainte durant quarante jours. C'est le temps nécessaire à l'apprentissage, à la préparation, au devenir. La référence première en est le temps qu'Israël a passé au désert, temps nécessaire pour l'apprentissage de la loi de Dieu, expression de sa volonté. Il est ainsi préparé à devenir un peuple porteur des promesses de Dieu.

Jésus, durant ces quarante jours passés au désert, reprend les quarante ans d'Israël au désert. Il refait pour ainsi dire ce chemin, voulant signifier que, sans ce temps du renoncement, du silence, du départ, du recueillement, ne peut mûrir aucune grande mission. Par le jeûne et la prière, Jésus s'expose à l'abîme de profondeur où conduit le désert. Celui-ci signifie d'une part la rencontre particulière avec Dieu, mais aussi le danger du monde. Il est le lieu où il n'y a ni vie ni nourriture, un lieu de solitude. Jésus traverse ainsi tout l'espace des dangers, de l'affaiblissement de la vie, l'espace du renoncement, de la faim et de la soif. Il éprouve en même temps les tentations de l'humanité et les traverse douloureusement avec succès pour proclamer à partir de là son grand message.

Après quarante jours et quarante nuits de jeûne, Jésus est tenté par le diable. Satan lui demande d'abord de changer les pierres en pains. Un diable ignorant, selon toute apparence.

Cette histoire montre les tentations auxquelles Jésus comme rédempteur est exposé durant les trois années entières de sa vie publique et qui sont aussi celles de l'Église tout au long de son histoire. Ailleurs, Jésus dit, en rapport avec cela : « Vous êtes demeurés constamment avec moi dans mes tentations. » Mais à Pierre, il dit à peu près : « Tu es maintenant Satan, tu m'exposes aux tentations. » De même les cinq mille qu'il a rassasiés l'exposent à la tentation en voulant en faire le roi qui nourrit tout le monde. Tout cela annonce ce que Jésus aura à endurer victorieusement durant sa vie, tout comme l'Église devra l'endurer.

Que voulez-vous dire par là ?

Je pense, par exemple, au fait qu'on veut se rendre utile en réformant l'ordre social du monde, en créant un État idéal. Assurément, il est très important que l'Église collabore aux réformes sociales. Mais la vraie guérison de l'homme ne peut venir de structures sociales extérieures : elle commence à l'intérieur de l'homme. Même si l'Église doit, à chaque époque de son histoire, prendre à cœur la faim dans le monde, et lutter pour que se trouvent les mains qui multiplient le pain, elle ne doit pas se laisser aller à n'être qu'une association de bienfaisance, axée sur les problèmes matériels, comme si c'était là ce qui est réellement salutaire. Elle ne doit pas oublier que l'homme ne vit pas seulement de pain, mais de toute parole qui sort de la bouche de Dieu.

La même réflexion est valable pour les deux autres tentations : se précipiter du pinacle du temple pour mettre Dieu à l'épreuve et attirer à lui la domination sur le monde. « Je te donne tout cela si tu te prosternes devant moi et m'adores », promet le diable. Cela veut dire qu'une domination du monde, acquise par la puissance, même si c'était pour de nobles motifs, pourrit l'homme, si Dieu en est écarté.

L'histoire nous montre que bien des expériences ont été tentées pour écarter Dieu où l'on ne se préoccupait que de donner aux hommes ce qu'ils désirent, par des structures de pouvoir. Toutes ces expériences nous ont montré *a contrario* de quoi il s'agissait. Vous pouvez facilement montrer à l'Église entière, et à chacun en particulier, que là où l'on renonce à Dieu, là où l'on tente d'organiser le monde sur la base de nos propres calculs, sans lui, là où nous pensons que la satisfaction des besoins matériels résout tous les problèmes, nous ne sauvons rien, nous détruisons, nous faisons l'œuvre de Satan.

Après son expérience au désert, les premiers disciples commencent à se rassembler autour de lui. Ils l'interrogent : « Maître, où habites-tu ? » Et Jésus leur répond laconiquement : « Venez et voyez ! »

L'accompagner est une expérience qu'il est nécessaire de faire. Jésus n'est pas lié à un seul lieu ni localisable en un seul endroit. Il habite en chemin, plus loin. Ce n'est qu'en le suivant, qu'en prenant le même chemin que lui, que nous apprenons où il habite. C'est alors seulement que nous le verrons. Si nous essayons de le comprendre, lui-même et sa doctrine, qu'à partir d'une théorie, que par la réflexion, nous ne le connaîtrons pas.

Les premiers disciples dont Jésus veut faire des « pêcheurs d'hommes » sont Pierre et André, auxquels s'ajoutent un peu plus tard Jacques et Jean. Ce qui frappe, c'est que Jésus ne s'entoure pas de savants, mais de gens simples et droits. Ils n'étaient pas particulièrement intelligents, même pas très courageux ni très éveillés. Apparemment, ils ne savaient pas prêcher sans l'assistance du Saint-Esprit. En permanence ils sont torturés par le doute et le manque de foi. Jésus n'aurait-il pas eu la main heureuse en choisissant ses disciples ?

En tout cas ce n'étaient pas des gens capables d'accomplir une mission mondiale. Comme dit saint Jean Chrysostome, « S'ils ont joué gros », c'est par une autre force. Voilà pourquoi le choix de ces gens simples, qui n'étaient ni des politiciens, ni des savants, me semble riche en enseignements. Il est évident qu'ils n'auraient pas fait tout ce qu'ils ont fait par eux-mêmes. Quelqu'un de plus grand les a touchés, les a portés et guidés.

Malgré tout, on peut reconnaître dans la société multiforme de l'époque une certaine apologie des disciples. D'un côté il y a les fanatiques antiromains, prêts à recourir à la force. Ainsi Simon le Zélote. Les zélotes formaient le parti de ceux qui voulaient provoquer par la force l'avènement de l'ère messianique. Également le nom de Judas Iscariote indique une certaine appartenance partisane. Ce sont des hommes d'extrême gauche, comme on dirait aujourd'hui. Ils sont prêts à entrer en résistance et attendent aussi cela de Jésus. D'un autre côté, il y a Lévi, le publicain, qui était du côté des collaborateurs, des gens riches frayant avec l'occupant romain.

Une sorte de composition proportionnelle.

Par la composition même de ce cercle, Jésus a déjà œuvré pour la réconciliation. On peut venir de partout, et de partout un chemin peut conduire vers lui ou éloigner de lui. Nous pouvons par conséquent facilement nous représenter les tensions qui devaient exister dans la communauté des disciples.

Par ailleurs, tous ces disciples sont de vrais hommes, ayant une situation. Pierre, par exemple, avait une coopérative de pêche et fut donc une sorte de petit entrepreneur. Ce sont des gens actifs, ayant le sens du réel, sans être pour autant des béotiens noyés dans un réalisme purement pragmatique. Ils avaient en eux une grande attente. Ils n'ont pas simplement succombé à une sorte d'ensorcellement : ils ont mis toutes leurs forces au service d'une vocation. Ils sont un exemple montrant que Dieu accomplit par les gens simples ce que lui seul peut accomplir, prouvant en même temps qu'ils peuvent avoir de grandes possibilités.

À la différence de ces disciples suivant le Christ, des hommes de nos jours s'imaginent être maîtres de leur vie entière et pouvoir en tracer eux-mêmes le chemin. Il n'y aurait plus d'identité clairement définie. La vie ne serait qu'un flux d'illusions changeant selon les tâches du moment ou selon la mise en scène qui se présente, ou encore selon le bon plaisir. Pour le monde moderne, prendre une décision pour ou contre quelque chose relève du passé : il y a la possibilité nouvelle du refus des deux : ni ceci ni cela.

La flexibilité est devenue aujourd'hui une notion importante. Nous voulons pouvoir réagir à de nouvelles exigences, et espérons grimper, par un changement professionnel fréquent, grimper, par un changement professionnel fréquent, le plus rapidement possible dans la société. Mais je pense que des professions exigeant un total investissement de l'homme continuent à exister. Par exemple, médecin ou éducateur : ce ne sont pas des professions que j'exerce pendant quelques années, mais qui exigent que j'y consacre toute la vie. Aujourd'hui encore, il y a des tâches qui ne sont pas simplement des jobs, pour ainsi dire en marge de ma vie, pour m'assurer la subsistance. Pour les vraies professions, le critère n'est pas l'argent qu'elles rapportent, mais l'accomplissement d'un service pour l'homme.

Qu'en dirait Jésus ?

Il n'empêcherait personne de réagir à des exigences de flexibilité. Ses disciples devaient eux-mêmes être assez flexibles pour changer leur vie quotidienne de pêcheurs en une aventure à la suite de Jésus, sans savoir encore où cela les mènerait ; assez flexibles pour oser passer du judaïsme où ils étaient tous profondément enracinés à la mission auprès des païens.

Il leur fallait en même temps beaucoup d'endurance et de fidélité dans cette option fondamentale. Nous ne devrions pas opposer flexibilité et fidélité. Le changement de situation exige précisément de la fidélité. Quelqu'un qui, de nos jours, persiste dans le sacerdoce ou le mariage traverse une histoire très changeante. Il lui faut mûrir par ces changements et porter à sa plénitude sa propre identité.

Mais la situation moderne fait que malheureusement le changement et la flexibilité seules gardent une valeur. Ce à quoi je m'oppose. Plus que jamais nous avons besoin aujourd'hui de la permanence dans une profession ou une mission. Plus que jamais nous avons besoin d'hommes capables de se donner totalement. Pensons à l'aide au développement. Il est utile qu'il y ait des gens qui donnent deux ou trois ans de leur vie ; mais il est nécessaire que bien plus se donnent entièrement à cette tâche. Il y a des vocations qui exigent l'homme tout entier.

De tels projets de vie ne sont pas des signes d'une absence de fantaisie ou d'un engourdissement. C'est précisément dans cette permanence que des hommes sont d'une telle intériorité, d'une telle maturité, d'une telle grandeur d'âme, que changement et continuité s'imbriquent : ce n'est qu'ensemble qu'ils sont vraiment importants.

En ce qui concerne les projets de vie, beaucoup pensent que leur vie se déroule comme un film. Et dans ce déroulement linéaire de leur vie, ils peuvent maîtriser toutes les séquences et les mises en scène. Et on se prend à penser : pourquoi faire des détours, faire des efforts, me mettre à chercher, me poser à moi-même des limites et faire preuve de persévérance ? En somme, pourquoi prendre le difficile chemin qu'ont pris les disciples de Jésus ? Pourquoi la vie ne serait-elle pas tout simplement facile ?

Seuls peuvent se le permettre des gens qui n'ont qu'à mettre les pieds sous la table. C'est une fantaisie des possédants, qui ne se rendent pas compte que pour la majorité des hommes la vie est un combat. Je considère cette « autofabrication » de soi-même comme un égoïsme et une usure des appels de la vie.

Celui qui croit que tout est donné d'avance, qu'il n'a qu'à y puiser à pleines mains et qu'en user pour soi-même, se refuse à ce qu'il pourrait donner. Finalement, l'homme n'est pas seulement là pour se construire lui-même, mais pour se laisser défier par la vie. Nous vivons tous une histoire commune, en relation les uns avec les autres. L'homme ne devrait pas simplement penser à ce qu'il voudrait, mais aussi se demander à quoi il pourrait participer. Il se rendrait alors compte qu'il s'accomplirait non dans ce qui est agréable et facile et dans la passivité, mais dans le fait de se laisser solliciter, ce qui est plus difficile. Tout le reste devient ennuyeux avec le temps... L'homme seul qui « s'expose au feu », qui reconnaît un appel au fond de soi, une vocation, une idée face à laquelle il doit être à la hauteur, qui accepte une charge pour l'ensemble, seul cet homme trouve un accomplissement. Ce n'est pas de prendre le chemin de la facilité qui nous enrichit, mais bien de se donner.

LE POUVOIR ET LA POSSESSION

Jésus a parlé de la domination et du service. Il dit : « Vous le savez, les chefs des nations leur commandent en maîtres et les grands leur font sentir leur pouvoir. Il ne doit pas en être ainsi parmi vous. Au contraire, si quelqu'un veut être grand parmi vous, qu'il se fasse votre serviteur, et si quelqu'un veut être le premier parmi vous, qu'il se fasse votre esclave. C'est ainsi que le Fils de l'homme est venu non pour être servi, mais pour servir et donner sa vie en rançon pour la multitude. » Servir et obéir sont des repères essentiels dans l'enseignement du Christ et dans la vie de l'Église. Ces notions ne sont pas particulièrement populaires aujourd'hui. Que cachent-elles ?

Effectivement l'Évangile semble proposer un modèle de vie opposé à celui qui est aujourd'hui dominant : s'arracher à la tendance de dominer et de vouloir disposer de soi semble à la fois démodé et salutaire. Et celui qui n'appartient pas lui-même à la catégorie des puissants sera reconnaissant de ce que le puissant ne se sert pas lui-même à la table de la vie ; qu'il considère le pouvoir et la richesse dont il bénéficie comme un devoir de se faire serviteur.

La vraie révolution, qui pourrait et devrait changer le monde, est contenue, me semble-t-il, dans ces paroles sur le puissant qui doit se faire serviteur et dans les gestes de Jésus qui en donne l'exemple. Tant que le pouvoir et la possession sont considérés comme des buts en soi, le pouvoir restera pouvoir contre les autres, et la possession, exclusion des autres.

Dès l'instant que le Seigneur du monde accomplit le service de l'esclave par le lavement des pieds – symbole de toute notre vie – une tout autre image du monde nous est montrée. Dieu qui est la puissance même ne veut pas nous écraser mais s'agenouille devant nous pour nous relever. Le mystère de la grandeur de Dieu se révèle dans le fait qu'il sait se faire petit. Il n'a pas besoin de venir sur un trône élevé et s'y tenir perché. Il veut par là nous défaire de nos idées sur le pouvoir et la domination. Il montre que c'est en réalité être petit que de commander à une foule de gens et de disposer de tout ce qu'on veut. Ce qui compte, c'est de se mettre au service des autres.

Quelle énorme provocation !

Accepter cela sera toujours une révolution. Et elle n'est pas faite une fois pour toutes, mais exige une conversion permanente, la plus salutaire et la plus fondamentale qui soit. Ce n'est que si le pouvoir se modifie de l'intérieur, que si la possession des choses aussi se modifie du dedans et que nous acceptons de vivre comme Jésus qui est tout entier dans ce geste du lavement des pieds que le monde peut guérir et que les hommes peuvent vivre ensemble.

Un vrai manifeste !

Jésus représente ce que l'homme devrait être, comment il devrait être et à quoi nous devrions tendre.

Chapitre 4

LA VÉRITÉ

En tant que préfet de la Congrégation pour la doctrine de la foi, vous êtes le gardien suprême de la vérité. C'est votre tâche de défendre la vérité de la foi. Mais sait-on toujours avec exactitude ce qui est vrai et ce qui ne l'est pas ?

Chacun doit toujours garder présente à l'esprit sa faillibilité. Ce n'est pourtant pas une raison pour nous, croyants chrétiens, de ne pas être au clair sur ce que nous croyons réellement. Peu à peu naît l'impression que personne ne sait exactement ce que nous croyons et que par conséquent chacun peut faire son choix. S'il arrivait que nous n'ayions plus d'identité commune et reconnaissable, si la foi avait perdu tout contour précis, alors le christianisme aurait réellement perdu toute justification. Il devrait reconnaître qu'il a fait faillite et ne sait plus ce qu'il veut.

En tant que catholiques nous pouvons affirmer – et les autres confessions aussi à leur manière – que depuis les débuts apostoliques le contenu d'une identité de la foi s'est exprimé comme tel et a été formulé dans des écrits. Saint Paul dit au chapitre 6 de l'Épître aux Romains : « Vous avez été confiés (par le baptême) à un type d'enseignement. » En d'autres termes, Paul connaît déjà un contenu identitaire de ce qui est chrétien et qui résume ce qui nous vient du Christ (en incluant l'Ancien Testament). Ces formules de foi qui, selon Paul, définissent et portent le processus baptismal ont évolué très tôt, à partir des paroles mêmes de l'Écriture, vers la confession de foi et sont devenues la règle de la foi, qui a réellement une origine apostolique.

Est-ce là l'identité de la foi ?

Oui. La foi a certainement été développée et précisée au cours des siècles, sans pour autant se réfugier dans l'indéterminé. C'est pourquoi il faut s'opposer à toute idée de nivellement, à toute représentation d'une foi qui ne serait pas concrètement exprimable. La foi a quelque chose à dire. Et comme elle est exprimable, nous pouvons indiquer des limites. Nous pouvons dire à partir d'où quelqu'un n'est sûrement plus croyant. Et si quelqu'un ne l'est plus et ne peut plus l'être, il faut qu'il ait le courage de dire : je ne veux plus vivre selon cette identité, je ne peux plus la considérer comme vérité et je m'en sépare. Mais lorsque tout dégénère en une sorte de nébuleuse faite d'un ensemble d'habitudes, cela ne sert à rien ni à personne.

Votre devise épiscopale est « collaborateur de la vérité ». Comment l'avez-vous choisie ?

Je suis naturellement, comme il convient, lecteur assidu de la Sainte Écriture. Cette parole, qui m'a toujours fascinée, je l'ai tirée de la troisième Épître de Jean. Son sens premier est plutôt limité. Celui qui accueille les messagers de l'Évangile devient un « collaborateur de la vérité ». Il collabore lui-même à la propagation même du message dans le monde.

Je dois dire que pendant la dizaine d'années de mon activité de professeur, j'ai ressenti moi-même très fortement la crise de l'exigence de vérité. Je craignais que la façon dont le christianisme parle de la vérité ne confine à l'arrogance, au manque de respect envers les autres. La question se posait : jusqu'à quel point avons-nous encore le droit d'utiliser ce langage ?

J'ai beaucoup approfondi cette question. Finalement, je me suis aperçu que si nous nous écartons du concept de vérité, nous nous écartons des fondements. Car, dès les origines, il est caractéristique pour le christianisme que la foi chrétienne ne consiste pas d'abord en des exercices ou des observances, comme c'est le cas dans bien des religions qui consistent à se soumettre à un ordre rituel.

Le christianisme prétend nous dire quelque chose sur Dieu, sur le monde et sur nous-mêmes. Quelque chose qui est vrai et qui nous éclaire la route. J'ai acquis par là la conviction que dans la crise actuelle, où nous disposons d'une masse d'informations scientifiques, nous avons de nouveau besoin de chercher la vérité et d'avoir le courage de la vérité, car les vraies questions de l'homme sont repoussées dans le subjectif. C'est pourquoi cette parole des origines, que j'ai choisie comme devise, est en quelque sorte une définition de ce qui constitue la fonction de prêtre ou de théologien : qu'il tente humblement, conscient de sa faillibilité, de devenir « collaborateur de la vérité ».

FILS DE DIEU

Durant sa pérégrination à travers la campagne et les villages, Jésus s'arrête brusquement et demande à ses disciples : « Aux dires des gens, qui est le Fils de l'homme ? » Ils dirent : « Pour les uns, Jean-Baptiste ; pour d'autres, Élie ; pour d'autres encore Jérémie ou l'un des prophètes. Et pour vous, qui suis-je ? Pierre prend la parole : « Tu es le Messie, le Fils du Dieu vivant ! » Jésus est content de cette réponse : « Tu es heureux, Simon, fils de Jona, car cette révélation t'est venue ni de la chair ni du sang, mais de mon Père qui est dans les cieux. »

Cette histoire de Pierre fait une distinction nette et importante entre : « que disent les gens » ? et « que dites-vous ? ». Jésus indique par là qu'il y a deux façons de le connaître. Il y a d'abord la connaissance de ceux qui ont peut-être été témoins d'un miracle ou qui l'ont entendu prêcher, ou ceux qui ont simplement entendu parler de lui : ils le rangent parmi les grands maîtres de l'histoire des religions.

Il en est ainsi aujourd'hui encore. On veut le classer dans l'une des catégories connues. Il serait l'un des hommes très influents, comme dit par exemple le philosophe Karl Jaspers. D'autres voient en lui simplement l'un des grands prophètes ou un fondateur de religion. Jésus dit qu'il s'agit là d'une connaissance indirecte, comme de seconde main. « Mais vous, que dites-vous de moi ? » cela signifie : « qu'en disent ceux qui le connaissent de l'intérieur ? »

Chez Luc, cette scène est en rapport avec la prière de Jésus. Ce qui est signifié par là c'est que seuls ceux qui le connaissent dans son échange avec le Père, dans cette profonde relation qui lui est propre, savent vraiment qui il est. Ils sortent ainsi des schémas traditionnels et découvrent le caractère unique et exceptionnel de cet homme qui est le messie de Dieu et le Fils du Dieu vivant. Ce passage qui est transmis en des versions différentes par les trois évangélistes constitue le point de départ à partir duquel se sont développées les confessions de foi chrétienne. Pierre devient pour ainsi dire le premier confessant et se voit doté pour cela d'une responsabilité particulière.

Les docteurs de l'Église disent de Jésus : « Dieu né de Dieu, lumière née de la lumière, vrai Dieu né du vrai Dieu, de même nature que le Père. »

En comparant les trois Évangiles nous voyons bien que la confession de foi se développe et s'approfondit par les expériences progressives des disciples dans la foi. Chez Marc, il est dit : « Tu es le Messie » ; chez Luc : « le Messie de Dieu » ; chez Matthieu : « le Messie, le Fils du Dieu vivant ».

Qu'est-ce que cela veut dire ? Peu à peu, il devient évident que ce Messie ne correspond pas à celui que les juifs attendaient. Mais celui en qui confluent deux lignes d'attente. D'une part on attendait un nouveau David ou un nouveau Moïse, un grand roi et législateur, qui est l'ami de Dieu et son médiateur, comme l'étaient David et Moïse. D'autres attendaient que Dieu lui-même intervienne et prenne en main les affaires du monde. En la personne du Christ se réunissent les deux lignes d'attente. Il y a bien là un homme, mais en qui Dieu en personne intervient.

Jésus a été bien décrit par ces expressions « Fils de Dieu, lumière née de la lumière, vrai Dieu né du vrai Dieu, engendré non pas créé ». Cela ressort de l'ensemble des rencontres avec lui que relatent les Évangiles, depuis la prédication en Galilée, en passant par l'annonce de son message et le procès devant la juridiction juive, où il fut précisément confronté à la question s'il était Dieu ou non, jusqu'à la Croix et la rencontre du Ressuscité. Les autorités juives sentaient bien qu'elles étaient en présence d'une prétention surhumaine ; elles la comprenaient comme un blasphème et ne pouvaient pas faire autrement. On peut dire qu'elles ont bien compris ce que Jésus voulait dire. Il leur donne d'ailleurs raison : « Oui, je le suis ! »

LA TRINITÉ

En Irlande, la feuille de trèfle est devenue le symbole national parce qu'elle servait à saint Patrick comme image de la Trinité. Pour le commun des mortels, en tout cas pour des non-Irlandais, cela est difficile à comprendre : Père, Fils et aussi l'Esprit Saint – trois êtres et pourtant un seul. Cela est compliqué même pour les saints. Une peinture de Pinturicchio représente un évêque se tenant au bord d'un golfe, levant les bras de manière interrogative et regardant dans le vide. La peinture a pour titre : Saint Augustin au bord de la mer méditant le mystère de la Sainte Trinité. *La doctrine sur la Trinité est-elle le résultat d'une spéculation sur Dieu ?*

Je voudrais m'arrêter un peu à saint Augustin. J'ai introduit cette image du coquillage dans mes armoiries, pour marquer mon estime envers Augustin. Il a écrit son grand ouvrage sur la Trinité en luttant et en reconnaissant sa faiblesse. De là est née la légende le montrant au bord de la mer ; il rencontre un garçon creusant un trou dans le sable et essayant d'y verser tout l'océan à l'aide d'un coquillage. Ce que voyant, le saint prend conscience qu'il n'est pas plus difficile de verser tout l'océan dans un petit trou que de vouloir comprendre le mystère de Dieu avec notre petite tête.

Cette légende est une belle expression de nos limites. L'océan ne peut être contenu dans la petite coquille de notre pensée si étendue soit-elle. L'altérité de Dieu nous restera toujours insaisissable.

Non seulement pour des hommes normaux, mais même pour les plus savants, ce mystère d'un Dieu qui est Un et subsiste pourtant en trois personnes, en cette triple relation d'amour, est insoluble. Il est important que la foi chrétienne maintienne les deux affirmations : Dieu est unique et d'une profonde unité. Mais, cette unité, la plus profonde qui soit n'est plus unité de ce qui est indivisible, mais est le résultat d'un dialogue d'amour. Dieu l'unique est en lui-même relation : c'est pourquoi il peut créer la relation. Nous pouvons d'une certaine manière en soupçonner le sens, même si nous ne pouvons absolument pas en résoudre le mystère.

Comment alors s'est élaborée la doctrine trinitaire ?

À partir de la fréquentation du Christ. À partir du fait qu'il appelle Dieu *son Père* dont il se dit *le Fils* – le Christ ne se désigne pas comme « un fils de Dieu » – et se montre ainsi identique à Dieu.

Ce qui a posé par la suite beaucoup de questions. Qu'en est-il réellement : le Christ est-il un Dieu, y a-t-il par conséquent deux Dieux ? Est-il tout autre chose ? A-t-il été présomptueux ? Ce qu'il dit, est-ce vraiment la vérité ? Il y a une donnée d'expérience, à savoir le dialogue de Jésus avec le Père, à quoi s'ajoute la prétention née de ce dialogue Père-Fils et qui s'adresse par sa parole aux auditeurs. Si bien que nous trouvons là d'un côté l'égalité, l'unité et la divinité dans l'unicité de Dieu, et d'un autre côté également la différence et la distinction.

De plus, le Christ parle lui-même de l'Esprit du Père, qui est en même temps son Esprit. Il est naturellement encore beaucoup plus difficile de comprendre que cette dualité Père-Fils englobe un élément supplémentaire, le Saint-Esprit. Le Christ était une personne, dont on pouvait faire l'expérience, l'Esprit Saint n'est présent que par son action, mais comme personne il n'est pas aussi tangible. C'est la raison pour laquelle on a si longtemps débattu sur son caractère personnel. Mais lorsque Jésus parle de lui comme du « paraclet », de l'avocat qu'il nous laisse, du consolateur, il devient évident qu'il le place au même niveau que lui-même et que cet être relationnel en Dieu s'exprime dans cette structure triple Père-Fils-Esprit.

La théologie a toujours essayé de montrer, en des tentatives à la fois touchantes et impressionnantes, la cohérence interne de la relation qui n'est parfaite qu'à trois. Elle a fourni pour cela des concepts qui nous permettent, malgré la disproportion du petit trou que nous avons creusé, d'y apercevoir quelque chose de l'immense océan. Ce qui est par conséquent essentiel, c'est que la doctrine trinitaire n'est pas une conceptualisation, mais le résultat d'une expérience. Elle est issue de la rencontre avec ce que le Christ dit et fait et, de ce qui a pu être formulé petit à petit dans la fréquentation avec foi et intelligence de ces paroles et ces actions. Il ne faut pas oublier qu'il y a tout au début la formule baptismale : « Je te baptise au nom du Père et du Fils et du Saint-Esprit. » Cette formulation remonte au Ressuscité lui-même. Même si sa profondeur n'était pas encore exploitée, elle structure, dès le début de l'Église, la prière et la foi chrétiennes.

NOTRE PÈRE

Le Notre Père *est la seule prière que Jésus ait apprise à ses disciples et constitue une composante essentielle de toute célébration. Comme le Credo, comme les tribus d'Israël, comme les apôtres et comme les constellations du ciel, cette prière comporte le nombre douze. Ses douze phrases comportent exactement sept demandes. Elle doit contenir un grand mystère.*

Je ne savais pas qu'il y avait douze phrases. On peut se poser la question si ce fait concerne le texte grec. S'il en est ainsi, c'est une structure intéressante. Nous avons deux versions du *Notre Père :* l'une chez Matthieu, l'autre chez Luc. Je trouve très beau cette gradation et cette cohérence interne des sept demandes où chaque mot a son poids propre.

Déjà, le seul mot de « Père », par lequel nous exprimons notre relation filiale à Dieu, est inépuisable. Mais aussi le terme « nous » en fait partie intégrante. Ce n'est pas le « je », mais le « nous » qui nous situe dans cette filiation. La structure de cette prière est d'une richesse que l'interprétation de tous les siècles a peu à peu mise en évidence.

C'est une prière apparemment toujours jeune...

Il existe un nombre infini d'ouvrages sur cette prière parce que chacun s'y retrouve personnellement. C'est pourquoi on peut dire du *Notre Père* ce qu'on dit de la Parole de Dieu et aussi du Credo des chrétiens : c'est une formule fixe qui est toujours la même et qui est pourtant inépuisable et toujours nouvelle. Elle mène toujours plus loin. Nous ne sommes pas rivés à un passé où il n'y aurait plus rien de nouveau à découvrir : au contraire nous évoluons dans un pays où bien des découvertes nous attendent, et où chacun peut de nouveau se retrouver soi-même.

Et pourquoi l'Église utilise-t-elle cette prière quotidiennement dans la liturgie de la messe ? Uniquement parce qu'elle vient de Jésus ?

Je dirais que c'est une raison suffisante. C'est la prière originelle, qui nous permet le mieux de nous identifier à Jésus priant et de prier comme il faut. Dans une de ses lettres, Grégoire le Grand dit que le *Notre Père* est vraiment essentiel dans la messe parce que le Christ lui-même l'a composé. Il est donc supérieur à toute prière composée par des hommes, plus parfait même que la prière liturgique.

Un passage du Notre Père *dit : « Ne nous soumets pas à la tentation. » Et pourquoi un Dieu aimant voudrait-il nous induire en tentation ? S'agirait-il d'une faute de traduction ? Le frère Roger, fondateur de la communauté de Taizé, une communauté œcuménique française, a proposé de prier : « et ne nous laisse pas en tentation ».*

On glose beaucoup là-dessus. Je sais qu'Adenauer a tourmenté le cardinal Frings avec cette question : comme c'est écrit là, cela ne peut pas être juste. Nous recevons régulièrement des lettres dans ce sens. En fait « ne nous conduis pas dans la tentation » est la traduction littérale du texte grec. Reste évidemment la question du sens de cette formule.

Celui qui prie sait bien que Dieu ne veut pas le forcer à faire le mal. Il prie Dieu de l'assister dans la tentation. L'Épître de Jacques est explicite : Dieu, en qui il n'y a pas l'ombre d'une variation, ne tente personne. Mais Dieu peut aussi mettre à l'épreuve – pensons à Abraham – pour nous faire mûrir, pour nous confronter à notre propre fond et pour nous faire accéder alors seulement parfaitement à lui-même. Ainsi le terme « tentation » est riche de sens. Il est clair que Dieu ne veut jamais nous inciter au mal. Mais il se peut qu'il ne nous épargne pas les tentations, qu'il nous éprouve pour nous aider et aussi nous conduire.

Nous prions en tout cas qu'il ne nous laisse pas tomber dans des tentations, qui pourraient nous faire dévier vers le mal. Nous prions aussi qu'il ne nous impose pas d'épreuves qui dépasseraient nos forces. Qu'il n'abandonne pas son pouvoir, qu'il prenne en considération notre faiblesse et nous protège, pour que nous ne soyons pas perdus pour lui.

Pour parler clairement : la prière reste comme elle est ?

Je dirais : oui. Il ne serait pas tout à fait interdit de faire des traductions sensées comme celle de frère Roger ou d'autres propositions. Mais il me semble préférable tout de même de garder, en toute humilité, le texte tel quel et de l'approfondir dans la prière.

LE PRINCIPE PÈRE-FILS

« Nul ne connaît le Fils si ce n'est le Père, comme nul ne connaît le Père si ce n'est le Fils », dit Matthieu (11, 27). Visiblement l'analogie de la paternité de Dieu est comme la clé de compréhension des générations et aussi du devenir et de l'évanouissement des choses. Les Apôtres nomment le Père « origine et destination de toutes choses », en lui seul l'homme peut se reconnaître. S'agit-il d'une relation profondément gravée dans la vie comme un principe ?

Il me semble important tout d'abord de mettre en évidence le caractère unique de cette relation spécifique entre Père et Fils. La phrase : « Nul ne connaît le Père si ce n'est le Fils » exprime d'abord une loi tout à fait générale du processus de connaissance. Il dit que seul le semblable peut être connu du semblable. Là où n'existe aucune analogie avec Dieu, il ne peut y avoir connaissance de Dieu. Au sens propre du terme, Dieu ne peut être connu que par lui-même. C'est pourquoi lorsque l'homme accède à la connaissance de Dieu, il faut présupposer que Dieu a élevé l'homme en l'établissant dans un lien de parenté avec lui, de sorte qu'il y ait assez de vivante similitude en l'homme pour qu'une connaissance de Dieu devienne possible. Jésus continue : « ... et celui à qui le Fils veut bien le révéler ». En d'autres termes : la connaissance ne surgit que d'une volonté commune.

Mais, la relation Père-Fils n'est-elle pas exemplaire également pour l'existence humaine ?

On peut la considérer comme telle. On l'utilise d'abord comme modèle de pensée, nous permettant d'avoir un peu de lumière sur Dieu. Sans oublier ce que dit le quatrième concile du Latran : la dissemblance entre Dieu et les créatures est beaucoup plus grande que la ressemblance. Mais, par ailleurs, la relation humaine père-fils ne pourrait pas nous servir d'analogie pour comprendre quelque chose ne serait-ce qu'imparfaitement du mystère de Dieu, si elle ne portait en elle une trace de Dieu.

Cette relation spécifique père-fils, relation faite de don, d'accueil, de réponse, est une relation humaine originelle. En approfondissant philosophiquement cette question, on débouche naturellement sur la question de la famille, ce qui ne manque pas de nous conduire aux limites de l'analogie. En tout cas, il est juste de dire que cette relation tout à fait spécifique nous oriente dans une direction pouvant mener à Dieu.

La crise de la paternité dans la civilisation moderne, la disparition du rôle du père tel qu'il fonctionnait jusqu'ici, met à mal le concept d'autorité. C'est comme si tout un savoir traditionnel était tombé dans l'oubli ou repoussé avec légèreté. Il est devenu difficile de continuer à faire confiance aux traditions. Pour employer une image, on a jeté le bébé avec l'eau du bain.

Dieu a donné une mission aux pères, disait-on. Effectivement, la transmission d'un héritage s'opère depuis toujours dans la lignée père-fils ; elle a presque toujours été un processus dramatique, une lutte, qui comporte une part de répression et d'enseignement où la résistance est nécessaire à la croissance.

Voici comment Erich Fromm a décrit un jour la différence entre l'amour paternel et l'amour maternel. L'amour maternel, dit-il, est originel, il est un don, il est une sorte d'amour aveugle, il ne comporte aucune obligation morale. L'amour paternel, en revanche, est un amour conditionnel : c'est un amour qu'on peut mériter en s'efforçant de vivre selon des règles.

Ce sont là de graves questions anthropologiques. Comment fonctionne la transmission de l'essence humaine, de la sagesse humaine, de l'expérience ? Quels sont les fondements des relations originelles « père-mère-enfant » ou mère-fille ? Que nous disent-elles ou que ne nous disent-elles pas du mystère de Dieu ? Je voudrais d'abord souligner encore une fois qu'il y a une énorme dissemblance entre ces relations et la relation avec Dieu. Et que toutefois dans les ressemblances apparaît le Tout-Autre ; c'est pourquoi l'utilisation des analogies exige une extrême prudence. Mieux nous comprendrons les relations humaines père-fils ou mère-enfant, plus nous serons à même de soupçonner quelque chose de Dieu. Par exemple que l'amour de Dieu pour nous est aussi un amour maternel, bien que – nous l'avons déjà dit – l'appellation « mère » n'est pas utilisée pour s'adresser à Dieu dans la prière.

Je ne connaissais pas ce texte d'Erich Fromm. Je le trouve très intéressant et méritant réflexion. De prime abord, pourtant, je ne souscrirais pas à tout. Je pense aussi que l'amour maternel, qui est d'abord un penchant naturel – elle a porté cet enfant en elle, il est de son sang – n'est pas seulement une réalité biologique innée d'attention et d'amour. Il comporte aussi une responsabilité de transmettre non uniquement la vie biologique mais aussi l'amour qui en fait partie et la possibilité de devenir un être humain.

Je crois que cet amour comporte une profonde exigence morale. La maternité humaine n'est jamais simplement une maternité biologique :

elle est aussi un processus spirituel. La mère porte l'enfant en elle, elle le met au monde, elle est amenée par là à s'en expliquer mentalement avec l'enfant. Ce processus la concerne dans la totalité de sa personne.

La relation père-fils est sans aucun doute différente et plus difficile. Un théologien disait qu'il faudrait de nos jours compléter la parabole du fils perdu par celle du père perdu. Les pères se consacrent souvent entièrement à leur profession ; ils sont plus préoccupés par leurs performances que par le don de la vie et les devoirs qui en découlent. Mais la carence des pères cause aussi de graves dommages aux fils. Dans les mythologies païennes, le dieu Zeus, par exemple, est dépeint comme lunatique, imprévisible, autoritaire : le père incarne la puissance et l'autorité, auxquelles ne correspondent pas la nécessaire responsabilité, ni la maîtrise par le droit, ni la bonté. La figure du père que nous présente l'Ancien Testament est déjà tout autre, et plus différente encore celle qui apparaît dans les paroles de Jésus. Là, autorité et responsabilité se correspondent. Nous avons l'image de la puissance bien ordonnée et se confondant avec l'amour, qui ne règne pas par la peur mais suscite la confiance. Dieu est Père en se tournant vers nous, en nous acceptant, de sorte que nous puissions, par amour filial, lui appartenir. Il fixe aussi les règles et éventuellement corrige, avec une sévérité qui est amour et pardon. L'histoire du Fils perdu est la représentation la plus pertinente de Dieu-Père dans le Nouveau Testament, que nous tenons, de la bouche même de Jésus.

C'est pourquoi nos expériences humaines de paternité se trouvent corrigées, une référence leur étant fournie. L'image de Dieu le Père, telle que la Bible nous la présente, n'est pas une projection de nos expériences en elle, mais, au contraire, c'est de Dieu que nous apprenons de manière toute nouvelle ce qu'est être père, et ce que cela pourrait et devrait être parmi les hommes.

Chapitre 5

LA VIE

Je crois que chacun voudrait bien savoir comment vivre correctement, comment fonctionne la vie, comment bien la mener, comment arriver à s'en sortir et à éprouver un sentiment de bien-être. Le grand acteur Gary Grant, avant sa mort, a laissé à sa fille Jennifer une émouvante lettre d'adieu. Il voulait lui laisser quelques recommandations. « Très chère Jennifer, », écrit-il, « Vis pleinement ta vie, sans être égoïste. Sois modérée, respecte la peine des autres. Recherche ce qu'il y a de meilleur et ce qui a bon goût. Sois claire dans la pensée et pure dans le comportement. » Et, un peu plus loin : « Sois reconnaissante pour les visages d'hommes bons et le tendre amour de leurs yeux... Pour les fleurs qui dansent dans le vent... Un court sommeil encore et je me réveille pour des éternités. Si je ne me réveille pas comme nous le comprenons, alors je continue de vivre en toi, très chère fille. » On peut l'entendre de manière catholique.

C'est certainement une très belle lettre. Je ne sais pas jusqu'à quel point il fut ou ne fut pas catholique. Il s'agit à vrai dire de la parole d'un homme devenu sage. Il avait le sens pour ce qui est bon et a cherché à le transmettre avec une merveilleuse affabilité.

LA VIE HUMAINE

Si nous considérons la vie humaine de très haut, qu'est-elle ? Est-elle fondamentalement plutôt un jeu qui demande à être joué ? Est-elle comme une plume dans le vent ? Dépend-elle des instincts ou de forces obscures, de l'origine d'un homme, de la piqûre d'une mouche de la malaria qui peut la faire dérailler ? Ou bien le cours de notre vie est-il depuis longtemps fixé d'avance ? Comme par un indicateur que Dieu dans son insondable conseil aurait inscrit dans son livre secret de la vie ? C'est ce que

Michel-Ange exprime en disant : « La figure est depuis longtemps dans la pierre. Je ne fais qu'enlever le superflu. »

Quel riche programme dans cette question ! Je crois qu'en posant la question : « Qu'est la vie ? » il est important d'abord de saisir la complexité de cette notion.

La vie est d'abord une réalité biologique. Elle émerge de l'inorganique et décrit un nouveau plan de la réalité. Ce qui caractérise principalement la vie, c'est la capacité de se reproduire elle-même et de fonctionner comme un mécanisme autonome, qui précisément n'est pas une machine, mais un organisme. Nous avons donc d'abord le plan biologique, qui commence par les plus simples organismes unicellulaires, puis qui se développe en des formes de plus en plus importantes et complexes et devient sans cesse plus grandiose, plus mystérieux et plus riche.

Avec l'homme s'ajoute une nouvelle dimension. C'est l'esprit qui vit et qui est la vie. L'esprit se fond dans l'existence biologique et par là confère à la vie cette dimension supplémentaire.

Le croyant chrétien est convaincu qu'une autre et nouvelle dimension encore nous advient, et ce, dans la rencontre avec le Christ. Nous en soupçonnons quelque chose dans l'expérience de l'amour humain : quand je suis aimé mon esprit est animé, grâce à celui qui m'aime, d'un nouveau dynamisme, qui constitue un nouveau plan d'être. Une chose semblable se passe lorsque Dieu lui-même par le Christ se tourne vers moi : ma vie devient par là une participation à la vie créatrice originelle.

Cela veut dire que la vie a de multiples degrés.

Et elle atteint son degré le plus élevé lorsqu'elle devient vie avec Dieu. C'est d'ailleurs en cela que réside la témérité de l'aventure humaine. L'homme peut et doit être la synthèse de ces divers étages de la création. Il peut et doit accéder au Dieu vivant et lui rendre ce qui vient de lui. Nous avons déjà dit que le dynamisme de la vie comporte un facteur de liberté, et ce facteur s'oppose à la prédétermination intégrale.

Selon l'image chrétienne de Dieu, la vie n'est pas inflexiblement fixée. Car ce Dieu est si grand et si maître de tout, il aime si essentiellement la liberté qu'il peut introduire dans la vie humaine l'autodétermination. Même si cette vie est toujours en ses mains, la liberté n'est pas pour autant une fiction. Elle va si loin que même le grand projet de Dieu peut être détruit par l'homme.

Si la liberté est autre chose qu'un mot, comment vais-je arriver réellement à gérer ma vie ? Comment maîtriser la roue de ma vie, toutes ces étapes si importantes dans le déroulement d'une vie, les passages de l'une à l'autre, les croisées des chemins ? Quand une vie réussit-elle ? Peut-on même parler ainsi à partir de l'enseignement du Christ ? Doit-elle ressembler à celle de mère Teresa ?

C'est une possibilité. Mais lorsque nous nous représentons la grande galerie des saints, ou même la galerie des grands hommes avec une vie réussie, nous nous apercevons que les vocations sont variées. Tout le monde n'est pas une mère Teresa. Un grand savant, un grand érudit, un musicien ou un artisan tout discret, un ouvrier... peuvent aussi être des exemples d'une vie réussie, dans la mesure où ils vivent leur vie honnêtement et fidèlement et humblement...

Cela sonne un peu vieux jeu...

Peut-être... Mais on peut trouver là une vie pleine, hier comme aujourd'hui ou demain. Toute vie a sa vocation propre. Elle a son propre code et son propre chemin. Aucune n'est simplement une imitation, choisie et exécutée parmi une multitude d'exemplaires qui se ressemblent. Chacun a besoin d'avoir le courage de la créativité pour vivre sa vie et ne pas devenir la copie de quelqu'un d'autre.

Lorsque vous examinez la parabole du serviteur paresseux qui a enterré son talent pour que rien ne puisse lui arriver, vous comprenez ce que je veux dire. C'est un homme qui ne veut pas prendre le risque de vivre sa vie et de la développer selon son originalité. Il ne veut pas l'exposer aux dangers inévitables.

C'est dans ce sens qu'il y a multiplicité de vocations. J'avais dit dans notre premier livre, *Le Sel de la terre*, qu'il y a autant de chemins qui mènent à Dieu qu'il y a d'hommes. Il faudrait ajouter ici : il y a autant de chemins vers un vie comblée qu'il y a d'hommes.

L'homme est-il pour ainsi dire une créativité vide ?

Non, tout cela ne signifie pas que nous sommes projetés, perplexes, dans l'océan de l'indétermination, comme dit Sartre qui pense que la liberté est une malédiction. La vache n'a pas à réfléchir pour être vache, mais l'homme doit s'inventer lui-même. Pourtant, il n'en est pas ainsi : l'homme n'a pas à surgir du néant dans la vie, sans projet.

Il y a les modèles fondamentaux. Chaque être humain tente de trouver quelque part des sources d'informations et pose des questions : comment as-tu fait, comment a-t-il fait, comment puis-je faire ? Comment puis-je me connaître moi-même et reconnaître mes possibilités ? Nous sommes convaincus que le Christ est notre source d'informations fondamentale. D'une part il nous fournit les grandes lignes directrices communes et, par ailleurs, il entre en relation avec nous, dans une relation tellement personnelle que, avec lui et dans la communauté des croyants, nous pouvons reconnaître notre originalité – originalité et communauté deviennent alors conciliables.

Autrefois les hommes voulaient tout simplement être des personnes honnêtes et assurer à peu près leur existence. C'était suffisant. Il y avait un temps pour labourer le champ, un temps pour semer et un temps pour récolter. La Bible disait comment la vie fonctionnait. De nos jours tout semble devenu plus compliqué. Le fil rouge d'une vie, en tout cas le plan selon lequel elle se déroulait et qui constituait comme une identité, est de plus en plus difficile à filer.

Il est indéniable que, dans notre société complexe, vivre est devenu plus compliqué. Malgré tout, il ne faudrait pas jeter le bébé avec l'eau du bain et considérer les éléments constants comme inexistants. Nous avons déjà médité les dix commandements : chaque génération et chaque être doit les redécouvrir, mais ils contiennent un message clair et inchangeable.

Remarquons que le christianisme ne se dilue pas dans l'informel et n'aurait plus rien à dire. Il a justement un contour qui, d'une part, est assez ample pour offrir à l'originalité un espace pour se développer et qui, par ailleurs, peut fixer des critères rendant possible ce développement. C'est précisément dans un monde désordonné et compliqué que nous devons et pouvons nous appuyer sur les grandes constantes de la Parole de Dieu pour continuer à trouver le fil rouge. Car, si on ne le fait pas, la créativité nihiliste de l'individu finira rapidement par devenir, dans les faits, une copie qui se soumet aux normes communes et qui justement ne fait que ce qu'offrent les possibilités du moment.

Si nous laissons tomber le message spécifique de la foi, nous ne devenons pas plus originaux, mais nous tombons dans l'uniformisation, selon le mode du temps. Cette uniformisation, nous la percevons très clairement dans l'uniformité de l'existence moderne. C'est pourquoi je pense qu'il est aujourd'hui plus important que jamais de voir que les constantes de la révélation et de la foi continuent d'être des indicateurs ; ils me fournissent des points de repère me permettant de m'élever et en même temps m'éclairent pour que je puisse m'épanouir dans ma vocation toute personnelle.

LE PRINCIPE JÉSUS

Jésus voulait sans cesse guider les hommes ; leur fournir les vrais points de repère pour une vie réussie dont vous avez parlé. Il monta un jour sur une montagne, et son sermon ouvre pour ainsi dire un nouveau chapitre.

Toujours est-il que, déjà à l'époque, son influence devait être renversante. Il est dit : « Quand Jésus eût achevé ces instructions, les foules restèrent frappées de son enseignement ; car il les enseignait en homme qui a autorité et non pas comme leur scribe. »

Le sermon sur la montagne a certainement une connotation symbolique. Jésus se présente ici comme le nouveau Moïse. Le mont Sinaï est remplacé par la montagne des Béatitudes, nouvelle hauteur d'où il enseigne les hommes. Tout d'abord il s'appuie sur la structure du décalogue ; mais il l'approfondit aussi, le renouvelle, lui donne par le sermon sur la montagne une nouvelle dimension et lui confère une nouvelle exigence. De plus, il ouvre une nouvelle étape pour l'humanité, devenue possible parce que Dieu se lie aux hommes.

Jésus a déclaré publiquement : « Mon enseignement ne vient pas de moi mais de celui qui m'a envoyé. Si quelqu'un veut faire la volonté de Dieu, il saura si cet enseignement vient de Dieu ou si je parle de mon propre chef. »

Il se met sur un pied d'égalité non seulement avec Moïse, ce qui pour les auditeurs n'eût pas été facile à supporter, mais avec le vrai législateur, Dieu lui-même. Jésus interprète avec l'autorité divine : « On vous a dit », c'est-à-dire « Dieu vous a dit » – c'est ainsi qu'il parle –, et, plus loin : « Mais moi je vous dis... » C'est pourquoi le sermon sur la montagne est l'expression la plus forte de sa prétention divine. Il prétend que désormais ce n'est plus à travers une médiation humaine, mais de Dieu lui-même que la loi de l'Ancienne Alliance reçoit son interprétation la plus profonde et sa valeur universelle.

Les hommes le perçoivent. Ils perçoivent aussi très fortement le double aspect du sermon sur la montagne : d'une part, il apporte une nouvelle intériorité, une maturité et une bonté nouvelles, une libération de ce qui est superficiel et extérieur ; d'autre part, il présente une exigence nouvelle et plus grande. Et cette exigence est même si grande que l'homme, s'il reste seul, ne peut qu'en être écrasé.

Lorsqu'il est dit : Je ne vous dis pas seulement de ne pas commettre l'adultère, mais encore de ne pas regarder une femme avec convoitise ; lorsqu'il est dit : Non seulement tu ne tueras pas, mais tu ne te fâcheras pas contre le prochain ; lorsqu'il est dit : La loi du talion, œil pour œil, dent pour dent est insuffisante, tu dois au contraire tendre la joue à qui te frappe ; lorsque Jésus dit cela, nous sommes alors confrontés à une exigence qui, non seulement est grande et admirable, mais qui semble aussi dépasser ce qui est possible à l'homme. Ou, pour le moins, qui devrait le dépasser, si cette exigence n'avait été vécue par Jésus-Christ et si vivre ainsi n'était une conséquence de la rencontre personnelle avec Dieu. Nous y voyons à l'œuvre la puissance de Dieu ; et aussi que Jésus n'est pas l'un des messagers de Dieu, mais le messager définitif, par qui Dieu en personne nous parle.

Le passage de Jean, que vous avez cité, résume tout cela en une formule : « Fais-en l'expérience, nous dit-elle, car si tu vis selon ma parole, alors tu constateras que tu as pris le bon chemin. »

Le sermon sur la montagne ne correspond pas nécessairement aux conceptions traditionnelles. Il contredit notre conception du bonheur, de la grandeur, du pouvoir, du succès ou de la justice. Visiblement, Jésus recourt à d'autres catégories. Et, à la fin de son discours, il résume pour ses auditeurs ce qui est vraiment important, en une loi de la Loi, la règle d'or de la vie : « Ainsi, tout ce que vous voulez que les hommes fassent pour vous, faites-le vous-mêmes pour eux : c'est la Loi et les Prophètes. »

La règle d'or existait déjà avant le Christ, mais sous une forme négative : « Ce que tu ne veux pas qu'on te fasse, ne le fais pas aux autres. » Jésus dépasse cela dans une formulation positive, qui est évidemment beaucoup plus exigeante. « Tout ce que tu veux qu'on te fasse, dit-il, fais-le aux autres. » C'est un appel à la fantaisie créatrice de l'amour. Et ainsi cette règle devient la loi de la liberté, selon le résumé que fait la lettre de Jacques du sermon sur la montagne et de l'enseignement de Jésus en général. En fin de compte s'ouvre là un espace infini où la créativité du bien peut s'épanouir.

Ce qui est magnifique, me semble-t-il, c'est qu'on peut se passer de savoir qui a fait quoi à qui, comment et où ; qu'on n'a plus besoin de se perdre dans des distinctions, mais qu'on voit très bien ce qui nous est demandé : ouvrir les yeux, ouvrir le cœur et trouver les possibilités créatrices du bien. Il ne s'agit plus de me demander ce que je me souhaiterais, mais ce que je voudrais donner à l'autre. Et ce réel don de soi, avec toute sa fantaisie créatrice, avec toutes les possibilités qui s'offrent, est ramassé dans une règle tout à fait pratique, pour éviter que cela ne reste un quelconque idéal rêvé.

Le grand sermon sur la montagne débute par les Béatitudes. Il est intéressant de constater qu'il y en a précisément neuf. Le chiffre neuf est considéré comme le chiffre des anges, parce que leur monde est divisé en neuf chœurs. Il est aussi un symbole de la perfection.

Les béatitudes constituent un texte tout à fait particulier, parce qu'elles sont très loin de nos propres critères. Non pas les riches sont proclamés bienheureux – il y a une différence entre bienheureux et heureux – mais les pauvres ; non pas ceux qui sont épargnés par la souffrance, mais ceux qui souffrent. La faim de justice, le cœur pur, et beaucoup d'autres choses y sont évoquées.

Le pape a dit, dans une de ses encycliques, que les béatitudes sont en réalité une biographie silencieuse de Jésus. Effectivement tous les éléments des béatitudes sont réalisés en lui. Il est celui qui est pauvre dans l'Esprit Saint. Il est celui qui vient du milieu des pauvres. Il est celui qui intervient pour la justice. Il est celui qui fonde la paix, qui souffre pour la vérité. Je crois que nous ne pouvons bien comprendre les béatitudes que si nous les voyons dans la personne du Christ. Il en vit et par lui elles deviennent des indications pour nous. Les vocations particulières restent bien entendu différentes. Pour l'un, c'est tel aspect qui est au premier plan, pour un autre, c'est un aspect différent. Il est important de les considérer incarnées dans le Christ et de voir ainsi qu'elles sont imitables dans la vie.

Peut-on supposer que chaque phrase des béatitudes est chaque fois une clé pour un mystère particulier ?

Oui, mais il ne faudrait pas le comprendre dans un sens ésotérique. C'est une clé pour entrer dans la vie : alors des mystères qui auparavant étaient inexpliqués se clarifient. Il s'agit moins d'une forme occulte d'explication ou de révélations codées. C'est une entrée dans la vie et chaque pas en avant ouvre en même temps à la compréhension et à la connaissance.

VRAIS ET FAUX SOUCIS

Venons-en à quelques « applications » du sermon sur la montagne. Il est littéralement question des vrais et des faux soucis. Jésus dit qu'il ne faut pas se préoccuper de la nourriture et du vêtement, car la vie est plus importante que ce qu'on mange et ce dont on s'habille. Tout cela, les païens le recherchent. Le Père du ciel sait de quoi ses enfants ont besoin : « Regardez les oiseaux du ciel, conseille-t-il, ils ne sèment ni ne moissonnent, ils n'amassent point dans des greniers ; et votre Père céleste les nourrit ! Ne valez-vous pas plus qu'eux ? » (Mt 6, 26).

C'est agréable à entendre, mais celui qui le mettrait en pratique se trouverait vite sur la paille.

Dans un monde fondé sur la planification et qui veut s'améliorer par la prévision, ce qui vient d'être dit est naturellement devenu totalement incompréhensible. Je pense qu'il faut lire ce texte avec précision. Il contient une clé. Jésus dit bien : « Cherchez d'abord le royaume de Dieu et le reste vous sera donné de surcroît » (Mt 6, 33). Cela veut dire qu'il y a un ordre de priorité. Si nous excluons la priorité, à savoir la présence de Dieu dans le monde, quoi que nous fassions, même d'utile, cela n'aura pas d'avenir. Et nous voyons bien qu'il manque quelque chose. Même si les améliorations techniques facilitent souvent la vie, à bien des égards elles l'assombrissent aussi et la rendent plus difficile.

Je crois que cette priorité est déterminante : d'abord le royaume de Dieu. Ce doit être le souci fondamental qui, de l'intérieur, à partir du royaume de Dieu, structure tous les autres soucis. Naturellement, cela ne nous fait pas pousser des ailes. Nous nous préoccupons du lendemain ; nous devons nous soucier de savoir comment le monde va continuer. Mais ces soucis sont librement assumés et sont moins pesants lorsque la priorité y est présente. Et, inversement, ces soucis usent l'homme et le minent, s'il perd de vue cette priorité.

LE JUGEMENT

Jésus a dit un jour, du haut de la montagne : « Ne jugez pas, et vous ne serez pas jugés ! car, du jugement dont vous jugez, on vous jugera, et, de la mesure dont vous mesurez, on usera pour vous ! » (Mt 7, 1-2). *C'est vite dit, mais ne nous faut-il pas aussi juger ?*

C'est incontestable. Jésus lui-même, selon Matthieu 18, a défini la règle de la communauté ; il dit de prendre le frère entre quatre yeux et de le corriger ; s'il n'écoute pas, qu'on le fasse dans un cercle plus étendu, et ainsi de suite. Des règles, en particulier des règles juridiques, sont nécessaires à l'homme. Il s'agit ici d'une autre dimension : nous n'avons pas à nous instituer juges du monde entier, mais il nous faut respecter aussi, en jugeant, le mystère de l'autre. Même lorsque la justice, pour maintenir l'ordre, doit juger, elle ne condamne pas la personne, mais certains de ses actes en essayant de trouver la réponse adéquate ; nous devrions en tout cas respecter le mystère du non-dit dont Dieu seul est le juge.

Le deuxième membre de ce précepte présuppose que nous ne devons pas oublier que nous aussi nous serons jugés de la même manière que nous avons jugé. C'est une invitation à garder la juste mesure, de connaître les bonnes limites, de faire preuve du vrai respect envers l'autre. Jésus nous fournit donc une règle intérieure pour juger quand cela s'avère indispensable. Elle consiste à reconnaître sans cesse cette dernière instance de Dieu.

LES DEUX VOIES

Jésus disait un jour : « Entrez par la porte étroite. Car large et spacieux est le chemin qui mène à la perdition et il en est beaucoup qui le prennent. Mais étroite est la porte et resserré le chemin qui mène à la Vie, et il en est peu qui le trouvent » (Mt 7, 13-14).

On pourrait en déduire que l'enfer est très peuplé et le ciel à moitié vide. Mais ce n'est certainement pas le sens de ces paroles. Il est important de lire toutes les paroles ensemble et nous en avons ici une nouvelle preuve : ailleurs le Seigneur nous dit que beaucoup viendront du levant et du couchant prendre place au festin avec Abraham, Isaac et Jacob (*cf.* Mt 8, 11). L'Apocalypse parle de la foule immense, impossible à dénombrer, qui se rassemblera devant le trône de l'Agneau (*cf.* Ap 19, 6-9). Il s'agit ici d'un avertissement tout à fait pragmatique : si on se comporte comme tout le monde se comporte, si on prend le chemin de la facilité, ce chemin large, ce qui est à l'instant certainement plus commode, alors on s'écarte de la vraie vie. Cela veut dire que prendre le chemin étroit et ardu, et la porte étroite par laquelle je m'efforce de passer est une bonne décision.

Nous avons ici un langage imagé avec toute son expressivité orientale qui exprime avec évidence une règle fondamentale dans la vie quotidienne. Se contenter de se laisser pousser, de nager avec le courant, de se fondre dans la masse ne peut que nous conduire dans le vide. Le courage de grimper, de nous élever péniblement est ce qui conduit sur le vrai chemin.

LES FAUX PROPHÈTES

Le Christ dit encore : « Méfiez-vous des faux prophètes : ils viennent à vous déguisés en brebis, mais au-dedans ce sont des loups rapaces. C'est à leurs fruits que vous les reconnaîtrez. Cueille-t-on des raisins sur des épines ? ou des figues sur des chardons ? Tout bon arbre produit de bons fruits alors que l'arbre mauvais produit de mauvais fruits » (Mt 7, 15-17). C'est comme une mise en garde contre les sectes et les hérésies.

On peut le comprendre ainsi. Mais c'est d'abord une règle toute simple. Nous sommes à une époque où pullulaient les philosophes itinérants, les charlatans et autres sauveurs. Tous promettaient le salut et indiquaient le bon chemin, tous voulaient embellir l'homme et apporter le vrai et le bien et pourtant ils ne cherchaient souvent que leur propre intérêt. Ce sont des loups rapaces qui détruisent.

C'est contre ces « charlatans du salut » que Jésus met en garde. Il donne le critère permettant de les démasquer : Comment vit-il lui-même ? Qui est-il en réalité ? Quels fruits produit-il ou produit son entourage ? Examine cela et tu verras ce qu'il en est. Cette règle pratique donnée dans un contexte particulier vaut tout au long de l'histoire. Pensons aux prédicateurs du siècle passé, qu'il s'agisse de Hitler ou des marxistes de tout bord : tous viennent et disent apporter la vérité. Ils se présentent en quelque manière comme de doux agneaux mais sont en réalité de grands destructeurs.

Mais cela va plus loin et concerne les nombreux petits prédicateurs, les faux prophètes qui disent à chacun : je possède la clef ; tu dois agir ainsi et tu seras rapidement heureux, riche et tu auras du succès. Jésus nous demande d'avoir du discernement devant eux, d'être prudents face à de telles promesses de salut ; de ne pas tomber dans le panneau, mais d'être raisonnablement et objectivement vigilants ; de ne pas se laisser prendre par n'importe quels mouvements, qui ont belle allure mais qui sont vides ou destructeurs. Jésus veut avant tout que nous nous référions à la permanence de la Parole de Dieu et que nous nous demandions quels en sont les fruits.

Est-ce que cela vaut aussi pour les mouvements à l'intérieur de l'Église ?

Le critère des fruits reste toujours valable. Dans l'Église, il faut voir avant tout si quelqu'un se prêche soi-même, s'il veut imposer ses vues personnelles. Ou s'il a l'humilité de se mettre au service de la foi de l'Église et devenir le serviteur du bien commun et de l'unique Parole.

Le sermon sur la montagne contient bien d'autres indications qui aident à vivre. Je voudrais relever une dernière phrase. Jésus dit quelque chose qui est difficile à comprendre et plus difficile encore à mettre en pratique : « Aimez vos ennemis et priez pour ceux qui vous persécutent » (Mt 5, 44). Un peu plus loin, il dit que Dieu « fait lever son soleil sur les méchants et sur les bons et tomber la pluie sur les justes et les injustes » (Mt 5, 45).

L'amour des ennemis est une grande nouveauté. L'esprit de vengeance nous est enlevé. Dans l'ennemi, il faut reconnaître l'être humain, la créature de Dieu. Cela ne signifie pas qu'il faut laisser le méchant nous nuire sans nous défendre. Mais bien que dans notre propre comportement, nous sachions lui garder le respect. Que nous cherchions aussi à lui faire du bien, à l'amener au bien, et finalement l'orienter vers le Christ. Dans ce sens, la prière pour l'ennemi est une composante essentielle de notre volonté de lui faire du bien. En intervenant positivement pour lui auprès de Dieu, et en luttant pour qu'il ne soit plus notre ennemi, mais qu'il quitte son attitude d'inimitié, nous modifions notre attitude intérieure à son égard.

La référence à un Dieu qui, avec magnanimité, fait aussi participer les méchants aux biens de la création, existe déjà dans l'Antiquité. Elle montre l'indifférence de Dieu tant à l'égard du bien que du mal. Mais Jésus élève cet aspect à un autre niveau : il montre l'immense bonté de Dieu qui voudrait inclure chacun dans le bien en lui donnant sa chance et le pourvoyant des biens de la création. Et, même lorsqu'il nous corrige, il le fait dans le seul but que nous l'écoutions. Comme créateur il ne peut faire autrement que d'aimer ses créatures et de souhaiter qu'elles trouvent le bon chemin. Toute espèce de vengeance lui est totalement étrangère.

Lorsqu'on a écouté Jésus sur la montagne et bien réfléchi à tout ce qu'il a dit ; lorsqu'on est un peu fatigué mais heureux ; lorsqu'on sait qu'on n'est pas de ce monde et qu'aucun de nous n'y restera : alors le Maître assure ses auditeurs qu'ils peuvent compter sur la Parole. Il ne s'agit pas de recettes habituelles et de conseils qui n'engagent à rien ; il peut nous le garantir : « Celui qui écoute ces paroles et les met en pratique est comme un homme avisé qui bâtit sa maison sur le roc. »

Il n'est pas comme l'autre qui bâtit sa maison sur le sable : dès que la tempête se déchaîne, elle est emportée par les flots. La maison solide est fondée sur le roc. Cela correspond à ce que disait le passage de saint Jean cité plus haut : celui qui vit d'après l'Évangile, qui ose en faire l'expérience, qui bâtit vraiment sur ce fondement de la Parole, sait qu'il a fait le bon choix.

Cette image de la maison fait penser à un autre passage : la maison sur le roc reparaît dans la conversation avec Pierre. Jésus lui dit qu'il construit sa maison – son Église – sur le roc. Ainsi cette parole nous fait penser que nous ne devons pas construire tout seuls. Celui qui veut construire sa vie comme un appartement privé s'est déjà éloigné du roc. Construire sa vie signifie toujours en réalité collaborer à la construction.

À la construction de l'unique maison de Dieu, bâtie sur le roc de sa Parole et qui nous assure une demeure permanente et sûre.

On pourrait parler indéfiniment de la vie : comment on la vit et la mène à bien, comment on la rend libre, drôle et passionnante. William Shakespeare, connu comme catholique, a vécu intensément sa vie. Les titres de ses pièces se lisent comme le symbolique cours d'une vie, depuis Beaucoup de bruit pour rien *en passant par* Mesure pour mesure *jusqu'à* Tout est bien qui finit bien. *En bon pédagogue, il nous livre à la fin cette recommandation, qui est comme la quintessence de son savoir terrestre : « Achète le temps divin en vendant les heures sombres. »*

C'est une parole sage telle qu'on l'attend d'un grand homme. Le temps le mieux utilisé est celui qui se transmue en permanence. C'est le temps que nous recevons de Dieu et que nous lui rendons. Un temps qui se déroule hors de lui est un temps éphémère qui passe.

Chapitre 6

LA MÈRE DE DIEU

L'histoire de notre chronologie a fondamentalement commencé avec une femme. « L'ange du Seigneur apporta le message à Marie » (cf. *Lc 1, 26-27), nous rapporte l'Évangile. C'était une fille de Nazareth, petite ville inconnue, et apparemment elle ne savait pas ce qui lui arrivait.*

L'importance de cet événement ne fut reconnue qu'au cours de l'histoire. Il y a d'abord la rencontre avec l'ange, dont le message extraordinaire surprit Marie : elle a trouvé grâce aux yeux de Dieu, elle a été choisie pour devenir la mère de Son Fils. Pour Marie, ce devait être là un moment d'une extrême intensité.

Un être humain, mère de Dieu !

En fait, c'est le grand paradoxe. Dieu se fait petit. Il se fait homme et accepte ainsi d'être conçu et de naître comme tous les humains. Il a une mère et il est de cette manière inséré dans la trame de notre histoire ; elle peut réellement dire à son enfant, un enfant humain : en toi est le Maître du monde.

Le terme « mère de Dieu » a longtemps donné lieu à d'âpres disputes. Les Nestoriens disaient que, naturellement, elle n'avait pas mis au monde Dieu même mais uniquement l'homme Jésus. Elle peut être appelée mère du Christ, mais pas mère de Dieu. Au fond, la question était de savoir quelle était la nature de l'unité entre Dieu et l'humain dans cet homme Jésus-Christ : est-elle tellement profonde qu'on peut dire que cet enfant qui vient de naître est Dieu et qu'elle est donc la mère de Dieu ? Elle ne l'est évidemment pas dans le sens qu'elle aurait engendré Dieu même. Elle l'est dans le sens qu'elle est devenue la mère de cet homme totalement uni à Dieu. Par là, elle aussi est entrée dans une unité tout à fait unique avec Dieu.

Marie est honorée comme reine du ciel, archétype de l'Église, ou encore mère de miséricorde. La puissance rayonnante de cette Madone qui ne cesse de mettre en mouvement des millions d'hommes n'est pas mesurable à l'échelle humaine.

De plus en plus, au cours de l'histoire, cet événement a été compris comme une glorification de la femme. Marie est l'archétype de la femme, figure de l'humanité et de l'Église. Alors qu'Ève, la toute première femme, la mère originelle, comme on l'appelle aujourd'hui, et la mère de tous les vivants engendre en vue de la mort, Marie, elle, en donnant la vie au Sauveur, qui ressuscite et donne la vie, accomplit réellement ce que signifie le mot « Ève » : la promesse de la femme et de sa fécondité. Elle devient la mère de celui qui est la vie et qui donne la vie, la mère de la vie et des vivants.

AVE MARIA

*La salutation de l'ange à Marie est devenue l'une des prières principales de l'Église catholique. Quelques grands génies de l'humanité, Mozart, Rossini et d'autres, ont mis en musique l'*Ave Maria *: « Je te salue, Marie, pleine de grâce ! Le Seigneur est avec toi. Tu es bénie entre toutes les femmes et Jésus le fruit de tes entrailles est béni. » Et l'ange ajoute : « Sois sans crainte ! » (Lc 1, 30). Et que répond Marie ?*

« Je suis la servante du Seigneur » (Lc 1, 38). Elle apprend à vaincre sa crainte. Nous le voyons à travers toute l'Écriture, aussi bien chez les bergers que chez les disciples : lorsque l'homme prend conscience de la présence de Dieu, il a peur. Il reconnaît sa petitesse et la gloire et la sainteté de Dieu l'effraient, par le fait même qu'il réalise son incommensurabilité. C'est une des premières paroles de l'Évangile : « Ne crains pas ! » Ce Dieu ne vient pas pour nous faire peur, mais, dans toute sa grandeur, il se fait petit, il abandonne ce qui pourrait inspirer de la crainte parce qu'il vient pour nous sauver.

Jean-Paul II a utilisé cette expression dans sa toute première allocution comme pape : « N'ayez pas peur du Christ. » Je dirais que c'est réellement une attitude qui doit animer tous les chrétiens. Nous n'avons pas besoin d'avoir peur de ce Dieu, comme s'il allait nous prendre quelque chose ou nous menacer : car c'est précisément de lui que vient cette sécurité qui est victorieuse aussi de la mort.

En ce qui concerne l'*Ave Maria* comme prière de l'Église, elle est composée de deux parties. La première reproduit la salutation de l'ange, l'autre reprend les paroles qu'Élisabeth adresse à Marie : « Le fruit de tes entrailles est béni. » Élisabeth ajoute : « Toutes les générations te diront bienheureuse » (*cf.* Lc 1, 42). C'est en quelque sorte une annonce de la vénération de Marie : c'est une prophétie dite dans la mouvance de l'Esprit Saint. En d'autres termes, les chrétiens loueront Dieu en se réjouissant des humains pour lesquels il a fait des merveilles.

Que signifie Marie pour vous, tout à fait personnellement ?

Une expression de la proximité de Dieu. À travers elle, l'incarnation devient une réalité tangible. Il est émouvant que le Fils de Dieu ait une mère humaine et que nous soyons tous confiés à cette mère. Lorsque Jésus, sur la croix, confie Jean à sa mère (*cf.* Jn 19, 25-27), sa parole dépasse de loin l'instant, pour concerner toute l'histoire. Par cette recommandation la prière à Marie ouvre à chaque homme un aspect particulier de la confiance en Dieu, de sa proximité, tout bonnement de la relation à lui. J'ai été personnellement très marqué par le strict christocentrisme du mouvement liturgique qui a été renforcé par le dialogue avec nos amis protestants. Mais, en plus des fêtes mariales liturgiques, les dévotions mariales du mois de mai, le mois du rosaire, les pèlerinages, en un mot toute la dévotion mariale populaire était très importante pour moi. Plus j'avance en âge, plus la mère de Dieu devient importante et proche pour moi.

On ne parle pas beaucoup de Marie dans les Évangiles. Dans des moments importants de la vie de Jésus, elle n'apparaît même pas. Quand elle apparaît, ce n'est pas forcément de manière positive comme une mère aimée.

C'est exact. Dans la tradition évangélique, Marie est très marginale. Chez Matthieu, elle ne joue presque aucun rôle, l'histoire de l'enfance de Jésus tourne davantage autour de Joseph. Visiblement, aussi longtemps qu'elle était vivante, dirais-je, on a respecté sa discrétion car elle-même est apparemment restée discrète.

Jésus fonde une nouvelle famille ; et lorsqu'il loue la femme qui l'a porté et les seins qui l'ont allaité, il corrige immédiatement l'image habituelle de la famille. Ce qui lui paraît important, il le dit : « Heureux plutôt ceux qui écoutent la parole de Dieu et qui la mettent en pratique » (*cf.* Lc 11, 27-28). Ce sont des nouveaux liens de parenté et de maternité. Voici comment il les décrit : « Celui qui fait ma volonté m'est un frère et une sœur et une mère. » C'est pourquoi la rupture avec la famille purement humaine, en vue de bâtir la grande famille de la communauté de ceux qui accomplissent la volonté de Dieu, est essentielle. Luc qui nous rapporte cette réprimande l'a reliée littérairement avec son évangile de l'enfance, avec la scène de la rencontre avec Élisabeth. Marie y apparaît non seulement comme la mère corporelle mais aussi celle qui écoute, qui croit, qui est en communion avec Dieu. D'après l'Évangile de Luc, elle est de manière exemplaire celle « qui écoute la parole de Dieu et la met en pratique ».

Envers d'autres femmes, Jésus se montre affectueux et proche. En revanche, il rabroue souvent sa mère. Lors de la noce de Cana, par exemple, elle demande à son Fils d'intervenir pour que les convives ne manquent pas de vin ; il l'apostrophe vertement : « Que me veux tu, femme ? » (cf. *Jn 2, 4). Est-ce qu'il a vraiment traité sa mère aussi durement ? Se serait-il même temporairement désolidarisé d'elle ?*

Vous faites allusion à un passage de l'Évangile de Jean. La mariologie de Jean est tout à fait spécifique. Dans son Évangile relativement tardif, le rôle de la mère de Jésus est déjà beaucoup plus évident que chez Matthieu. Chaque fois que Jésus s'adresse à Marie, Jean utilise le terme « femme ». Nous pouvons y voir une notion théologique : c'est l'image de la nouvelle Ève qui est évoquée chaque fois que Jésus s'adresse à Marie en l'appelant simplement « femme ». De Cana jusque sous la croix, elle joue un rôle qui va au-delà de sa propre personne. Il est nécessaire de lire les nombreux passages la concernant en rapport les uns avec les autres, comme ici la scène de Cana et celle près de la croix. On s'aperçoit alors que Jésus quitte d'abord sa famille naturelle jusqu'à son heure – sur la croix – où commence la nouvelle famille où Marie occupe une place nouvelle et essentielle.

Mais, même à Cana, la dure parole qu'il adresse à sa mère en semblant la rabrouer est riche de sens. Il dit d'abord qu'il est lié à son heure. Il ne peut pas se préoccuper de subvenir aux besoins ordinaires. Mais, ensuite, il accomplit tout de même un miracle et, suite à la demande de sa mère, anticipe ainsi son heure. Marie essuie d'abord un refus et se voit remise à sa place, mais apparaît en même temps comme la femme, simplement, prototype de l'Église suppliante, qui tout comme Marie, peut demander l'anticipation de l'heure de Jésus. Il s'agit donc là d'un texte très riche qui mérite d'être beaucoup approfondi.

Pour quitter un bref instant les hautes sphères théologiques, j'aimerais raconter une petite rencontre qui m'a fait comprendre quelque chose de cette image de Marie. Je me souviens très bien d'une visite au pèlerinage d'Altötting en Bavière. Il faisait froid et je traversais la grande place pour rejoindre la célèbre chapelle. Elle était pleine de monde et partout se consumaient des cierges votifs. Il faisait un peu sombre. Dans la chapelle il y avait presque exclusivement des femmes. Elles priaient ensemble et, naturellement, chan-

taient aussi des cantiques à Marie : « Salve Regina, mater misericordiae » *(« Salut, Reine, mère de miséricorde »).*

On se sent d'abord un peu étranger et on reste distant mais les chants étaient doux : « Vers toi nous soupirons gémissant et pleurant dans cette vallée de larmes. » Ce qui est étonnant, c'est que subitement je comprenais très bien ces femmes. Ce chant sonnait très vrai, était très beau : il touchait le cœur et éveillait des sentiments de bonheur. On sentait comme une force bénéfique émanant des très anciennes formules de prière et de bénédiction. Tu n'es pas seul, suggéraient ces beaux sentiments. Quelqu'un qui te connaît est près de toi. Il t'aime et te comprend. Et, lorsque les temps deviennent difficiles, il est à tes côtés, tu es en sécurité.

Bref, j'avais le sentiment que c'était un langage qui non seulement touche les points faibles de l'être humain, mais en même temps les soigne. La dévotion mariale représente peut-être une résistance à une certaine évolution de l'Église qui veut se débarrasser ou s'est déjà débarrassé en grande partie de la sainteté de la foi et de sa mystique. Ne s'agit-il pas là d'une sorte de pieuse révolte des gens simples contre la religion des professeurs ?

Oui, je crois qu'on peut le dire. La figure de Marie a touché le cœur des humains d'une manière particulière. Le cœur des femmes, d'un côté, qui se sentent comprises et proches de Marie. Mais aussi le cœur des hommes qui n'ont pas perdu le sens de la mère et de la jeune femme. La mariologie met en évidence les qualités de cœur des chrétiens. On peut faire l'expérience directe d'un christianisme comme d'une religion de la confiance. Ces prières primitives et simples, nées de la piété populaire et qui n'ont rien perdu de leur fraîcheur et de leur actualité, maintiennent les gens dans leur foi ; elles leur permettent d'éprouver à travers Marie que Dieu est tellement proche que la religion n'est plus un poids, mais donne confiance et aide pour maîtriser la vie. Songeons aussi à toutes les autres prières, qui dégagent une telle confiance.

En réalité, même dans le christianisme, il existe une sorte de puritanisme, de rationalisation qui peut refroidir un peu. Naturellement le sentiment doit toujours être contrôlé et purifié : il faut reconnaître que c'est un devoir des professeurs d'y veiller. Le christianisme ne doit pas devenir pur sentimentalisme qui perd le contact avec la réalité et qui devient alors incapable de reconnaître la grandeur de Dieu. Mais nous faisons l'expérience, depuis le siècle des Lumières – et nous sommes confrontés à une nouvelle philosophie similaire –, à une telle tendance à la rationalisation et à la « puritanisation », si je puis m'exprimer ainsi, que le cœur humain s'oppose à une telle évolution et s'attache à la mariologie.

« Les non-catholiques sont habitués à considérer la vénération de Marie comme un préjudice pour Jésus », disait le cardinal John Henry Newman. Aujourd'hui encore certains sceptiques pensent qu'une dévotion mariale exagérée refoule le cœur du christianisme, à savoir le message du Christ.

Il ne faut pas oublier que, dans les missions, ce qui a toujours touché les gens et leur a rendu le Christ accessible, c'est sa Mère. C'est particulièrement le cas en Amérique du Sud où le christianisme s'est d'abord présenté, en partie, sous les auspices fatales des armes du conquérant espagnol. Au Mexique, la mission fut d'abord un échec jusqu'à l'événement de Guadalupe et que, par la mère, le Fils fut accepté.

Ce fut la mémorable découverte d'une image de la Madone. On peut dire qu'elle modifia absolument la situation sans quoi la christianisation du continent eût été impensable.

Tout à fait, et la religion chrétienne montre non plus le visage cruel du conquérant mais le visage plein de bonté de la Mère.

En Amérique du Sud, ces deux points chauds restent efficaces jusqu'aujourd'hui encore : d'une part l'amour de la Mère de Dieu et, d'autre part, l'identification avec le Christ souffrant. Ces deux aspects de l'expression de la foi ont permis aux gens de comprendre que Dieu n'est pas un Dieu de conquérants mais le vrai Dieu qui est aussi leur Rédempteur. Cela explique la vénération particulière de Marie par les catholiques d'Amérique latine. Nous ne devrions pas leur reprocher, à partir de notre perspective plus rationnelle, qu'ils ont par là falsifié le christianisme. C'est justement là qu'ils l'ont bien compris. Ils ont vu le vrai visage du Dieu qui veut nous sauver et ne se tient pas du côté des destructeurs. C'est pourquoi ils purent devenir chrétiens à partir de ce qu'ils ont vu et compris, sans devoir supporter ce message comme une religion pour ainsi dire coloniale.

Les protestants semblent avoir éliminé depuis longtemps Marie de leur foi. Elle n'y a plus de patrie, même si Luther lui-même n'a jamais abandonné sa piété mariale. Pour l'Église catholique, le mythe de Marie n'est ni magique ni accessoire. Il appartient au cœur de la foi. Ses mystères définis comme dogmes ont même été cautionnés par le sceau de la vérité inaltérable.

Une réflexion encore sur le mot « mythe » : s'il désigne une histoire qui dépasse la réalité purement factuelle, on peut l'employer. Ce qui est important ici, c'est qu'il ne s'agit pas d'une invention mais d'une histoire réelle.

Une remarque concernant les protestants : il est vrai qu'une tendance puritaine s'est imposée chez eux. On craignait surtout que Marie enlèverait quelque chose au Christ. Au cours du développement dogmatique, le *solus Christus* (le Christ seul) s'est radicalisé au point qu'on croyait qu'il y avait concurrence entre les deux. Or il fallait simplement reconnaître, comme l'exemple de l'Amérique latine vient de nous le montrer, que la figure de Marie renvoie à celle du Christ qui exprime mieux ainsi ce qu'il dit réellement.

Il existe de nos jours, chez les protestants, de timides essais pour retrouver la figure de Marie. On a remarqué que la totale élimination de l'élément féminin dans le message chrétien constitue aussi un rétrécissement anthropologique. Il est important, aussi bien du point de vue théologique qu'anthropologique, que la femme soit au centre du christianisme. Par Marie et par les saintes femmes, le féminin est au cœur de la religion chrétienne. Ceci non plus ne concurrence pas le Christ. Penser qu'il pourrait y avoir concurrence entre le Christ et Marie fait passer à côté de la différence essentielle entre les deux figures. Le Christ confie à Jean, et, par là à nous tous, la mère ; il ne s'agit pas de concurrence mais d'une proximité plus profonde. La mère et vierge est un élément essentiel de la conception chrétienne de l'homme.

LES DOGMES

Beaucoup éprouvent envers Marie un blocage, une phobie, qui souvent s'accompagne de moquerie. Considérons brièvement quelques dogmes pour pouvoir mieux comprendre la figure de Marie. Commençons par le dogme le plus contesté et le plus provoquant de tous, celui de la virginité perpétuelle, défini en 553. S'agit-il d'une affirmation biologique ? Ou signifie-t-il autre chose ?

Nous en avons brièvement parlé à propos des frères et sœurs de Jésus. Il ne ressort aucunement des Évangiles que Jésus avait des frères ou des sœurs au sens strict du terme, ni que Marie ait eu d'autres enfants après lui. Au contraire, son comportement de fils est avec évidence si particulier et unique qu'on ne peut interpréter correctement la notion de frères et sœurs que dans le cadre de la large famille clanique. Marie était tout ordonnée à lui et elle ne pouvait appartenir à personne d'autre.

Et pourquoi pas ?

Particulièrement parce que cette naissance n'est pas le résultat d'une relation avec un homme mais d'une intervention de Dieu. Lorsqu'on dit, de nos jours, qu'il ne peut s'agir bien sûr d'une réalité biologique et qu'on écarte l'aspect biologique comme indigne de Dieu, on verse dans le manichéisme.

L'homme est aussi un être biologique. Et lorsque cet aspect corporel et biologique n'est pas pris en compte, on méprise la matière et on la rejette et l'Incarnation n'est finalement qu'une apparence. C'est pourquoi je m'oppose à ce cliché. La réponse à cela, c'est qu'il s'agit de l'homme tout entier. Dieu a assumé la vie, même la vie physique, biologique, matérielle, et en a fait un signe.

Les Pères de l'Église ont employé une belle image pour le dire. Le chapitre 40 d'Ezéchiel rapporte la vision du nouveau Temple : il y est question de la porte à l'orient que seul le roi pouvait franchir. Les Pères y voyaient une image. Ils partent du fait que le nouveau Temple est un Temple vivant, la vivante Église. La porte qu'il a franchie, que personne d'autre ne peut franchir, ne serait-ce pas Marie ? Née de Dieu, elle ne peut plus s'abaisser dans une vie ordinaire. Elle reste cette porte réservée exclusivement au roi. Elle est devenue, dans l'histoire, la vraie porte par laquelle entre celui que l'univers attend.

Il reste que la naissance virginale est une naissance virginale ?

Oui.

Et le dogme de l'Immaculée Conception de 1854, que veut-il dire ?

C'est la doctrine du péché originel qui en constitue l'arrière-plan. Il affirme que chaque être humain, en venant au monde, entre dans un environnement marqué par le péché – perturbé dans la relation, avons-nous dit – et il est, de ce fait, dès le départ, perturbé dans sa relation à Dieu. Au cours du développement de la doctrine est née l'idée que celle qui, dès l'origine, est la porte de Dieu qui lui était destinée de manière particulière n'a pas pu appartenir à cet environnement-là.

Il y eut un grand débat sur cette question au Moyen Âge. Les dominicains, d'un côté, disaient que Marie était un être humain comme tout le monde, donc marquée par le péché originel. Les franciscains, de l'autre, étaient d'un avis contraire. Bref, au cours de cette longue controverse, s'est dégagée la conception que l'appartenance de Marie au Christ est plus forte que son appartenance à la race d'Adam. Et aussi que cette destination au Christ fut, par avance, la vraie caractéristique de sa vie, car Dieu nous précède toujours et ses pensées nous modèlent dès l'origine. Parce qu'en Marie est posé un nouveau commencement, elle ne peut pas appartenir à cet environnement pécheur : sa relation à Dieu n'est nullement perturbée et elle est, dès le départ, d'une manière particulière, sous le regard de Dieu qui « a jeté les yeux sur sa servante » (*Magnificat*) et l'a orientée vers lui.

De plus, toute son appartenance spécifique au Christ entraîne qu'elle est pleine de grâce. Cette parole, de prime abord si simple, « pleine de grâce », peut être comprise comme englobant fondamentalement tout le cours de sa vie. Finalement, il ne s'agit pas simplement d'un privilège de Marie mais d'une espérance qui nous concerne tous.

Pour être encore plus provoquant : que devrait nous dire le dogme de « l'Assomption corporelle de Marie au ciel » ? Il n'a été défini que très tardivement, en 1950. Il est vrai, fait singulier, qu'il n'y a, dès les origines, ni tombe ni reliques de Marie.

Ce dogme présente pour nous tous, naturellement, une difficulté particulière car nous n'avons aucune représentation du ciel. Et encore moins qu'un corps puisse y trouver place. Ce dogme nous demande donc un grand effort pour comprendre ce qu'est le ciel, ce qu'est le corps. Pour comprendre l'être humain et son avenir, tout simplement.

Et comment vous acquittez-vous de cette tâche ?

La théologie du baptême développée par saint Paul m'y aide beaucoup. Il dit : « Dieu nous a ressuscités avec Jésus et nous fait asseoir aux cieux dans le Christ Jésus » (Ep 2,6). Cela signifie que, baptisés, notre avenir est anticipé.

Ce dogme signifie donc uniquement que ce que le baptême produit en nous : « s'asseoir aux cieux » près de Dieu (Dieu est le ciel) est déjà accompli en Marie. Le baptême (être avec le Christ) a produit son plein effet. Chez nous, cet « être avec le Christ », cet « être ressuscité » est encore partiel et très faible. Pas chez elle. Il n'y a plus aucun manque. Elle est entrée en pleine communion avec le Christ. Et cette communion comporte une nouvelle corporéité que nous ne pouvons pas nous représenter. En un mot, l'essentiel de ce dogme, c'est que Marie est totalement auprès de Dieu et du Christ, elle est parfaitement chrétienne.

Il reste que plus d'un million de croyants demandent que l'Église catholique déclare Marie « corédemptrice ». Cèdera-t-on à ce souhait, ou s'agit-il d'une hérésie ?

Je ne crois pas qu'on satisfera ce souhait, exprimé entre-temps par plusieurs millions, dans un délai prévisible. La réponse de la Congrégation pour la doctrine de la foi consiste à dire que ce qui est visé ici est déjà mieux exprimé par d'autres titres de Marie et que le concept de « corédemptrice » s'écarte aussi bien de l'Écriture que des écrits patristiques, ce qui suscite des malentendus.

Ce qui est juste dans cette appellation, c'est que le Christ ne reste pas extérieur et forme une nouvelle et profonde communauté avec nous. Tout ce qui est à lui sera nôtre et tout ce qui est nôtre, il l'a fait sien. Ce grand échange est le contenu spécifique de la rédemption, notre libération et notre accès à la communion avec Dieu. Parce que Marie anticipe l'Église comme telle, qu'elle est l'Église en personne, cet « être-avec » est réalisé en elle de façon exemplaire. Mais cet « avec » ne doit pas faire oublier le « d'abord » du Christ. Tout vient de lui, comme le soulignent les Épîtres aux Éphésiens et aux Colossiens. Marie aussi est tout ce qu'elle est par lui.

Le terme de « corédemptrice » obscurcirait cette donnée originelle. Une bonne intention s'exprime dans un mauvais vocable. Dans le domaine de la foi, la continuité avec la langue de l'Écriture et des Pères est essentielle. La langue n'est pas manipulable à volonté.

LES MIRACLES

Personne dans l'Église n'est honoré comme la mère de Dieu : par des églises et des autels, par des chants et des litanies, par les fêtes mariales et par des pèlerinages. Les milliers de lieux de pèlerinage font l'effet d'une sorte de filet – tel un système nerveux – qui recouvre toute la Terre.

Et personne, paraît-il, n'accomplit autant de miracles que Marie. Les lieux d'apparition regorgent de témoignages et de documents sur des faits inexplicables. Bernard de Clairvaux attribue à Marie une force incroyable : « Prie-la et tu ne seras jamais sans espérance », dit-il. Monsieur le cardinal, tous les miracles sont-ils réels ?

Disons qu'on ne peut pas le vérifier dans le détail. Souvent, il s'agira sans doute de merveilleux concours de circonstances qu'il ne faudrait pas qualifier de miracles au sens strict. De toute manière, tous ces faits sont l'expression d'une confiance particulière que les hommes ont eu en Marie. En elle, ils contemplent le visage de Dieu et du Christ de telle manière qu'ils peuvent comprendre Dieu.

Dans le domaine des faits que vous avez évoqués, nous sommes une fois encore devant la constatation que, en la mère, le mystère du Fils et le mystère de Dieu deviennent particulièrement accessibles aux hommes. C'est le motif de leur grande confiance en elle.

Marie est la porte ouverte vers Dieu. Dans le dialogue avec elle, il est possible d'avoir cette ingénuité de l'enfant qui demande instamment avec confiance, ce que les hommes n'osent souvent pas faire avec le Christ. C'est la langue du cœur. Ce qu'exprime ce « filet de lieux de pèlerinages », montre comment le cœur des humains a été touché. Il s'agit de cette foi dont Jésus dit qu'elle transporte les montagnes.

Dans quelle mesure y a-t-il vraiment des miracles au sens technique du terme, est une deuxième question. Il est important de constater que nous sommes en présence d'une grande confiance à laquelle il est répondu. Cette confiance donne une telle force à la foi qu'elle devient efficace jusque dans le domaine physique et dans le quotidien. Elle fait devenir réelle la bonté de Dieu, par la puissante bonté de cette Mère.

Prenons Fatima. Le pape Jean-Paul II a béatifié les voyants de Fatima le 13 mai 2000. Il considère sa survie, après l'attentat sur la place Saint-Pierre le 13 mai 1981, comme un miracle de Notre-Dame de Fatima. Il dit même que cette rencontre a été déterminante pour tout son pontificat.

Que s'était-il passé ? Le 13 mai 1917 vers midi trois petits bergers – Lucie (10 ans), Jacintha (7 ans) et le frère de celle-ci, Francisco (9 ans) – de ce village alors totalement inconnu ont vécu un événement mémorable. Au-dessus d'un chêne, il y eut une très vive lumière rayonnant autour d'une très belle dame. « N'ayez pas peur ! », leur avait-elle dit ; elle leur annonçait un message apportant la paix aux hommes. On se moqua d'abord des enfants à cause de cette histoire. Le 13 octobre de la même année pourtant, près de soixante-dix mille personnes se rassemblèrent pour vérifier l'authenticité de ce message.

Selon les témoignages de l'époque, le spectacle commença à midi. La pluie cessa subitement. Les nuages se déchiraient et le soleil se mit à tourner sur lui-même à très grande vitesse, telle une roue de feu. Les arbres et les personnes furent soudainement plongés dans une lumière fantastique. La foule poussa un cri d'horreur. Il semblait un court instant que le soleil leur tombait dessus.

Il est impossible de contrôler scientifiquement ce qui s'est passé ou ne s'est pas passé ce 13 octobre-là. Ce qui est important, c'est que les gens ont été visiblement remués par la singularité de cet instant. Ils ont perçu qu'il se passait quelque chose. Le soleil est devenu pour eux le signe du mystère que cache cet événement.

L'Apocalypse parle d'une femme « entourée de soleil, la lune sous ses pieds » (*cf.* Ap 12, 1). Par là est désigné d'abord le peuple de Dieu de l'Ancienne et de la Nouvelle Alliance mais, particulièrement, aussi Marie. Le soleil dont elle est vêtue renvoie au Christ, vraie lumière du monde. Sa radicale relation au Christ est ainsi mise en évidence. La lune, symbole de la caducité, est restée sous ses pieds. Cette image montre une réalité qui peut d'abord effrayer, mais qui devient ensuite une puissance réconfortante. Et les pèlerins de Fatima, ou de Lourdes ou de Guadalupe font l'expérience de cette réalité comme d'une consolation et d'une guérison qui en émanent.

Je crois que nous ne pouvons pas ne pas parler du fameux « secret de Fatima ». Il s'agit de messages reçus par les voyants en 1917. Le premier « secret » est une vision de l'enfer : « Vous avez vu l'enfer vers où s'orientent beaucoup de pauvres pécheurs. » Le deuxième est une prédiction sur la fin de la Première Guerre mondiale, mais qui sera suivie (« si on ne cesse pas d'offenser le Seigneur ») d'une nouvelle guerre « encore plus terrible ». Ce deuxième « secret » comporte aussi une prédiction de la conversion de la Russie. C'est seulement Jean-Paul II qui a mentionné cette conversion dans une consécration à Marie ; un an plus tard Gorbatchev lançait sa perestroïka et dix ans plus tard tombait le rideau de fer.

Durant des dizaines d'années le troisième « secret » était objet de spéculations : ainsi ce secret prédirait l'apocalypse ou, tout du moins la ruine de l'Église. On disait aussi que ce message était destiné au pape personnellement, raison pour laquelle il ne fut jamais rendu public. Mais lors de son troisième voyage à Fatima, le pape lui-même a dévoilé ce secret. Le cardinal Sodano, sur ordre du pape, a brièvement esquissé le contenu de ce secret. Il a déclaré que la vision des enfants parlait d'« un évêque vêtu de blanc qui serait touché par des tirs et tomberait à terre apparemment mort », ce qui est une prédiction de l'attentat dont Jean-Paul II a été victime.

Le message de Fatima n'est au fond pas très compliqué, au contraire. Les trois voyants l'ont formulé ainsi : « Je suis Notre-Dame du rosaire... Je suis venue pour que les hommes se corrigent. Qu'ils cessent d'offenser le Seigneur ! »

En réalité, ce message est tout à fait simple. Lucie, la seule survivante des voyants, a mis de plus en plus l'accent sur cette simplicité et a dit qu'il ne fallait pas trop s'arrêter aux autres éléments rapportés. Il s'agit en réalité de la foi, de l'espérance et de la charité. J'ai eu la faveur de lui parler brièvement. Elle m'a très expressément dit : « Racontez cela aux hommes ! »

Elle était d'avis que « les anges que nous avons d'abord vus nous ont entraînés à la foi, l'espérance et la charité et que le contenu de tout le message est que nous apprenions cela ». Voilà ce que la mère de Dieu veut nous faire admettre et ainsi, en même temps nous purifier et nous convertir. La pénitence est la conversion de notre façon de vivre et l'abandon de notre tendance qui nous éloigne de Dieu et nous renferme en nous-mêmes. La pénitence est un retournement : nous sortons de nous-mêmes, nous nous donnons dans l'amour, ce qui présuppose la foi et ouvre vers l'espérance.

Je crois que toutes les apparitions mariales, dans la mesure où elles sont authentiques, ne nous situent pas en marge de l'Évangile. Elles ne sont pas pour satisfaire les curieux ou autres chercheurs de sensationnel, mais nous ramènent à ce qui est simple et essentiel et que nous avons tendance à oublier. Et, particulièrement aujourd'hui, à cause de la complexité de tous nos problèmes, le christianisme devient souvent si compliqué pour nous que l'arbre nous cache la forêt. Il s'agit d'être ramenés à la simplicité qui est au centre, à l'essentiel, à la conversion, à la foi, à l'espérance et à la charité.

Dans une conférence de presse, le 26 juin 2000, la Congrégation pour la doctrine de la foi a présenté le texte complet de ce troisième secret de Fatima. En même temps est parue, sous sa responsabilité, une brochure qui donne ce texte dans les grandes langues accompagné d'un fac-similé écrit de la main de sœur Lucie. Ainsi l'authenticité et l'intégralité de ce texte ne peuvent plus être raisonnablement contestées. Cette brochure présente le déroulement des visions et le récit chronologique écrit par sœur Lucie ainsi que l'histoire de la rédaction du troisième secret soigneusement présentée. Le discours du cardinal Sodano, dont vous avez parlé, est également reproduit. J'ai moi-même ajouté un essai sur l'interprétation du texte. Comme cette brochure est accessible à tout le monde, je serai bref ici.

La vision décrit l'itinéraire pénible d'un évêque vêtu de blanc (que les voyants eux-mêmes ont identifié avec le pape) vers une colline couronnée d'une croix ; cet itinéraire passe par une ville à moitié détruite. Des évêques, des prêtres, des laïcs et finalement le pape sont tués. Mais leur sang est recueilli par des anges et devient fécond pour le monde entier. On peut voir dans ce texte une vision en raccourci, exprimée en images symboliques, de l'Église des martyrs du XXe siècle. Le professeur Andrea Riccardi (président de la Communauté de San Egidio) a publié un livre sur les martyrs de notre siècle sous les différents régimes dictatoriaux. Il montre, de manière impressionnante, la réalité de ce qui est exprimé ici en images. Comme le montre clairement la cohérence des trois parties du message, l'appel à la pénitence est central et met en même temps en évidence que l'histoire n'est pas soumise à un déterminisme implacable, comme si tout était écrit et définitif mais qu'une histoire de la liberté reste à écrire : la pénitence peut modifier la perspective.

L'ensemble du secret est un appel dramatique à la liberté de l'homme pour qu'il change son comportement et la marche de l'histoire. C'est d'ailleurs ce que ce texte a de commun avec l'Apocalypse. Et si le pape a finalement échappé à la mort, c'est un signe que la prière peut influencer l'histoire.

Faisons encore un petit détour par Lourdes. Le plus grand pèlerinage du monde, plus grand encore que La Mecque, est un lieu idyllique, situé dans les Pyrénées françaises. Entre février et juillet 1858, à dix-huit reprises, dit-on, la Vierge Marie est apparue à Bernadette et des foules, de plus en plus nombreuses, purent assister à la transfiguration de cette simple fille de meunier. « La dame était vêtue de blanc, la tête couverte d'un voile blanc, une ceinture bleue autour de la taille et une rose jaune sur les pieds », raconta Bernadette. Et, à l'endroit où, sur invitation de la Madone, elle dégagea une petite source, surgit de la terre depuis lors, quotidiennement, cent vingt-deux mille litres d'eau miraculeuse.

L'écrivain juif Franz Werfel a fait le vœu d'écrire, sous forme de roman, une vie de Bernadette s'il échappait aux nazis, ce qu'il fit. Bientôt le calme était revenu autour de Bernadette. « Voyez-vous, dit-elle avant sa mort, mon histoire est toute simple. La Vierge Marie s'est servie de moi. Ensuite on m'a mis au coin. Voilà désormais ma place ; j'y suis heureuse et j'y reste. »

L'histoire de Lourdes est pour moi, personnellement, particulièrement émouvante. Comme beaucoup d'autres, je l'ai connue par le livre de Werfel, car il la raconte avec une profonde participation intérieure. Même si, par solidarité avec le peuple juif, il ne voulait pas devenir catholique, il a, de toute évidence, eu avec Bernadette ce regard intérieur pour Marie, l'a crue et a eu confiance en elle.

Je dirais que nous ne devrions pas ergoter là-dessus. Cette fille simple, sans qualités personnelles autres qu'une pureté intérieure, vécut au siècle du rationalisme, dans l'environnement d'un rationalisme très grossier et aussi anticlérical. Face à une autorité ecclésiastique sceptique, agissant au début avec une extrême prudence, c'est elle qui a pu introduire le visage de la Mère de Dieu dans ce climat intellectuel quelque peu froid et frigorifiant. Et, sous le signe de l'eau vivifiante et bienfaisante, elle démontre en même temps la puissance salutaire de la création sous le signe de Marie qui la réveille.

C'est un grand signe que ce soit justement dans ce contexte rationaliste qu'une âme simple devient celle qui voit et qui permet de comprendre le christianisme comme une religion du cœur et une réalité salutaire. Voilà pourquoi il est tout à fait normal et très positif que des humains puissent trouver là-bas le contact avec le mystère du Christ. L'eau miraculeuse de Lourdes les renvoie à l'eau vivifiante du baptême, qui est la vraie source que le Christ nous a offerte.

LA MISÉRICORDE

*L'Évangile dit : « À quoi cela sert-il, mes frères, que quelqu'un dise : "J'ai la foi", s'il n'a pas les œuvres ? La foi peut-elle le sauver ? » (*cf. *Jc 2, 14). Matthieu dit que le Fils de l'homme, dans sa justice céleste, demandera des comptes car « ce que vous avez fait au plus petit d'entre mes frères, c'est à moi que vous l'avez fait » (Mt 25, 40). D'après cela, la foi vécue pour elle-même est morte ; c'est pourquoi l'Église a tiré de l'Évangile les sept œuvres de miséricorde :*

Donner à manger à ceux qui ont faim,
À boire à ceux qui ont soif ;
Vêtir ceux qui sont nus,
Accueillir les étrangers ;
Délivrer les prisonniers ;
Visiter les malades et
*Ensevelir les morts (*cf. *Mt 25, 31-46).*

La première citation est tirée de l'épître de Jacques, à très forte coloration judéo-chrétienne. Jacques était l'évêque de Jérusalem. Il représente, dans l'histoire de l'Église, une forme de christianisme qui met l'accent sur le fait que la foi doit s'incarner, porter des fruits et se prouver dans l'action.

La deuxième citation est tirée de l'Évangile même. Elle nous rapporte la parabole du jugement où Jésus s'identifie aux nécessiteux et dit : C'est moi-même que vous atteignez dans les nécessiteux. Cette parole n'a cessé, au cours de l'histoire de l'Église, d'allumer de nouveaux brasiers. Les hommes ont reconnu que, dans les méprisés, les souffrants, les pauvres, c'est le Christ qui en eux nous attendait. Dans la Parabole, le Seigneur nous indique lui-même les diverses formes de la miséricorde : « J'étais nu et vous m'avez vêtu ; j'étais malade et vous m'avez visité ; prisonnier et vous êtes venu me voir. » C'est une petite typologie des nécessiteux qui représentent le Christ dans le monde.

Prenons l'une des œuvres de miséricorde : « Vêtir ceux qui sont nus ». Ce n'est certainement pas une distribution de vieux habits qui est visée.

Bien sûr que cette parole a un sens plus large. Mais même une distribution de vieux habits, si elle vient du cœur, peut être une bonne chose. Il ne faut pas mésestimer les petits gestes. Mais ici il s'agit de bien plus. D'une part c'est toujours concret : il s'agit de ne pas aimer seulement en principe et en intention et de faire l'aumône de temps en temps. Il s'agit d'ouvrir les yeux et de voir où, dans ma vie, des hommes ont besoin de moi. La plupart du temps, c'est embêtant, cela ne convient pas. Pensons au prêtre et au lévite qui voient l'homme tombé aux mains des brigands sur le chemin de Jéricho et qui passent outre. Ils avaient sans doute un rendez-vous important, ou ils craignaient qu'il leur arrive malheur s'ils traînaient trop longtemps dans cette région inhospitalière. On trouve toujours une raison.

Par cette parabole du jugement, et aussi par ce catalogue des œuvres de miséricorde, Jésus nous dit tout à fait concrètement : ce n'est pas seulement de manière générale l'humanité dans son ensemble mais l'homme nécessiteux là où je le rencontre que je dois aider, même si cela ne me convient pas, même si je n'ai justement pas le temps ou que je pense que je n'en ai pas les moyens. Il faut penser aux cas particuliers et pas seulement aux actions de grande envergure.

C'est ce qui distingue la perspective chrétienne d'entraide de la planification globale des marxistes qui ne prend en considération que le changement de structures et néglige les cas particuliers. Mais, inversement, cela signifie naturellement qu'il faut aussi se préoccuper de l'ordre social global. Il ne faut pas se contenter de pratiquer la charité dans des cas particuliers, si importante soit-elle, mais essayer de contribuer à ce que des conditions de vie fondamentalement meilleures leur soient offertes. C'est ainsi que sont nés dans l'Église les hôpitaux, les écoles pour les pauvres et bien d'autres réalités encore. Les deux perspectives vont ensemble : le regard pour celui qui m'est réellement prochain, que mes grandes planifications structurelles ne doivent pas me faire oublier, en même temps qu'une modification des structures injustes et une aide structurelle apportée à ceux qui présentement ont besoin pour ainsi dire d'être habillés.

À côté des œuvres de miséricorde concernant le corps, il y a celles qui concernent l'esprit. Ce sont :

Conseiller ceux qui doutent
Enseigner les ignorants
Corriger les pécheurs
Consoler les affligés
Pardonner l'injustice subie
Supporter avec patience les importuns
Prier pour les vivants et les morts.

Il est important que la miséricorde ne concerne pas uniquement les aspects matériels. En ne nous préoccupant que de la vie matérielle, nous ne faisons pas assez. Dans le domaine de l'aide au développement, les plus clairvoyants ont toujours su combien il était important de dispenser une formation qui rende capable de prendre les choses en main. Nous n'aidons réellement que lorsque nous aidons dans son entier l'homme et sa composante spirituelle. D'où l'importance aussi d'apporter la connaissance de Dieu. Établir des règles morales est même l'œuvre de miséricorde par excellence.

Arrêtons-nous encore à l'une des ces œuvres en particulier : « Enseigner les ignorants ». Je pense que ceux qui sont concernés ne voient pas dans un tel enseignement régulier une œuvre de miséricorde.

Prenons le cas de l'aide au développement en Amérique latine. Aussi bien l'Église que les associations de gauche ont fait des campagnes d'alphabétisation l'élément principal de leur action. Et pourquoi ? Tant que les hommes sont ignorants, ils restent dépendants. Ils ne peuvent pas d'eux-mêmes sortir de leur condition, une sorte d'esclavage. On ne les aide réellement que si on leur donne accès à la formation parce qu'ils sont alors capables de devenir égaux et de développer comme il convient leur pays et leur société. Là-bas on a fait l'expérience que cette formation des ignorants a permis l'accès au monde spirituel, leur donnant de comprendre ce qui est à l'œuvre dans le monde d'aujourd'hui.

Pensons également aux mouvements similaires du passé en Europe : Jean-Baptiste de Lasalle, par exemple, a institué en France des écoles pour les pauvres. Durant des générations, ils avaient été maintenus en état de dépendance ; une immense chance leur est désormais offerte de pouvoir apprendre. Offrir la possibilité essentielle d'apprendre, et fournir ainsi la clé pour le monde de l'esprit, est l'œuvre fondamentale de miséricorde spirituelle. On présuppose qu'on n'apprend pas simplement à lire, mais que cet apprentissage est inséré dans un contexte spirituel qui a du sens et permet d'accéder à la foi, et n'est pas une simple transmission d'une idéologie.

LE ROSAIRE

Une prière toute particulière de l'Église catholique est directement liée au mystère de Marie : le rosaire. C'est une sorte de litanie, récitée dizaine après dizaine, en s'aidant d'un chapelet, sorte de ficelle de prière *où sont enfilées des perles. On débute par la croix (comme confession de foi) ; suivent les « *Ave Maria* » des trois vertus théologales, la foi, l'espérance et la charité ; viennent ensuite les trois séries de cinq mystères reliant Marie à Jésus et qui racontent en des formules concentrées tout le Nouveau Testament.*

De tous temps, de grands penseurs et mystiques ont apprécié les multiples possibilités et la force spirituelle de cette prière. De nos jours, le rosaire est démodé jusqu'à la provocation pour les uns ; d'autres y voient une force surnaturelle à laquelle ils attribuent secours dans le quotidien et une conscience plus éclairée. Je ne sais pas, mais peut-être faut-il y consacrer un certain temps, comme font les bouddhistes tibétains qui y reconnaissent une méditation. Peut-être aussi faut-il prier le rosaire des centaines et des centaines de fois pour que cette prière s'ouvre à nous. On commencera, inversement, à mieux se connaître soi-même et à trouver le centre de soi. D'après vous, quel est le mystère du rosaire ?

L'origine historique du rosaire remonte au Moyen Âge. C'est une époque où les Psaumes constituent la prière normale. Mais beaucoup d'illettrés ne pouvaient participer à la prière des Psaumes bibliques. On cherche alors un psautier pour eux ; on trouve la prière mariale, liée aux mystères de la vie du Christ ordonnés comme les perles enfilées sur une ficelle. Cette médiation touche le cœur et, par son caractère répétitif, apporte le calme dans l'âme. Se tenir à la parole de l'Évangile, avant tout à la figure de Marie et aux images de Jésus qui ne cessent ainsi de défiler, tranquillise l'âme et libère l'esprit pour Dieu.

Effectivement, le rosaire nous rappelle cette donnée originelle que la répétition fait partie de la prière et de la méditation, et que cette répétition est une façon d'entrer dans le rythme du repos. Ce qui importe, ce n'est pas que je m'efforce de suivre rationnellement chaque parole dite, mais, au contraire, que je me laisse porter par le calme que procure la répétition et la régularité. D'autant plus que cette parole n'est pas sans contenu. Elle me présente de grandes images et visions et avant tout la figure de Marie, et par elle celle de Jésus, et m'en pénètre.

Ces gens ont travaillé durement. Ils sont incapables, lorsqu'ils prient, de prouesses intellectuelles. Au contraire, ils ont besoin d'une prière qui les calme, qui les détourne et les sorte de leurs soucis, leur présente ce qui console et guérit. Je pense que cette expérience originelle de l'histoire des religions, de la répétition, du rythme, de la parole commune, du chœur, qui me porte et me berce et qui remplit tout l'espace, qui ne me torture pas mais me calme, me console et me délivre, est devenue tout à fait chrétienne : cette expérience permet à l'homme de prier tout simplement dans un contexte marial et dans la lumière du Christ et d'intérioriser le contenu de cette prière, en se laissant aspirer par la parole, au-delà de toute démarche intellectuelle.

Avez-vous une manière particulière de prier le rosaire ?

Je le fais tout simplement, exactement comme mes parents ont prié. Ils aimaient tous deux cette prière. Et, plus ils avançaient en âge, plus ils l'aimaient. En vieillissant, moins on devient capable de grands efforts intellectuels plus on a besoin alors de se réfugier dans la prière de l'Église. Voilà : je prie comme ils ont prié.

Comment s'y prend-on ? Priez-vous un chapelet ou tous les trois à la file[1] *?*

Non, trois, c'est trop. Je suis trop remuant et je me tromperais beaucoup. Je n'en prends qu'un, et souvent seulement deux ou trois dizaines, parce que je peux alors intercaler un temps de pause qui me permet de quitter le travail pour m'en libérer, me calmer et me vider la tête. De ce fait, un rosaire entier serait trop long pour moi.

Pour clore ce chapitre : Combien de temps est-il nécessaire pour arriver à comprendre un petit peu les mystères de la foi ou de l'art de la foi ? Deux ans, cinq ans, ou plus longtemps ?

C'est variable. Il existe des hommes religieusement doués qui réagissent très vite. Il y en a d'autres pour qui c'est pénible. Il est important de ne pas se laisser décourager et de persévérer. On s'aperçoit alors qu'on y pénètre lentement.

Naturellement, il y a des moments privilégiés et des temps de sécheresse. Il y a des moments où l'on est intérieurement touché et l'on commence à voir quelque chose, puis arrive un temps où tout est pénible.

Dans ce processus de croissance spirituelle, il est important de ne pas prier et de faire référence à la foi uniquement quand on y pense et que cela convient mais qu'on s'en tienne à une discipline. Guardini a toujours fortement insisté là-dessus. La foi peut se perdre quand on ne prie que quand on en a envie. La foi a besoin de discipline pour les temps de sécheresse car, alors, la croissance silencieuse est en cours. Exactement comme dans le champ en hiver, la croissance secrète est en cours. Ida Frederike Görres disait : « C'est en hiver que pousse le pain. »

Et par où commencer ? Par le questionnement ?

Je dirais qu'il ne faut jamais commencer par la réflexion seule. Si on

1. Note du traducteur : Le rosaire se compose de trois chapelets. En allemand, le même terme désigne à la fois le rosaire et le chapelet.

voulait faire surgir Dieu dans l'alambic de la pensée et se l'approprier de manière purement théorique, on n'y parviendrait pas. Il faut toujours allier l'action à la pensée. Pascal disait un jour à un ami incroyant : « Fais d'abord ce que font les croyants, même si cela te paraît insensé. »

Je pense que chacun a une approche différente. Pour beaucoup, comme l'histoire le montre, le regard vers Marie est une porte d'entrée. Pour d'autres, c'est le Christ contemplé dans les Évangiles qui est le vrai départ. Je dirais que la lecture de l'Évangile est toujours un chemin d'approche. Mais ce ne sera pas une lecture purement théorique, comme la pratiquent les historiens, qui décomposent le texte et qui voudraient en connaître les sources : il faut que ce soit une lecture en vue du Christ qui conduit toujours à la prière.

Je parlerais d'un va-et-vient qui peut comporter des faux pas, entre la pratique religieuse et la recherche par la lecture et la réflexion. On ne peut jamais chercher la foi isolément, mais uniquement dans la rencontre avec des croyants, qui peuvent vous comprendre et qui ont peut-être vécu des situations semblables et qui sont donc à même de vous aider et de vous guider. La foi croît toujours dans le nous de la communauté. Celui qui voudrait arriver tout seul l'a dénaturée dès le départ.

Chapitre 7

LA CROIX

On s'est habitué à considérer la souffrance comme quelque chose à éviter à tout prix. Et rien ne fâche plus une certaine société que la conception chrétienne de la souffrance qu'il convient d'endurer, de supporter, et à laquelle il faut même se donner pour la vaincre. « La souffrance fait partie du mystère de l'homme », dit Jean-Paul II. Pourquoi ?

Le programme d'aujourd'hui, c'est d'éliminer la souffrance du monde. Pour le particulier, cela signifie qu'il faut éviter la souffrance à tout prix. On s'aperçoit en même temps que, de cette manière, le monde devient très dur et très froid. La souffrance fait partie de la condition humaine. Et celui qui voudrait réellement éliminer la souffrance devrait inévitablement éliminer l'amour. Car il n'y a pas d'amour sans souffrance puisque l'amour inclut toujours une part d'abnégation. Il comportera toujours des renoncements et de la souffrance en raison de la différence des tempéraments et des situations dramatiques.

Sachant que le chemin de l'amour, chemin d'exode hors de soi, est le vrai chemin de l'humanisation de l'homme, nous comprenons que la souffrance constitue le processus de maturation. Celui qui a intérieurement accepté la souffrance mûrit et devient compréhensif envers les autres et plus humain. Celui qui a toujours évité la souffrance ne comprend pas les autres ; il devient dur et égoïste.

L'amour est en lui-même une passion, réalité subie douloureusement. Celle-ci me fait d'abord expérimenter un bonheur qui m'advient ; elle est, en elle-même, expérience du bonheur. Mais d'un autre côté elle m'arrache de mon agréable repos et m'oblige à me transformer. En disant que la souffrance est une face intérieure de l'amour, nous comprenons pourquoi il est si important d'*apprendre à souffrir* et, inversement, pourquoi éviter la souffrance rend l'homme inapte à la vie. Il connaîtrait le vide de l'existence qui ne peut qu'entraîner amertume et refus et non acceptation et maturation.

Que serait-il arrivé si le Christ n'était pas venu et n'était pas mort sur la croix ? Sans lui, le monde aurait-il depuis longtemps disparu ?

Nous ne pouvons dire cela. Mais nous pouvons affirmer que manquerait à homme l'accès à Dieu. Il ne pourrait se rapporter à Dieu que de manière fragmentaire. En dernière analyse, il ne saurait pas qui est réellement Dieu.

Bien sûr que les grandes religions laissent transparaître quelque chose de la lumière de Dieu. Elles n'en restent pas moins fragmentaires et problématiques pour autant. Lorsque la question de Dieu ne trouve pas de réponse, lorsque le chemin qui mène à lui reste fermé, lorsqu'il n'y a pas de pardon issu de la puissance de Dieu même, alors la vie humaine devient une expérience sans signification. C'est pourquoi c'est Dieu lui-même qui déchire les nuages. Il a fait luire sa lumière et nous a indiqué le chemin qui est la vérité qui nous fait vivre, qui est la vie même.

INRI LA PASSION DU SEIGNEUR

Un homme comme Jésus a dû faire sensation de manière extraordinaire et être une provocation pour n'importe quelle société. De son vivant, le prophète de Nazareth n'a pas seulement été acclamé mais il a aussi été tourné en dérision et persécuté. Les représentants de l'ordre établi considéraient la personne et l'enseignement de Jésus comme un vrai danger pour leur pouvoir. Les pharisiens et les grands-prêtres envisageaient de le tuer. La Passion faisait apparemment partie intégrante de son message car il se met lui-même à préparer les disciples à l'éventualité de sa souffrance et de sa mort. Dans deux jours, dit-il au début de la fête de Pâque « le Fils de l'homme sera livré et crucifié » (cf. *Mc 14, 1).*

Jésus familiarise les disciples avec l'idée que le Messie n'apparaîtra pas comme un Sauveur et glorieux chef politique qui rétablira Israël dans sa puissance politique d'autrefois. Il ne se nomme pas du nom de messie mais de Fils de l'homme. Ce sera, au contraire, l'absence de puissance et l'acceptation de la mort que lui infligent les païens le clouant à la croix qui caractérisera son parcours. Les disciples doivent apprendre que c'est ainsi et pas autrement que le règne de Dieu adviendra dans le monde.

Un tableau mondialement connu de Léonard de Vinci, La Dernière Cène, *dépeint la fête d'adieu de Jésus dans le cercle de ses disciples. Ce soir-là*

Jésus crée une énorme surprise en faisant allusion à la trahison dont il sera victime. Puis il institue l'Eucharistie qui, à partir de ce moment, depuis plus de deux mille ans, est quotidiennement célébrée par les chrétiens.

« Au cours du repas, dit l'évangile, Jésus prit du pain et prononça la prière de bénédiction ; il rompit le pain et le donna à ses disciples en disant : "Prenez et mangez, ceci est mon corps." Puis, prenant une coupe, il rendit grâces et la leur donna en disant : "Buvez-en tous ; car ceci est mon sang, le sang de la Nouvelle Alliance, qui sera répandu pour vous et pour la multitude en rémission des péchés. Faites ceci en mémoire de moi." » On peut penser que, dans toute l'histoire du monde, ce sont les paroles qui ont été prononcées le plus souvent. Elles sont comme une formule sainte.

Elles *sont* une formule sainte. En tout cas, ce sont des paroles qui sortent de tout ce qui est ordinaire, de tout ce qui prévisible, de tout ce qu'on pourrait préméditer. Ce sont des paroles d'une incroyable richesse et d'une insondable profondeur. Si on veut apprendre à connaître le Christ, c'est la méditation et la célébration commune de ces paroles, devenues sacrement, qui le font le mieux connaître. L'institution de l'Eucharistie est la somme de ce qu'est le Christ.

Jésus reprend ici l'essentiel des fils conducteurs de l'Ancien Testament. D'un côté il s'appuie sur la conclusion de l'Ancienne Alliance au Sinaï : il veut mettre en évidence par là que ce qui a débuté au Sinaï est maintenant accompli de manière nouvelle : l'alliance que Dieu a conclue avec les hommes s'accomplit réellement maintenant. La Cène est conclusion de la Nouvelle Alliance. Par le fait qu'il se donne aux hommes s'accomplit une communauté de sang entre Dieu et les hommes.

D'un autre côté, il reprend également les paroles du prophète Jérémie annonçant la Nouvelle Alliance. Les deux lignes de l'Ancien Testament, la Loi et les Prophètes, s'unissent ici pour constituer une action sacramentelle. La Croix y est anticipée. Car si Jésus donne son corps et son sang, s'il se donne donc lui-même, il présuppose son don réellement. C'est pourquoi ces paroles expriment le sens profond de la Croix, à savoir que Dieu transforme cet acte de violence dont il est victime en un acte de don de soi à l'humanité.

Ce qui est anticipé également, c'est la Résurrection. Une chair morte, un corps mort ne peuvent être une nourriture. C'est en raison de sa résurrection future que son corps et son sang sont nouveaux. Il ne s'agit pas d'un cannibalisme mais d'une communion avec le Ressuscité.

On voit que ces quelques paroles constituent une synthèse de l'histoire religieuse : l'histoire de la foi d'Israël, tout comme le propre être de Jésus et son action, qui devient finalement sacrement et présence perpétuelle.

Les disciples vont avec Jésus au mont des Oliviers. Pierre fait du zèle : jamais il ne trahirait le Maître. Au jardin de Gethsémani, Jésus veut prier. Il est fortement troublé et en même temps affaibli. La tristesse et l'angoisse l'habitent. « Mon âme est triste à en mourir, dit-il à trois de ses disciples, demeurez ici et veillez avec moi. » Il avance de quelques pas et se jette à terre. Il prie et peut-être même pleure-t-il : « Mon Père, l'entendent-ils dire s'il est possible, que cette coupe passe loin de moi. Cependant, non pas comme je veux, mais comme tu veux ! » (Mt 26, 39).

C'est un des textes les plus émouvants et les plus poignants du Nouveau Testament. On ne peut que méditer sans cesse ce mystère de l'angoisse du Christ, comme l'ont fait les grands croyants.

J'y vois en quelque sorte la lutte entre l'âme humaine et l'âme divine de Jésus-Christ. Jésus voit tout l'abîme de la déchéance et l'épouvante humaines, qui pèse sur lui et qu'il doit traverser. Cet instant dépasse tout ce que nous pouvons imaginer, nous qui pourtant pouvons aussi nous sentir mal en voyant tout ce que l'histoire humaine comporte de terreur, en voyant cet abîme du refus de Dieu, destructeur de l'homme ; en cet instant Jésus mesure l'énorme fardeau qui fond sur lui. Ce n'est pas simplement la peur de l'instant de sa mise à mort ; c'est d'être confronté à toute l'angoisse et l'abîme du destin humain qu'il doit prendre sur lui.

Le théologien grec Maxime le Confesseur a décrit cet instant de manière particulièrement pénétrante. Il montre comment, dans cette prière du jardin des Oliviers, s'accomplit l'« alchimie de l'être ». Jésus se fond dans la volonté du Fils et, par là, dans la volonté du Père. Toute la résistance de la nature humaine qui se rebiffe contre la terreur de la mort émerge dans cette prière. Jésus doit vaincre la résistance intérieure que l'homme oppose à Dieu. Il doit surmonter la tentation de faire autrement. Cette tentation atteint ici son point culminant. Ce n'est que lorsque cette résistance est brisée, que le oui advient. Oui qui aboutit à la fusion de la volonté humaine dans la volonté de Dieu, d'où cette seule demande : « Que non pas ma volonté mais la tienne s'accomplisse ! »

Les disciples de Jésus sont fatigués. Lorsque le maître revient, il les trouve endormis. Jésus est déçu : « Ainsi vous n'avez pu veiller une heure avec moi ? » (Mt 26, 40).

Oui, il est déçu. Les croyants de tous les temps se rendent compte que cette parole de Jésus dépasse cet instant et concerne toute l'histoire de l'Église. Toujours à nouveau, les disciples dorment. Toujours aussi il arrive que la cause de Dieu soit en grand danger et les siens dorment. Il voulait les avoir tout près de lui pour qu'ils l'aident à porter le poids de la solitude mais, apparemment le caractère terrible de cet instant ne les touche pas.

Ensuite, le Christ dit : « Veillez et priez pour ne pas entrer en tentation. L'esprit est ardent mais la chair est faible » (Mt 26, 41).

Cette parole est une reprise de ce que Dieu a dit après le déluge : « Je vois, ils ne sont que chair, ils sont faibles et ils ont besoin d'indulgence et de pitié » (*cf.* Gn 8, 21). Finalement, sa déception se transforme en pitié.

Arrive Judas avec une bande nombreuse armée de glaives. Il s'approche de Jésus en le saluant d'un baiser. Lorsque les soldats s'emparent de Jésus, Pierre s'interpose, sort son épée et coupe l'oreille à l'un des valets du grand prêtre. Jésus dit seulement : « Remets ton épée au fourreau car tous ceux qui se servent de l'épée périront par l'épée » (Mt 26, 52).

Pierre veut prouver que sa promesse de ne jamais trahir le Maître est sérieuse. Il est à ce moment-là prêt à risquer sa vie. Il faut cependant qu'il apprenne que le courage des bagarreurs est très vite réduit à peu de chose si la bagarre tourne mal.

Ce que dit Jésus en cette circonstance vaut pour toute l'histoire : la cause de Dieu ne peut pas être défendue par le moyen des armes comme on a régulièrement tenté de le faire. Qui veut défendre Dieu par la violence s'oppose à lui par là même.

Après l'arrestation du Maître, les disciples prennent la fuite, tous sans exception. Jésus est emmené chez le grand prêtre Caïphe et soumis à l'interrogatoire. L'accusation est bancale et les témoins faux. Enfin, on lui trouve un crime : le blasphème. Le grand prêtre lui dit : « Je t'adjure par le Dieu vivant, dis-nous si tu es le Messie, le fils de Dieu ! » Et Jésus lui répondit calmement : « Tu l'as dit ! » (Mt 26, 63-64).

Comme grand prêtre, Caïphe est responsable de la foi d'Israël. Naturellement, il ne pense pas que c'est réellement le propre Fils de Dieu qu'il condamne à mort. Il voit en Jésus quelqu'un qui a porté atteinte à la foi au Dieu unique, cœur de la foi juive, par sa prétention d'être lui-même le Fils de Dieu. Il le fait, certes, aveuglé au point de ne pouvoir percevoir le mystère, sa foi étant enfermée dans une formule. Nous ne devrions pas condamner cette attitude avec légèreté car il croit quelque part agir en fonction de sa responsabilité religieuse.

Le martyre commence. Les docteurs de la Loi et les Anciens sont les premiers qui lui crachent à la face. Ils lui voilent le visage et le giflent : « Fais le prophète, messie, dis-nous qui t'a frappé » (Mt 26, 67-68). Pierre, qui traîne dans la cour, est reconnu et renie son Maître. En se rendant compte de ce qu'il vient de faire, il sort et pleure amèrement. Judas lui non plus n'est pas content de ce qu'il a fait et le regrette. Il jette les pièces d'argent dans le Temple et va se pendre (Mt 27, 3-5).

Nous voyons là le caractère dramatique de la faiblesse humaine : Pierre, d'abord, s'enfuit mais revient pour voir ce qui se passe. À ses yeux le reniement du Maître est un petit mensonge pour ne pas être débusqué et pouvoir s'approcher de lui. Mais, toutefois, sous le regard de Jésus il reconnaît combien il a été lâche et s'est séparé de lui.

La différence entre les deux qui ont péché reste pour moi très intéressante. L'un trouve le chemin du repentir et il est de nouveau accueilli. Il est prêt à recevoir le pardon. Il ne désespère pas. Il souffre et devient un pénitent qui se convertit. L'autre est tellement effrayé par sa trahison qu'il ne croit plus le pardon possible.

Je trouve que c'est la vraie différence : deux façons de regretter, deux manières de s'accuser. L'une qui ne devient pas nihiliste mais qui se laisse rattraper. Et une autre qui a perdu la foi dans le pardon et aboutit à l'autodestruction car elle est refus du possible chemin du renouveau. C'est, me semble-t-il, une leçon importante pour tout homme pécheur, qui se sent coupable et veut maîtriser cette culpabilité. Une accusation faussement exagérée de soi-même menant à la totale négation de soi n'est une manière adéquate pour maîtriser la culpabilité.

Jésus est ensuite traîné devant le procurateur Ponce Pilate. « Es-tu le roi des juifs ? » se moque-t-il. « Oui, je suis roi, répond Jésus mais mon royaume n'est pas de ce monde. Je suis né et venu dans le monde pour rendre témoignage à la vérité. Quiconque est de la vérité écoute ma voix ! » (Jn 18, 36). Visiblement Pilate ne peut pas comprendre cette réponse et demande, sceptique : « Qu'est-ce que la vérité ? » (Jn 18, 38).

Jésus a d'abord subi un procès juif où il est déclaré coupable. Mais il est curieux que les autorités juives n'exécutent pas la sentence : ils portent l'affaire devant le tribunal d'État de Rome. Ce deuxième procès fait état d'une autre accusation. On ne reproche plus à Jésus une atteinte à la foi juive, ce qui n'intéresserait pas Pilate ; on l'accuse d'être un usurpateur politique qui mine la puissance romaine. Le procès religieux devient un procès politique.

L'accusation est vraiment mince et le juge romain, qui est un cynique, n'a d'abord aucune envie de devenir le bourreau de l'autorité juive. La figure de Pilate paraît très moderne. Lorsque Jésus parle de la vérité, sa réponse est typiquement celle d'un sceptique : « Qu'est-ce que la vérité ? » Seul un fou peut prétendre être témoin de la vérité et aller jusqu'à mourir pour elle.

Le Romain déclare à la foule qu'il ne trouve en Jésus aucun motif de condamnation. Il propose lors de la fête imminente de leur libérer un prisonnier, leur laissant le choix entre Jésus et Barabbas. La foule hurle : « Barabbas ! Barabbas ! » « Et que ferai-je de Jésus ? » demande Pilate. De nouveau la foule crie d'une seule voix : « Crucifie-le ! crucifie-le ! » Ponce Pilate paie le tribut à la foule, mais s'en lave ostensiblement les mains en signe d'innocence (Jn 19, 4 ; 6).

Ce passage est très instructif sur le comportement des masses. Dans la foule il y a probablement des gens qui, auparavant, étaient tout à fait inoffensifs, qui peut-être ont aimé Jésus et qui l'avaient acclamé. On voit comment la masse est destructrice de la conscience. Comment elle aliène les hommes et peut en faire des instruments du mal.

Comme l'avaient fait les prêtres auparavant, ce sont maintenant les soldats qui le tournent en dérision. Ils le déshabillent, le revêtent d'un manteau pourpre, lui tressent une couronne d'épines et lui mettent un bâton dans les mains en guise de sceptre. Ils ricanent en tombant à genoux devant lui en disant : « Salut, roi des juifs ! » ; ils crachent sur lui et le frappent avec le bâton. C'est encore Pilate au vu de ce misérable qui demande pitié : « Voici l'homme ! » (Jn 19, 5).

Tous ces textes sont très profonds. Par leur complexité, ils nous font parcourir toute l'échelle qui va de la banalité du mal jusqu'à l'humilité et l'amour de la puissance divine. On voit d'abord la bêtise d'un tel groupe de tortionnaires, pour qui la cruauté est devenue le pain quotidien. Mais il y a sans doute plus. La moquerie laisse transparaître quelque chose de plus profond. C'est justement le roi couronné pour la dérision qui est le vrai roi du monde. Celui qui porte la couronne d'épines, et par là toute la souffrance humaine, est la vraie tête couronnée. La parole de Pilate, involontairement, présente tout un complexe de sens. Il dit d'une certaine façon : « Oui, c'est ça l'homme ! », un misérable vermisseau. En même temps est désigné l'homme réel qui, dans la souffrance, est image de Dieu.

Les soldats mènent Jésus flagellé et couronné d'épines vers le « lieu du crâne », le Golgotha. Il porte la lourde croix, une sueur de sang lui dégoulinant sur le visage. À trois reprises, il s'écroule sous le poids de la croix. Véronique lui tend un linge, les femmes pleurent, mais personne au bord du chemin n'est prêt à lui porter la croix. Probablement parce qu'ils avaient peur qu'il ne s'écroule avant d'arriver au lieu du supplice, les mercenaires forcent un homme du nom de Simon de Cyrène à aider Jésus à porter la croix.

La piété chrétienne a fait de ce chemin de Croix, qu'on peut encore suivre aujourd'hui à Jérusalem, l'archétype du chemin de la souffrance humaine. Certains traits proviennent de la méditation, par exemple la triple chute ou le geste de Véronique. Ce sont des perceptions du cœur consécutives à l'accomplissement intérieur de ce chemin. Le chemin de Croix est, avec le rosaire, la deuxième grande prière inventée par la piété populaire au Moyen Âge. Il n'est pas seulement un document attestant la maturation intérieure et l'approfondissement, mais encore, en réalité, une école d'intériorité et de consolation. Il est également un apprentissage de l'examen de conscience, de la pénitence, de la transformation intérieure et de la compassion non pas par pure sentimentalité mais parce qu'il me remue en profondeur et m'oblige ainsi à me connaître et me corriger.

La figure de Simon de Cyrène reste impressionnante. Toujours est-il que la chrétienté y a vu un appel permanent. Le Christ est pour ainsi dire en chemin avec sa croix tout au long de l'histoire. Il cherche d'autres Véronique et d'autres Simon, prêts à porter de grandes croix.

Les soldats maltraitent Jésus atrocement. Apparemment, toute la haine, toute la bestialité humaine, tout l'abîme de l'horreur que les hommes peuvent s'infliger les uns aux autres se sont concentrés sur cet homme.

Jésus est l'exemple même de la victime de la violence. Justement au XXe siècle nous avons vu quelle inventivité peut déployer la cruauté humaine. Et comment elle avilit et détruit le visage humain en soi en le faisant chez l'autre. Le fait que le Fils de Dieu ait exemplairement pris sur lui en tant qu'« agneau de Dieu » doit, d'une part, nous ébranler devant toute la cruauté humaine, nous faire réfléchir sur nous-mêmes et nous permettre de nous demander dans quelle mesure nous sommes nous aussi des spectateurs lâches et muets et en portons une part de responsabilité. Ce fait doit, d'autre part, nous transformer et permettre de nous réjouir de Dieu : il a pris le parti des innocents et de ceux qui souffrent et voudrait nous voir faire de même.

Même en croix, le Christ est encore tourné en dérision. Les soldats lui tendent du vin mêlé de fiel. Sur la croix ils ont cloué une planche avec l'inscription « Jésus de Nazareth, roi des juifs » (INRI). Les grands prêtres et les docteurs de la Loi lui crient : « Toi qui détruis le Temple et le rebâtis en trois jours, si tu es le Fils de Dieu, sauve-toi toi-même et descends de la croix » (Mt 27, 40). Mais Jésus ne descend pas de la croix. Il ne dit rien, pas même lorsque, de la sixième à la neuvième heure, se fit l'obscurité. À la neuvième heure, cependant, il s'écrie : « Eli, eli, lama sabachtani. » *C'est une parole étonnante qui signifie : « Mon Dieu, mon Dieu, pourquoi m'as-tu abandonné ? » (Mt 27, 46).*

En ce qui concerne le breuvage qu'on offre à Jésus, nous sommes en présence de deux traditions. Matthieu parle de vin mêlé de fiel qu'on donne à Jésus au début de la crucifixion : il s'agit peut-être d'une boisson anesthésiante. Mais Jésus refuse car il veut endurer la souffrance en gardant la tête claire. Marc, Luc et explicitement Jean, parlent de vinaigre, donné à Jésus à la fin de la Passion. Ces évangélistes font clairement allusion à une parole de psaume : « Pour nourriture, ils m'ont donné du poison, dans ma soif ils m'abreuvaient de vinaigre » (Ps 69, 22). D'autres passages des prophètes disent : « J'ai planté une vigne et elle ne m'a donné que du vinaigre. » Une plainte qui ne cesse d'être adressée à la chrétienté.

Il est question aussi des moqueries dont Jésus est l'objet. Cela fait penser au Livre de la Sagesse qui dit : « Les impies se moqueront du juste. » Ils le livreront à la mort et diront : Montre-nous donc si tu es Dieu ou non. C'est leur manière de faire l'expérience. C'est l'instant où les pharisiens triomphent ; eux qui avaient peut-être encore mauvaise conscience se voient confirmés et peuvent désormais exprimer leur refus par de la moquerie. Ils se compromettent avec la banalité du mal, représentée par les soldats.

Les Évangiles nous transmettent sept paroles du Christ en croix. La dernière parole citée constitue une parole clé. C'est le début du psaume 21, le grand psaume des tribulations d'Israël, sans cesse écrasé et impuissant qui s'écrie : « Mon Dieu, mon Dieu, pourquoi m'as-tu abandonné ? » En commençant à prier avec le psaume 21, il s'identifie avec Israël souffrant et a pris sur lui le destin de ce peuple.

Mais n'oublions pas qu'il s'agit d'une prière. Par elle, Jésus reconnaît Dieu, dans un cri désespéré. Jésus meurt en priant, en illustrant le premier commandement : adorer Dieu et lui seul. Le psaume s'achève par une grande profession de foi et de confiance et une prophétie de l'Eucharistie, se terminant par ces mots : « Les humbles mangent à satiété. » À partir de la Croix, les pauvres sont rassasiés d'une nouvelle manne.

À l'instant de la mort du Christ, le rideau du Temple se déchira de haut en bas. La terre se mit à trembler, les rochers se fendirent et même, dit-on, les tombeaux s'ouvrirent. Durant des siècles, des artistes ont tenté de peindre cette scène. Je me souviens d'une peinture tout à fait particulière : celui qui fut torturé penche la tête un peu de côté et fixe du regard le spectateur. La couronne d'épines enfoncée dans sa tête, Jésus saigne. Des larmes lui coulent le long du visage. Et pourtant, son mince visage, intact malgré les tortures, garde une expression de paix. Le supplicié, qui aurait toutes les raisons de se plaindre, adresse un petit sourire au spectateur. Il n'y a pas trace de reproche en lui, le Christ donne l'impression d'être calme et détendu. Et, plus on le contemple longtemps, plus devient paradoxalement évidente cette impression non de tristesse mais de consolation.

Les grandes images authentiques et pures de la Croix naissent d'une identification intérieure, par la prière et la médiation, avec le Crucifié. Elles représentent aussi bien la soif, la peine, l'affreux supplice et la douleur du Christ mais introduisent aussi la paix des dernières paroles : « En tes mains je remets mon esprit. Tout est accompli. »

Jésus pencha la tête et mourut. Il remit son esprit entre les mains de son Père. De là vient la paix du Crucifié qui émane de ses dernières paroles. Les images de la Croix ne doivent jamais n'être que des images de la cruauté, sinon elles ne représentent pas la totalité du mystère du Christ. Si elles ne montrent que la dérision des hommes, elles deviennent elles-mêmes de la moquerie.

LA RÉSURRECTION

En moins de vingt-quatre heures, la résurrection passa pour un fait à Jérusalem. En ville, ce matin-là, tout le monde était en ébullition. Il y avait d'abord le tremblement de terre qui, deux jours auparavant, avait secoué le Temple ; puis le vent de sable qui dura trois heures et d'autres séismes. Lorsque les femmes les premières rapportaient l'histoire du tombeau vide, on considérait encore leurs dires comme des ragots. Le soir même, tous les doutes étaient dissipés, du moins parmi les disciples. Jésus avait rencontré deux d'entre eux sur le chemin d'Emmaüs et s'était fait reconnaître. L'histoire du christianisme en tant qu'histoire d'une foi venait de commencer.

La question de la rapidité avec laquelle la nouvelle s'est répandue à Jérusalem reste ouverte. Nous savons par le finale de l'Évangile de Matthieu que, même après la dernière grande apparition finale en Galilée – le Christ est ressuscité et dit : Tout pouvoir m'a été donné –, beaucoup doutent encore. La nouvelle de la Résurrection est toujours accompagnée de doutes et sa réalité attaquée, même si elle apparaît comme le message de la victoire sur tous les doutes.

Jésus a quitté ce monde et sa vie pour une nouvelle manière de présence corporelle non soumise aux lois physiques. Cette présence nouvelle appartient au monde de Dieu d'où il se montre aux hommes et leur ouvre le cœur pour qu'ils puissent le reconnaître et le toucher. Nous sommes toujours invités à le toucher, avec Thomas l'incrédule, et de reconnaître sa présence vivante qu'il ne cesse de révéler dans l'histoire de manière toujours nouvelle.

Avec la Résurrection quelque chose de nouveau a effectivement fait irruption dans le monde, et c'est elle qui fonde l'Église, communauté de ceux qui croient au Christ, nouveau peuple de Dieu.

La Croix, signe le plus sacré de l'univers, selon l'expression de Guardini, est devenue le signe des chrétiens. La Croix avec le supplicié est un symbole qui scandalise. Saint Paul déjà a prévenu : « Ne videz pas la croix, ne la banalisez pas, ne la nivelez pas, ne faites pas du positif de Dieu le négatif du monde. »

C'est réellement une histoire incomparable. Cette croix qui devait être la fin non seulement de son message mais de lui-même, dans sa chair et dans son sang, est devenue le symbole de la Rédemption, symbole non de la mort, mais de la vie. « Le bois de la vraie vie », dit André, de Jérusalem. Un paradoxe : par la croix vers le salut.

Les représentations primitives de la Croix montrent le Crucifié en même temps comme le Ressuscité, comme roi. Il a les yeux ouverts pour montrer que Dieu ne meurt pas, qu'il reste vivant et qu'il donne la vie. De marque d'infamie du supplice romain, elle devint signe du triomphe du Fils de l'homme qui non seulement nous apparaîtra à la fin des temps mais nous apparaît déjà maintenant en ce que le Christ vainqueur vient à notre rencontre pour nous prendre avec lui. Avec lui nous nous mettons en route vers Dieu ; en lui, le souffrant, la consolation de l'amour de Dieu plus fort que tout devient visible.

C'est ainsi que la Croix est vraiment devenue signe de rédemption, le signe de Jésus-Christ, le signe par lequel nous nous rattachons à lui.

Quel choc ce devait être pour ses adeptes à Jérusalem ! Le Messie qui fit voir les aveugles et ressuscita les morts est subitement humilié, offensé et crucifié par les valets du pouvoir. Ce qui est absolument inexplicable : pourquoi Dieu a-t-il dû souffrir et mourir pour délivrer sa propre créature ?

C'est le mystère de Dieu qui ne vient pas dans le monde comme quelqu'un qui rétablit un ordre social juste par la puissance. Il est venu parmi nous pour souffrir pour nous et avec nous.

Nous ne comprendrons jamais totalement ce mystère. Et pourtant c'est tout le positif qui nous est dit sur Dieu : Dieu ne règne pas uniquement par la puissance. Dieu exerce son pouvoir d'une autre manière que ne le font les puissants de la terre. Sa puissance est puissance d'amour et de compassion, et le vrai visage de Dieu apparaît justement dans la souffrance. Dieu prend sur lui toute l'injustice du monde en souffrant, de sorte que c'est dans les heures sombres que nous pouvons le connaître le plus intimement.

Dieu se fait petit pour se mettre à notre portée. De sorte qu'à notre principe humain d'orgueil et « d'autodivinisation » soit opposé un principe contraire : il vient comme quelqu'un qui nous touche au cœur.

TROISIÈME PARTIE :
L'ÉGLISE

Monsieur le cardinal, Jésus-Christ a promis à ses apôtres et à leurs successeurs qu'il ne cesserait de leur rappeler son enseignement et qu'il le ferait savoir à chacun. Ressentez-vous cela ?

Il ne faut naturellement pas le comprendre mécaniquement, à la manière d'un ordinateur qu'on interroge. C'est une promesse qui concerne l'Église dans son ensemble.

Jésus dit textuellement : « L'Esprit Saint que le Père enverra en mon nom vous enseignera tout et vous rappellera tout ce que je vous ai dit. »

Il a dit par là qu'il ne laisserait pas son Église seule, qu'il ne la laisserait pas se séparer de lui. Qu'il rafraîchirait sa mémoire et l'approfondirait, de sorte qu'elle apprenne ce qui au début n'était pas encore compris et accède au sens profond de ses paroles. Mais cela ne signifie pas que chaque être puisse prétendre à une telle mémoire, ni même que l'Église l'aurait automatiquement. C'est dans la prière et la mémoire vivante que l'Esprit lui parlera. Je peux dire toutefois que d'une certaine manière je perçois naturellement cette assistance.

Toujours est-il que des hommes et des femmes de génie dans l'Église ont le don de comprendre les grandes cohérences des événements et de pouvoir transmettre leurs connaissances de façon compréhensible au plus grand nombre.

Je pense qu'en vivant dans l'Église et en partageant sa foi, on a part à l'inspiration qui porte cette famille. L'Église peut élargir les horizons et permettre d'approfondir ce qu'on ne comprend pas tout seul. Naturellement, il y a des gens particulièrement doués, que nous appelons les saints, qui, par leur proximité intérieure avec Dieu, pénètrent plus profondément cette mémoire et la restituent de manière plus vivante.

Est-ce de l'amour, ce qui vous lie si personnellement à l'Église ?

On peut le dire. Elle est ma patrie, ma grande famille, et c'est pourquoi je lui suis lié par amour, comme on est lié à une famille.

L'Église n'est pas le résultat d'un hasard ni d'un caprice de l'histoire, en tout cas pas selon votre compréhension. Pour ceux de l'extérieur, en revanche, elle apparaît souvent comme une organisation riche et puissante, un peu comme une entreprise, sauf que les dirigeants se promènent avec de longues robes. Le pape Léon le Grand pensait que pour comprendre quelque chose à l'Église, ne serait-ce que de loin, il faut commencer par « abandonner l'obscurité d'une pensée mondaine et la fumée d'une sagesse humaine ».

On peut faire l'expérience de l'Église sur des plans très différents. On peut la considérer d'un point de vue purement institutionnel, comme une des réalités institutionnelles du monde parmi d'autres, ou d'un point de vue purement sociologique. Des événements isolés ou des personnes particulières peuvent vous rendre malades. En tout cas, si on ne la considère que du point de vue institutionnel, on restera toujours à la surface.

Il me semble que c'est justement une tentation de notre société hyperactive et rationnelle d'aborder l'Église à travers des commissions, des organismes, des conseils. On voudrait la rendre plus maniable et plus pratique, comme une œuvre humaine, d'une certaine manière, où finalement les majorités décideraient ce qu'il faut croire et ce qu'il ne faut pas croire, et d'autres choses semblables. Par là on s'en éloignerait. Elle n'aurait plus ses racines dans la vie, et encore moins en Dieu.

Si nous voulons comprendre l'Église de manière correcte, nous devons la considérer, me semble-t-il, avant tout du point de vue de la liturgie. C'est là qu'elle est le plus elle-même, c'est là qu'elle est en contact avec le Seigneur qui la renouvelle. Dans la liturgie, nous l'expérimentons nécessairement à partir de la Sainte Écriture, des sacrements et des grandes prières de la chrétienté. C'est ce qui nous permet, comme dit saint Léon le Grand, de nous purifier de la fumée qui nous la rend opaque et des grains de sable qui encombrent nos yeux, et ainsi de devenir un peu plus voyants.

On verra alors que l'Église a une plus grande profondeur : que la communion des saints en fait partie, la communauté de ceux qui nous ont précédés, ainsi que les saints anonymes et ordinaires. On verra qu'elle vit en une foule immense de croyants intérieurement reliés au Christ, en qui elle plonge ses racines. Le Christ est la force permanente qui alimente la vigne et fait qu'elle peut fructifier. En ce sens l'Église dépasse de loin ce que nous pouvons en saisir par les statistiques ou instituer par des décisions. Elle est un organisme vivant, en qui circule la vie même du Christ.

Chapitre 1

L'ESPRIT

C'EST AINSI QUE TOUT A COMMENCÉ

« Heureux es-tu, Simon, fils de Jonas », dit Jésus à cet homme dont le nom est gravé pour toujours au cœur de l'Église, « tu es Pierre et sur cette pierre je bâtirai mon Église, et les puissances de l'enfer ne tiendront pas contre elle. » Cette parole est au début d'une histoire d'un succès total et sans précédent. Peut-on dire qu'avec ce postulat le Christ lui-même a fondé l'Église ?

La question de savoir si Jésus a réellement voulu l'Église est l'objet d'un grand débat. Beaucoup répondent que non, qu'il voulait seulement inaugurer le royaume de Dieu, qu'il voulait en tout cas autre chose, mais en aucun cas l'Église. Par là on méconnaît profondément non seulement l'histoire du salut du peuple juif, mais encore l'intention de Jésus de renouveler ce peuple, de renouveler entièrement l'histoire du salut, de l'approfondir et de l'étendre : en un mot de fonder ce que nous appelons Église.

Il y a quantité d'actes fondateurs de l'Église dans la vie de Jésus. Le premier est le choix des douze. Nous avons vu qu'ils étaient symboliquement les douze ancêtres du nouvel Israël. Il y a ensuite les paroles qu'il leur laisse, et avant tout la Cène qui leur est laissée comme centre de leur nouvelle vie. Il va plus loin par l'ordre de baptiser, par la mission qu'il leur donne, et ainsi de suite. Et la désignation de Pierre, comme premier parmi les Douze et en même temps rocher sur lequel repose l'Église, est l'un de cet ensemble d'actes fondateurs.

Après sa mort, Jésus apparaît aux Apôtres dans une salle à Jérusalem. L'Évangile de Jean nous transmet les paroles suivantes : « Paix soit à vous ! Comme le Père m'a envoyé, moi aussi je vous envoie ! » Cela dit, il souffla sur eux et dit : « Recevez l'Esprit Saint ! » Personne, semble-t-il, parmi ceux qui étaient alors présents, ne pouvait le moins du monde se représenter ce qui venait de commencer.

C'est une scène impressionnante qui concrétise, après la résurrection, l'appel des Douze. Les Apôtres deviennent porteurs de l'Esprit Saint qui continue en eux l'envoi par Jésus-Christ. En réalité, en cet instant, personne ne pouvait imaginer les conséquences de cet envoi. La plupart d'entre eux pensaient que la fin du monde était proche. Ils étaient convaincus que le temps était accompli et que l'histoire n'avait plus un grand avenir. Il suffisait aux disciples de savoir que désormais ils avaient l'Esprit du Christ en eux et qu'ils devaient porter hors des frontières d'Israël cette paix qu'il leur a apportée ainsi que la nouveauté qu'il leur avait donnée.

Une histoire remarquable s'était passée après la résurrection. C'était un soir, lorsque Pierre et Jean avaient décidé d'aller pêcher sur le lac de Génésareth. L'ambiance n'était sans doute pas très bonne, car ils n'avaient rien pris. Au lever du jour, ils atteignent le rivage et rencontrent Jésus. Les disciples ne le reconnaissent pas, bien qu'il s'adresse à eux de manière bien familière : « Les enfants, avez-vous du poisson ? », puis : « Jetez le filet à la droite de la barque et vous trouverez ! » Sans trop y croire ils s'exécutèrent et « ils ne parvenaient plus à le relever. « C'est le Seigneur ! » dit Jean. Pierre se jeta à l'eau et nagea vers le rivage suivi des autres en barque. Ils avaient pris cent cinquante-trois gros poissons, sans que le filet ne se déchirât.

Cette histoire est hautement symbolique et riche de sens : nous ne pouvons pas l'analyser dans le détail ici. C'est une pêche magnifique. Ces hommes avaient travaillé toute une nuit en vain, et, pêcheurs expérimentés, ils pouvaient difficilement admettre que maintenant qu'il faisait déjà jour ils attraperaient encore quelque chose. Jésus cependant les envoie pêcher et, sur sa parole, ils y vont et en sont récompensés abondamment.

En ce qui concerne le chiffre 153, que Jean note avec un grand soin, la communauté scientifique tout entière n'en a pas encore percé le secret. Certains veulent y voir le signe numérique pour Pierre. Quoi qu'il en soit, ce chiffre exprime une plénitude. C'est une promesse qui va au-delà de l'instant présent. Elle montre d'abord combien l'homme est peu capable, par ses propres efforts, de tirer de la mer de ce monde, les poissons pour en faire des hommes vivants pour Dieu. Elle indique également que l'invraisemblable peut toujours se produire, que l'Église peut toujours être tirée de l'océan de l'éphémère avec le filet du Christ et qu'elle rassemblera pleinement les hommes avec ce filet du pêcheur Pierre.

La scène continue. Sur un brasier, ils se préparent un repas. Ils partagent le pain et le poisson. Et voici que Jésus se tourne vers Pierre et lui dit : « Simon, fils de Jonas, m'aimes-tu plus que ceux-ci ? » Pierre est stupéfait et dit : « Oui, Seigneur, tu sais que je t'aime. » Et à trois reprises Jésus pose la même question et trois fois il reçoit la même réponse : « Oui, Seigneur, tu sais que je t'aime. » Il ajoute même un peu énervé : « Seigneur, tu sais tout, tu sais que je t'aime. » Et, à chaque fois, après cette entrée en matière, Jésus dit, d'abord : « Paix, mes agneaux ! » puis, les autres fois : « Paix, mes brebis ! » Que veut-il dire par là ?

D'abord, ce sont les disciples qui pêchent le poisson, mais c'est Lui qui leur donne à manger. À la fin l'effort humain est surpassé par le don qui vient du Christ lui-même. Ensuite, nous avons là une autre institution de la succession. La première confession de foi de Pierre, dont nous avons parlé plus haut, suit l'échec en Galilée, lorsque le vide commençait à se faire autour de Jésus. Certains contestent que la formule sur Pierre-rocher ait été dite par le Jésus terrestre : elle appartient aux traditions sur la Résurrection. Mais les Évangiles le placent intentionnellement à un tournant de la vie terrestre de Jésus. Elle est tellement liée à ce contexte qu'elle ne peut pas en être séparée.

Dans la salle de la Cène, une nouvelle promesse est adressée à Pierre. Lorsque tu seras converti, conforte tes frères. Il reçoit la mission d'être celui qui les fortifie dans la foi. Ce qui est important, c'est que ces traditions concernant Pierre se trouvent dans toutes les couches du Nouveau Testament. Nous les trouvons dans la tradition synoptique comme dans les écrits johanniques. Mais, même chez Paul, nous rencontrons la primauté de Pierre. On peut donc dire que la connaissance d'une mission particulière de Pierre a laissé des traces dans les différentes couches de la tradition.

Ce que nous transmet le chapitre 21 de Jean est un rite de succession. Pierre est chargé de prendre soin du troupeau de Jésus. Le Seigneur ajoute, dans la prédiction du martyre de Pierre, qu'il s'agit d'un service basé sur l'amour du Christ et qui ne peut être accompli que s'il est prêt à aller jusqu'au martyre. Pour les chrétiens catholiques, l'ensemble de cette théologie du Nouveau Testament concernant Pierre décrit merveilleusement cette mission particulière sous toutes ses facettes : c'est un testament pour l'Église de tous les temps.

Jésus ressuscité demande à ses disciples de ne pas quitter Jérusalem, tant qu'il n'ont pas reçu l'Esprit Saint, cette force d'en haut. Il fait une allusion mystérieuse : « Jean a baptisé avec de l'eau, mais vous, vous serez baptisés dans l'Esprit Saint dans peu de jours. » Qu'est-ce que cela signifie ?

Jésus annonce le don de l'Esprit qui trouve son premier accomplissement à la Pentecôte. Saint Luc nous l'a dépeint dans les Actes des Apôtres. Il décrit comment le don de l'Esprit tombe sur les 120 réunis avec les douze et avec Marie pour prier. Luc a composé toute son œuvre de manière très réfléchie et renvoie par là à la conception de Jésus, où l'Esprit Saint descendit pour que soit conçu l'homme Jésus. L'Esprit vient à nouveau, et c'est l'Église, « corps du Christ » qui est conçue et qui naît pour le temps de l'histoire. Cela se passe sous le signe de la tempête et du feu, et surtout sous le signe du miracle des langues : l'Église est ainsi anticipée et annoncée en toutes les langues. C'est l'antithèse de Babel. C'est une autre société, une nouvelle société que le Seigneur construit par la force de l'Esprit Saint, par la flamme de Dieu dans le cœur des hommes.

Peut-on vraiment se représenter ainsi la scène, avec des flammes, des langues de feu tombées du ciel ?

Chacun est libre de se représenter la scène comme il l'entend. Les Pères de l'Église, particulièrement en Orient, ont interprété le symbole de manière très profonde. Que l'Esprit apparaisse sous forme de langues et de flammes signifie qu'il repose sur chacun en particulier. Ce sont des images essentielles qui représentent le mystère permanent de l'Esprit et la nouvelle naissance de l'Église, et, par le miracle des langues, ce qu'on appelle la catholicité de l'Église.

LA NATURE DE L'ÉGLISE

Prenons cette nouvelle naissance. Est-ce l'Église qui est visée ? Comment doit-elle être ? Elle est désignée comme étant par nature apostolique et catholique. Qu'est-ce que cela signifie ?

L'apostolicité renvoie à la liaison horizontale de l'Église qui traverse tous les temps. Elle est liée à son origine historique dans le groupe de ces onze hommes choisis par Jésus (les onze qui sont restés, avec en plus Matthias qui a été élu). Elle n'est pas une quelconque mythologie, ou une idéologie qu'on aurait inventée par la suite : elle est vraiment ancrée dans l'événement historique de Jésus-Christ et surgit toujours à nouveau de cette origine apostolique. Par là est exprimée en même temps non seulement la fidélité au témoignage de la foi des Apôtres, mais encore son aspect sacramentel. On ne peut, de ce fait, s'en faire une idée toujours nouvelle, mais elle reste solidement liée à son origine et en continuité permanente avec elle. Le sacrement de l'ordre exprime ce lien avec ce que nous n'avons pas inventé et renvoie en même temps à l'Esprit Saint comme garant de cette continuité.

Et catholique ?

Catholique veut dire littéralement « embrassant la totalité » et signifie qu'elle a un rapport au tout. C'est une expression pour dire que l'Église est destinée au monde entier, à toutes les cultures et tous les temps. C'est une affirmation essentielle. Car l'Église ne peut jamais se réduire à n'être qu'une Église nationale. Elle est toujours là pour que les frontières soient franchies. Elle doit empêcher Babylone. L'Église existe pour empêcher l'opposition entre les hommes. Elle doit, au contraire, dans la plénitude des langues, apporter à Dieu toute la richesse de l'humanité, et par là être elle-même la force de réconciliation entre les hommes.

Il existe une pensée spécifiquement catholique. C'est une manière précise de voir les événements, les hommes, et tout ce qui arrive dans le monde. Peut-on définir cette manière de penser ?

C'est difficile à dire. Ce qui est catholique se nourrit de la totalité de l'histoire de la foi, mais cette manière de voir s'est développée surtout dans l'Église occidentale. C'est pourquoi une grande part de ce que nous appelons pensée catholique n'est ni intemporelle ni invariable. Elle peut comporter des modifications, des approfondissements et des innovations par le fait que de nouveaux peuples arrivent et que les temps changent.

La foi protestante est plutôt, me semble-t-il, une ligne dure entre le « ou bien – ou bien », alors que chez les catholiques domine un mou « non seulement – mais encore », tout en soulignant l'importance de ce qui lie obligatoirement. Il s'agit donc toujours d'Écriture et *de tradition, d'autorité* et *de liberté, de la foi* et *des œuvres. Quelle différence spécifique y a-t-il entre ce qui est catholique et ce qui est protestant ?*

Ce n'est pas si facile à dire, me semble-t-il, et on ne peut surtout pas faire la distinction à partir d'un point particulier. Bien que la détermination de la séparation soit fortement liée dans le protestantisme à la formule « ou bien – ou bien ». Dans la pensée luthérienne en tout cas le *solus Christus*, le Christ seul, est très fortement mis en évidence, alors que ce qui est caractéristique du catholique, c'est d'essayer de trouver des synthèses. Mais il faudrait se garder de formulations trop schématiques des différences, surtout parce que le protestantisme est très diversifié, et que l'Église catholique connaît elle aussi une richesse de formes et, de plus, n'est pas au bout de ses possibilités historiques.

Il est vrai que l'Église catholique a toujours rejeté certaines formulations tranchées, par exemple celle de l'Écriture seule. Elle croit que précisément l'Écriture **et** la vivante tradition vont ensemble, car la tradition est le sujet qui porte l'Écriture, elle est aussi le sujet Église qui l'interprète. Par ailleurs, elle n'accorde qu'une valeur relative au *Sola fides*. En ce sens que la foi est la seule porte par où nous vient la grâce, mais qu'elle n'est efficace que par l'amour, comme dit l'Épître aux Galates. La force de justification de la vie chrétienne consiste donc dans l'unité de la foi **et** de l'amour. Là encore le « seul » doit être nuancé.

Cette tendance à l'ouverture, que les exclusivismes, dont il ne faut pas méconnaître la grandeur, rejettent comme unilatérales, est un des éléments essentiels de la différence.

LE CENTRE DE L'ÉGLISE

Le centre de l'Église, si je vous ai bien compris, n'est ni le Vatican ni le pape, mais une femme. La redécouverte de Marie comme archétype de l'Église est une des avancées les plus significatives de la théologie du XXe siècle. C'est avant tout le poète Paul Claudel qui nous a appris à voir de façon nouvelle cette figure et qui a ainsi sorti la dévotion mariale d'une certaine marginalité.

Claudel raconta plus tard que sa vision des choses était étroitement liée à l'événement de sa conversion, la nuit de Noël 1886, à Paris. Il assistait à cette messe à Notre-Dame surtout par ennui. Lors du chant du Magnificat *quelque chose a brusquement fait irruption en lui. Il a reconnu que tout ce qui était dit de Marie valait aussi pour l'Église. Et inversement qu'en Marie l'Église contemple sa parfaite image originelle. En Marie se concrétise la nature de l'Église, pensait-il, car en elle devient visible le principe catholique de la collaboration à la rédemption. « La mère de Dieu, dit Claudel, est pour moi la même chose que l'Église ; je n'ai jamais appris à distinguer les deux. »*

L'identification de l'Église avec une femme a des racines jusque dans l'Ancien Testament : Israël se sait la fiancée à qui Dieu se lie par un éternel amour et qu'il veut épouser. L'Église, continuation de l'Ancienne Alliance, a repris cette perspective. Paul déjà parle de notre mère, la Jérusalem d'en haut. Il trouve l'image de la Mère-Église dans la tradition juive, l'Église cité maternelle qui nous met au monde et nous donne vie et liberté. C'est ainsi que les Pères ont repris cette idée présentée déjà dans l'Apocalypse – la femme vêtue de soleil – et s'en sont servis pour représenter la nature sainte de l'Église. Bien qu'ils n'aient souvent même pas pensé à Marie, c'est toute la mariologie qui trouve ici son fondement. En d'autres termes, ce qu'est l'Église se concrétise en Marie. Et ce que Marie signifie théologiquement s'accomplit dans l'Église. Les deux forment comme des vases communicants : Marie est l'Église en personne, et l'Église est dans sa totalité ce que Marie anticipe personnellement. Claudel, lors de sa conversion, a donc effectivement saisi intuitivement et d'une manière nouvelle la forme originelle de la mariologie et de l'ecclésiologie, et l'impossibilité de les séparer.

En ce siècle, c'est Hugo Rahner, le frère de Karl, grand spécialiste des Pères, qui a merveilleusement exhumé les textes des Pères à ce sujet. Il a montré que là où les Pères parlent de la figure féminine de l'Église, c'est en même temps Marie qui apparaît. De ce fait aussi, une mariologie étriquée est dépassée. D'autres ont continué cette réflexion. Le concile Vatican II a repris cette liaison entre mariologie et ecclésiologie.

Je pense que cette redécouverte de la relation entre Marie et l'Église, de la personnalité de l'Église en Marie et de l'universalité de Marie dans l'Église, est une des découvertes théologiques majeures du XXe siècle.

« Celui qui observe attentivement l'histoire de l'Église catholique, fit remarquer un pape, voit immédiatement que dans tous les événements importants de la chrétienté la protection de la Mère virginale est évidente. Lorsque l'erreur se répand partout et attaque la merveilleuse cohérence de l'unité de l'Église, dans le but d'égarer les catholiques, nos pères dans la foi se sont tournés pleins de confiance vers Marie qui détruit toutes les erreurs de la terre ; et la victoire qu'elle a remportée préparait toujours le retour de temps meilleurs. » C'est quelque peu fantastique !

C'est même peut-être un peu trop poétique. D'antiques formules sont ici utilisées : Marie, victorieuse de toutes les hérésies, qui remontent au temps des querelles christologiques. À l'époque le recours à Marie a permis de sauver l'humanité de Jésus, mais aussi, dans la lutte pour la dignité de Marie, sa divinité. La querelle autour de Marie a permis de clarifier la christologie, ce mystère de l'union de l'homme avec Dieu en Jésus-Christ. C'est de là que vient la dénomination de Marie, victorieuse de toutes les hérésies, qui, à certaines époques, était devenue un argument de lutte. Je pense que nous préférons Marie comme consolatrice des chrétiens plutôt que comme refuge, et évidemment comme celle par qui le Christ est toujours accessible. Il est vrai qu'elle ne lui enlève rien de sa souveraineté, ni ne détourne de lui la piété. Au contraire, elle offre une possibilité à beaucoup d'hommes de comprendre le grand mystère du Christ et de leur rendre ce Dieu proche.

LA MISSION DE L'ÉGLISE

La mission de l'Église est exigeante et presque surhumaine. On ne peut même pas la décrire entièrement. Paul dit de l'Église qu'elle est la colonne et le fondement de la vérité. Elle est d'une part l'éducatrice de la foi, instituée par Dieu, et doit veiller d'autre part qu'aucune vérité de foi ne se perde et qu'aucune erreur ne s'insinue dans son enseignement. L'Église serait-elle le sévère gardien du Graal ?

Vous citez là les Épîtres pastorales, qu'une grande partie des exégètes modernes ne reconnaissent pas comme étant de Paul. Mais ici nous n'avons pas à traiter ce problème. Elles sont de toute façon de tradition paulinienne. Elles continuent la réflexion de Paul, au moins celle de l'école paulinienne. Déjà, dans les grandes Épîtres de Paul, apparaît clairement que l'Église est la vivante dépositaire de la vérité du Christ. Il lui appartient de garder cette vérité, d'être pour ainsi dire la colonne sur laquelle elle repose, de la vivre et de la transmettre, pour qu'elle reste accessible et compréhensible, qu'elle puisse se répandre. Nous avons entendu aussi que, en tout cela, l'Esprit introduit l'Église dans la vérité, de sorte que la fidélité et le progrès s'harmonisent en elle.

Ce qui est contesté.

Luther s'est opposé à cela en disant qu'il n'avait pas besoin de magistère ecclésiastique, l'Écriture lui suffisant. Un magistère, dit Luther, est une usurpation ; c'est la lecture correcte de l'Écriture, compréhensible en elle-même, qui introduit le lecteur à une juste compréhension. Nous voyons aujourd'hui de plus en plus clairement qu'un livre pris isolément peut se prêter à l'ambiguïté. Il fait partie intégrante du processus de vie de l'Église et ce n'est que là que cette parole est vivante. Voilà pourquoi une instance interprétative autorisée est nécessaire qui doit savoir qu'elle n'est pas au-dessus de la Parole de Dieu, mais à son service et l'ayant comme référence obligée.

Ajoutons que des réconciliations œcuméniques sont en cours dans ce domaine. D'une part on souligne très clairement du côté catholique une plus grande mise en valeur de l'Écriture ; d'autre part les chrétiens protestants sont nettement préoccupés d'enraciner la Parole dans le vivant magistère de l'Église, habilitée à interpréter cette Parole. Ces prises de conscience ont conduit au cours du temps aux conclusions suivantes : si l'Église interprète de manière obligatoire, il est nécessaire qu'elle ait la promesse, l'assurance qu'elle interprète réellement en conformité avec l'Esprit de Dieu qui la conduit. C'est ainsi qu'on a finalement abouti à la doctrine de l'infaillibilité.

...Qui a visiblement besoin d'une clarification.

Pour ne pas être mal utilisée ou mal comprise, cette doctrine doit être saisie avec précision et dans ses limites. Elle ne signifie pas que chaque parole que prononce l'autorité dans l'Église, ni chaque parole du pape, soit infaillible. Elle signifie toutefois que lorsque l'Église, dans les grandes luttes doctrinales, après avoir prié et lutté, maintient que telle est la bonne interprétation et qu'elle trace ainsi une limite, elle est assurée dans ce cas qu'elle n'induit pas les hommes en erreur. Elle a l'assurance qu'elle n'est pas un instrument de destruction de la Parole de Dieu, mais qu'elle continue d'être la mère, celle en qui vit cette Parole, en qui elle s'exprime et qui l'interprète correctement. Mais, comme il a déjà été dit, cette interprétation est liée à des conditions. Cela signifie que tous ceux qui ont des responsabilités dans l'Église doivent se soumettre de manière responsable à ces conditions. Ils ne doivent pas imposer leurs vues propres comme doctrine de l'Église, mais au contraire se fondre dans la grande communauté de la foi et se faire auditeurs attentifs de la Parole de Dieu. Ils doivent se laisser orienter et purifier par Lui, pour accomplir correctement leur tâche.

L'esprit de contradiction et de témoignage fait apparemment aussi partie de la mission de l'Église. C'est par là qu'elle est parfois rebelle, radicale et anticonformiste. L'Église est toujours, si je ne me trompe, opposée à la dictature de la mode. Le pape, en tout cas, considère sa « contradiction apostolique » au monde comme son devoir le plus noble : Je « contredis », s'exclame-t-il. Protestation contre la puissance des faits, contre les excès de matérialisme et contre la folie d'un monde immoral.

Être prête à contredire et à résister est un des aspects de la mission de l'Église. Nous avons vu que l'homme a toujours tendance à s'opposer à ce qui est transmis, à se rendre la vie plus facile, à décider seul de ce qui est valable pour lui, en se fabriquant ses propres idéologies, en instituant la dictature des modes fournissant des modèles de vie.

Revenons à la prophétie de Siméon. Il dit que le Christ sera placé en butte à la contradiction. Rappelons-nous aussi la parole de Jésus lui-même : « Je ne suis pas venu apporter la paix, mais le glaive. » Nous voyons par là que c'est la mission importante et même essentielle de l'Église de s'opposer aux modes, à la puissance des faits, à la dictature des idéologies. C'est précisément au siècle qui vient de s'achever qu'elle a dû s'opposer aux grandes dictatures. Nous souffrons aujourd'hui encore de ce qu'elle ait trop peu contredit, de ce qu'elle n'ait pas crié son opposition dans le monde de manière assez dramatique, ni assez forte. Heureusement, lorsque par prudence diplomatique l'autorité s'affaiblit, il y a les martyrs qui endurent cette opposition dans leur corps.

Cette opposition ne doit toutefois pas être simplement de principe, par plaisir de s'opposer. Elle ne doit pas être non plus une réaction et une incapacité face à l'actuelle construction du futur. Il nous faut rester ouverts à ce que chaque époque comporte de bon et apporte de nouveau, car de nouvelles perspectives de la Parole de Dieu s'ouvrent sans cesse. Mais la foi ne doit pas se réfugier dans l'anonymat et perdre tout contour précis. Il faut s'opposer soi-même à ce que Dieu rejette, jusqu'au martyre.

Il y a d'abord que la foi s'oppose massivement à l'esprit du temps. Mais beaucoup plus encore, c'est l'esprit du temps qui s'oppose à la foi, ce qui n'est pas tellement nouveau. Guardini a écrit : « Celui qui vit en accord avec l'Église ressentira au début une certaine indignation et une impatience devant le fait qu'elle le met toujours en opposition avec ce que les autres veulent. » Le croyant s'éprouvera même retardataire par rapport à l'opinion dominante qui sera toujours considérée comme ce qu'il y a de plus moderne. Guardini continue : « Lorsque le bandeau lui sera ôté des yeux, il reconnaîtra que l'Église délivre toujours celui qui vit avec elle de l'envoûtement qu'exerce sur lui la puissance de la mode et lui fournit le critère de ce qui est permanent. Curieusement, personne n'est plus sceptique et plus indépendant intérieurement face à ce que "tout le monde dit" que celui qui vit vraiment en accord avec l'Église. »

Oui, et ces paroles comportent des traits autobiographiques. Guardini a étudié à une époque où même dans la théologie catholique l'héritage libéral était très vivant. Un de ses professeurs à Tübingen, du nom de Koch, en était très marqué. Naturellement, le jeune homme Guardini était de son côté. Il est clair que des étudiants se solidarisent avec un professeur qui apporte du nouveau, qui est plus libre et plus audacieux dans ses paroles, qui prend des libertés avec la tradition et croise le fer avec Rome.

Au cours de ses études toutefois, assailli par de graves doutes au sujet de sa foi, Guardini a finalement trouvé dans la liturgie le vrai visage de l'Église. Et sans renier son inclination particulière pour ce professeur, comme il le dit lui-même, il élabora une position antilibérale, car il trouvait que l'Église était au fond la seule instance critique dans l'histoire. Et cheminer avec elle, y entrer et avoir confiance en sa foi, ce qui est considéré comme de l'infantilisme et de la dépendance, est en réalité une plus grande indépendance face à l'esprit du temps et une plus grande audace que toutes les autres positions. Guardini fut l'un des pionniers qui ont libéré la théologie de sa tendance libérale. Ils ont suscité, durant toute une période qui va environ de 1920 à 1960, une grande joie à être de l'Église, à penser et à croire en accord avec elle. Chez Guardini personnellement, c'est à la suite de l'expérience qu'un bandeau lui était tombé des yeux, qu'il s'est aperçu qu'il n'en était pas ainsi. Il ne s'agit pas de dépendance infantile, mais du courage de s'opposer et de la liberté de ne pas être d'accord avec les opinions dominantes. Cette liberté nous fournit de plus un argument solide que l'Église elle-même n'avait pas imaginé.

Des parallèles étonnants se profilent là...

Oui.

DIEU ET L'ÉGLISE

Il n'est pas toujours facile d'avoir ce courage de la contradiction dans l'Église. Beaucoup de communautés chrétiennes semblent fatiguées. Souvent on n'a ni l'idée ni le courage de penser autrement, en dehors des opinions courantes et de ce qui est moderne, ni de vouloir défendre les fondements de la foi. Beaucoup de ces chrétiens à la page voudraient, dans le meilleur des cas, n'être qu'une entreprise de service qui essaie, par des sondages, de connaître les besoins de ses membres. Même des évêques donnent l'impression que le Saint-Esprit les a depuis longtemps abandonnés.

Serait-il impensable qu'on soit amené un jour à dire : « Oui, le temps de l'Église est vraiment révolu » ? Et pourquoi serait-il impossible que Dieu abandonne son Église, s'en lasse et se retire, du moins provisoirement ?

Il y a effectivement des symptômes de lassitude dans l'Église et il arrive certainement que « le chandelier soit ôté de sa place », comme dit l'Apocalypse. Pensons au XVIe siècle. Les monographies qui en parlent montrent combien l'Église établie était accommodante, et combien était faible la foi des évêques. Ils faisaient partie du système et, en tout cas, n'étaient pas de nature à être les témoins vivants de la foi, ni apostoliques ni capables du martyre. Ils ont essayé de s'en sortir au mieux et, dans le meilleur des cas, voulaient empêcher le pire. Et ainsi l'Église a failli s'endormir et aller à sa perte.

Une telle situation peut se reproduire. Le Saint-Esprit nous fait honte, alors, par le fait que brusquement le nécessaire renouveau vient d'ailleurs. Les forces de renouveau à cette époque ont surgi en Thérèse d'Avila et Jean de la Croix, en Ignace de Loyola et Philippe Néri, et en bien d'autres encore. Leur nouvel élan a d'abord surpris et effrayé l'institution, mais se révéla finalement être le point de départ d'un réel renouveau.

Incontestablement l'Église est quelque part fatiguée. Elle peut ressentir cette fatigue dans des zones culturelles entières et aller jusqu'à tomber. L'Apocalypse met en garde dans les lettres au sept Églises ; ce sont des exemples qui concernent aussi le futur : Fais attention, sinon j'ôterai le chandelier de son rang. Effectivement, sous la poussée de l'islam, non seulement la florissante Église d'Asie mineure, mais aussi celle d'Afrique du Nord a disparu. Naturellement la puissance des conquérants qui écrasaient des couches sociales entières explique beaucoup de choses et il ne faut pas en rester à la simple accusation d'une Église fatiguée. Toujours est-il que cette fatigue peut exister.

La promesse du Christ : « Je suis avec vous tous les jours jusqu'à la fin du monde » ne signifie pas que chaque diocèse a la garantie de subsister éternellement. Mais elle signifie certainement que l'Église sera jusqu'au retour du Seigneur son espace de vie, son organisme, son corps, sa vigne.

Peut-être que Dieu ne laissera jamais entièrement tomber l'Église, mais ne serait-ce pas une idée audacieuse de commencer quelque chose de tout à fait nouveau ? Il y aurait alors un Ancien, un « Moyen » et un tout Nouveau Testament. Toutes les bonnes choses vont par trois !

Joachim de Flore, au XIIe siècle, y avait pensé. Il était d'avis que l'histoire devait correspondre à la structure ternaire de la Trinité. Le temps du Père, l'Ancien Testament, est celui de la loi particulièrement dure ; puis vient le temps du Fils, qui est celui de l'Église, qui est déjà tempérée, et enfin le temps de l'Esprit Saint, auquel correspond l'Église spirituelle. Cette Église spirituelle verrait la réconciliation entre l'Orient et l'Occident, la réconciliation entre juifs et chrétiens et apporterait la vraie liberté face à la loi. Cette théorie a fait de grosses vagues dans l'histoire. Une partie du mouvement franciscain l'a d'abord adoptée et pensait être cette nouvelle Église spirituelle. Cette idée s'est ensuite sécularisée et se prolonge sous la dénomination de « troisième Empire » (IIIe Reich) jusqu'à l'hitlérisme.

Henri de Lubac a écrit deux gros volumes sur la postérité spirituelle de Joachim de Flore. Il montre comment, par l'entremise d'une partie du mouvement franciscain qui se croyait la nouvelle et vraie Église spirituelle et s'opposait à la papauté devenue mondaine, cette idée a provoqué des débats théologiques considérables. On arriva toutefois à la conclusion qu'une telle division ternaire de l'histoire n'existait pas. Toute l'histoire est le temps du Dieu trinitaire. L'Église comme telle est la dernière parole de Dieu dans l'histoire, parce que le Christ est sa dernière et totale parole. Il est vrai qu'elle est susceptible de multiples développements, mais il n'y en aura pas d'autre. L'Église est vraiment l'objet de la promesse : Je suis avec vous, près de vous, avec cette Église jusqu'à la fin du monde. Tout ce qui serait différent serait artificiel, œuvre humaine, qui vient et qui passe.

Chapitre 2

LE CHARISME

L'ÉGLISE DES ORIGINES

Un messie ne peut laisser de plus grande hypothèque à ses adeptes que Jésus ne l'a fait. Il se laisse humilier, torturer et finalement exécuter. Et rien ne se passe. Pas de commando libérateur qui l'arracherait à ses geôliers ; le soi-disant Fils de Dieu ne descend pas de la croix. Que tous les hommes croient à la nouvelle de sa résurrection n'intervient pas non plus. Ses disciples sont à Jérusalem sans entreprendre quoi que ce soit. Ils vivent d'aumônes. Il est vrai qu'on dit d'eux que l'amour et la fraternité les unissait : « Tous n'avaient qu'un cœur et qu'une âme... Parmi eux nul n'était dans le besoin. » Comment peut-on se représenter cette Église des origines ? Était-elle une sorte de communauté communiste ?

Cette comparaison avec la communauté communiste a toujours été faite. Mais elle est inadéquate, parce qu'il ne s'agit pas ici d'une organisation étatique obligatoire, mais d'une communauté née de la liberté intérieure de la foi et de la prédication des Apôtres à la Pentecôte.

Les Actes des Apôtres nous racontent comment cette prédication est allée au cœur des gens. Comment ils sont touchés profondément et retournés. Ils pressentent que c'est vraiment la nouveauté qu'ils attendaient : il nous faut changer, nous convertir. En un seul jour, nous dit-on, trois mille d'entre eux se firent baptiser. C'est ainsi que naît cette première et plus ancienne Église, qui vit encore dans l'enthousiasme de l'Esprit Saint, en relation directe avec l'événement du jour de la Pentecôte.

Ces hommes forment une réalisation exemplaire de la communauté de foi, qui cependant n'est pas réalisable partout : il n'y a plus de pauvres parmi eux et ils partagent tout entre eux, ils sont d'un cœur et d'une âme. Au cours de l'histoire, ce modèle a toujours servi d'aiguillon contre une Église embourgeoisée, fonctionnant selon les critères du monde.

Cette exigence est aussi à l'origine du monachisme. Saint Augustin a fait de cette parole sur la communauté qui est d'un seul cœur et d'une seule âme le noyau de sa règle. Il voulait que ce petit cercle soit un exemple au cœur de son diocèse pour maintenir vivante la flamme de l'Église primitive. Il est vite devenu évident, lors de la croissance de l'Église, et cela dès les temps apostoliques, que ce n'était pas là un modèle à imposer à tout le monde. Mais il reste un aiguillon. En réalité, il ne devrait pas y avoir de pauvres dans l'Église. Parmi les croyants, personne ne devrait être totalement délaissé. Il s'agit d'une réelle exigence qui nous touche très concrètement, surtout de nos jours.

Comment les premiers chrétiens, qui étaient des juifs, ont-ils aboli la circoncision ?

Ce fut un grave débat, surtout pour Paul. Dans un premier temps, les gens reconnaissent en Jésus-Christ le messie d'Israël. Ils voient en lui une nouvelle manière de vivre le judaïsme. Mais la question de savoir jusqu'à quel point la loi continue d'être valable, et avant tout si l'habitude de pratiquer la circoncision qui remonte loin en arrière dans la loi de Moïse est encore valable, se clarifie d'elle-même.

Le passage aux païens est progressif. Il y a la rencontre de Pierre avec le centurion romain Corneille. Pierre apprend par un songe que plus personne n'est impur, que la foi est la puissance purifiante, et non plus, comme on l'admettait jusque-là, la descendance biologique d'Abraham. Et, finalement, lorsqu'à Antioche des païens viennent à la synagogue, qu'ils entendent le message sur Jésus et veulent l'accueillir, toutes ces nouvelles questions se posent : en devenant chrétiens, doivent-ils pratiquer le judaïsme ? Doivent-ils se faire circoncire ? C'est alors qu'on parvient à la connaissance, qu'on n'a pas besoin de devenir juif dans ce sens extérieur pour appartenir à Jésus, connaissance pleinement acquise surtout par Paul à partir de sa rencontre personnelle avec le Ressuscité ; on le devient intérieurement par la communion avec le Christ. C'est le Christ lui-même qui est la puissance de purification. Et l'initiation qui introduit dans ce nouveau peuple de Dieu, c'est le baptême. En allant encore plus loin : celui qui est baptisé n'a pas besoin de la circoncision.

Paul n'a pas toujours été aussi progressiste qu'il se montre dans la question de la circoncision. Sur la situation de la femme dans l'Église, il dit dans sa première Épître aux Corinthiens que les femmes doivent être voilées en public, « en signe de sujétion ». Comme si cela n'était pas suffisant, il continue : « Que les femmes se taisent dans les assemblées, car il ne leur est pas permis de prendre la parole ; qu'elles se tiennent dans la soumission, ainsi que la loi même le dit. Si elles veulent s'instruire sur quelque point, qu'elles interrogent leur mari à la maison ; car il est inconvenant pour une femme de parler dans une assemblée. » Il est à peine exagéré d'interpréter ce passage comme misogyne. Ce point de vue de Paul se serait-il imposé dans l'Église catholique ?

Les écrits pauliniens sont très divers, justement sur ce point. Évidemment que des morceaux de ce type énervent singulièrement les femmes, ce qui est compréhensible. On a essayé, par la critique textuelle, de retirer ces passages du texte de la lettre, ce qui n'a pas de sens. Il est vrai aussi que de nos jours les femmes en appellent tout particulièrement à saint Paul, en constatant que, d'après la liste des personnes saluées, les femmes jouent un rôle important et collaborent étroitement avec lui. Il dit même de l'une d'entre elles qu'elle est devenue pour lui une mère. D'autres sont désignées comme « compagnons de labeur » et sont avec lui au service de l'Évangile. Dans un autre passage il donne à une femme le titre d'apôtre.

Eh bien, oui, mais...

Comme chez Jésus, que les femmes comprenaient, accompagnaient et soutenaient, chez Paul aussi les femmes jouent un rôle important dans son travail de missionnaire. À Philippes, par exemple, c'est Lydie, la marchande de pourpre, qui le prie instamment de loger chez elle avec ses compagnons, et elle devient ainsi le point de départ de la mission. Paul n'est en aucune manière l'antiféministe incorrigible qu'il semble être d'après les textes cités : il prolonge l'exemple du Christ.

Naturellement, on voit aussi que le même Paul, qui a si audacieusement fait le passage de la loi juive vers le monde païen et ainsi imposé l'universalisme de l'Église, ce même Paul, qui s'est affronté à Pierre pour rendre caduques les lois alimentaires, a jugé importants les usages sur d'autres points et ne voulut pas les abandonner. Chaque homme a son recoin de conservatisme, si on peut l'exprimer ainsi.

Globalement Paul s'est imposé dans un double sens : d'une part c'est à cause de lui que la prédication par les femmes dans la liturgie n'a pas été autorisée ; d'autre part, c'est grâce à lui qu'elles ont joué un très grand rôle au cours de toute l'histoire de l'Église.

PAUL

Regardons d'un peu plus près cet homme. Paul est né sous le nom de Saul en l'an 10 de notre ère environ ; il a repris la tradition strictement pharisienne de son père. On dit qu'il était plein de haine et de désirs de meurtre envers les premiers chrétiens, jusqu'à ce qu'une illumination lors d'une de ses expéditions punitives, sur le chemin de Damas, ait changé Saul en Paul. À la suite de quoi, il a passé neuf ans dans la solitude du désert, pour se préparer à sa nouvelle mission. Pour ce fils de pharisien lui-même c'était un mystère incompréhensible que justement lui fût appelé à devenir « le docteur des païens », comme il dit.

C'est un fait extraordinaire. Il était vraiment un pharisien fervent et fanatique. Faire du zèle correspondait à son ardeur croyante. La notion de zèle joue un grand rôle dans la tradition de l'Ancien Testament. Le terme de « zélote », qui signifie « zélé » avait une signification spécifique à l'époque de Jésus. Paul fut un tel zélateur. Il voulait satisfaire à l'exigence intégrale de sa foi, et voilà que l'appel du Ressuscité le fait pour ainsi dire dérailler et le transforme.

Dans la puissance de cette lumière, Paul entend le Ressuscité lui parler. Il peut donc affirmer qu'il a rencontré lui-même le Ressuscité et que c'est de lui qu'il a reçu l'appel, l'envoi et l'instruction. C'est pourquoi il se sent l'égal des douze Apôtres. Et visiblement il a reconnu dès le départ que sa mission était d'apporter ce message aux païens. En Paul, c'est vraiment une forte personnalité qui s'est mise au service de Jésus-Christ et nous ne pouvons pas nous représenter l'Église des païens sans lui.

Paul voyageait d'un pays à l'autre, pas partout ni toujours heureux dans ce qui lui arrivait. « De ville en ville l'Esprit Saint m'avertit que chaînes et tribulations m'attendent. » Il fut fait prisonnier, subit un naufrage en haute mer, rejoignit finalement Rome à pied et fut décapité par Néron en 67. Il devait avoir l'esprit combatif. Un grand prêtre se plaignait de lui : « Cet homme est une peste ! » ce à quoi il rétorqua : « C'est Dieu qui te frappera, toi, muraille blanchie ! »

Mais il continue à faire des miracles : on impose ses vêtements et ses mouchoirs aux malades pour les guérir. Un jour il se fait raser le crâne parce qu'il avait fait un vœu ; une autre fois, une femme qui avait un esprit divinateur ne le lâche pas d'une semelle, durant des jours ; excédé, il ordonne à l'esprit de sortir d'elle, à la suite de quoi il fut emprisonné, ce qui est compréhensible : les maîtres de la femme étaient furieux d'avoir perdu la source de leurs gains.

Vous venez d'esquisser la vie aventureuse du grand missionnaire que fut Paul. Ses lettres ne sont pas des écrits didactiques équilibrés, mais des lettres où transparaît son tempérament très personnel et fougueux. Elles expriment toute la passion d'un homme en lutte. Elles nous parlent de tout ce qui lui est arrivé. Il a été jeté en pâture aux bêtes dans le cirque ; il a connu la prison ; il a reçu plusieurs fois les trente-neuf coups de fouet ; il a été surpris par les brigands ; il a eu à souffrir aussi bien de la part des amis que des ennemis ; il a fait naufrage plusieurs fois, et connu bien d'autres dangers encore. On peut difficilement imaginer une vie plus aventureuse et plus humaine.

Paul n'est pas toujours bien informé. En arrivant à Éphèse, il demande aux disciples : « Avez-vous reçu l'Esprit Saint ? » Ils répondent : « Nous n'avons même pas entendu dire qu'il y a un Esprit Saint ! »

Il doit évidemment se renseigner sur la situation des chrétiens en arrivant dans une communauté. À ne considérer que ses qualités humaines, il pouvait apparaître, sous bien des aspects, comme peu adapté à la grande mission qui fut la sienne. Il le dit d'ailleurs lui-même : Vous savez que je suis intervenu sans le prestige de la parole, et on me l'a reproché : « Les lettres sont énergiques et sévères, mais quand il est là, c'est un corps chétif et sa parole est nulle »...

...Un jour, un de ses auditeurs s'est même endormi...

...et il est tombé par la fenêtre. Voilà une chose. Il dit : « Je ne suis par venu chez vous avec l'art de la parole... mais avec puissance. » Il sous-entend : avec la puissance de Jésus-Christ, qui se révélait dans les miracles. Apparemment il avait le don de provoquer au bon moment un signe de la présence de celui qui est puissant, le Seigneur Jésus-Christ, et de prouver par là qu'il lui appartenait. Ce n'était pas l'effet de ses dons personnels, mais de la vérité dont il témoignait.

On dit que Pierre, dans ses circulaires, s'est toujours référé aux lettres de Paul. Quels furent les rapports entre les deux ?

Il est clair qu'il existait des tensions entre les deux. Nous possédons deux lettres de saint Pierre : toutefois, les savants lui refusent la paternité de la deuxième et la datent plus tardivement. Elle appartiendrait à une école pétrinienne. Toujours est-il que cette deuxième lettre, qui veut prolonger de manière spéciale l'héritage de Pierre (ce pour quoi elle a été reçue dans le canon) renvoie à des interprétations erronées de Paul. Il est dit : « Notre frère Paul... a parlé de ces questions... Il s'y rencontre des points obscurs... leur sens est détourné. » Et Pierre demande de lier l'interprétation de l'Écriture à l'Église qui interprète. Dans cette deuxième lettre de Pierre, nous trouvons à la fois le respect de frère Paul, reconnu comme grand docteur, et aussi une mise en garde contre une mauvais compréhension et une utilisation abusive de ce qu'il a dit.

LA MISSION

Le pape Grégoire le Grand donnait aux missionnaires en partance pour l'Angleterre les instructions suivantes : « Qu'on ne détruise pas chez ce peuple les sanctuaires des idoles, mais uniquement les images des idoles qui s'y trouvent. Qu'on prépare de l'eau bénite et qu'on asperge les sanctuaires, qu'on élève des autels et qu'on place des reliques. » Et, un peu plus loin : « Lorsque le peuple voit alors que son temple n'est pas détruit, il renoncera volontiers à son erreur, reconnaîtra le vrai Dieu et l'adorera. » Et voici que la ruse catholique joue à plein. Grégoire écrit : « Parce qu'il sont habitués à sacrifier beaucoup de bœufs aux démons, qu'on leur institue quelque autre fête. »

Qu'est-ce qui explique que la mission chrétienne ait connu un tel succès, à travers les cultures et les langues ? Faut-il l'attribuer à la bonne présentation ? Ou à certains miracles qui l'accompagnaient ? Ou est-ce dû aux instructions particulièrement sages, comme celle de Grégoire, qui fournit une méthode d'évangélisation ?

C'est une grande question : Pourquoi la mission a-t-elle connu un tel succès et atteint aussi rapidement tout l'empire ? Les ordres de grandeur ne doivent toutefois pas être exagérés. Sous Constantin encore, les chrétiens ne représentent que quelques pour-cent de la population de l'empire, même si l'empereur reconnaît qu'ils constituent le groupe le plus déterminant et le plus porteur d'avenir. Qu'apporte ce succès ? Il faut dire que la religion païenne était fatiguée et avait perdu de sa crédibilité. Elle n'est plus qu'un instrument politique, et plus personne ne croit aux mythes des dieux. Elle gardait toutefois une certaine constance à la campagne : par les processions et autres pratiques, elle faisait partie du décor de la vie mais, dans la société globale, les mythes étaient devenus ridicules. Ils servaient à la stabilisation de l'empire, mais en perdant leur crédibilité, ils ne stabilisent plus rien.

La question qu'on se posait en cette Antiquité romaine tardive, c'est : qu'en est-il réellement de l'homme ? Et de Dieu ? Il existe à cette époque des mouvements philosophiques, qui certes parlent d'un Dieu, mais c'est d'un Dieu imaginé qu'ils parlent, qu'on ne pouvait prier. Et voilà qu'apparaît un mouvement qui proclame un seul Dieu, mais à partir d'une origine religieuse.

Quelques précisions sont ici nécessaires. Déjà dans l'Antiquité tardive, dans le cadre de cette recherche d'une foi raisonnable, le judaïsme en particulier a exercé une grande force d'attraction. En tant que religion monothéiste, il était pour beaucoup tout simplement « la » religion, qui était compatible avec la sagesse grecque ; elle annonçait le Dieu que pouvait aussi comprendre le philosophe et tout esprit éclairé. Partout autour des synagogues s'était formé le cercle de ceux qu'on appelait les craignant-Dieu, qui d'ailleurs ne pouvaient pas devenir juifs, mais qui adhéraient à la religion juive pour autant que cela était possible. C'est d'abord dans ce cercle que le christianisme était devenu familier. Alors que ces sympathisants ne formaient, par rapport au judaïsme, qu'une sorte de deuxième cercle d'associés, ils pouvaient maintenant appartenir à ce Dieu à part entière. Un Dieu qui s'était montré et qui, en Christ, était devenu proche.

C'est de cette manière que le postulat d'une religion purifiée et compréhensible par la raison a rencontré la force religieuse d'une foi, qui n'était pas une invention mais une grâce, et qui était révélée par Dieu.

C'était vraiment un moment historique idéal.

Les éléments essentiels qui rendent compréhensible le succès initial de la mission chrétienne, je les vois ainsi : il y a d'abord l'intégrité de cette foi, ensuite sa compréhensibilité, et enfin l'exigence morale du christianisme, qui, face à un monde en décomposition, a vécu d'une manière nouvelle les postulats du stoïcisme. Une composante tout à fait nouvelle vient de la charité chrétienne, qui se présentait alors comme une vérification de cette foi, d'une manière inconnue jusque-là, dans l'aide aux souffrants. Elle rendait pour ainsi dire le visage de ce Dieu entièrement crédible. Par la charité, ce Dieu apparaissait comme le nouveau Dieu, et pourtant comme le vrai Dieu.

Par rapport au paganisme, les évolutions furent tout autres et multiples. Globalement la mission était une. Mais il y avait aussi des chrétiens violents et fanatiques, qui ont détruit les temples, ne considérant le paganisme que comme idolâtrie, qu'il fallait éliminer de manière radicale. On considérait que le point de contact avec les païens était leur philosophie plutôt que leur religion qui apparaissait trop compromise.

Lorsque Grégoire le Grand, dans sa grande sagesse humaine, cherchait la continuité intérieure du religieux et donc de nouveaux points d'attache, le paganisme n'était plus un véritable concurrent. Il avait depuis longtemps perdu sa force vitale. Avec son instruction visant à sauvegarder la continuité du religieux, Grégoire a développé une légalité chrétienne. C'était incontestablement une intuition très profonde de penser que les religions antérieures, malgré beaucoup d'éléments erronés, furent tout de même une recherche et une approche de Dieu. De la sorte, les sentiments religieux purs qui existaient là ne devaient pas être détruits, mais il fallait prendre appui sur eux et les transformer. On restait dans la continuité de l'espace sacré, en lui fournissant toutefois un nouveau contenu.

En l'année 1492, le Génois Christophe Colomb, sur le Santa Maria, *découvrait le Nouveau Monde. La première île découverte par lui reçut le nom de San Salvador, île du saint Rédempteur. C'était le début d'une incroyable mission qui, il est vrai, n'était pas toujours salutaire, mais qui christianisa tout le continent américain. En Afrique, dans le nord et le nord-est, l'islam barrait la route aux messagers de la foi jusqu'en plein XIXe siècle. De même en Inde et en Chine, justement les deux pays les plus peuplés de la terre, la mission chrétienne ne progresse pas beaucoup. Pourquoi ?*

Vous avez raison, dans ces deux grandes aires culturelles, l'Inde et la Chine, le christianisme n'a connu que des succès passagers et partiels. Aux Ve et VIe siècles, la mission nestorienne a pénétré jusqu'en Inde et en Chine. Elle y a laissé des traces et a peut-être même influencé le bouddhisme, mais a disparu par la suite. Et pourquoi ? Je me représente les choses ainsi, mais cela peut être tout à fait faux : là-bas existaient déjà des cultures très développées. Tandis qu'en Afrique les religions ancestrales, dès qu'elles rencontrent de grandes civilisations, s'ouvrent intérieurement sur ce qui est nouveau, justement parce qu'elles sont des cultures tribales qui nécessitent une continuation. Alors qu'en Asie nous sommes en présence de cultures très évoluées, où la religion, la nation et l'ordre social sont inséparablement liés (pensons au système des castes), et qui ont été amenées à des exigences spirituelles très élevées.

L'Inde et la Chine ont une philosophie religieuse de haut niveau. Le passage au christianisme est de ce fait beaucoup plus difficile, parce qu'on croit être parvenu à une forme définitive où s'oppose à l'étranger la synthèse de la nation, de la philosophie, de la raison et de la religion. Il faut ajouter, il est vrai, que l'intervention de l'Europe depuis le XIXe siècle a modifié considérablement la religion de l'Inde. Ce que nous disent alors des figures connues, comme Gandhi ou Ramakrishna, n'est pas l'hindouisme originel, mais un hindouisme renouvelé partiellement à partir d'éléments chrétiens. Il reste que le christianisme comme tel n'a pas pu prendre racine et a été aspiré par l'hindouisme comme une sorte de force de renouveau.

La Corée est un cas à part. Le message du Christ a pour ainsi dire directement pénétré dans le cœur des gens, sans l'intervention de missionnaires. Comment peut-on se l'expliquer ?

Un groupe de Coréens qui étudiaient en Chine ont eu des relations avec des prêtres chrétiens. À partir de cette impulsion initiale, ils ont continué, une fois retourné chez eux, à étudier les Saintes Écritures ; ils furent convaincus que c'était vraiment la Parole de Dieu, et ils ont tenté de traduire cette conviction dans les faits, tout en aspirant à nouer le contact avec la grande Église. Ce n'était d'abord pas possible, et ils durent passer par de grandes périodes de persécution et de martyre.

Il s'agit ici effectivement d'une histoire remarquable. D'une part l'impulsion a été donnée par l'Église vivante, et non par un livre seulement, et ce contact a débouché sur une recherche propre. La fréquentation de l'Écriture devient un processus de conversion personnelle, qui ne peut rester une religion purement intérieure, mais qui doit entrer dans la communion de l'Église vivante.

Peut-on penser qu'un continent comme l'Asie se convertira encore, dans des proportions importantes, à l'enseignement de Jésus-Christ ? Ou bien, le champ est-il déjà clos ?

Il ne faudrait pas fixer de limites à l'espérance, me semble-t-il. Nous voyons déjà que par le parcours des intellectuels indiens le ferment chrétien a été introduit dans l'hindouisme. Le nombre des Indiens qui vénèrent Jésus et l'aiment est extraordinairement élevé ; il est beaucoup plus grand que le nombre des chrétiens indiens, même si le Christ est ici rangé parmi les autres sauveurs.

Le Japon est particulièrement fermé au christianisme. Il y a bien sûr les écoles chrétiennes, les coutumes chrétiennes, on voudrait bien aussi se marier dans l'Église catholique, mais s'y adonner entièrement va visiblement à l'encontre de l'esprit japonais. La Chine, elle, est soumise à la puissance de l'idéologie, qui pense qu'elle est la seule force capable de rassembler le pays et de le maintenir uni, pour imprimer un élan à l'histoire mondiale. Mais là aussi il y a des croyants d'une extraordinaire force de dévouement au Christ, qu'on peut considérer comme un ferment. Et là non plus l'histoire n'est pas achevée.

Il n'en reste pas moins que dans certaines contrées d'Asie la résistance au christianisme en tant que religion étrangère est devenue très forte. Nous avons vu quelle hostilité le pape a rencontrée en Inde et avec quelle force les notions de conversion et d'évangélisation sont rejetées. La réaction est extraordinaire. Mais on voit aussi qu'on veut se protéger contre quelque chose qu'on éprouve comme une force. Pour le moment, il est impossible de faire des pronostics sur l'avenir, mais il ne faudrait pas pour autant se résigner à croire le terrain définitivement occupé.

Toujours est-il que dans beaucoup de pays la persécution contre les chrétiens prend des proportions dramatiques, sans que l'opinion publique en Occident s'en préoccupe particulièrement.

Oui, dans beaucoup de pays. Nous l'avons vu en Chine, vécu au Vietnam, et dans tout l'espace indochinois. Nous voyons qu'une telle évolution menace aussi les chrétiens de l'Inde, où la foi ne pourra se frayer un chemin qu'en passant par le martyre.

LE PAPE

Beaucoup se représentent l'Église comme une énorme structure de pouvoir.

Oui, mais il faut d'abord voir que ce doivent être des structures de service. Le pape n'est pas le monarque suprême – depuis Grégoire le Grand, il se nomme « serviteur des serviteurs de Dieu – mais il devrait être, je dirais, le garant de l'obéissance, pour que l'Église ne puisse pas faire ce qu'elle voudrait. Le pape ne peut pas dire non plus « l'Église, c'est moi », ou « la tradition, c'est moi ». Au contraire, il est lié par un engagement, il incarne cet engagement de l'Église. Lorsque se font jour dans l'Église les tentations de changer les choses, de faciliter la vie, il doit se demander : est-ce que nous le pouvons ?

Le pape n'est donc pas l'organe à même d'entreprendre la construction d'une Église autre, mais le rempart contre l'arbitraire. Je cite un exemple : par le Nouveau Testament nous savons que le mariage sacramentel consommé est irrévocable et indissoluble. Or il y a actuellement des courants disant que le pape pourrait modifier cela. Non, précisément, il ne le peut pas. Dans un grand discours en janvier 2000, adressé aux juges de Rome, il a déclaré qu'à l'encontre de cette tendance de remise en cause de l'indissolubilité de mariage, il ne peut que dire : le pape ne peut pas faire tout ce qu'il veut, mais, au contraire, il doit toujours à nouveau inculquer l'obéissance, et en ce sens il doit continuer le geste du lavement des pieds.

La papauté est l'une des institutions les plus fascinantes de l'histoire. À côté de toute sa grandeur, l'histoire des papes comporte aussi des abîmes dramatiques. Benoît IX, par exemple, régna, après diverses dépositions, comme le 145ᵉ, le 147ᵉ et le 150ᵉ pape. Il est monté sur le siège de Pierre une première fois à 12 ans. Et cependant l'Église catholique s'attache indéfectiblement à cet institution du vicaire du Christ sur terre.

Déjà du point de vue purement historique, la papauté est une réalité très étonnante. C'est la seule monarchie, comme on dit, qui tient depuis plus de deux mille ans, ce qui en soi est déjà incompréhensible.

Je dirais qu'un des mystères qui renvoient à quelque chose de plus grand est l'existence permanente du peuple juif. Par ailleurs, la permanence de la papauté ne peut qu'ébahir et pose une question. Vous avez fait allusion à tout ce qu'elle comporte de défaillances et à combien d'attaques elle a dû faire face ; selon toute vraisemblance historique elle aurait dû disparaître plus d'une fois. Je crois que c'est Voltaire qui a dit que le temps était arrivé où ce dalaï-lama d'Europe allait disparaître et où l'humanité en serait délivrée. Mais la papauté a continué. Nous pressentons que cette réalité n'est pas due aux capacités de ces hommes, dont beaucoup ont tout fait pour le détruire, mais qu'une autre force la soutient. Justement la force promise à Pierre. Les puissances de l'enfer ne l'emporteront pas contre l'Église.

Nous avons déjà parlé de ce qu'on nomme l'infaillibilité. Pourquoi ce dogme fut-il proclamé si tard ?

Il faut d'abord constater que très tôt existe une doctrine sur la fonction de Pierre et surtout une praxis de cette fonction. Lorsque le pape Clément I, aux alentours de l'an 90, adresse une lettre à la communauté de Corinthe, menacée par un schisme, on y perçoit déjà la responsabilité de l'Église de Rome et de l'évêque de Rome. Dès le IIe siècle, la querelle pascale montre clairement qu'il a déjà une responsabilité particulière en tant que point de convergence de l'unité. La conception que Rome est le centre devient peu à peu un critère dans l'Église universellement reconnu.

Au concile de Nicée, en 325, il est finalement question de trois primats existant dans l'Église : Rome, Alexandrie et Antioche. Rome est nommé en premier lieu, mais les deux autres sont mis en relation avec Pierre. Les délégués du pape sont toujours nommés en tête sur les listes des participants aux conciles. Rome est clairement respecté comme le premier siège, et le concile de Nicée renforce ce système.

L'histoire ultérieure des conciles montre que la fonction du pape devient de plus en plus évidente. Il n'exerce pas un gouvernement universel permanent, comme c'est le cas aujourd'hui, mais dans les moments critiques on sait que l'évêque de Rome remplit une fonction tout à fait spécifique. Lors de la crise arienne, où l'arianisme a failli devenir la règle de foi, saint Athanase voit dans le pape le point qui permet de s'orienter, qu'il continue d'être de façon variée.

En 1054 intervient le schisme entre l'Orient et l'Occident. L'Orient avait reconnu le rôle particulier de Rome, mais on en avait une conception plus limitée qu'à Rome même. Après la séparation, l'idée de primauté se renforce, surtout avec le pape Grégoire VII. Un pas supplémentaire est fait par l'apparition des ordres mendiants, qui sont pour ainsi dire rattachés au pape. Comme ces ordres ne font partie d'aucune Église locale, ils vivent précisément par le fait qu'il existe une institution universelle. Celle-ci rend possible l'existence d'un sacerdoce et de mouvements, qui s'étendent à toute l'Église, et deviennent par là le présupposé de la mission.

La praxis et la formulation évoluent ensemble. Dès le concile de Florence au XVe siècle, et déjà au XIIIe siècle, lors du concile de Lyon, on formule les premiers éléments d'une doctrine de la primauté. Au concile de Trente, comme on était suffisamment occupé avec la querelle du protestantisme, on ne voulait pas en plus s'attaquer à cette question et la définir ; elle est donc restée en suspens jusqu'au premier concile du Vatican en 1870, qui lui a donné une formulation qu'on peut dire conceptuellement raide : ce fut une surprise pour beaucoup. Nous savons qu'une série d'évêques ont quitté Rome pour ne pas être obligés de signer. Mais, même les évêques minoritaires ont reconnu que la substance de la doctrine sur la primauté faisait partie du corpus de la foi catholique et avait un fondement biblique dans la promesse du Christ à Pierre. C'est pourquoi le dogme, dans sa forme concentrée, a apporté une précision nouvelle, mais n'a pas créé du neuf : il a ramassé et concrétisé ce qui, à travers toute l'histoire, avait lentement pris forme.

Pierre ne se doutait pas qu'il laisserait à ses successeurs un job impossible : comme évêque de Rome, le pape doit s'occuper de la situation locale ; comme chef d'État, occupant le Saint-Siège, des problèmes des États, et comme Saint-Père il doit se préoccuper des problèmes de l'Église universelle. Il doit écrire des discours, des encycliques, des homélies, tenir des audiences, grandes et petites. Puis il y a les congrégations, les tribunaux pontificaux, les commissions, les conseils, et en plus les grands dicastères pour la doctrine, la liturgie, la discipline, l'éducation. Il y a aussi les centaines de maisons mères des ordres religieux, et plus de cent collèges, etc.

Bien sûr le pape est entouré du collège des cardinaux qui constitue un conseil de haut niveau ; celui-ci est composé de sommités issues de diverses cultures, mentalités et contextes politiques ; du secrétariat d'État viennent quotidiennement des valises de papiers dont chaque feuille fait état d'un problème. Les évêques du monde entier l'assaillent de questions plus ou moins extravagantes. Et en plus de tout cela, il doit être un modèle de prière et de piété, et être inspiré pour fournir une contribution tout à fait personnelle. L'Église universelle grandit sans cesse : la papauté, peut-elle rester en l'état ?

L'art et la manière de fonctionner de la papauté peuvent naturellement varier. La manière est différente au VIIIe, de ce qu'elle fut au XVe, qui se différencie encore de celle du XXe siècle. Beaucoup de ce que vous venez d'énumérer n'aurait pas besoin d'être absolument ainsi. Prenons d'abord l'État du Vatican : il n'est en réalité qu'une construction auxiliaire. En soi, le pape n'aurait pas besoin dÉtat, mais il a besoin de liberté, d'une garantie d'indépendance temporelle, il ne doit pas être au service d'un quelconque gouvernement.

J'affirme que la primauté ne pouvait se développer à Rome que parce que le pouvoir impérial, avec Constantin, s'était déplacé à Byzance. Ce n'est que par là qu'il eut la vraie liberté. L'idée que la primauté n'est devenue aussi puissante que parce que le siège du gouvernement était là me semble mettre les choses à l'envers. Pendant les trois premiers siècles c'est à Rome que les chrétiens étaient le plus sûrement exposés au martyre, ce qui a même conféré au pape un caractère « martyrologique ». Ce n'est que lorsque l'empire se fut déplacé à l'est qu'intervint en Italie, à cause de ce vide du pouvoir, cette forme d'indépendance spirituelle, qui faisait que le pape n'était pas directement soumis aux puissances politiques. Bien plus tard en est sorti l'état pontifical qui a amené avec lui beaucoup de confusions néfastes et qui a finalement disparu en 1870, heureusement, disons-nous aujourd'hui.

La construction d'un mini-État l'a remplacé. Sa seule fonction est de garantir au pape la liberté pour accomplir son service. On peut se poser la question de savoir s'il est possible de simplifier encore plus.

Beaucoup d'autres choses que vous avez évoquées peuvent également être changées. Par exemple, il n'est pas nécessaire que toutes les maisons mères soient à Rome. Le nombre d'encycliques qu'écrit un pape, la fréquence de ses interventions, tout cela est à déterminer selon la situation, et varie effectivement d'un pape à l'autre selon le tempérament de chacun. Reste pourtant la question que, malgré tout, il y en a encore de trop : toute cette masse de contacts que l'Église universelle lui impose, les décisions à prendre, avec la nécessité de pouvoir rester contemplatif et enraciné dans la prière : tout cela est un grand dilemme.

N'y a-t-il pas de nos jours de tout nouveaux courants ?

Dans quelle mesure la décentralisation peut apporter des allègements supplémentaires, on y réfléchit. Le pape lui-même a demandé, dans l'encyclique sur l'œcuménisme, qu'on lui fasse des propositions sur les figures possibles de la papauté. Il y a dans ce domaine des voix discordantes. Mgr Quinn, archevêque émérite de San Francisco, a fortement insisté sur le problème de la décentralisation. Il y a beaucoup à faire dans cette perspective. Je tiens les visites *ad limina* des conférences épiscopales pour quelque chose de très important, pour que des contacts et des rencontres puissent avoir lieu. Elles sont nécessaires pour fortifier l'unité de l'Église. Des lettres ne remplacent pas les rencontres. Se parler, s'écouter, se voir et discuter ensemble est un processus que rien ne peut remplacer.

Je dirais donc que ces formes de rencontres personnelles que le pape actuel a concrétisées et déritualisées seront toujours très importantes. C'est justement parce que l'unité, la compréhension mutuelle, à travers les problématiques et les défis culturels, est si élémentaire qu'elle ne peut presque pas croître sans des contacts personnels.

On voit mieux aujourd'hui, partiellement pour des motifs rationnels, qu'un point de référence de l'unité, tel que le pape le représente, est nécessaire. Même des protestants approuvent le fait qu'il y ait un tel porte-parole de la chrétienté, un tel symbole de l'unité. Et si ce symbole était remodelé en conséquence, nous pourrions tomber d'accord.

C'est en tout cas, comme vous l'avez dit familièrement, « un job impossible », très difficile à vivre. Mais, par ailleurs, c'est aussi une fonction nécessaire qui, avec l'aide du Seigneur, peut être vécue.

La décentralisation signifie-t-elle qu'il y aura des patriarcats dans l'Église catholique ?

Alors que j'y pensais autrefois, il devient de plus en plus problématique pour moi de savoir si c'est sous cette forme qu'il faut organiser les grandes unités continentales. La racine de ces patriarcats était le lien avec leurs lieux d'origine apostolique. Le concile Vatican II, en revanche, a institué et défini les conférences épiscopales comme formes de telles unités interrégionales. Les unités continentales s'y sont ajoutées par la suite. Aussi bien l'Amérique latine que l'Afrique et l'Asie connaissent maintenant des communautés continentales d'évêques avec différentes structures. Ce sont sans doute là des possibilités mieux adaptées à la situation actuelle. Il faut en tout cas que ce soient des structures de collaboration interrégionale qui restent souples sans dégénérer en bureaucraties et sans conduire à une domination de fonctionnaires. Incontestablement de tels groupements interrégionaux, qui peuvent aussi assumer des tâches définies par Rome, sont une nécessité.

Pourriez-vous imaginer qu'un jour peut-être le pape soit reconnu par les Églises, protestante, orthodoxe ou anglicane ?

Il y a effectivement un dialogue théologique formel avec l'orthodoxie, mais il n'a pas osé s'attaquer encore à ce brûlot. La primauté du pape n'est pas inconnue à la tradition orthodoxe, parce que Rome a toujours été reconnu comme le premier siège. Mais il contredit leur structure en Églises autocéphales (unités ecclésiales autonomes), ce qui fait que beaucoup de sensibilités historiques s'opposent à une reconnaissance de la primauté et la rendront difficile. Dans certains domaines particuliers ce sera moins compliqué. Il ne faudrait pas s'attendre à des progrès rapides, mais il faut lutter pour.

Dans leur réponse à l'encyclique sur l'œcuménisme, les Anglicans ont exposé la conception de la papauté qu'ils peuvent comprendre. Il s'agit d'un pas vers Rome. Et là aussi existe le dialogue sur *Authority in the Church*, où cette question est à l'arrière-plan. Ici aussi il y a des approches, mais des barrières venant justement de l'origine historique de l'anglicanisme barrent la route. On verra.

Le protestantisme est extrêmement diversifié. D'un côté les Églises protestantes traditionnelles : luthérienne-réformée, méthodiste, presbytérienne, etc., connaissent une importante crise dans de grandes parties du monde. Nous sommes en présence d'un déplacement du centre d'intérêt dans le protestantisme des Églises historiques classiques vers les Évangéliques, les Pentecôtistes, les mouvements fondamentalistes, qui connaissent un regain de vitalité de la foi protestante, ce qui modifie les équilibres historiques antérieurs. Les évangélistes et les fondamentalistes furent toujours les adversaires classiques principaux de la papauté. Mais là encore on constate des changements étonnants, car ils voient finalement que le pape est tout de même le rocher qui représente clairement devant le monde entier ce qu'eux-mêmes confessent, face à l'affadissement moderne du christianisme. Ils voient d'une certaine manière dans le pape un allié, bien que leurs réserves ne soient toujours pas évacuées. En fin de compte, le paysage est mouvant. Ce que nous pouvons espérer, nous devons l'attendre avec assurance, mais non sans grande patience.

LA STRUCTURE DE L'ÉGLISE

L'Église catholique a une structure nettement classique : peuple – prêtre – évêque. Et, à la tête de tout, le pape. Cette hiérarchie – nom qui signifie « sainte souveraineté » – est-elle déjà dans l'Évangile ou est-elle le résultat d'une organisation strictement ajustée voulant être la plus efficace et la plus combative possible ?

Je conteste la traduction courante : hiérarchie signifierait « sainte souveraineté » : d'après ma traduction le terme désigne « la sainte origine ». Il veut dire que l'Église ne peut pas naître d'une décision propre, mais seulement du Seigneur, à partir du sacrement. Cette manière de voir nous donne une autre vue du sacerdoce. Nous ne parlons pas d'une classe dominante, qui maintient une stricte discipline dans l'Église. Le sacerdoce est au contraire le lien de l'Église avec le Seigneur. C'est le dépassement d'elle-même par l'Église, qui ne naît pas par des réunions, des décisions, d'une science ou d'une forte organisation, mais qui est toujours redevable d'elle-même au Christ. C'est dans ce sens que nous ne disposons pas du sacerdoce comme nous l'entendons. Si donc il n'y a pas de vocations sacerdotales, nous pouvons supplier le Seigneur d'en susciter, mais non pas les obtenir de force.

On désigne fréquemment l'Église comme le « peuple de Dieu en marche ». Les croyants sont le « troupeau de Dieu ». Beaucoup disent que les croyants sont un troupeau de moutons, une masse sans droits qui n'a qu'à croire et à obéir.

Je n'opposerais pas « peuple de Dieu » et « troupeau ». La religion juive est apparue dans une civilisation de pasteurs, si bien que cette image a toujours gardé une signification particulière et a été de ce fait reprise dans le Nouveau Testament. Il ne faut donc pas l'apprécier dans le sens péjoratif de « être des moutons », mais à partir de la relation de confiance entre le berger et son troupeau, qui veut exprimer la même chose que l'expression « peuple de Dieu » : un peuple qui est en route et chemine à travers l'histoire.

En Italie, le pape Pie XI, après la réconciliation entre l'Église et l'État laïc, a encouragé les laïcs catholiques à développer une nouvelle manière d'être laïc, c'est-à-dire d'être chrétien dans le monde, et par là il a fondé l'apostolat des laïcs. Pour autant que je puisse le voir, l'accent anticlérical, cette mentalité que les laïcs doivent d'abord assurer leurs droits dans l'Église, n'est apparue qu'après le deuxième concile du Vatican.

Cette représentation des choses est devenue depuis lors un slogan antiromain, une sorte de dogme de la bourgeoisie libérale.

À mon avis, cet accent a sa source dans un fondement erroné. Elle part de l'idée que l'Église devrait être gouvernée de manière que les deux états, laïcs et clercs, devraient être également représentés et déterminer ensemble ce qu'est l'Église. Que, d'une part, les laïcs choisissent leurs représentants qui entrent par après dans le comité central des catholiques allemands et d'une certaine manière parlent au nom de l'Église des laïcs ; et que, d'autre part, les clercs forment leur commission : cela est un total non-sens. Quelle raison d'être auraient encore les clercs ? Mais avant tout s'est formée la mentalité qu'on devrait déterminer ensemble ce qu'on peut croire aujourd'hui et quelle Église on veut former. Pour cela il faudrait priver les clercs de leur pouvoir et assurer aux laïcs le juste droit à la parole.

Certains le pensent.

Si le clergé se comprend correctement, il ne prescrit pas ce que l'Église doit être, mais il vit dans l'obéissance à Dieu, dont le pape est le garant. Il veillera justement à ce que les hommes ne remodèlent pas l'Église en fonction de leurs souhaits, mais restent dans les mains de Dieu. Telle est en réalité la signification du sacrement de l'ordination sacerdotale, du fait que nous avons une origine qui n'est pas notre œuvre. Dès lors ce n'est pas un déshonneur d'être laïc, car c'est la manière normale d'être chrétien, la forme normale de vivre l'Évangile en ce monde et d'y inclure les réalités quotidiennes de ce monde. Le christianisme cherche à investir le monde et à le transformer, tel est le véritable apostolat des laïcs.

Les moines et les nonnes forment une catégorie à part dans l'Église. Ce sont des hommes et des femmes qui professent l'imitation du Christ sous la forme la plus radicale qu'on puisse imaginer. Quel est leur rôle, en particulier pour l'avenir de l'Église ?

L'imitation du Christ comporte plusieurs degrés, car chacun n'est pas appelé à vivre la même vie. Il y a d'abord les formes essentielles et irremplaçables de l'imitation où la foi est vécue de manière adaptée dans les diverses professions, que ce soit en politique, dans la recherche scientifique, dans l'artisanat ou dans les professions les plus simples. Il est nécessaire qu'il y ait aussi ceux qui consacrent toute leur vie à la foi et qui constituent pour ainsi dire la réserve intérieure de la foi en vue de l'annonce du message et l'animation spirituelle de l'Église.

Je crois que cette structure diversifiée est très importante pour l'avenir de l'Église. On a besoin de lieux où les hommes peuvent se retirer, où ils peuvent faire l'expérience de la prière qui rythme la journée. Ce sont des réservoirs de force spirituelle, des lieux où la foi est revigorée et d'où elle rayonne. C'est précisément ce que nous vivons en ce moment, dans ce monastère du Mont-Cassin qui est à l'origine de l'ordre bénédictin. Pensons aussi aux ordres contemplatifs féminins, par exemple aux carmélites, aux clarisses. Pour beaucoup de gens, ce sont des oasis qui leur permettent de s'enrichir et de se renouveler.

Ce monastère du Mont-Cassin est le plus célèbre de l'Église latine. On dit qu'aucun autre n'est aussi ancien et aussi glorieux. C'est en l'année 529 exactement, au moment même où cette petite ville sur la montagne a été bâtie pour la communauté de moines conduits par Benoît, que ferma l'académie platonicienne à Athènes.

Je trouve que cette coïncidence historique entre la fermeture de l'académie d'Athènes, symbole de la culture antique, et la fondation du monastère du Mont-Cassin, qui sera en quelque sorte l'académie de la chrétienté, a une grande signification. Un monde est effectivement en train de disparaître. L'empire romain est en décomposition ; à l'ouest il est déjà réduit en morceaux, et comme tel n'existe plus. En même temps toute une culture risque de disparaître, mais Benoît à la fois la conserve et la fait renaître. Il correspond par là à la devise des bénédictins : *Succisa virescit* – ce qu'on coupe reverdit. Tout arrêt, d'une certaine manière, prépare un nouveau départ.

Ce fut visiblement la première pierre de la civilisation européenne.

Les bénédictins, selon la tradition des moines, voulaient d'abord être simplement un espace pour la prière. Ce qui fut important dans leur démarche, c'est qu'ils ont réuni en un tout le travail manuel, la transformation de la terre en un jardin, et l'office divin.

La devise *ora et labora*, « prie et travaille », exprime clairement cette structure de la communauté bénédictine. L'office divin a toujours la priorité. Il est de première importance parce que Dieu est le plus important. Il rythme le jour et la nuit ; il marque et structure le temps ; il devient par là une pure et grande réalité culturelle. Mais, en même temps, la conséquence morale de l'office, c'est de cultiver la terre et de la renouveler. D'autre part, ce sont tous les antiques préjugés contre le travail manuel, qui jusque-là était réservé aux esclaves, qui sont dépassés. Le travail manuel devient quelque chose de noble, et même, d'après l'Évangile de Jean, imitation du créateur.

Cette nouvelle idée du travail manuel modifie également l'idée qu'on se fait de la dignité humaine. Celui qui entre au couvent pénètre dans un espace où les différences entre les esclaves et les hommes libres, qui existent encore dans le reste de la société, sont dépassées. Au couvent, tous sont libres. Et en vertu de la liberté de Dieu, tous sont égaux dans la tâche commune qui est d'introduire Dieu dans le monde, et d'offrir le monde à Dieu.

Le Mont-Cassin a pris le relais de la culture antique et l'a du même coup sauvée. On a copié les manuscrits, on a soigné la langue. Le moine français Jean Leclercq a montré que l'amour de la grammaire était inséparable de l'amour de Dieu. Parce qu'il fallait comprendre les paroles saintes, c'est toute la lecture qui est devenue un service. La conséquence en est la naissance des sciences linguistiques et le fait qu'on prit un soin extrême de tout ce qui concernait la Parole. Par ailleurs, la culture de la terre entraîna la recherche sur les réalités de la terre. On peut dire globalement que cette nouvelle éthique unissant office divin et travail manuel, *ora et labora*, est effectivement à l'origine d'une nouvelle culture européenne.

Le grand héritage de Benoît, c'est la règle qu'il a élaborée. Ce petit livre est sans conteste un des grands succès de l'Occident, dont le message pratique en vue d'une existence équilibrée continue aujourd'hui encore à être efficace et peut encore être redécouverte. « En soi, la Sainte Écriture suffit pour s'orienter dans la vie humaine », remarque Benoît. Mais pour rendre le chemin de la vie praticable aussi pour des débutants, il a écrit un simple guide pour celui qui « aime la vie et souhaite connaître des jours heureux ».

Ce qui caractérise cette règle, c'est la mesure. Beaucoup de règles monastiques ont péché par une sévérité excessive. Dans le zèle de la conversion, on a tenté de vivre de manière extrêmement radicale, ce qui ne pouvait convenir qu'à des individus vraiment mordus et ne pouvait fonder une vie communautaire durable. Benoît a trouvé le bon équilibre entre la prise en compte de la nature humaine, à savoir ce qui est possible dans la vie en commun, et la gravité convenable alliée à une nécessaire sévérité. Ce qu'il prescrit est flexible, parce que l'abbé a de grandes possibilités d'accommodement. Il peut juger de ce qui est adapté à la situation. Malgré tout, la règle reste une obligation, mais elle fournit une structure solide, surtout par l'organisation de l'office divin qui règle et imprègne la journée, et aussi par les repas et l'obligation du travail. À côté du travail manuel, il y a le travail intellectuel, l'amour des lettres, qu'exige l'office divin.

Benoît a été considéré d'une certaine manière comme un Moïse, du fait qu'il a donné une règle de vie. Il la donne de la part du Christ, qui a porté la loi de Moïse à un niveau nouveau et définitif, de sorte qu'elle puisse devenir une règle de vie toute concrète. En ce sens, Benoît est devenu le grand législateur de l'Occident. De cette figure d'une culture vaste et multiforme est sorti finalement un nouveau continent, l'Europe, une culture qui a changé le monde.

Si notre culture menace aujourd'hui de vaciller sur ses bases, comme nous le constatons, c'est que nous nous en sommes trop éloignés. Notre monde pourrait facilement trouver dans la règle bénédictine un correctif, car elle indique les attitudes et les vertus humaines fondamentales, nécessaires pour l'équilibre intérieur dont la vie a besoin, pour que la communauté soit possible et pour que chaque individu arrive à maturité.

Restons encore un instant à cet important guide. Le premier mot de la règle bénédictine est : « Écoute ! » : « Écoute, mon fils, cet enseignement du maître », et Benoît ajoute : « Penche l'oreille de ton cœur. »

Oui, c'est une invitation à l'écoute, ce qui est fondamental pour l'homme. L'homme ne peut se suffire à lui-même et doit avoir l'humilité d'apprendre et de recevoir : « Penche ta tête. » Il faut qu'il ressente cet appel à l'écoute. Écouter signifie prêter l'oreille non seulement à ce qui se passe aux alentours maintenant, mais à ce que le maître dit au fond de moi, ou au-dessus de moi : c'est au fond faire usage de l'Écriture sainte, appliquer cette règle originelle de l'existence humaine.

Écouter et répondre, croyait Benoît, c'est comme inspirer et expirer. L'homme devrait aussi apprendre à s'accepter soi-même, il devrait « habiter sa propre maison », faire silence, être à l'écoute, trouver le repos. Après mille cinq cents ans, cette règle n'a apparemment rien perdu de son actualité.

On voit par cette règle bénédictine que ce qui est authentiquement humain ne vieillit pas. Ce qui vient des authentiques profondeurs reste une façon de vivre toujours actuelle. On peut la commenter, on peut tenter de trouver diverses formes d'adaptation, mais, comme règle, comme structure de base elle reste toujours actuelle. Nous voyons précisément aujourd'hui que le retour à la terre, le respect de ses lois propres, la sauvegarde de la création est un service fondamental redevenu nécessaire.

Et peut-être recommençons-nous à voir que la liberté à l'égard du travail qu'offre l'office divin, et l'abandon de la préoccupation de la seule productivité, est une nécessité. Et que l'écoute fait partie de la vie, l'office divin étant principalement une écoute et une ouverture à Dieu. Comme vont ensemble la discipline, la mesure et l'ordre, ou l'obéissance et la liberté, ainsi aussi le fait de se supporter les uns les autres par esprit de foi ne fait pas seulement partie de la règle de base d'une communauté monastique, mais encore constitue par tous ces éléments l'essentiel de toute communauté humaine. C'est une règle qui a son origine dans ce qui est vraiment humain, et qui est à même de le formuler, parce que son regard et son écoute portent au-delà de l'humain et qu'ils ont perçu le divin. L'homme devient précisément humain lorsqu'il est en contact avec Dieu.

Quelqu'un qu'il ne faut oublier en aucun cas s'appelle Jean Bernardone. Ils l'ont nommé Francesco, le petit Français, parce qu'il aimait bien les chansons françaises. Sa vocation est une histoire touchante. Peut-on dire que François ait sauvé l'Église du naufrage ?

Je dirais que l'Église n'aurait sans doute jamais totalement sombré, mais, dans la grande crise qu'elle traversait, ce qu'il a fait fut décisif. Nous connaissons tous ce songe du pape : il voit la basilique du Latran s'effondrer sur lui, et voici qu'arrive un homme qui la soutient. Innocent III a vu en cet homme François d'Assise et l'a fait venir chez lui. Lui, le grand politicien, a reconnu que cet homme apolitique vivant l'Évangile de manière radicale était la force qui pouvait donner à l'Église ce que lui-même, malgré tout son savoir-faire politique, n'a pas su lui donner. L'Église avait besoin d'un renouveau charismatique venant de l'intérieur, une nouvelle flamme de la foi, et pas seulement du savoir-faire et de la stratégie d'une administration et d'une organisation politique.

Il est important de voir quelle fut l'efficacité de cette parole du Christ « Suis-moi ! », suis-moi d'une manière radicale. Que d'impulsions et de réponses sont issues de là ! L'Église espère que là où elle devient une habitude et menace de sombrer surgissent par la force de l'Esprit de nouveaux départs. Des renouveaux que personne n'avait planifiés, mais qui proviennent d'hommes en état de grâce et qui mettent en valeur de manière nouvelle la fécondité de l'Évangile.

François fut l'un de ces hommes. Après une jeunesse légère et frivole, il fut saisi subitement par l'exigence radicale de l'Évangile et l'a vécue avec enthousiasme et joie. Il ne pensait pas fonder un ordre, le monachisme lui suffisait. Dans cette situation où le christianisme était recouvert par la grisaille de l'égoïsme quotidien comme d'une chape de plomb, il voulait simplement annoncer l'Évangile et rassembler le peuple pour le Seigneur. Il ne voulait annoncer que le pur évangile, le sermon sur la montagne, qui remue les hommes et les mobilise intérieurement et extérieurement pour le Christ.

De là est né, presque contre son gré, ce mouvement qui, finalement, plutôt contre sa volonté, a pris la forme juridique d'un ordre. Le pape avait reconnu avec justesse que cette nouvelle présence de l'Évangile que visait François avait besoin d'outils, et qu'il fallait donc donner à ce mouvement une constitution juridique. C'est finalement là le drame intérieur permanent de l'ordre franciscain : le désir d'une vie évangélique radicale qui fait éclater les structures institutionnelles et qui aspire à plus de liberté et plus de pauvreté, qui doit pouvoir être compatible avec la nécessité de trouver des formes qui permettent sa réalisation dans le cadre d'une communauté humaine normale. Mais c'est justement cette flamme intérieure, tendant à dépasser ce qui est purement institutionnel, qui a permis à l'ordre de prendre conscience de sa fonction permanente dans l'Église.

C'est en vérité l'Église elle-même qui vit ce dilemme : que nous devrions tous quitter plus radicalement les compromis de nos vies. Mais s'il nous faut vivre ces compromis dans le monde tel qu'il est, il faudrait du moins porter en nous l'aiguillon de cette inquiétude, et ouvrir notre vie et celle du monde à toute la grandeur de l'Évangile.

François ne voulut jamais devenir prêtre. Pourquoi ?

C'était un homme très humble. Ce terme prend chez lui son sens étymologique. Il voulait être de ceux qui sont petits devant Dieu, ceux à qui il est dit par le Seigneur que l'Évangile leur est particulièrement révélé. Dans la structure corporative de son temps, le sacerdoce était apprécié dans le monde des privilégiés, et François, dans la consciente simplicité de volonté de servir, n'a pas souhaité y accéder. Il voulait rester un simple homme évangélique, le chantre et le héraut de Dieu. D'après la tradition il était toutefois diacre, celui qui, dans la liturgie, proclame l'Évangile. Il voulait être évangéliste. Le diaconat, ce sacrement du service, lui paraissait être la forme adaptée à sa vie.

Chapitre 3

LES SACREMENTS

LE PLAN DE LA VIE

Beaucoup de gens continuent de s'exprimer de manière chrétienne, tout en étant devenus étrangers aux contenus de la foi, et sans en vivre. Prenons les Sept sacrements. Vous en disiez qu'ils contiennent fondamentalement le plan de toute la vie. Goethe, qui a été élevé selon les principes de la Réforme, a affirmé que les sacrements de l'Église catholique n'étaient pas seulement « le point culminant de la religion », mais aussi « le symbole sensible d'une extraordinaire faveur et grâce de Dieu ».

Avant de parler des sacrements en particulier, je me pose la question : que valent ces sacrements ? La confirmation, par exemple, ne garantit pas que des jeunes ne chercheront pas le salut dans la drogue. Le sacrement du mariage n'empêche pas que des partenaires se trompent et se mentent, et divorcent après à peine un an de vie commune.

Je crois que les Sept sacrements fixent réellement la structure et les grands moments de la vie humaine. Aux temps forts de la vie, à la naissance, à la mort, lors de l'accès à l'âge adulte, lors du mariage, on a besoin de ces signes qui confèrent à ces instants leur grandeur, leur promesse, et par là leur caractère de soutien.

Mais si nous considérons trop les sacrements du point de vue de l'efficacité, et que nous y voyons un moyen qui procure à l'homme des forces miraculeuses et le changent, ils ne résistent pour ainsi dire pas à l'épreuve. Ici il s'agit d'autre chose. La foi n'est pas une réalité qui se vivrait dans un monde éthéré mais bien dans le monde matériel. C'est encore par les signes du monde matériel que nous sommes mis en contact avec Dieu. Les signes sont donc l'expression de la corporéité de notre foi. La compénétration des sens et de l'esprit est la continuation du fait que Dieu s'est fait chair et se communique par des moyens terrestres.

Les sacrements sont donc une sorte de contact avec Dieu lui-même.

Ils montrent que la foi n'est pas purement spirituelle, mais qu'elle relève de la communauté et la fonde. Elle inclut la création qui devient ainsi transparente en tous ses éléments.

Ce qui est essentiel, c'est que dans les sacrements s'exprime le caractère communautaire et corporel de la foi. Et qu'en même temps il devient clair que la foi ne provient pas de nous-mêmes, mais d'une puissance supérieure. En réalité les sacrements sont comme l'action globale de Dieu confiée à notre liberté ; tout comme l'Évangile, ils n'agissent pas mécaniquement, mais uniquement accompagnés par notre liberté.

L'ILLUMINATION

Au début, il y a le baptême, désigné dans l'Église primitive comme illumination. C'est une cérémonie très digne et pathétique, qui, à l'aide de grands textes, recueille les traces de la vie. Voici les paroles qui accompagnent la remise de la croix, lors de la liturgie du baptême : « Je te bénis avec le signe de la croix, pour que tu reconnaisses que Jésus t'aime. – Je signe tes yeux avec la croix, pour que tu voies ce que fait Jésus. – Je signe tes oreilles avec la croix, pour que tu entendes ce que dit Jésus. – Je signe ta bouche avec la croix, pour que tu répondes à l'appel de Jésus. – Je signe tes mains, pour que tu agisses comme Jésus. » On appelle cette formule « symbolon », « symbole » ; que veut-on dire par là ?

Symbolon signifie « ce qui tombe ensemble ». À l'origine le symbole était un moyen de justifier son identité. Cela consistait dans le fait que deux personnes possédaient une partie, par exemple d'un sceau, et que la mise en commun des parties permettait de se reconnaître. Symbole signifie dans un sens plus large la représentation de quelque chose d'invisible en des formes sensibles, dans des signes ou des figures, qui renvoient à autre chose.

La célébration du baptême rassemble un ensemble de symboles. On a introduit dans son déroulement les étapes fondamentales de l'antique catéchuménat. Par là est rappelé que le baptême exige un catéchuménat, c'est-à-dire un chemin commun, qui est vie et apprentissage en communauté. Les diverses étapes de ce catéchuménat sont ici réunies : l'ouverture des yeux, de la bouche, des oreilles. C'est le mot *Ephata* que Jésus adresse publiquement au sourd-muet, et qui ouvre sa bouche, ses oreilles et lui permet finalement d'entendre et de parler. De même le baptême et la communauté dans laquelle il introduit doivent permettre de vaincre notre mutisme et notre surdité envers Dieu. Car si nous ne pouvons entendre Dieu, nous ne pouvons pas non plus parler correctement, et nous n'avons rien à lui dire et ne pouvons prier. L'ouverture des oreilles et des yeux dans la cérémonie du baptême présuppose que dans la communauté de foi nous apprenions à écouter et à parler avec justesse, que nous apercevions le divin qui transparaît dans la création pour le mettre en relation avec Dieu par le signe de la croix.

Le baptême représentait dans la primitive Église une distinction extraordinaire. Le candidat avait besoin, à côté du catéchuménat accompli, de deux témoins qui garantissaient sa sincérité. Êtes-vous opposé au baptême des enfants ?

Le baptême a aussi comme raison d'être de conférer à cet être humain, au-delà de la vie biologique, un sens qui justifie cette vie. Précisément, de nos jours où l'avenir est sombre, on peut se poser la question s'il est moralement acceptable de donner la vie à quelqu'un tout en sachant qu'il aura un avenir où il ne sera plus possible de rester humain. En réalité, si on ignore s'il est encore sensé d'être homme, ce handicap n'est justifiable que si je puis donner à ce nouvel être humain plus que la simple vie biologique. Si je peux lui donner en même temps un sens, que je sais être plus fort que toutes les vicissitudes de l'histoire. C'est cela le baptême justement, qui l'introduit dans une communion de vie avec le Christ.

C'est pourquoi le baptême des enfants est clairement justifié. Toutefois, il en est autrement lorsque dans une société déchristianisée le déploiement du baptême dans la catéchèse n'a plus lieu. Lorsque beaucoup de gens ne tiennent au baptême que parce qu'il confère au début de l'existence une certaine festivité et en constitue pour ainsi dire la nécessaire ritualisation, alors le baptême comme tel est mis en question. Le baptême est évidemment beaucoup plus que la socialisation dans une communauté, comme le conçoivent certains de nos jours. C'est un processus de mise au monde, par lequel s'ouvre une nouvelle dimension de la vie.

Au canon 549 du code de droit canonique, il est dit : « Le baptême... (est) nécessaire au salut, qu'il soit reçu en fait ou du moins désiré... » Mais qu'arrive-t-il lorsque quelqu'un meurt sans être baptisé ? Et qu'en est-il des millions d'enfants qui sont tués déjà dans le ventre maternel ?

La question de la nécessité du baptême pour le salut est devenue à l'époque moderne d'une brûlante actualité. Le concile Vatican II a dit que des hommes qui sont en recherche de Dieu et qui, par conséquent, tendent intérieurement à ce qu'est le baptême, obtiennent le salut. Ce qui signifie que la recherche intérieure de Dieu est une participation au baptême, à l'Église, au Christ.

Cette question de la nécessité du baptême semble donc aujourd'hui résolue. Mais la question des enfants qui n'ont pu être baptisés, parce que victimes d'avortements, nous tourmente d'autant plus.

Il me semble que dans le passé on avait élaboré une doctrine pas très inspirée. On disait que le baptême nous donnait, par la grâce sanctifiante, la capacité de contempler Dieu. Le péché originel, dont le baptême nous délivre, est privation de la grâce sanctifiante. Les enfants qui meurent ainsi n'ont pas de péchés personnels et ne peuvent donc pas aller en enfer ; mais il leur manque la grâce sanctifiante et donc la possibilité de contempler Dieu. Ils bénéficient simplement d'un état de béatitude naturelle où ils sont heureux. On a appelé cet état les « limbes ».

Cette conception est devenue en notre siècle peu à peu problématique. On voulait par là défendre la nécessité d'un baptême précoce, mais la solution proposée pose un nouveau problème. Finalement, dans l'encyclique *« Evangelium vitae »*, le pape a introduit un changement très net, que le catéchisme de l'Église catholique avait anticipé : il exprime simplement l'espoir que Dieu fait le nécessaire pour attirer à lui ceux qui n'ont pu recevoir les sacrements.

LA MATURATION

Selon la foi de l'Église catholique, la confirmation est le « sacrement de la croissance de la vie surnaturelle ». Que peut-on se représenter par là ? La confirmation a-t-elle une quelconque efficacité ?

Les signes essentiels de ce sacrement sont d'une part l'onction et d'autre part l'imposition des mains. Celle-ci est le signe de la protection de Dieu et de la présence de l'Esprit. L'onction est un lien avec celui qui est l'oint par excellence, le Christ, et devient le signe de l'Esprit Saint qui animait la vie du Christ. La confirmation est l'accomplissement du baptême ; et si le baptême désigne en premier lieu le lien avec le Christ, la confirmation met l'accent sur la communion avec le Saint-Esprit.

Ce sacrement exprime aussi que le confirmé est désormais un membre à part entière de l'Église, responsable et actif. C'est pourquoi on désignait volontiers la confirmation depuis quelque temps comme sacrement de la maturité. La « gifle » qu'on administrait autrefois est en réalité un reliquat du rite civil de la maturité. Elle a été supprimée après le Concile. L'idée du sacrement de la maturité a eu à nos latitudes comme conséquence qu'on conférait ce sacrement de plus en plus tard, entre 16 et 18 ans. Mais il existe une tout autre façon de voir. Les Églises d'Orient la lient directement au baptême, même au baptême des enfants. La raison en est qu'on ne peut accéder réellement à la communion que lorsqu'on a reçu les deux sacrements d'initiation, le baptême et la confirmation, et entrer ainsi pleinement en communion avec le Christ dans l'Esprit Saint.

La confirmation est aussi une sorte d'initiation par laquelle des jeunes célèbrent l'entrée dans la maturité de la vie d'adulte. Le moine Augustin Thomas a Kempis, au Moyen Âge, a écrit un livre sous le titre Imitation du Christ, *qui doit nous indiquer les règles d'une vie juste. Ce livre est devenu, après la Bible, le livre religieux le plus répandu du monde. Certaines choses nous paraissent étrangères. Mais même un philosophe marxiste comme Louis Marcuse y trouva « l'art d'arriver à la pureté avec soi-même ». « C'est le plus grand devoir de chacun, dit le moine d'apprendre à se connaître soi-même en profondeur. » Et, plus loin : « Ne pas avoir une bonne opinion de soi, estimer toujours hautement les autres : là se trouvent la grande sagesse et la perfection. »*

Aujourd'hui encore l'intériorisation est importante. C'est incontestablement un des aspects de la confirmation de nous éloigner de ce qui est purement extérieur, des seules préoccupations de succès et de performances, et de nous dire que nous avons une intériorité. Pense à fortifier en toi l'homme intérieur, dit saint Paul. Le dépérissement de l'intériorité est devenu l'un de nos grands problèmes. En ce sens, la confirmation pourrait être un contrepoids à la seule extériorisation et aider les réalités humaines à rester sur le bon rail.

Le succès matériel est devenu dans notre civilisation moderne la valeur des valeurs. « Chacun peut y arriver », promettent tous les gourous de la motivation. Cette attitude fait l'effet d'une drogue.

Elle est contagieuse. Ce que je vois chez l'autre, je le voudrais aussi. Quand les parents voient comment sont nippés les enfants des autres et quelles possibilités leurs sont offertes, ils le souhaitent avec raison pour leurs propres enfants. Je pense qu'on ne regarde ainsi plus que dans une seule direction. On veut avoir le plus de choses possibles et ainsi paraître. Nous oublions combien est nécessaire la culture de l'intériorité.

Il est vrai qu'on tente actuellement de reconstruire une sorte d'intériorité par les méthodes de la méditation. Mais, d'une manière générale, ces pratiques de la méditation ne visent qu'à renforcer les capacités orientées vers les performances extérieures. Ou encore il s'agit de techniques pour faire le vide intérieur, mais qui finalement ne fortifient pas véritablement l'homme. Je répète qu'il faudrait effectivement réinventer une culture de l'intériorité, et réapprendre comment grandit en nous l'homme intérieur, selon l'expression de saint Paul, en même temps que l'homme extérieur, et comment acquérir la force pour être à même d'affronter ce qui nous advient de l'extérieur.

L'ACTION TRÈS SAINTE DANS L'ESPACE LE PLUS SACRÉ

Vers l'an 150 après Jésus-Christ, un savant nommé Justin remit à l'empereur romain Antonin le Pieux une apologie en faveur des chrétiens. Nous lui devons une très ancienne description de la célébration eucharistique : « Le jour, qu'on appelle le jour du soleil, à la ville comme à la campagne, tous se réunissent en un même lieu : on lit les mémoires des Apôtres ou les écrits des Prophètes, autant que le temps le permet. Quand le lecteur a fini, celui qui préside fait un discours pour avertir et exhorter à l'imitation de ces beaux enseignements. Ensuite nous nous levons tous et prions ensemble à haute voix. Puis lorsque la prière est terminée, on apporte du pain avec du vin et de l'eau. Celui qui préside fait monter au ciel les prières et des eucharisties tant qu'il peut, et tout le peuple répond par l'acclamation « Amen ». Puis a lieu la distribution et le partage des eucharisties à chacun et l'on envoie leur part aux absents par le ministère des Diacres... Cette nourriture s'appelle Eucharistie. Ne peut y participer que celui qui considère notre doctrine comme vraie, qui a été purifié par le bain pour la rémission des péchés et la nouvelle naissance, et qui vit comme le Christ le demande. » Cette cérémonie, à travers deux mille ans, semble être restée absolument identique.

Oui, la structure fondamentale de la célébration eucharistique est indiquée, même si des formes particulières ont naturellement continué à évoluer.

Peut-être faudra-t-il un certain temps pour comprendre que derrière tout cela se cache autre chose qu'une cérémonie à la portée de n'importe qui. De même les merveilleuses images des vitraux ne s'éclairent que lorsqu'on les contemple de l'intérieur de l'espace. Pouvez-vous m'expliquer d'abord comment est construite une sainte messe ?

Il y a d'abord une première partie, la liturgie de la parole. On se réunit sous la Parole de Dieu, tout comme l'a fait l'assemblée originelle du Sinaï, pour écouter et recevoir. Le texte de Justin que vous venez de citer parle de lecture des prophètes et des évangélistes. Cette partie s'est structurée de manière qu'on entende les prophètes, les Apôtres et le

Christ. Sous le mot prophètes il faut entendre tout l'Ancien Testament, sous Apôtres les lettres apostoliques et sous Christ l'Évangile. On écoute ainsi la parole de Dieu tripartite. Suit une exhortation, car une interprétation est nécessaire, parce que la Parole nous arrive de loin et doit nous être adaptée pour que nous puissions comprendre.

À cet élément de base d'une messe, le rassemblement sous la Parole qui nous renouvelle, nous enseigne et nous illumine, suit la célébration de l'Eucharistie proprement dite. Elle est de nouveau structurée en trois parties. Il y a d'abord la préparation des offrandes, du pain et du vin. C'est un symbole de la création que nous présentons au Seigneur. Suit immédiatement la prière d'action de grâces : l'évêque ou le prêtre entonne cette prière que Jésus a prononcée la veille de sa mort. C'est la grande louange de Dieu. Elle comprend aussi bien le remerciement pour le Christ que le rappel de ses paroles et de ses actes de la dernière heure, et par cela même la consécration du pain et du vin qui ne sont plus nos offrandes, mais l'offrande que le Christ nous fait de lui-même, conformément aux paroles de la cène.

Justin dit que les offrandes sont « eucharistiées ». En d'autres termes : le pain n'est plus du pain, mais le corps du Christ. Et le vin n'est plus du vin, mais le sang du Christ. Les offrandes sont devenues parole vivante, parole du Christ, parole de bénédiction du Seigneur.

Justin indique les conditions pour la distribution de la communion. C'est l'office divin des croyants, dit-il. Tout comme le Seigneur a rassemblé les Douze pour la Cène, ainsi l'Eucharistie est le rassemblement de ceux qui sont devenus des croyants au Christ, qui sont devenus Église par le baptême. Dans ce sens on peut dire qu'effectivement aussi bien par les conditions d'admission que par la structure d'ensemble, dès cette époque très reculée, c'est déjà toute la célébration qui est fixée tout à fait clairement et qui est restée en vigueur jusqu'à nos jours.

L'Eucharistie passe pour l'action la plus sainte du monde accomplie dans l'espace le plus sacré du monde. Ce sacrement contient le corps, le sang, l'âme et aussi la divinité de Jésus. Une question encore une fois tout à fait concrète : est-ce que dans cet acte s'accomplit chaque jour un miracle ? La transformation du pain et du vin en corps et en sang ne peut être comprise que symboliquement.

Non. L'Église croit fermement que le Ressuscité se donne ici véritablement lui-même. Assurément on en a débattu tout au long de l'histoire de l'Église. La première grande controverse eut lieu au haut Moyen Âge, la deuxième au XVIe siècle. Luther tenait explicitement à la transsubstantiation, alors que Calvin et Zwingli, avec des nuances, étaient pour l'interprétation symbolique, d'où une scission à l'intérieur de la Réformation.

Luther pensait toutefois que la présence du Christ était limitée au moment de la célébration, alors que l'Église catholique croit que la présence du Christ est liée aux offrandes elles-mêmes. Car si le pain et le vin sont réellement « transformés », si donc les offrandes de la terre sont devenues les offrandes du Seigneur, alors le Seigneur les a prises définitivement à son compte. Naturellement le débat a repris en notre siècle. Les exégètes se sont divisés sur cette question, mais même des non-catholiques comme Käsemann ont défendu la thèse de la présence réelle. Tout simplement parce qu'elle est clairement attestée dans l'Écriture. Et effectivement l'Écriture, comme d'ailleurs toute la tradition de l'Église, est parfaitement claire à ce sujet : le Christ ne nous donne pas seulement des symboles, il se donne réellement lui-même. Ce qui signifie que la communion est une rencontre de personne à personne. Et que le Christ entre en moi et que je puis entrer en lui.

Mais chacun peut voir que le vin reste du vin...

Il ne s'agit pas d'une affirmation d'ordre physique. On n'a jamais prétendu que la nature physique des éléments était modifiée. La transformation se situe à un autre niveau de profondeur. La tradition dit qu'il s'agit d'une action métaphysique. Ce qui, du point de vue purement physique est du pain ou du vin, est saisi par le Christ dans une profondeur telle que son sens intérieur s'en trouve modifié et que par ces éléments le Christ lui-même se donne.

Et si quelqu'un a ainsi reçu le Christ en lui, comment ce sacrement agira-t-il sur cet homme ? Ou du moins comment pourrait-il agir ?

Même là il faudrait laisser tomber toute idée de miracle et toute pensée magique. Il s'agit d'un processus personnel. Le Ressuscité est présent, car l'expression « corps et sang » désigne toujours la totalité de celui qui s'est incarné, de celui qui, même ressuscité, est resté corporel ; il n'est pas présent comme une chose. Je ne reçois pas un morceau du Christ. Ce serait effectivement contradictoire, mais c'est d'un processus personnel qu'il s'agit. Lui en personne se donne à moi et veut m'assimiler à lui.

Augustin, lors d'une sorte de vision, croyait entendre les paroles suivantes : « Mange-moi, je suis le pain des forts. » Jésus dit par là que c'est l'inverse d'une nourriture ordinaire que tu assimiles dans ton corps. Cette nourriture est inférieure à toi de sorte qu'elle devient une partie de toi. Chez moi, c'est l'inverse : je t'assimile en moi, je suis le plus fort, tu es assimilé en moi. C'est ce qu'on appelle un processus personnel. En fait l'homme qui reçoit la communion est reçu à son tour. Il est adapté au Christ et lui devient semblable. C'est cela le processus de la communion : nous nous laissons attirer en lui, en sa communion intérieure, et donc aussi en sa ressemblance intérieure.

Et comment doit-on se préparer à la réception de la sainte communion ?

Ce qui convient, c'est d'entrer réellement dans ce qu'elle est. C'est de me laisser atteindre et interpeller par la parole de Dieu. C'est de me laisser orienter vers le Christ par les prières traditionnelles élaborées par l'Église. La bonne prière et la vraie célébration de l'Eucharistie consistent à devenir quelqu'un qui écoute et qui accueille, de sorte qu'en moi la porte s'ouvre assez pour laisser entrer le Christ. Et, inversement, que je devienne assez libre et ouvert pour commencer à entrer en lui.

Comment se comporte-t-on lors de la réception de la sainte communion ?

Comme il convient à la présence du Seigneur. Les signes de respect ont varié au cours du temps. Mais l'essentiel est que le comportement corporel exprime le recueillement intérieur et le respect. Autrefois on recevait la communion à genoux, ce qui avait un sens. De nos jours, on la reçoit debout. Mais cette attitude debout doit, elle aussi, exprimer le respect devant le Seigneur.

L'attitude à genoux ne doit en aucun cas disparaître dans la pratique de l'Église. C'est l'attitude corporelle qui représente le mieux le contenu de la piété chrétienne : d'une part nous sommes redressés, le regard orienté vers lui, vers le haut, et de l'autre nous nous abaissons.

« L'homme n'est jamais aussi grand, disait Jean XXIII, que lorsqu'il est à genoux. »

Je crois que c'est pour cette raison que cette attitude, qui est une des formes originelles de la prière dans l'Ancien Testament, est inaliénable pour le chrétien.

La communion : dans la main ou dans la bouche ?

Là-dessus je ne serais pas pointilleux. La communion dans la main existait déjà dans l'Église primitive. Lorsqu'elle est respectueuse, elle est une manière sensée de communier.

Après la réception de la communion, que méditer ?

Il faudrait d'abord chercher à fixer le regard intérieur sur le Christ. Il existe des formulaires qui nous aident à aller dans ce sens et à nous tourner intérieurement vers lui. Il est bon de lui offrir la journée et de lui demander de nous être présent efficacement. Il est important de nous confier à lui, ce qui, selon les situations, porte à prier plus concrètement.

Le cercle de ceux qui sont autorisés à communier est-il toujours défini ?

Oui. Les plus anciennes traditions le font déjà clairement, comme le montre la première épître aux Corinthiens. C'est un problème actuel car la communion est devenue une sorte de rite social où l'on s'assure en quelque sorte d'une solidarité mutuelle. Il y a le danger qu'elle ne devienne qu'un signe d'une appartenance à un même cercle d'amis. C'est beaucoup trop peu. Nous perdons alors de vue ce qui nous est offert de saint et d'essentiel et par ailleurs la nécessaire purification intérieure est omise.

Saint Paul met en garde contre la tendance à ne plus distinguer ce don, ce pain consacré, des autres dons. La distinction s'est un peu perdue aujourd'hui ce qui est à l'origine de beaucoup de problèmes. Car alors, par exemple, les divorcés remariés sont les seuls exclus, ce qui apparaît avec raison comme une mauvaise discrimination. Je pense que tous devraient être plus critiques avec eux-mêmes dans le discernement du corps du Seigneur et savoir qu'ils ont toujours besoin de pénitence avant de recevoir la sainte communion. Il y a des conditions d'admission. Nous n'avons pas par nous-mêmes un droit sur le Seigneur, mais il nous montre par l'ordre disciplinaire dans l'Église quand nous pouvons le recevoir.

Est-ce la différence entre une Eucharistie catholique et une célébration œcuménique de la Cène ?

Oui. L'Eucharistie catholique est toujours liée à l'appartenance à la communauté croyante de l'Église catholique. De même, nous sommes convaincus que seul un prêtre catholique ordonné peut célébrer l'Eucharistie. La célébration de la Cène chez les protestants obéit à d'autres lois. Nous savons qu'ici aussi on peut rencontrer le Seigneur, mais nous ne pouvons gommer le fait que la question de la succession apostolique et celle du sacerdoce, tout comme la doctrine catholique de la foi dans son ensemble, trace ici des limites.

LA LITURGIE

La solennité et la dignité de l'Eucharistie proviennent de cette réalité tout et sublime de la spiritualité catholique, la liturgie. Chaque phrase, chaque geste semblent y avoir sa signification propre et cacher un mystère.

Dans cette liturgie terrestre, comme l'a reconnu Vatican II, les croyants participent déjà à la « liturgie céleste » et la goûtent par avance.

C'est une approche très importante. La liturgie n'est jamais uniquement le rassemblement d'un groupe qui organise une fête et se célèbre en réalité lui-même autant qu'il est possible. Au lieu de cela, par la participation au Christ qui se présente devant le Père, nous nous tenons dans la communauté universelle de toute l'Église et aussi dans la communion de tous les saints. Oui, c'est d'une certaine manière la « liturgie céleste ». Sa grandeur, c'est qu'elle ouvre le ciel et nous fait entrer dans le chœur des adorateurs de Dieu. Voilà pourquoi la préface s'achève toujours par ces mots : nous chantons avec le chœur des séraphins et des chérubins. Nous savons que nous ne sommes pas seuls, que nous sommes tous unanimes, que la frontière entre ciel et terre est vraiment ouverte.

Le père des moines, Basile le Grand, a constaté que la messe était une aussi grande révélation que l'Écriture sainte. Il en a déduit la règle très stricte que la liturgie ne devait être l'objet d'aucune discussion ni d'aucune réforme. Si elle n'est pas œuvre humaine, si par elle la gloire de Dieu doit être accessible aux hommes, ne faudrait-il pas considérer comme donnée d'en haut et comme irréformable l'antique messe de Grégoire le Grand ?

L'Orient et l'Occident sont d'une certaine manière divisés sur cette question. L'Église byzantine a reçu la forme de sa liturgie aux IVe et Ve siècles de Basile et de Jean Chrysostome. Elle y voit, comme d'autres Églises orientales, un don de Dieu qu'on ne modifie pas : nous y entrons, nous ne la faisons pas (bien que certaines modifications de détail sont naturellement intervenues).

L'Occident avait un sens beaucoup plus fort pour l'historicité. Lui aussi considérait la liturgie dans l'essentiel comme un don, mais un don déposé dans l'Église vivante et grandissant avec elle. On peut absolument faire la comparaison avec la Sainte Écriture. Elle n'est pas elle non plus une parole de Dieu qui nous serait tombée directement à la verticale du ciel ; la Parole de Dieu est introduite dans l'histoire et se développe avec elle. Ainsi l'Église occidentale a affirmé la fondamentale intangibilité de la liturgie dans son ensemble, mais l'a laissé se développer historiquement en prenant les précautions voulues.

Comme celui de l'Église d'Orient, le canon romain date du IVe siècle environ. Par la suite se sont développés en Occident, comme ce fut le cas en Orient, différents types de liturgie. Il y a la liturgie gallicane, la liturgie espagnole ; ensuite se sont fait sentir des influences germaniques, et ainsi de suite. Les différentes nations qui se convertissaient pouvaient apporter leur contribution à cette croissance, sous le regard attentif de

Rome qui n'a pas manqué d'en éliminer les excroissances. Par là Rome a strictement conservé à la liturgie son caractère archaïque, je dirais même dans une forme plus ancienne qu'en Orient, en tout cas du point de vue théologique.

C'est ainsi que la liturgie est un processus historique toujours vivant : du nouveau peut intervenir, spécialement de nouveaux saints peuvent s'ajouter ; mais elle reste constante, même en Occident. C'est pourquoi cette Église pouvait envisager des réformes liturgiques. Il ne fallait pas que ce soient simplement des suppressions ; elles devaient respecter ce qui s'était développé de vivant, comme on agit avec ce qui vit pour le maintenir vivant. Pie X a réduit quelque peu le nombre des fêtes de saints qui s'étaient trop multipliées. Il a également remis le dimanche à la place d'honneur qui lui revient de droit et retiré des parties superflues. Pie V déjà en avait enlevé un surplus de séquences qui s'y étaient glissées. Vatican II avait adopté la même démarche qui est la bonne, car la croissance continue sans solidification appartient à la tradition liturgique de l'Église. Mais il y a une différence, dirais-je, entre protéger une vie qui se développe tout en sachant que cette vie comme telle ne m'appartient pas (je dois être à son service et respecter sa loi intérieure), et la considérer comme quelque chose d'artificiel qui fonctionne comme un mécanisme que je peux démonter et remonter différemment.

Le concile Vatican II avait sans conteste en vue à la fois la croissance organique et le renouvellement. Mais on a parfois tendance de nos jours à pratiquer ce démontage-remontage et entreprendre ce qui est incompatible avec l'essence même de la liturgie. On ne peut pas simplement décider dans des commissions professorales ce qui est pastoralement plus efficace, ce qui est plus pratique et ainsi de suite. Mais il faut considérer avec un grand respect l'apport des siècles et voir quels compléments sensés ou quelles suppressions sont nécessaires et possibles.

C'est un avertissement qui s'adresse à tous ceux qui s'occupent de liturgie. C'est dans cet esprit de service en faveur de la vie qui s'est développée et qui nous vient de la foi séculaire qu'ils doivent agir, et non comme des experts autocratiques qui veulent inventer et fabriquer du meilleur.

On ne peut passer sous silence la critique de la liturgie actuelle. À beaucoup elle ne paraît pas assez sainte. Une réforme de la réforme serait-elle nécessaire pour la rendre de nouveau plus sainte ?

On aurait besoin pour le moins d'une nouvelle conscience liturgique, pour faire disparaître cet esprit de bricolage. On en est arrivé à ce que des cercles liturgiques se bricolent eux-mêmes une liturgie du dimanche. Ce qui en résulte, c'est certainement la production de quelques intellectuels doués qui se sont imaginé quelque chose. Je ne rencontre plus par là le Tout-Autre, le Saint, qui se donne à moi, mais les capacités de quelques-uns. Je m'aperçois que ce n'est pas cela que je cherche. C'est trop peu, c'est autre chose.

Ce qu'il y a de plus important aujourd'hui, c'est le respect de la liturgie et du fait qu'on ne peut pas la manipuler. C'est de réapprendre à la considérer comme un organisme vivant et offert, par lequel nous participons à la liturgie céleste. C'est de ne pas y chercher notre propre accomplissement, mais le don qui nous advient.

Je crois que ce qui est prioritaire c'est que cette manière de faire personnelle et arbitraire disparaisse et que s'éveille le sens intérieur pour le sacré. Dans une deuxième étape, on pourrait voir dans quel domaine on a supprimé trop de choses, et que la cohérence avec toute l'histoire puisse redevenir plus évidente et plus vivante. J'ai moi-même parlé dans ce sens de « réforme de la réforme ». Dans mon idée ce devait d'abord être un processus pédagogique, pour marquer un point d'arrêt à ce piétinement de la liturgie par des inventions personnelles.

Pour la formation de la conscience dans le domaine de la liturgie, il est important aussi de cesser de bannir la forme de la liturgie en vigueur jusqu'en 1970. Celui qui, à l'heure actuelle, intervient pour la validité de cette liturgie, ou qui la pratique, est traité comme un lépreux : c'est la fin de toute tolérance. Elle est telle qu'on n'en a pas connu durant toute l'histoire de l'Église. On méprise par là tout le passé de l'Église. Comment pourrait-on avoir confiance en elle au présent, s'il en est ainsi. J'avoue aussi que je ne comprends pas pourquoi beaucoup de mes confrères évêques se soumettent à cette loi d'intolérance, qui s'oppose aux réconciliations nécessaires dans l'Église sans raison valable.

Quand viendra réellement ce deuxième pas dont vous parliez, cette réforme de la réforme ?

Tout comme le mouvement liturgique, qui a abouti à la réforme de Vatican II, s'est développé lentement avant de devenir par la suite un torrent impétueux, ainsi importe-t-il actuellement qu'une impulsion vienne des croyants qui célèbrent. Et aussi qu'il y ait des lieux exemplaires, où la liturgie est célébrée dans les règles de l'art et où il est possible d'expérimenter ce qu'elle est réellement. Si alors de l'intérieur même d'une telle célébration naît un mouvement et que ce n'est pas simplement quelque chose imposé d'en haut, alors le renouveau se fera. Je crois que dans la nouvelle génération un mouvement qui va dans cette direction est effectivement en train de naître.

Une vraie liturgie divine, une liturgie pour l'avenir du peuple croyant et de l'Église, comment vous la représentez-vous ?

Fondamentalement telle qu'on puisse de nouveau y recueillir les formes données et les approfondir spirituellement. Quand je pense à l'époque du mouvement liturgique, que j'ai encore vécue, c'était alors merveilleux d'apprendre petit à petit comment s'étaient élaborées les messes du carême, pour comprendre la structure du carême et de tout le missel, et bien d'autres choses encore. Il s'agissait simplement de découvrir la richesse de ce qui a résulté de ce devenir et de cette croissance et d'entrer aussi par là dans la gloire divine qui s'y offrait. Je crois qu'il s'agit de réapprendre à écouter – « Écoute, mon fils ! » disait Benoît – et de nous percevoir nous-mêmes moins comme des auteurs de l'action liturgique que comme ses bénéficiaires.

Faut-il de nouveau célébrer la messe en latin ?

D'une manière générale ce n'est plus possible, et sans doute n'est-ce pas souhaitable. Il est évident que la liturgie de la Parole au moins doit se faire dans les langues vernaculaires. Je suis toutefois d'avis qu'une nouvelle ouverture au latin devrait intervenir.

Célébrer la messe en latin apparaît actuellement presque comme un péché. On exclut par là du même coup des possibilités de communication qui sont si nécessaires dans des régions plurilingues. Ainsi le curé de la cathédrale d'Avignon me racontait qu'un dimanche se sont présentés pour assister à la messe trois groupes linguistiques différents. Il leur a proposé de prier ensemble le canon de la messe en latin et ainsi tous pourraient célébrer ensemble. Les trois groupes ont refusé : il fallait pour chaque groupe un élément particulier. Pensons aussi aux lieux touristiques : ce serait certainement une belle chose de se reconnaître mutuellement dans ce qu'on a en commun. Il faudrait garder présentes à l'esprit de telles éventualités. Lorsque, lors des grandes liturgies romaines, plus personne ne sait chanter le *Kyrie* ou le *Sanctus*, que plus personne ne sait ce que signifie « Gloria », il s'agit alors d'un déficit culturel et d'une perte de points communs. Voilà pourquoi, à mon avis, la liturgie de la Parole devrait se faire dans tous les cas en langue vernaculaire, mais il faudrait qu'il subsiste un fond commun en latin, qui nous relie tous.

L'écrivain Martin Mosebach raconte une petite histoire sur une messe. Cela se passa il y a longtemps sur l'île de Capri. Un jour débarque un curé anglais, qui se fit reconnaître comme prêtre par ses habits, ce qui était devenu rare, même en Italie du sud. Lorsqu'il s'est avéré que l'homme en soutane voulait sérieusement célébrer une messe tous les jours, on lui attribua après bien des hésitations une chapelle située sur un promontoire rocheux surplombant abruptement la mer, le mont Tiberio, sur lequel était située autrefois la villa Jovis, une des nombreuses résidences de l'empereur Tibère. Cette chapelle n'était ouverte qu'une fois par an, le 8 septembre pour la fête de la Nativité de la Vierge Marie. Le reste de l'année, elle était abandonnée aux souris qui creusaient des trous dans le fond des tiroirs de la sacristie.

Le prêtre anglais, un homme pratique, pas grand théologien, se mit en route. Il grimpa la pente raide et goûta la belle vue sur tout le golfe. Il éprouva quelque peine à faire fonctionner la serrure rouillée de la chapelle. Il entra dans ce lieu qui sentait le moisi, accompagné d'un beau rayon de soleil. La porte métallique du tabernacle était ouverte, les cierges étaient entièrement consumés, les chaises renversées, et la sacristie avait l'aspect d'un lieu hâtivement abandonné. Des vases sales, une nappe d'autel pourrie, un calice style kitch, du linge d'autel que l'humidité avait collé ensemble, un missel tombant en morceaux. Oui, même le crucifix était tordu.

Le prêtre regarda attentivement tout cela et réfléchit longtemps. Il ouvrit la fenêtre, saisit un balai de paille qui traînait dans un coin et se mit à balayer tout l'espace. Il prit le crucifix, lui donna un baiser et le posa sur l'armoire de la sacristie. Il nettoya le calice et redressa les chandeliers. Lorsqu'il découvrit la corde de la cloche, il grimpa sur une échelle à l'extérieur et accrocha la corde à une cloche. Le charme était maintenant rompu.

Il mit une étole violette satinée toute tachée. Il versa un peu d'eau qu'il avait apportée dans une bouteille en plastique dans un petit pot et se mit à prier ; il ajouta un peu de sel, fit les gestes de bénédiction et versa l'eau dans les petits bénitiers en forme de coquille à côté de l'entrée : on croyait entendre gémir la pierre comme si elle se réveillait. Et lorsqu'il eut actionné la cloche à l'aide de la corde, s'approchèrent au loin les premiers croyants, des femmes et des enfants, et bientôt la chapelle fut remplie.

La messe pouvait commencer. Le prêtre s'inclina devant l'autel et commença par les paroles : Introïbo ad altare Dei.

Un observateur attentif, pendant que l'homme à la soutane avait purifié le lieu, lorsqu'il allumait les cierges et bénissait l'eau, lorsqu'il enleva la poussière et poussa dans un coin les souricières, devait avoir l'impression que quelque chose de particulier se passait. Tout comme Abel ou Noé, il a construit un autel avant de sacrifier. Et, comme Moïse, il délimita l'espace pour le tabernacle. C'était la préparation et la délimitation de l'espace sacré.

Ce texte de Mosebach est naturellement très poétique, mais dans l'ensemble la situation à Capri n'est pas aussi désespérée qu'il pourrait le suggérer. Mais il est vrai que la préparation extérieure et intérieure vont de pair. La mission de saint François débute de la même manière. Il perçoit les célèbres paroles de la Croix : « Il faut que tu reconstruises mon Église. » Il les rapporte d'abord à cette église délabrée, la Portioncule, qu'il restaure et reconstruit. Il remarque ensuite qu'il lui faut faire beaucoup plus : reconstruire la vivante Église.

Mais ce travail manuel initial en fait partie. Il est très important de veiller à ce que l'espace, l'Église, soit préparée toujours à nouveau, que sa sainteté intérieure comme extérieure soit toujours perceptible et reconnaissable. Il est vrai que nous avons à travers le monde, Dieu soit loué, des églises si merveilleuses dont il faudrait aussi réapprendre à aimer le caractère sacré. La flamme devant le Saint Sacrement nous permet de sentir une présence silencieuse permanente. Beaucoup d'églises aujourd'hui ressemblent à des salles de concert, dont on n'admire la beauté du passé que comme coulisse de nos propres activités ; on constate alors une perte intérieure du sens du sacré. Retrouver ce sens et préparer cet espace intérieur et extérieur, ne peut se faire qu'à condition d'entrer dans la célébration de manière à y rencontrer effectivement le sacré.

FAUTE ET EXPIATION

Du sacrement de pénitence, les uns disent qu'il met les hommes dans une situation impossible, et suscite au fond la peur et la culpabilité. D'autres affirment que si la confession n'existait pas, il faudrait la réinventer aujourd'hui.

Au cours de son histoire, la confession est, de tous les sacrements, celui qui a subi les changements les plus grands quant à sa forme extérieure. C'est précisément parce qu'elle est si personnelle qu'elle dût adopter des formes différentes selon les constellations changeantes de l'individualité humaine et des cultures portant soit à s'ouvrir soit à se renfermer en soi. Après le concile Vatican II on a tenté de créer de nouvelles possibilités, dont une me semble particulièrement bonne, l'examen de conscience communautaire, qui peut aider pour la confession individuelle.

La deuxième forme fut la création de parloirs pour la confession, où l'on se confesse sous la forme d'une conversation. Cela aussi aide beaucoup les gens à s'ouvrir, à surmonter les obstacles que chacun rencontre lorsqu'il s'agit d'avouer. Il se peut évidemment dans ce cas que la confession devienne une parlote ou une consultation psychologique, et que sa véritable grandeur se dissipe. L'absolution collective s'est beaucoup répandue, mais elle ne peut pas être une forme propre de la confession, dont l'essentiel est justement son caractère personnel. Elle a du sens dans des situations tout à fait exceptionnelles et peut alors avoir lieu.

Une citation de vous-même : « L'incapacité de reconnaître une faute est la forme la plus dangereuse de l'émoussement moral qui se puisse penser, car c'est elle qui rend l'homme incapable de se corriger. »

Il est vrai qu'on raconte que le christianisme a chargé l'homme du sentiment de culpabilité et a voulu ainsi le maintenir sous pression. Naturellement, de tels abus du sentiment de culpabilité existent. Mais plus grave encore est l'extinction de la capacité de prendre conscience de la faute, car alors l'homme s'endurcit intérieurement et se rend malade. Il y a une forme plus grave encore de cette incapacité de prendre conscience de la faute. C'est ce dont il était question dans la méthode d'éducation nazie. On pensait pouvoir assassiner, comme le disait Himmler, et rester tout à fait correct : on a ainsi formellement piétiné la conscience humaine et dénaturé l'homme. La capacité de prendre conscience de la faute devient supportable et se renforce, s'il y a guérison possible. Et la guérison elle-même n'est possible que s'il y a absolution possible. La psychothérapie peut faire beaucoup pour détecter des erreurs de connexion dans la construction psychologique et rétablir les bons circuits, mais elle ne peut surmonter une faute. En voulant le faire elle dépasse ses limites, c'est pourquoi elle échoue si souvent. Seul le sacrement est capable de surmonter la faute, car il est pouvoir accordé par Dieu.

Il faut toutefois reconnaître qu'à notre époque individualiste il est devenu extrêmement difficile pour l'homme de franchir le pas de l'aveu personnel. Mais, guidé par l'esprit de foi, il peut le réapprendre. Pour la simple raison avant tout qu'il ne s'agit pas d'un aveu devant les hommes, mais devant Dieu, et qu'il aboutit au pardon, et qu'il est aussi accompagné de conseils qui nous aident à surmonter la faute et ses conséquences.

Autrefois, quand nous étions enfants, nous devions nous présenter devant le confessionnal par classes entières : « En toute humilité et avec regret, je reconnais mes péchés. » C'est ainsi qu'on commençait. Ce n'était jamais tout à fait simple, mais cela nous faisait l'effet d'une machine à laver : on se sentait après comme purifié. J'ai vu qu'aujourd'hui encore l'Église propose dans le recueil Louange à Dieu *ce qu'on appelle un « examen de conscience » qui est une sorte de liste standard. J'en extrais quelques questions : « Est-ce que je recherche la proximité de Dieu ? – Est-ce que je témoigne à mes parents de la reconnaissance et de l'amour ? – Ai-je tendance à diffamer les autres et à leur dire des paroles blessantes ? » ou, encore : « Est-ce que je me débarrasse de mon travail sur d'autres ? – Est-ce que je respecte la personnalité particulière des autres ? – Est-ce que j'essaie de bien élever mes enfants ? – Suis-je paresseux, ou avare ou dépensier ? Ai-je menti ? – Est-ce que je veux paraître plus que je ne suis ? » On voit que rien de ce qui est humain n'est étranger à l'Église.*

Je crois qu'il est très important d'amener la conscience à s'exprimer. De par le péché originel notre conscience est émoussée quand il s'agit de le faire ; nous avons tendance à couvrir du voile de l'oubli notre façon inconvenante de traiter les autres. Nous mentons facilement, et ainsi de suite. Quand la conscience s'émousse ainsi, nous sommes en grand danger. L'homme s'en trouve abaissé. C'est pourquoi l'éducation de la conscience est très importante. C'est donc le devoir de l'Église de reconnaître en tout temps les péchés qui lui sont particulièrement propres, et aider ainsi une société, dans des domaines importants de son existence, à ne point s'affadir ni se dissoudre.

Question subsidiaire : mentir par nécessité, par exemple au téléphone, faire dire qu'on est absent, est-ce autorisé ?

Ce sont des cas tellement pratiques, que même les moralistes sont divisés. L'une des grandes écoles, dont fait partie Kant, dit que la vérité possède en elle une telle dignité qu'on ne peut pas y déroger. Il est compréhensible qu'on soit amené à faire répondre au téléphone qu'on est absent. Mais il faut toutefois être vigilant envers soi-même, car si on entrouvre cette porte, on se trouve vite sur une pente glissante. Mais je ne condamnerais pas une telle tentative pour se protéger, car je l'utilise moi-même.

Une des formes du sacrement de pénitence, c'est ce qu'on appelle « indulgence ». Les premières indulgences furent concédées par les papes pour la participation aux croisades ; mais les excroissances de la pratique des indulgences ont finalement abouti au cri d'alarme de Luther, ce qui a conduit au schisme de la Réforme. Je pense que de nos jours très peu de gens savent encore que faire de cette doctrine.

C'est un chapitre douloureux de l'histoire de l'Église. Le pape a tenté, dans la bulle de l'année sainte 2000 d'en proposer une nouvelle interprétation. Il y a l'ancienne distinction entre péchés et peines liées au péché. Selon elle, les péchés sont pardonnés par l'absolution, mais les peines liées à eux restent. Tout cela nous paraît très mécanique. Le pape l'interprète de manière nouvelle : il dit que même lorsque la faute est pardonnée, il reste la conséquence de ce que j'ai fait à l'autre, une blessure, un dommage, les effets de ce que j'ai dit ou fait. Et en moi-même reste pour ainsi dire une réaction, un gauchissement de mon propre être.

Il s'agit donc de traiter les conséquences existentielles du péché. Ce traitement ne peut s'accomplir que dans le cadre de la communauté, parce que le péché dépasse toujours ma personne. L'indulgence signifie alors que je recours à l'aide de la communauté des saints, où il y a échange de bien spirituels, où nous mettons du nôtre et recevons du leur. Ainsi l'indulgence, considérée comme purification des séquelles existentielles et comme prise en charge solidaire et mutuelle, peut absolument, aujourd'hui encore, avoir du sens.

LE MARIAGE

Une masse de jeunes gens, de nos jours, se demandent s'ils doivent vraiment se marier ou plutôt vivre en union libre. Du point de vue de l'État, il y a des tendances à mettre sur un pied d'égalité avec le mariage, les unions hors mariage et les partenariats homosexuels. D'où la question : pourquoi le mariage devrait-il être la seule forme acceptable de vie commune ?

Il y a d'abord le fait que seul un espace vraiment solide de fidélité est conforme à la dignité de cette communauté humaine. Et non seulement en ce qui concerne la responsabilité vis-à-vis de l'autre, mais encore face à l'avenir des enfants qui en naissent. C'est pourquoi le mariage n'est jamais une affaire purement privée, mais il a un caractère public et social. C'est de lui que dépend la forme de base qu'une société veut se donner.

Cela se vérifie au fait que même des formes de vie commune hors mariage sont dotées de certaines formes juridiques. Ce sont des formes mineures de liaison, mais elles ne peuvent tenir sans une responsabilité publique et sans être intégrées dans ce que la société possède en commun. Cela montre déjà qu'une forme réglée juridiquement et socialement est inévitable, même si on ne veut introduire que des degrés mineurs de cohabitation.

Un deuxième aspect est à prendre en compte : quand deux personnes se donnent l'une à l'autre et donnent ensemble la vie à des enfants, c'est le caractère sacré et mystérieux de ce qu'est un être humain qui est concerné, et qui dépasse le fait de simplement vouloir disposer de soi. Je ne m'appartiens pas à moi seul. En chaque homme est présent le mystère de Dieu. C'est pourquoi la communauté de l'homme et de la femme comporte quelque chose de religieux, de sacré, une responsabilité devant Dieu. Cette responsabilité devant Dieu est nécessaire et trouve son véritable fondement et son profond enracinement dans le sacrement.

Toutes les autres formes sont donc des échappatoires, où l'on vise à se soustraire à la responsabilité mutuelle aussi bien qu'au mystère de l'homme. On introduit par là une instabilité dans la société, ce qui ne va pas sans conséquences.

Une tout autre question est celle des partenariats homosexuels. Je pense que lorsque cela n'a plus aucune importance que dans un mariage ou dans une famille il y ait un homme et une femme, mais que la relation homosexuelle est mise sur le même pied, c'est la structure fondamentale de l'humain qui est blessée. Une société où il en est ainsi va au-devant de graves problèmes. Si nous écoutons la Parole de Dieu, elle devrait nous éclairer et nous apprendre que la communauté de l'homme, de la femme et de l'enfant est une réalité sacrée. Une authentique forme de société réussit lorsqu'elle considère la famille, et par là une forme de relation bénie par Dieu, comme la vraie forme de la pratique de la sexualité.

La forme rituelle du mariage dit : « Je te reçois comme époux/épouse pour nous aimer fidèlement dans le bonheur ou dans les épreuves et nous soutenir l'un l'autre tout au long de notre vie. » C'est très beau, mais pourquoi le mariage devrait-il durer toute une vie, « jusqu'à ce que la mort les sépare » ?

Parce que cela découle du caractère définitif de l'amour humain et de la responsabilité qui en découle. Nous ne devrions pas essayer de le prouver rationnellement par a + b. La grande sagesse de la tradition nous parvient, qui se fonde finalement sur la Parole de Dieu. Ce qui correspond totalement à la dignité humaine, c'est de se donner totalement, et ne pas réserver une partie en vue d'une éventuelle révision ou démission. La vie humaine n'est pas une expérimentation. Ce n'est pas un contrat de location temporaire, mais le don d'un je à un toi. Et le don d'un être humain à un autre ne peut être adapté à la nature humaine que sous la forme d'un amour total et sans réserves.

Nous avons déjà parlé de la sexualité à plusieurs reprises ; l'Église y soupçonne un grand mystère. On ne peut expliquer autrement ses conceptions aussi rigoureuses, dans ce domaine, même dans le cadre du mariage. S'agit-il d'une autre compréhension dans la façon de traiter la vie et les hommes qui amène l'Église à interdire la contraception ?

En fait, l'Église voit dans la sexualité une réalité centrale de la création. Par elle l'homme est plus proche du créateur et plus responsable. Il participe de manière responsable aux sources mêmes de la vie. Chaque être humain est une créature de Dieu, et en même temps l'enfant de ses parents. Pour cette raison il existe comme une interpénétration de la création divine et de la fécondité humaine. La sexualité est quelque chose de puissant, car elle met en jeu la responsabilité pour un nouvel être humain, qui nous appartient et pourtant ne nous appartient pas, qui vient de nous et pourtant n'en vient pas. C'est à partir de ces considérations qu'on comprend, je pense, que c'est quelque chose de sacré que de pouvoir donner la vie et d'en assumer la responsabilité qui va au-delà de l'origine biologique. Pour ces multiples raisons l'Église fut amenée à développer ce qui vient d'être exposé et qui est déjà contenu fondamentalement dans les Dix Commandements. Elle ne cessera de le rappeler dans la vie humaine, car c'est sa responsabilité.

Peut-on être un bon chrétien, même si, dans le domaine de la morale sexuelle, on prend quelques libertés avec les conceptions de l'Église ?

Qu'on soit toujours en retard par rapport à ce que l'Église nous confie dans l'interprétation de la Parole de Dieu est une autre affaire. Mais si on veut rester sur le chemin tracé, et qu'on garde cette acceptation fondamentale du caractère sacré qui affecte la création continuée avec le Christ, une faute ne nous ôte pas le caractère de catholique. On reste alors en recherche, ce qui s'appelle, si on veut parler ainsi, rester « un bon catholique ».

Les évêques italiens ont demandé plus de courage pour mettre au monde des enfants. Car lorsqu'une société recule devant la procréation, elle se déshumanise, a-t-on dit.

Là où s'éteint l'amour pour les enfants, la perte est vraiment très grande. Les Italiens furent célèbres autrefois pour leur amour de la famille et des enfants. Certaines contrées d'Italie ont actuellement le taux de natalité le plus bas du monde. Une nouvelle prospérité a fondamentalement modifié la situation. C'est d'ailleurs une grande tentation des sociétés occidentales de considérer les enfants comme des concurrents qui nous prennent de l'espace et handicapent notre avenir. On les considère dans tous les cas comme une possession ou comme des images de soi-même. On n'est finalement pas prêt à les accepter avec leurs propres exigences, avec tout ce qu'il faudrait leur donner de son temps et de sa propre vie.

Un évêque italien me disait un jour que les pauvres investissent dans la vie, et veulent voir leur avenir dans les enfants ; les riches investissent dans des choses. Je ne voudrais pas exagérer la portée de cette parole : mais certainement chez nous l'investissement dans des choses, dans l'assurance de soi par les valeurs, dans la multiplication de notre propre moi, est plus fort que la disponibilité de se mettre au service de la vie, cela est évident. Même si nous respectons entièrement la problématique de la croissance des populations, il ne faut pas moins reconnaître qu'il y a un problème du vieillissement de notre société, qui se prive elle-même de son avenir.

Prenons la croissance des populations... On reproche à l'Église, avec sa politique rigoureuse de l'interdiction de la contraception, de provoquer dans certaines parties du tiers monde de graves problèmes et même une vraie misère.

C'est un parfait non-sens. La misère est provoquée par l'effondrement de la morale ; qui auparavant ordonnait la vie dans les sociétés tribales et dans les communautés chrétiennes, ce qui excluait la grande misère que nous voyons aujourd'hui. Réduire la parole de l'Église à l'interdiction de la contraception est une grossière bêtise, qui repose sur une conception du monde totalement renversée, comme je le montrerai plus loin.

L'Église enseigne donc avant tout la sainteté et la fidélité dans le mariage. C'est sa vraie voix. Et là où cette voix est entendue, les enfants ont un lieu où vivre, où ils apprennent l'amour et le renoncement, la discipline d'une vie correcte même au milieu de la pauvreté. Lorsque la famille fonctionne comme un lieu de la fidélité, la patience et le respect mutuels, conditions pour une planification familiale naturelle et efficace, ne manqueront pas. La misère ne vient pas des grandes familles, mais du fait qu'on engendre des enfants de manière irresponsable et indisciplinée ; des enfants qui ne connaissent pas leur père, et souvent pas leur mère, et qui sont dans la rue et doivent endurer la vraie misère d'un monde psychologiquement détruit. Par ailleurs, nous savons tous que, de nos jours en Afrique, l'extension vertigineuse du sida présente depuis longtemps le danger inverse : ce n'est pas l'explosion démographique qui nous guette, mais l'extinction de tribus entières et la désertification des paysages.

Si en plus je pense qu'en Europe on subventionne les agriculteurs qui tuent leurs animaux, qui détruisent des céréales, des raisins, et toutes sortes de fruits, parce qu'on ne maîtrise plus la surproduction, alors je trouve que ces savants managers, au lieu de détruire les dons de la création, devraient réfléchir comment on pourrait en faire profiter tout le monde.

La misère n'est pas produite par ceux qui éduquent les hommes à la fidélité et à l'amour, au respect de la vie et au renoncement, mais par ceux qui nous détournent de la morale et qui ont une conception purement mécanique de l'homme : le préservatif leur semble plus efficace que la morale, mais si l'on croit qu'on peut remplacer la dignité morale de l'homme par les préservatifs, en vue de rendre la liberté de l'homme non dangereuse, alors on a déjà fondamentalement déshonoré l'homme et on produit exactement ce qu'on dit vouloir éviter : une société égoïste où chacun veut vivre sa vie sans assumer aucune responsabilité. La misère a son origine dans la démoralisation de la société, et non dans sa moralisation : et la propagande du préservatif est un élément essentiel de cette démoralisation, expression d'une orientation vers le mépris de l'homme, qui n'augure rien de bon.

LES PRÊTRES

Toutes les religions du monde connaissent des hommes particulièrement choisis pour être responsables, dans une société donnée, des rites et des règles de foi. En quoi un prêtre catholique se distingue-t-il d'eux ?

D'abord par le fait que le prêtre catholique est mandaté spécialement par le Christ selon la règle des Apôtres. Il ne correspond donc pas à la figure courante du « prêtre » de l'histoire des religions. Le critère particulier de cet état, si on peut l'appeler ainsi, vient de la figure de l'apôtre telle que le Christ l'a institué. Il a reçu mission du Christ d'annoncer sa parole, de l'annoncer lui-même, d'annoncer la promesse qu'il nous a faite. Cette annonce est toujours aussi un devoir d'aimer, de construire le corps du Christ, de servir les pauvres : et c'est dans le cadre de cette annonce qu'il y a l'annonce centrale de sa mort, que nous appelons Eucharistie et qui est sacrement.

S'ils sont appelés par le Christ lui-même, pourquoi y a-t-il de mauvais prêtres ? Pourquoi y a-t-il même de mauvais évêques ? Chez beaucoup de ces appelés, il semble que le Seigneur se soit visiblement trompé.

Il peut arriver qu'on s'introduise pour ainsi dire à la dérobée dans cette mission, sans avoir réellement la vocation. Il se peut aussi qu'une vraie vocation ait été trahie, c'est-à-dire pas vraiment vécue. C'est une particularité de Dieu, nous en avons déjà parlé, de se confier à des vases si fragiles. Et d'avoir pris avec l'Église un risque aussi énorme. Il s'est confié aux mains de ceux qui le trahissent sans cesse. Il nous a laissé la possibilité de tomber et de nous délabrer, de sorte qu'il soit obligé de garder lui-même son Église justement avec des instruments aussi incapables. C'est d'un côté une consolation de savoir que le Seigneur est toujours plus fort que les péchés des hommes, mais, d'un autre, c'est une grande exigence pour tous ceux qui se consacrent à cette vocation qu'ils croient avoir reçue, exigence de la laisser arriver à maturité dans la communion avec le Christ.

Jésus-Christ a ordonné à ses apôtres : « Allez par le monde entier, proclamez la bonne nouvelle à toute la création. » Et de même que les apôtres ont considéré la prédication comme leur principale tâche, ainsi les grands fondateurs d'ordres (les dominicains se nomment « frères prêcheurs ») ont rassemblé autour d'eux de grandes foules. Savonarole, avec ses prédications de pénitence, a ébranlé tout Florence. Et, d'Augustin, on dit que ses sermons devenaient toujours plus courts : chaque phrase fut une perle et une force, chaque mot valait une bénédiction. « C'est pourquoi il ne s'arrêtait pas, dit un de ses biographes, jusqu'à ce que les applaudissements ou les larmes dans les yeux de tous lui fassent croire que les ultimes résistances contre la vérité et la grâce dans l'âme des auditeurs avaient cédé. »

Savoir prêcher est un don, une grâce, et saint Augustin respectait toujours beaucoup les simples curés qui avaient besoin d'un livre pour préparer leur sermon. Il disait : ce qui est important ce n'est pas l'originalité, mais l'humble service. Si le livre d'un autre est utile pour annoncer aux hommes la parole, c'est bien ainsi. Nous serons bien sûr reconnaissants si Dieu suscite de grands prédicateurs, mais nous devrions aussi apprendre à écouter humblement un prédicateur moins brillant.

Le curé d'une grande ville allemande m'a raconté qu'il a eu la vocation par un prêtre à qui tous les dons extérieurs faisaient défaut. Il fut un piètre prédicateur, chantait mal, etc., et pourtant sous lui la paroisse a refleuri. De cette paroisse sont finalement sortis quatre ou cinq vocations sacerdotales, ce qui n'était arrivé ni sous ses prédécesseurs ni sous ses successeurs, qui furent pourtant plus capables que lui. On voit par là que l'humble témoignage de quelqu'un peu doué pour la parole peut devenir en tant que tel une prédication et qu'il nous faut remercier Dieu pour la diversité de ses dons.

MOURIR

À la fin d'une vie, mère Église veille à une bonne sortie de ce monde. Elle administre à ses enfants le sacrement des malades, qu'on appelait autrefois l'« extrême onction »...

...et si on demandait à quelqu'un s'il voulait la recevoir, la plupart du temps il s'en défendait, parce qu'il ne voulait pas être candidat à la mort. Le terme « extrême onction », qui était pour ainsi dire une parole de terreur pour les malades, a été remplacé depuis longtemps, à dessein et avec raison, par « onction des malades », de sorte que l'arrivée du prêtre pour célébrer ce sacrement ne signifie plus pour le malade qu'il est définitivement voué à la mort.

En réalité l'onction des malades est destinée à aider le malade à accomplir un processus psychologique qui peut aussi, le cas échéant, être un processus de guérison. Elle est l'assistance sacramentelle de l'Église dans la situation de maladie. Il s'agit moins alors de l'instant de la mort. Le viatique proprement dit, c'est l'Eucharistie. La prière pour les mourants, la bénédiction des mourants et une dernière absolution sont les consolations spécifiques dont dispose l'Église. Ce sont des fortifiants pour le difficile passage vers le pays de l'ombre où aucune lumière ne semble briller.

L'onction des malades devrait plutôt aider à accepter la souffrance. Elle devrait aider à entrer, par la souffrance et la douleur, dans la communion sacramentelle avec le Christ. Il ne s'agit pas nécessairement de guérison corporelle. Car la maladie peut aussi me guérir moralement, et même m'être moralement nécessaire. Il est possible que le Christ, en m'apprenant à souffrir et en souffrant avec moi, devienne mon vrai médecin et me guérisse de la maladie plus grave de mon âme.

On dit que des hommes, à l'heure de la mort, étaient susceptibles d'un changement d'attitude radical. Les athées les plus invétérés devinrent au tout dernier moment doux comme des agneaux. Élisabeth Kübler-Ross, lors de ses recherches sur l'au-delà de la mort, constata par exemple : « La plupart changent radicalement. Ils changent toutes leurs valeurs. Ils ne sont plus si matérialistes ni querelleurs. On devient beaucoup plus spirituel. » Cela signifie-t-il que, lorsque arrive le moment de voir ce qu'il a emmagasiné, l'homme peut subitement reconnaître ce qui compte vraiment dans la vie ?

Toujours est-il qu'une telle situation limite peut aider l'homme à voir que ce qu'il a accumulé dans le domaine matériel, ou toutes ses décorations, tous les honneurs reçus et toute son influence, n'est pas ce qui est en fin de compte vraiment important. Cela peut conduire à une révision, mais pas forcément. Il y a des engourdissements et des endurcissements de l'âme qui aveuglent. En réalité, dans de telles situations limites, ne peut émerger que ce qui est enfoui au fond de l'homme. C'est pourquoi il ne faudrait pas tellement compter sur la dernière heure, mais pour ainsi dire ne pas laisser s'épuiser les réserves de bien, pour qu'il y ait encore de l'huile, comme dit la Parabole, quand l'époux frappera à la porte.

Un vieux dicton catholique dit : « Tel le dimanche d'un homme, tel le jour de sa mort. »

Il se rapporte exactement au même point. Lorsque dans une vie Dieu avait totalement disparu, avec le dimanche, alors manquent les réserves permettant cet ultime retournement. Même si la grâce de Dieu est inépuisable, il faudrait veiller à ne pas laisser s'épuiser ces réserves de l'âme, afin qu'en cas de besoin je ne sois pas totalement démuni : c'est un avertissement utile !

D'après la foi de l'Église, il faudrait se réjouir de la mort : « Vivre, c'est mourir, et mourir c'est vivre. » Toujours est-il que la vie éternelle nous attend.

Oui. Mais les tempéraments humains sont différents. Lorsque saint Augustin était sur son lit de mort, tous ses péchés lui revinrent très clairement à l'esprit. Il se fit alors afficher au mur les psaumes de pénitence, qu'il ne cessait de répéter. Durant quelque temps, il s'est même exclu de la communion et s'est pour ainsi dire assimilé à un pénitent. Il pensait à son père spirituel Ambroise, qui était mort dans une grande paix intérieure, et disait : il fut si grand que cela lui a été donné ; mais moi je suis autre, et cela ne m'est pas donné, j'ai besoin de faire humblement pénitence, en espérant que le Seigneur m'acceptera tout de même.

Je dirais aussi que c'est un devoir de l'éducation chrétienne et de la prédication de donner aux hommes l'assurance que par la mort nous passons dans la vraie vie. Elles peuvent aider par là à vaincre la peur devant l'inconnu, ou du moins la peur physique, et permettre de mourir en paix.

Et pour vous-même, qu'en est-il ? Avez-vous peur de la mort ?

Eh bien, oui. Comme je connais mes insuffisances, je garde devant les yeux la pensée du jugement. Mais aussi l'espérance que Dieu est plus grand que ma défaillance.

Vous en occupez-vous ?

Toujours, car plus on avance en âge, plus le moment approche.

Peut-on faire incinérer le cadavre, ou s'agit-il là d'un rite purement païen ?

Les juifs déjà, contrairement aux autres cultures du bassin méditerranéen, ne connaissaient pas la crémation. L'enterrement du corps était selon eux comme une semence de résurrection. Cet usage a été repris par les chrétiens. L'inhumation comporte une reconnaissance implicite de l'espérance en la résurrection. Jusqu'au concile Vatican II l'incinération était sanctionnée. En considération de toutes les circonstances du monde moderne, l'Église a abandonné ces sanctions. La foi en la résurrection n'est pas nécessairement confessée de cette manière, parce que Dieu nous recrée un corps nouveau indépendamment de cela, si bien que l'incinération devient acceptable.

Je dois dire que je suis assez vieux jeu pour continuer à considérer l'inhumation comme une expression proprement chrétienne du respect du corps du défunt, du corps humain tout court, et aussi une expression de l'espérance qu'un avenir lui est assuré.

Vous dites que Dieu, dans l'au-delà, nous donne un corps nouveau : est-ce que cela veut dire que personne ne sera comme il était ici-bas ?

La résurrection au dernier jour est d'un certain point de vue une création nouvelle. Mais elle conserve tout de même l'identité de l'homme, corps et âme. Saint Thomas dit à ce propos que l'âme est en puissance la forme du corps : elle se crée son corps. L'identité signifie donc que l'âme, qui reçoit de nouveau par la résurrection sa forme en puissance, se reconstitue un corps intérieurement identique. Mais il me semble inutile de spéculer sur l'aspect qu'aura le corps matériel ressuscité.

Tout à fait concrètement : mon frère est mort à 14 ans. Où est-il maintenant ?

Auprès de Dieu. Je pense qu'en ce domaine il faut abandonner nos catégories locales purement matérielles. De même que nous ne pouvons localiser Dieu dans quelque nuage, ainsi le défunt est dans un autre rapport au monde matériel. La relation de Dieu à l'espace matériel est une relation de présence souveraine. Nous avons déjà parlé des divers degrés de la proximité de Dieu qui n'est pas conditionnée par des coordonnées spatiales, et nous disions aussi que l'âme, principe spirituel de l'homme, n'a pas son siège dans un organe particulier du corps, mais représente une forme caractérisant le tout. C'est ainsi que le défunt participe à cet autre rapport à l'espace, qui est le propre de Dieu et que je ne peux pas définir avec des catégories géographiques.

Certains vont jusqu'à dire que les morts restent à proximité des tombes, ce que je considère comme quelque peu terrifiant. Non, ils ont quitté cette forme de spatialité matérielle et sont entrés dans cette autre forme de relation à l'espace, celle de Dieu qui domine tout espace. Il arrive que des hommes peuvent communiquer en pensée par-dessus les océans. Cela nous permet de saisir partiellement cette domination de l'espace, de cette autre spatialité qu'est la proximité spirituelle. De toute façon, il faut se défaire de la représentation que le défunt doit être localisable en un point géographique précis. Il faut plutôt se dire : il est auprès de Dieu, il est donc intégré d'une nouvelle manière à la réalité totale, donc il m'est proche également.

Nous autres, humains, nous sommes curieux, et nous aimerions savoir un peu à quoi ressemble le paradis. L'Écriture nous renseigne-t-elle là-dessus, nous dit-elle ce qui nous attend ?

Même les Écritures n'en parlent qu'en images. Elles essaient de nous le suggérer par exemple par l'image de la liturgie céleste. D'après cela, le nouvel espace, c'est l'extase de la vraie liturgie ; de même chanter et voler sont des images.

Mais il est possible de très mal comprendre toutes ces images. Nous connaissons l'histoire de ce Bavarois qui arrive au paradis et qui ne supporte pas cet incessant chant de l'alléluia. Il me semble important de noter que ce n'est pas seulement le rapport à l'espace qui est modifié, mais aussi le rapport au temps. Si donc nous nous représentons le paradis comme un temps infiniment long, nous n'échappons pas à l'idée qu'il doit devenir ennuyeux à un moment ou à un autre. Mais si nous sommes sortis du temps qui s'écoule heure par heure, jour après jour, qui est lié à la révolution des astres, et que nous entrons dans une nouvelle manière d'être présents les uns aux autres, cela signifie que de cette manière la succession des instants s'efface et que c'est d'un seul grand instant de joie qu'il s'agit. Il nous faut donc nous représenter l'éternité plutôt comme un instant de plénitude, au-delà de tout temps.

Accepteriez-vous de donner vos organes ?

Oui, même si je suppose que mes vieux organes ne sont plus très utilisables.

Une supposition fâcheuse : un Africain musulman se promenant à Paris avec le cœur du cardinal Ratzinger...

...cela se pourrait.

Élisabeth Kübler-Ross, qui explore le domaine de la mort, avait une opinion particulière sur la question de savoir s'il faut ou non prolonger artificiellement la vie. Elle disait : « C'est non à cent pour cent. Il ne faut ni abréger ni prolonger la vie. Pour chaque personne existe le bon moment où il est temps de mourir. » Il m'arrive d'avoir à agir ainsi avec certaines affaires non réglées. Et c'est moins une question de personne, car il y a finalement « un supérieur qui a son mot à dire ».

Bien sûr, il y a des formes ou des tentatives de prolongation, qui semblent violentes et auxquelles je m'opposerais. Mais toute guérison est naturellement une prolongation de la vie. De nos jours on soigne des maladies qu'on n'arrivait pas à guérir autrefois. Et si la science médicale progresse, je ne considérerais pas cela comme une prolongation artificielle de la vie.

La question est de savoir jusqu'à quel point les dons d'organes font partie des possibilités de soins que nous considérons comme des extensions normales et sensées de la science médicale et des soins autorisés. Je pense que la transplantation d'organes doubles, les reins ou les yeux, n'est pas un grave problème, bien que cela représente un sacrifice important pour le donneur. C'est plus difficile lorsqu'il s'agit d'organes, comme le cœur, que l'on doit prélever sur quelqu'un qui est mort cliniquement, mais assez tôt pour que l'organe soit encore « vivant ». La question du moment de la mort, puisque l'organe doit encore être vivant, est une question limite, qui nécessite un débat hautement responsable. Le critère de la mort cérébrale a été soigneusement travaillé, mais je pense qu'il doit être réexaminé en permanence de façon critique. La tentation existe certainement de l'utiliser trop tôt. C'est pourquoi la transplantation cardiaque est effectivement un cas limite d'intervention thérapeutique. Mais, malgré tout, je n'oserais pas l'exclure totalement. Je pense qu'il existe aussi des formes légitimes de transplantation qu'on peut encore inclure dans le domaine des interventions normales.

Chapitre 4

L'AVENIR

ÉGLISE POPULAIRE OU ÉGLISE MINORITAIRE ?

Il y a bien des années vous avez dit quelque chose de très prophétique sur l'Église de l'avenir : L'Église, pensiez-vous alors, deviendra « petite, et devra recommencer au début. Mais après l'épreuve une grande force émanera d'une Église plus intérieure et plus simple. Car les hommes d'un monde totalement planifié connaîtront une indicible solitude… Ils découvriront alors la petite communauté des croyants comme quelque chose de tout à fait nouveau, comme une espérance qui les concerne, comme une réponse qu'au fond d'eux-mêmes ils ont toujours cherchée. » Il semble que vous ayez toujours raison. Mais comment cela se passera-t-il en Europe ?

D'abord la question : l'Église sera-t-elle plus petite ? Lorsque j'avais tenu ce propos, de partout on me reprochait mon pessimisme. Et de nos jours, rien ne semble moins interdit que ce qu'on nomme pessimisme, mais qui n'est souvent que du réalisme. Depuis lors, la plupart concèdent qu'actuellement en Europe la part de chrétiens baptisés diminue. Une ville comme Magdeburg ne compte plus que 8 % de chrétiens, en notant bien qu'il s'agit de toutes les confessions confondues. De telles données statistiques révèlent des tendances qui sont indéniables. C'est en ce sens que dans certaines aires culturelles l'identification entre peuple et Église diminue. Il faut l'accepter.

Qu'est-ce que cela signifie ?

L'Église populaire peut être une très belle réalité, mais elle n'est pas nécessaire. L'Église des trois premiers siècles fut une petite Église et n'était pourtant pas une communauté sectaire. Au contraire, elle n'était nullement isolée, mais elle se savait responsable des pauvres, des malades, de tous. Tous ceux qui étaient à la recherche d'un Dieu unique, qui attendaient l'accomplissement d'une promesse, y ont trouvé un espace.

La synagogue déjà, le judaïsme de la dispersion dans l'Empire romain, avait organisé ce cercle des craignant-Dieu, qui était rattaché à lui, et montrait donc une très grande ouverture. Le catéchuménat de l'Église ancienne était une réalité tout à fait similaire. Des gens qui ne se sentaient pas capables d'une identification totale pouvaient pour ainsi dire se rattacher à l'Église et voir s'ils étaient en mesure d'accomplir le pas et y entrer. Cette conscience de ne pas être un club fermé, mais d'être toujours ouvert sur la totalité de la société, est un élément constitutif indissociable de l'Église. Vu les diminutions des communautés chrétiennes que nous vivons, nous devrions orienter notre regard vers ces diverses formes d'appartenance, cette possibilité de s'y accrocher.

Je ne suis pas opposé à ce que des gens qui, durant l'année, ne vont pas à l'église, y aillent au moins la nuit de Noël ou à la Saint-Sylvestre ou encore à d'autres occasions ; il peut encore s'agir d'une manière de se raccrocher de quelque façon à la bénédiction venant du sacré, à la lumière. Il faut qu'existent diverses manières d'approcher ou de participer ; et cette ouverture intérieure de l'Église est nécessaire.

Mais l'Église populaire n'est-elle pas la plus grande conquête de la civilisation religieuse ? Ne constitue-t-elle pas véritablement l'Église commune accessible à tous, qui, dans ses nombreuses ramifications, constitue un toit pour tous les hommes ? L'Église peut-elle abandonner la prétention d'être l'Église du peuple et donc d'être Église majoritaire ? En tout cas, c'est une conquête acquise par d'immenses efforts et bien des sacrifices.

Il nous faudra accepter les pertes, mais nous devons toujours rester une Église ouverte. L'Église ne peut pas former un groupe fermé se suffisant à lui-même. Nous devons être avant tout missionnaires, dans le sens que nous montrons à la société les valeurs qui doivent former sa conscience, valeurs qui sont à la base de l'existence de l'État et d'une communauté sociale vraiment humaine.

Le débat sur ce qu'était l'Église populaire dans le passé, sur ce qu'elle restera dans certains pays et deviendra dans d'autres, continuera certainement. L'Église se mêlera à l'élaboration des législations et devra toujours rappeler les grandes constantes de la socialisation humaine. Car si le droit n'a plus de fondements moraux communs, il se détruit comme droit.

L'Église ainsi considérée porte une responsabilité permanente pour le monde entier. La responsabilité missionnaire signifie que nous devons réellement tenter, comme dit le pape, une nouvelle évangélisation. Nous ne devons pas tout laisser retomber dans le paganisme, l'âme en paix.

Mais nous devons trouver des chemins pour porter l'Évangile dans les espaces des incroyants. Il y a déjà des modèles pour cela. Le néocatéchuménat a un modèle, d'autres communautés le tentent à leur manière. L'Église doit faire preuve de beaucoup de fantaisie pour que l'Évangile reste une force publique. Pour former le peuple, le pénétrer comme levain est efficace dans la pâte. C'est précisément à une toute petite communauté, les disciples, que Jésus a dit d'être le levain dans la pâte et le sel de la terre. Cela présuppose la petitesse. Cela suppose aussi la responsabilité pour le tout.

JEAN PAUL II

Jean Paul II était le rocher du XXe siècle. Le pape polonais a plus marqué l'Église que beaucoup de ses prédécesseurs. Dès sa première encyclique « Le Rédempteur de l'homme », il fixa son programme : les hommes, le monde, les systèmes politiques se seraient « écartés des exigences de la morale et de la justice ». L'Église doit par conséquent en toute clarté offrir un modèle inverse. Cette affirmation fondamentale se retrouve dans toutes ses encycliques. Contre la « culture de la mort » l'Église doit promouvoir une « culture de la vie ». Est-ce que Jean Paul II a laissé à l'Église le fondement lui permettant de bien commencer le nouveau siècle ?

Le véritable fondement, c'est naturellement le Christ, mais l'Église a toujours besoin de renouveau, sa construction n'étant pas achevée. On peut dire que ce pontificat est marqué par une force extraordinaire. Il a donné lieu à un débat sur toutes les questions fondamentales de notre temps, dans lequel il apporta des directives positives et a généré du progrès.

Les grandes encycliques du pape, et d'abord *Redemptor hominis*, ensuite son triptyque trinitaire, qui présente l'image de Dieu, la grande encyclique morale, celle sur le don de la vie, et celle sur la foi et la raison placent des repères et montrent, comme vous l'avez dit, les bases sur lesquelles on peut construire du neuf. Et en particulier parce que le christianisme doit trouver une nouvelle expression dans ce monde si profondément transformé.

Thomas d'Aquin a marqué son époque en repensant le christianisme dans sa rencontre avec le judaïsme, l'islam, la culture grecque et latine et en lui donnant une nouvelle forme ; ensuite, lors de la renaissance, il fallait encore le repenser, ce qui a abouti au schisme de la réforme et aussi aux bases élaborées par le concile de Trente, qui a fixé la forme de l'Église pour cinq siècles. De la même manière, à notre époque marquant un grand tournant, l'identité du tout doit être préservée sans restrictions, comme doit être trouvée la capacité de la vie de s'exprimer d'une manière nouvelle et de s'actualiser. En cela le pape actuel a fourni une contribution tout à fait essentielle.

L'ÉGLISE UNIVERSELLE DE L'AVENIR

Alors qu'il y a cinquante ans encore les nations industrialisées constituaient le tiers de l'humanité, dans deux générations déjà 90 % de tous les hommes vivront dans les pays en voie de développement. Aussi bien la Chine que l'Inde auront au milieu du XXIe siècle plus d'habitants que tous les pays occidentaux ensemble.

De même l'Église universelle de l'avenir sera très différente de celle d'aujourd'hui rien que par les déplacements démographiques. Actuellement déjà les communautés ecclésiales du tiers monde dépassent les paroisses d'Europe centrale, et pas seulement par le nombre. Il y avait en Afrique au début du XXe siècle un million sept cent mille catholiques : ils sont aujourd'hui en ce début du nouveau siècle environ cent dix millions. Peut-on prévoir dès maintenant comment pourrait se modifier l'aspect de l'Église, du point de vue liturgique et pastoral ?

Je crois qu'il ne faudrait pas trop extrapoler dans ce domaine, parce que l'histoire présente toujours des surprises. Toute futurologie se casse le nez sur les facteurs imprévus qui adviennent dans l'histoire. Par exemple personne n'avait osé prédire l'effondrement des gouvernements communistes, ce qui a produit une toute nouvelle situation historique. Il est exact que l'image de la société mondiale changera très profondément. Que signifiera la réduction en nombre du monde occidental qui domine toujours encore ? Comment l'Europe se modifiera-t-elle par l'immigration, car les espaces laissés vides se rempliront ? Comment se déplaceront les pôles d'importance, quelles civilisations et quelles formes de société s'imposeront ? Toutes ces questions restent encore sans réponses.

C'est pourquoi, lorsqu'on fait des descriptions du futur, il faut être extrêmement circonspect. Une chose est évidente : les populations potentielles qui porteront l'Église seront dans un rapport différent de ce qu'elles sont actuellement. Le type de l'homme occidental avec son rapport au monde ne sera plus aussi dominant qu'il n'est ou ne fut. D'autres tempéraments, d'autres charismes se manifesteront et marqueront le visage de l'Église.

Sur la base de ces constatations, est fondamental, à mon avis, ce que Guardini a appelé « retour à l'essentiel » *(Verwesentlichung)*. Il s'agit moins d'anticiper des constructions fantaisistes, qui de toute façon ne correspondront pas à la réalité, et que nous ne pourrons pas produire en éprouvette, que de vivre l'essentiel qui peut s'incarner et se présenter sous une forme nouvelle. Dans le même sens, une sorte de simplification est nécessaire, pour que ce qui est vraiment important et porteur dans notre doctrine et dans notre foi ressorte clairement. Il est important aussi que les grandes constantes fondamentales – la question de Dieu, celle du salut, de l'espérance, la question de la vie, de ce qui est porteur du point du vue éthique – soient de nouveau prises en compte et soient susceptibles de nouvelles systématisations.

Je ne crois pas qu'il serait très utile de créer des liturgies destinées au monde technique ou à je ne sais quelles autres civilisations. Ce seraient des pièces artificielles faites sur mesure. Ce qui fait la grandeur de la liturgie, c'est qu'elle vient des origines et n'a cessé d'évoluer comme une réalité vivante. Nous devons l'entourer de respect et la protéger. C'est alors qu'elle se révèle grande et capable de parler aux hommes des diverses civilisations ; d'ailleurs la richesse des différents rites ne lui a jamais fait défaut. On verra par là lesquels d'entre ces rites seront les plus vigoureux dans les différentes civilisations.

Considérons encore avec un intérêt particulier les États-Unis d'Amérique. C'est sans conteste la nation qui domine le monde. Elle a une politique, une science, une économie, et elle a profondément marqué le style de vie de notre époque. Qu'apporte le catholicisme américain à l'Église universelle ?

Le catholicisme américain est devenu actuellement l'une des forces déterminantes de l'Église universelle. L'Église américaine est une Église dynamique. Elle connaît aussi des tensions. Il y a d'une part des groupes critiques à l'égard de l'Église et partisans d'un christianisme démocratique et plutôt rationnel. Mais on constate d'autre part l'éclosion de toutes nouvelles réalités religieuses, des nouvelles communautés monastiques se forment, qui veulent vivre pleinement et consciemment les exigences de la vie religieuse. Ils les vivent avec la grande joie que donne la foi ; ils veulent aussi se former et promouvoir une formation en lisant de nouveau les Pères et Thomas d'Aquin. C'est une Église qui veut redonner une grande importance au religieux considéré comme central : le courage de donner sa vie pour et à cause de la foi, le service de la foi. C'est une Église qui, par son système éducatif et son système hospitalier, porte une grande responsabilité sociale.

Nous nous arrangeons, dans notre congrégation, pour que ce ne soit pas d'abord nous qui prenions les décisions concernant les questions d'éthique médicale qui se multiplient avec les progrès de la médecine. Les Américains possèdent tout un réseau d'hôpitaux. Ils ne manquent donc pas de savants, de spécialistes, et ils ont une vivante pratique de la médecine moderne. Nous mettons en discussion ces questions dans des institutions qu'ils ont créées pour cela. Ils dégagent des lignes directrices *(Guidlines)*, que nous discutons avec eux. Ces conclusions restent d'abord partielles, et américaines, pour que d'autres expériences puissent être prises en compte et que la porte ne soit pas fermée. Mais ce sont déjà des décisions types, qui influencent l'éthique médicale dans les autres parties de l'Église, et indiquent ainsi une direction.

Je crois que par le champ d'expérimentation mondial qu'est l'Église en Amérique, et aussi par son expérience de la foi, elle peut faire bénéficier de ses forces vives la chrétienté d'Europe et aussi celle d'Afrique et d'Asie. On disait autrefois : ce qui se passe d'abord en France se passe après dans le monde entier. Aujourd'hui l'Amérique livre les modes et les slogans qui s'imposent dans le monde, mais elle fournit aussi les modèles d'Église. Ce qui est étonnant, c'est que ce modèle remplace un modèle de christianisme apparemment moderne et en même temps rationaliste, trop peu imprégné de foi et lui imprime de réelles impulsions de foi et lui lègue des formes typiques de la vie de foi.

Il existe donc aussi un american way of life *pour la vie chrétienne, catholique ?*

En ce sens qu'il est vraiment profondément catholique, et pas seulement américain. Je crois que c'est justement dans l'espace de vie des Américains que les hommes veulent assumer entièrement la totalité de ce qui est catholique et le rapporter de manière nouvelle au monde moderne.

Actuellement, dans quel pays la théologie ou la vie ecclésiale est-elle en pointe ? Lequel est-il la locomotive ?

Il n'y a pas une seule locomotive, mais plusieurs centres. L'Amérique latine, d'abord, a stimulé toute la chrétienté avec sa théologie de la libération. Elle est en train de passer. Mais il en reste le rappel que la foi a une responsabilité sociale et politique. Actuellement, en Amérique latine on réfléchit beaucoup et avec passion au problème de l'inculturation dans le contexte de la rencontre avec les cultures indigènes.

Les États-Unis sont certainement à la pointe de la réflexion, à cause de la confrontation aux défis des temps modernes. De même en exégèse, elle a fait d'importants progrès, en surmontant les aspects unilatéraux de la méthode historico-critique par l'exégèse dite canonique, c'est-à-dire en lisant la Bible comme un tout. C'est pourquoi l'apport de la théologie américaine est aujourd'hui important. Mais en Europe aussi, en Allemagne également, il y a un potentiel théologique réellement très important. Notre système universitaire qui fait que nos facultés de théologie disposent de grands moyens, suscite un travail intellectuel intense qui n'est pas sans résultats. Il est vrai qu'existe le danger d'un nouveau rationalisme, qu'on considère comme un devoir académique. Cette forme de théologie est stérile, parce qu'elle critique ses propres bases. Je crois que la nouvelle génération de théologiens perçoit de nouveau avec plus de force que la théologie doit avant tout surgir de la foi et ne doit pas être purement académique.

En Asie, avant tout en Inde, qui donne le ton, on débat de façon exemplaire sur le monde des religions et sur la question de la place de la foi en ce monde. L'Afrique défend les valeurs traditionnelles. Pensons au poids que l'Afrique a acquise dans le Conseil mondial des Églises ; le protestantisme occidental fut profondément déstabilisé par les questions ethniques, alors que le christianisme africain met en valeur le sentiment originel de ce qui est valable en permanence. Naturellement les questions relatives à la cohésion sociale sont vécues douloureusement : comment le christianisme peut-il être facteur de paix et facteur de réconciliation ? Peut-être moins en théorie que dans l'expérience de la souffrance, ce qui est aussi un message pour l'Église tout entière.

L'UNITÉ DES CHRÉTIENS

À la fin du siècle qui vient de finir, des théologiens protestants et catholiques ont signé ensemble un document intitulé « La doctrine de la justification. Déclaration commune ». On enseigne officiellement dans ce document que ce qui importe ce ne sont pas tellement les actes des hommes, mais que l'homme est justifié seulement par la grâce de Dieu, peut importe s'il a bien ou mal vécu. Est-ce vraiment un pas significatif dans le domaine de l'œcuménisme ? Malgré tout ce qui est commun, ne faut-il pas protéger avec toute la rigueur possible ce que la foi a de spécifique, pour éviter qu'elle ne perde ce qu'elle a de vrai ?

Malheureusement, on n'a pas vraiment réussi à faire passer le contenu de cette déclaration, simplement parce que l'expression « doctrine de la justification » aujourd'hui ne signifie plus rien pour personne. Du temps de Luther c'était une question importante, qui a remué les gens, même si le progrès du protestantisme ne s'explique pas seulement par là, mais aussi, par exemple, par les intérêts des princes qui en attendaient des avantages. Aujourd'hui, même dans le christianisme protestant, ce n'est plus un sujet réellement efficace. Il en reste dans la conscience collective l'idée que tous disent que devant Dieu les actes, c'est-à-dire la vie, ne compte pas, mais seulement la foi. Ce n'est pas seulement une grossière simplification de Luther. On méconnaît surtout par là les vraies questions que les hommes posent au christianisme. Finalement, durant les cinq cents ans passés depuis la Réforme, la chrétienté entière a fait de nouvelles expériences et aussi connu une mutation majeure. Je ne peux exposer tout cela ici. Qu'il soit simplement dit que la déclaration commune confirme que le commencement d'une vie avec Dieu est vraiment posé par Dieu lui-même. Nous ne sommes pas en mesure de nous hisser jusqu'à lui, mais c'est lui seul qui peut nous chercher chez lui. Ce qui commence à mettre l'homme sur le vrai chemin, c'est la foi. Et cette foi est expression de l'initiative de Dieu, que nous ne pouvons pas provoquer ou mériter.

L'Église catholique, dans l'élaboration de ce document commun, a attaché une grande importance à la pleine reconnaissance de l'initiative de Dieu au commencement, que soit reconnu aussi que Dieu réalise alors quelque chose en moi. Il m'inclut dans le processus, il me donne une responsabilité, il me fait participer pour que je porte du fruit ; il y a aussi le jugement sur ce dont je suis responsable. Cela constitue le deuxième pilier de cette déclaration, mais qui visiblement n'est plus perçu par la conscience collective.

En d'autres termes, Dieu ne veut pas des esclaves, qu'il justifie simplement sans les prendre au sérieux. Ce dont il s'agit, c'est que les hommes deviennent de vrais partenaires, de vrais sujets qui, par le commencement qu'il pose, deviennent capables de collaborer avec lui et d'être responsables de cette collaboration. Voilà les deux aspects en cause. Ce que l'expérience de Luther a puisé dans l'Écriture est ici assumé. Mais, en même temps, ce que l'Église catholique ne pouvait cesser d'affirmer est en équilibre avec l'autre aspect.

L'Église prie pour la réunification des chrétiens. Mais, en réalité, qui doit se joindre à qui ?

La formule inventée par les grands œcuménistes, c'est qu'il faut aller de l'avant. Il ne s'agit pas de vouloir certaines annexions, mais nous espérons que le Seigneur suscitera partout la foi de telle manière qu'elle conflue pour former une seule Église. En tant que catholiques nous sommes convaincus que cette seule Église est réalisée quant à sa structure fondamentale, mais qu'elle aussi continue son chemin et se laisse éduquer et guider par le Seigneur. C'est pourquoi nous ne nous représentons pas un modèle d'annexion, mais simplement la poursuite du chemin, sous la conduite du Seigneur, qui connaît le chemin. Et en qui nous avons confiance.

Est-il possible d'envisager des éventualités spectaculaires ?

Non, car l'unité des chrétiens ne peut résulter d'un quelconque coup politique, ou venir par une épée qui couperait un nœud gordien. Il s'agit de processus vivants. Ni un pape, ni un Conseil mondial des Églises ne peut simplement dire : chers amis, nous avons décidé de faire ainsi. En chacun la foi est vivante et a de profondes racines, et chacun en répondra devant Dieu. Le pape n'a pas des pouvoirs totalitaires et absolus, mais il sert dans l'obéissance de la foi.

Dans le domaine de la foi, on ne peut pas simplement commander quelque chose à quelqu'un, comme l'avaient prévus certains projets œcuméniques : la direction d'une Église dirait simplement à tous, amis, nous laissons tomber un peu et ajoutons quelque chose. Cela ne va pas. Ou bien nous avons cru au Seigneur, et nous ne pouvons pas dire demain on va faire autrement. Ou bien il s'agissait d'entrée de jeu d'une invention humaine, alors tout cela est de toute manière caduc. Non, la foi est une réalité vivante, nous nous sommes confiés au Seigneur par elle, et elle ne peut être ramenée à une formule moyenne par de quelconques manipulations politiques.

Nous ne pouvons qu'essayer humblement de revenir à l'essentiel de notre foi, donc reconnaître cet essentiel en elle : ce que nous n'avons pas fait nous-mêmes mais que nous avons reçu du Seigneur. Et par cette orientation vers le centre qu'est le Seigneur, nous ouvrir à cet essentiel, pour qu'il puisse continuer à nous conduire, lui seul.

NOUVEAUX DANGERS POUR LA FOI

En lien avec la perte de sens du christianisme dans une société sécularisée, vous avez évoqué un tout nouveau danger pour la foi encore totalement sous-estimé : la possibilité d'une subtile dictature de l'opinion antichrétienne. On accepte encore un christianisme adapté, aérodynamique, donc un joli christianisme, alors que les porteurs de la foi authentique passent pour des durs et des fondamentalistes et sont ainsi discrédités.

Je crois que c'est un vrai danger. Ce n'est pas qu'on persécute publiquement les chrétiens : ce serait vieux jeu et inconvenant. Non, on est tout à fait tolérant et naturellement ouvert à tout. Mais il y a des choses sur lesquelles on est d'autant plus catégorique et qui sont exclues, et qui sont alors cataloguées de fondamentalistes, même là où il peut s'agir de foi authentique.

Je pense qu'on peut arriver à une situation où la résistance doit s'organiser, face à la dictature d'une tolérance qui n'est qu'apparente et qui met hors circuit le scandale de la foi en la déclarant intolérante. Ici apparaît vraiment au grand jour l'intolérance des « tolérants ». Le croyant ne cherche pas l'affrontement, mais un espace de liberté et une mutuelle acceptation. Il ne peut formuler sa foi à l'aide de formules standard et d'étiquettes adaptées à la modernité. Il est engagé dans une fidélité supérieure à l'égard de Dieu et il doit compter avec des situations conflictuelles d'un tout nouveau genre.

RENAISSANCE DE LA SPIRITUALITÉ

De jeunes chrétiens sont à la recherche d'une religion où la part du sentiment est plus accentuée. Ils veulent retourner aux origines de l'Église, à la source du mystère. Il exigent un renouveau de la spiritualité pour revivifier les aspects négligés de la tradition chrétienne. L'Église a-t-elle besoin d'un choc qui rende à nouveau expressifs les symboles chrétiens devenus muets ?

Elle a besoin en tout cas de renouveaux spirituels. De telles formes d'une nouvelle passion pour la foi, qui ne sont pas d'ordre politique, mais d'origine intérieure, ont toujours été importantes pour la vie de l'Église. Au XVIe siècle, nous l'avons vu, le renouveau n'est pas venu des instances institutionnelles, mais d'hommes profondément saisis qui ont lancé de nouveaux mouvements. Cela existe encore de nos jours sous de multiples formes – le mouvement charismatique en est un exemple –, et c'est une consolation que nous offre le Seigneur en nous montrant que le Saint-Esprit continue à être présent et activement puissant.

En réalité, le catholicisme ne peut jamais devenir une réalité gérée de manière purement institutionnelle et académique. Il doit se présenter comme une faveur, une vitalité spirituelle. D'où sa diversité. Ce qui est catholique ne peut être uniforme. Il peut certes y avoir une piété selon les Focolari, une piété « catéchuménale », et d'autres encore, tout comme il existe une piété franciscaine, dominicaine ou bénédictine. La richesse de la foi crée beaucoup de demeures dans l'unique maison. Cette ouverture dynamique est à préserver.

On constate de nos jours, chez les représentants catholiques les plus modernes, une tendance à l'uniformisation. Ce qui est vivant et nouveau, ce qui n'obéit pas à des schémas académiques ou à des conclusions de commissions ou de synodes, est considéré comme suspect et rejeté comme réactionnaire.

Naturellement, il existe toujours des dangers, des ratés, des rétrécissements, et ainsi de suite. C'est la tâche du jardinier Église de toujours les redresser, mais de les accepter en même temps comme un don.

Je crois qu'il faut dans ce domaine une grande tolérance intra-ecclésiale. La diversité des chemins est d'une certaine manière conforme à l'étendue de ce qui est catholique. Il ne faut pas simplement le repousser, même pas ce qui n'est pas à mon goût. Par exemple, si aujourd'hui en Allemagne on ne se montre pas indigné en entendant parler de *l'Opus Dei* ou des scouts d'Europe, on n'est déjà plus un bon catholique allemand. Il y a des réalités qui ne sont pas du goût de tout le monde, qui le contredisent. La tolérance est alors nécessaire pour accepter toute l'étendue de ce qui est catholique.

Naturellement, les gens concernés doivent aussi être prêts à s'insérer dans le service global, à se laisser interpeller dans leurs particularités et à être mis en garde contre le danger de se refermer sur eux-mêmes. C'est précisément la tâche du pape et des évêques de garantir d'une part l'ampleur de ce qui est catholique et d'autre part d'interrompre tout ce qui peut conduire à l'étroitesse et au sectarisme, et de l'intégrer dans le tout.

LA VÉRACITÉ

Augustin se préoccupa des plus grands trésors de l'Église : les pauvres, les veuves et les orphelins. Sa manière de vivre de chrétien converti rendait chacune de ses paroles crédible, sincère et ardente. Un authentique exemple de vie chrétienne n'aurait-il pas plus d'influence sur la société que tous les discours onctueux et les sessions académiques les plus coûteuses ?

On ne peut naturellement répondre que oui, et Dieu merci cela existe également. Je pense par exemple au cardinal O'Connor qui a fondé à New York une congrégation religieuse pour soigner les malades du sida et qui a consacré une journée par semaine à ce travail. Je pense aussi à la nouvelle communauté des Sisters of Mercy en Amérique, qui se consacre à l'éducation et à divers services des malades, et vit ainsi cette sincérité. Prenons encore l'exemple de mère Teresa et de sa communauté de sœurs. Heureusement qu'il y a ce témoignage de foi vécu de manière radicale qui est d'une efficacité certaine.

L'écrivain français Georges Bernanos a écrit : « La sainteté est une aventure, elle est même la seule aventure. Qui l'a une fois compris est entré au cœur de la foi catholique. »

Dans notre confession de foi nous reconnaissons l'Église sainte. Non pas que tous ses membres soient saints. Non pas que tout irait bien en elle, mais elle est en contact avec le Seigneur et sans cesse se lèvent en elle des saints. Il est important de prendre le terme « saint » dans un sens assez large, car là non plus il n'y a pas d'uniformité. En nous représentant les saints, nous voyons bien combien de manières et de formes de sainteté il y a : un médecin qui accomplit son service avec dévouement, des savants, des gens simples, des fondatrices d'ordre, et des laïcs vivant dans ce monde.

Il me paraît important de voir aussi tous les saints obscurs, ces gens simples qu'il me fut donné de connaître dans mon enfance : ces bons vieux cultivateurs, ces bonnes vieilles mamans, qui donnaient leur vie pour les enfants, pour la famille, pour l'Église, et pour les autres dans la communauté villageoise. Il n'est pas nécessaire que ce soit quelque chose d'héroïque, mais de tout simple, d'humble.

Il y a naturellement aussi ce qui provoque de l'agitation. Le Padre Pio en est un exemple flagrant ici en Italie, lui qui était par ailleurs, paraît-il, un confesseur terrible. Il n'était pas très aimable avec ses pénitents, mais pour ceux qui venaient à lui, il était par toute sa personnalité une garantie d'authenticité que le Seigneur en personne parlait et fustigeait même si c'était nécessaire. Qu'il aide aussi celui qui en a besoin. Comme nous le montre la figure du Christ dans les évangiles, il peut aussi être dur, mais finalement il est très bon et secourable, ainsi les hommes ont pu reprendre conscience de cela à l'aune d'un Padre de ce siècle. Il y a ce que tout le monde voit, qui est signe pour tous, auquel nous reconnaissons que la sainteté est présente et donne des forces toutes nouvelles. Mais il y a aussi une sainteté toute simple et humble, dont personne ne fait le récit, et qui pourtant est essentielle à la vie de l'Église.

Jusque dans la nuit, un courant totalement inconnu jusqu'ici peut faire changer de cap. On observe actuellement une renaissance de la piété mariale à l'échelle du monde. Qu'en pensez-vous : Marie peut-elle redevenir le portail principal, par où des millions de nouveaux chrétiens trouvent le chemin de l'Église ?

On ne peut jamais prévoir comment tout cela continuera. Celui qui se contente d'extrapoler de manière académique et statistique la ruine de l'Église à partir de sa situation en Europe méconnaît totalement l'imprévisibilité de l'histoire humaine en général, et la force d'initiative de Dieu qui peut toujours intervenir en particulier. Sans aucun doute ces renouveaux totalement inattendus existent, de même qu'un mouvement marial d'ampleur mondiale. Certes, il y a dans tout cela maintes formes de pseudo-apparitions et de faux messages. Il faut donc être très prudent et ne pas croire trop facilement que le surnaturel est à l'œuvre.

Inversement, une attitude authentiquement critique ne doit pas nous rendre imperméables à la réalité. Par rapport à Lourdes aussi, on pouvait d'abord croire que cette petite fille s'était créé des fantasmes. Il s'était finalement avéré que la Mère Marie elle-même s'était réellement montrée. Ce n'est pas un hasard si une toute nouvelle attention à Marie intervient, de nos jours, qui nous rend le christianisme de nouveau aimable et proche, et que par Marie nous trouvons de nouveau la porte.

Ce que nous avons dit à propos de l'Amérique du Sud, vaut pour nous aussi : Guadalupe représente une percée où les Indiens ont pu voir qu'il ne s'agissait pas de la religion des conquérants, mais de la religion de la Bonne Mère et du Dieu souffrant pour nous, et où Marie est devenue une porte ouverte sur le Christ. Par-delà l'Amérique du Sud, il peut arriver à notre christianisme fatigué et rationaliste, et même à l'humanité entière épuisée par ce monde technique et froid, qu'il retrouve le Christ vivant lui-même sous le signe de la Mère. C'est avec cette assurance que nous pouvons affronter l'avenir.

Le pape Jean XXIII disait : « J'appartiens à une Église qui est vivante et jeune et qui continue d'accomplir son œuvre, sans peur aucune, vers l'avenir. » Un cardinal Joseph Ratzinger pourrait-il encore dire la même chose ?

Oui. Et je le dis avec joie. Il est vrai que je vois beaucoup de branches mortes en cette Église, qui tombent lentement, parfois en silence, parfois avec fracas. Mais je vois avant tout la jeunesse de l'Église. Il m'est donné de rencontrer tellement de jeunes venant du monde entier, je peux rencontrer ces nouveaux mouvements, et de constater l'enthousiasme de la foi, qui redevient évident. Cet enthousiasme est insensible aux critiques contre l'Église, qui ont toujours leurs motifs, parce que la joie que donne le Christ est plus grande. C'est pourquoi j'ai un lieu où la peine ne manque pas, mais où la rencontre avec la jeunesse de l'Église est encore beaucoup plus importante. Nous pouvons entrer dans l'avenir consolés, parce qu'il est tout à fait évident que le Seigneur ne la délaisse pas.

TABLE DES MATIÈRES

Cet ouvrage a été composé par
IGS-CP à L'Isle-d'Espagnac (16)
Achevé d'imprimer en avril 2005
par Normandie Roto Impression s.a.s.
61250 Lonrai
Dépôt légal : avril 2005 – N° d'imprimeur : 05-1210

Imprimé en France